21 世纪电子政务专业核心课程系列教材

电子政务原理与案例

（第二版）

Principles and Case Studies of e-Government

(2nd Edition)

姚国章　编著

内 容 简 介

本书主要围绕电子政务的基本概念、基础理论、实现过程、典型应用、电子政务管理以及电子政务发展案例等问题展开讨论，是关于电子政务的基础性、总论性和前瞻性的专业教材。全书从介绍电子政务的基本概念和基础理论入手，系统地分析了电子政务的发展模式，并在此基础上对电子政务实现过程中的规划与标准、电子政务实施、电子政务监理与评估等问题作了较为全面的阐述；对政府电子化公共服务、政府电子化采购、电子税务以及典型政府部门电子政务的主要应用作了专门的探讨；对移动政务、政府信息公开与信息资源整合、电子政务背景下政府转型与流程重组等问题作了较为深入细致的分析，最后重点对"互联网＋政务服务"的发展进行了概述，并对"互联网＋政务服务"技术体系进行了全面解析。

本书适合用作各类高等院校、党校与行政学院以及自学考试电子政务相关课程的专业教材，也可以用作政府公务员的培训教材，对相关企业的管理和技术人员同样具有参考价值。

图书在版编目(CIP)数据

电子政务原理与案例/姚国章编著. —2版. —北京：北京大学出版社，2018.8
（21世纪电子政务专业核心课程系列教材　全国高等院校电子政务联编教材）
ISBN 978-7-301-29767-4

Ⅰ.①电… Ⅱ.①姚… Ⅲ.①电子政务－高等学校－教材　Ⅳ.①D035-39

中国版本图书馆CIP数据核字（2018）第172880号

书　　　名	电子政务原理与案例（第二版）
	DIANZI ZHENGWU YUANLI YU ANLI
著作责任者	姚国章　编著
策划编辑	周伟
责任编辑	周伟
标准书号	ISBN 978-7-301-29767-4
出版发行	北京大学出版社
地　　　址	北京市海淀区成府路205号　100871
网　　　址	http://www.pup.cn　　新浪微博：@北京大学出版社
电子信箱	zyjy@pup.cn
电　　　话	邮购部 010-62752015　发行部 010-62750672　编辑部 010-62754934
印刷者	天津中印联印务有限公司
经销者	新华书店
	787毫米×1092毫米　16开本　21印张　567千字
	2011年1月第1版
	2018年8月第2版　2020年12月第3次印刷
定　　　价	49.00元

未经许可，不得以任何方式复制或抄袭本书之部分或全部内容。
版权所有，侵权必究
举报电话：010-62752024　电子信箱：fd@pup.pku.edu.cn
图书如有印装质量问题，请与出版部联系，电话：010-62756370

前　言

放眼全球,以信息通信技术作为主要推动力的信息化浪潮正在席卷世界的每个角落,对人类社会的进步和繁荣产生着重大而深远的影响。作为当今政府信息化最主要的表现形式,电子政务不仅成为世界各国政府自身改革和发展的强劲动力,而且也当仁不让地成为引领经济与社会信息化发展的重要力量。在我国,经过20余年的快速发展,电子政务正进入一个全新的发展时期。当前,以"互联网＋政务服务"为主旋律的电子政务发展正在开启新的序幕,将引领我国电子政务和政府改革向更深层次、更高水平、更广范围发展。

《电子政务原理与案例》一书出版于2011年,至今已走过7个年头,先后被100多所高校选作电子政务相关课程的教材,同时还成为全国很多地方政府公务员学习和培训的首选教材。在过去的几年中,我国电子政务走过了一条不寻常的发展道路,新的理论、新的理念、新的技术、新的模式、新的应用可谓层出不穷、精彩纷呈,电子政务在政府经济调节、市场监管、社会管理和公共服务各项能力的提升方面发挥了无可替代的作用,为推动我国政府职能转变和政府服务能力的提升做出了重要的贡献。毋庸置疑,作为世界上最大的发展中国家,我国正处在经济快速增长、科技快速进步的特殊时期,对电子政务的需求极其旺盛,我国的电子政务必将伴随着技术的进步、经济的增长、社会的发展和政治体制改革的深入而焕发出越来越旺盛的生命力,在促进政府职能转变、政府服务能力提高、政府作风改进、政府机构精简和政府工作效率提升等许多方面都将担当起越来越重要的角色。因此,学习电子政务、研究电子政务、实践电子政务,在今后比较长的时间内,将会是我国各地各级政府机构、教学科研机构以及社会各界共同面临的一项重要任务。

为了给我国的各类读者提供更多、更好的适合我国国情的电子政务读物,我进行了长期而又艰苦的探索,呈现在读者面前的这本书是在第一版的基础上修订完成的。本书作为"21世纪电子政务专业核心课程系列教材"中的一种基础性教材,主要围绕电子政务的基本概念、基础理论、实现过程、典型应用、电子政务管理以及电子政务发展案例等问题展开讨论,是关于电子政务的基础性、总论性和前瞻性的专业教材。全书从介绍电子政务的基本概念和基础理论入手,系统地分析了电子政务的发展模式,并在此基础上对电子政务实现过程中的规划与标准、电子政务实施、电子政务监理与评估等问题作了较为全面的阐述;对政府电子化公共服务、政府电子化采购、电子税务以及典型政府部门电子政务的主要应用作了专门的探讨;对移动政务、政府信息公开与信息资源整合、电子政务背景下政府转型与流程重组等问题进行了较为深入细致的分析,最后重点对"互联网＋政务服务"进行了发展概述,并对"互联网＋政务服务"的技术体系进行了全面解析。本书可以用作各类高等院校、党校与行政学院以及自学考试电子政务相关课程的专业教材,也可以用作政府公务员的培训教材,同时对相关企业的管理者和技术人员同样具有参考价值。

本书的成稿得益于许多师长和亲朋好友的无私帮助,江苏省政务服务管理办公室胥家鸣副主任、江苏省信息中心总工程师钱俊研究员、江苏省国土信息中心原总工程师宋晓群研究员等领导一直以来给了我们直接的关心和指导;我的学生余星参与了部分书稿的编写,完成了全书的校阅工作;范梦迪、朱莺燕等同学为书稿的成稿也贡献了自己的智慧和力量。可以说,没有他们一如既往的大力支持和热情鼓励,我要有所作为几乎是很难想象的。在此我向为我们的研究和本书的成稿做出各种贡献的各位师长和亲朋好友致以最诚挚的谢意。

在写作本书的过程中,我参阅了大量国内外优秀的文献,主要参考文献已在相关位置进行了标注,在此向相关文献的原作者和版权所有单位表示崇高的敬意。书中有些参考文献或由于作者不详,或由于出处不明确等原因,没能进行详细标注,敬请原作者谅解,不当之处请多加包涵。

由于水平有限,加之时间与精力的限制,书中难免有不当之处,恳请各位读者批评指正,也敬请各位专家、学者多提宝贵意见。

姚国章(yaogz@njupt.edu.cn)

2018 年 2 月 1 日

目 录

第一章 电子政务基础 …………………………………………………… (1)
  1.1 信息通信技术基础 ……………………………………………… (2)
  1.2 "互联网+"概述 ………………………………………………… (4)
  1.3 电子政务概念与内涵 …………………………………………… (12)
  1.4 电子政务的产生与发展 ………………………………………… (18)
  1.5 电子政务的价值分析 …………………………………………… (21)
  1.6 本章小结 ………………………………………………………… (25)

第二章 电子政务发展模式分析 ………………………………………… (26)
  2.1 G2C 模式 ………………………………………………………… (26)
  2.2 G2B 模式 ………………………………………………………… (30)
  2.3 G2G 模式 ………………………………………………………… (33)
  2.4 G2E 模式 ………………………………………………………… (35)
  2.5 本章小结 ………………………………………………………… (36)

第三章 电子政务规划与标准 …………………………………………… (37)
  3.1 电子政务规划概述 ……………………………………………… (37)
  3.2 日本电子政务发展规划案例 …………………………………… (43)
  3.3 电子政务标准概述 ……………………………………………… (54)
  3.4 电子政务标准实例 ……………………………………………… (58)
  3.5 本章小结 ………………………………………………………… (63)

第四章 电子政务实施 …………………………………………………… (65)
  4.1 电子政务实施概述 ……………………………………………… (65)
  4.2 电子政务的实施过程 …………………………………………… (68)
  4.3 电子政务技术选择 ……………………………………………… (69)
  4.4 电子政务实施的组织与领导 …………………………………… (72)
  4.5 本章小结 ………………………………………………………… (81)

第五章 电子政务监理与评估 …………………………………………… (82)
  5.1 电子政务监理基础 ……………………………………………… (82)

  5.2 电子政务监理实施 ··· (86)
  5.3 北京市电子政务网上审批试点工程监理应用案例 ······················ (89)
  5.4 电子政务评估的概念与范围 ·· (92)
  5.5 电子政务国际评估标准 ·· (93)
  5.6 国家行政学院电子政务评估方法 ·· (98)
  5.7 中国政府网站绩效评估的方法 ··· (100)
  5.8 本章小结 ·· (105)

第六章 政府电子化公共服务 ·· (106)
  6.1 政府公共服务概述 ·· (106)
  6.2 政府电子化公共服务基础 ··· (112)
  6.3 政府电子化公共服务国际经验 ··· (119)
  6.4 我国电子化公共服务发展策略 ··· (123)
  6.5 本章小结 ·· (127)

第七章 政府电子化采购 ··· (128)
  7.1 政府采购概述 ·· (128)
  7.2 政府电子化采购基础 ··· (136)
  7.3 政府电子化采购管理 ··· (142)
  7.4 韩国政府电子化采购发展案例 ··· (147)
  7.5 本章小结 ·· (154)

第八章 电子税务 ·· (155)
  8.1 电子税务基础 ·· (155)
  8.2 G2B 电子税务 ·· (158)
  8.3 G2G 电子税务 ·· (165)
  8.4 G2E 电子税务 ·· (168)
  8.5 国际电子税务发展 ·· (172)
  8.6 我国的电子税务发展 ··· (176)
  8.7 本章小结 ·· (181)

第九章 典型政府部门电子政务发展 ·· (182)
  9.1 工商行政管理电子政务 ·· (182)
  9.2 教育电子政务 ·· (188)
  9.3 农业电子政务 ·· (191)
  9.4 审计电子政务 ·· (195)
  9.5 本章小结 ·· (199)

第十章 移动政务 ·· (200)
  10.1 移动政务概述 ·· (200)

10.2 移动政务主要应用 …………………………………………………… (203)
10.3 移动政务发展展望 …………………………………………………… (208)
10.4 爱沙尼亚移动政务发展案例 ………………………………………… (210)
10.5 新加坡移动政务发展案例 …………………………………………… (214)
10.6 "FrontlineSMS"及其在医疗管理中的应用案例 …………………… (219)
10.7 本章小结 ……………………………………………………………… (224)

第十一章 政府信息公开和信息资源整合 ………………………………… (225)
11.1 政府信息公开概述 …………………………………………………… (225)
11.2 政府信息公开的主要任务 …………………………………………… (234)
11.3 政府信息公开的重点内容 …………………………………………… (238)
11.4 政府信息资源整合概述 ……………………………………………… (242)
11.5 政府信息资源整合的主要对策 ……………………………………… (246)
11.6 本章小结 ……………………………………………………………… (251)

第十二章 电子政务背景下政府转型与流程重组 ………………………… (252)
12.1 电子政务发展对政府带来的影响 …………………………………… (252)
12.2 电子政务对政府提出的新要求 ……………………………………… (254)
12.3 适应电子政务发展的政府转型 ……………………………………… (255)
12.4 电子政务与政府流程重组 …………………………………………… (262)
12.5 本章小结 ……………………………………………………………… (266)

第十三章 "互联网＋政务服务"发展概述 ………………………………… (267)
13.1 国家对"互联网＋政务服务"的发展要求 …………………………… (267)
13.2 基于"互联网＋政务服务"的信息惠民 ……………………………… (272)
13.3 "互联网＋公安政务服务"发展 ……………………………………… (276)
13.4 浙江省"互联网＋政务服务"发展案例 ……………………………… (280)
13.5 本章小结 ……………………………………………………………… (283)

第十四章 "互联网＋政务服务"技术体系 ………………………………… (284)
14.1 "互联网＋政务服务"发展总则 ……………………………………… (284)
14.2 "互联网＋政务服务"的主要内容 …………………………………… (286)
14.3 "互联网＋政务服务"平台总体架构 ………………………………… (287)
14.4 政务服务事项的一体化办理 ………………………………………… (295)
14.5 互联互通与信息共享 ………………………………………………… (306)
14.6 关键保障技术 ………………………………………………………… (313)
14.7 网上政务服务的监督考核 …………………………………………… (318)
14.8 本章小结 ……………………………………………………………… (321)

参考文献 ……………………………………………………………………… (322)

第一章
电子政务基础

自20世纪90年代中期以来,伴随着以互联网为主要表现形式的现代信息通信技术的快速发展和广泛应用,人类社会生存与发展的各个领域正经历着前所未有的冲击和洗礼,信息化大潮正以不可阻挡之势席卷着全球的每个角落。尤其是近年来随着云计算、物联网、移动互联网、大数据、智能化以及区块链等新一代信息技术的快速崛起,人类社会正在全面进入"互联网+"时代,经济发展方式、社会运转模式正经历着全面的变革。可以说,当今以"互联网+"为代表的现代信息通信技术对提升经济发展水平、创新产业形态和推动社会转型发挥出越来越重要的作用,已成为经济增长的"倍增器"、发展方式的"转换器"和产业升级的"助推器"。信息化作为充分应用信息通信技术、开发和利用信息资源、促进信息交流和知识共享、提高经济增长质量和推动经济社会发展转型的动态历史过程,正以其所具有的高度的创新性、广泛的渗透性、神奇的倍增性和普遍的带动性,成为覆盖我国国民经济和社会发展全局的战略任务。

政府,作为人类社会治理体系基本组成部分的公共组织,既是社会信息资源的最大生产者和拥有者,也是社会信息产品的主要使用者和主导传播者,在面临着信息化大潮严峻挑战的同时,也迎来了一个全新的发展时期——以新一代信息通信技术在政府管理与服务中的普遍应用为主要表现形式的电子政务时代。放眼全球,电子政务正在信息化大潮的涌动下蓬勃发展,在改进和优化政府组织、重组公共管理、提升政府管理的效率、提高政府服务的能力和水平等方面,正焕发出越来越强盛的生命力。在我国,经过较长时期的积累和发展,当前全方位、多层次推进电子政务发展的条件已经成熟,电子政务不仅已成为推动经济发展、社会进步的重要力量,而且在促进政府自身的改革与发展中正发挥着越来越重要的作用。

国际、国内的发展实践已经证明,电子政务是与信息时代相适应的政府管理形态,是政府行政管理现代化的核心内容。对我国各地、各级政府而言,推进电子政务建设是加强政府监管,转变政府职能的有效途径;是创新政府管理方式,提高政府工作效率的重要手段;是实施政府信息公开,提高政府服务水平的必然选择。可以说,深入推进我国电子政务更好更快地发展,已成为当前以及今后比较长的历史时期我国经济社会发展所面临的一项迫切任务。所以,学习和研究电子政务基本原理、分析和探究电子政务实际案例,是全面把握电子政务发展要义的基本前提,也是本书的主要着力点。

1.1 信息通信技术基础

随着科学技术的不断进步和人类社会自身的快速发展,"信息"已逐步成为与衣、食、住、行相提并论的基本需求,为越来越多的人所必需。在信息已成为现代社会不可或缺的基本要素的同时,现代信息通信技术也正成为推动社会进步和繁荣的核心力量。进入21世纪以来,伴随着信息技术和通信技术的快速发展和相互融合,"信息通信技术"这一新概念变得越来越普及,在学习和研究电子政务的相关问题时,必须对此有比较全面的了解。

1.1.1 信息技术

信息技术的英文是"Information Technology",简称"IT"。从广义上来讲,信息技术泛指扩展人的信息功能的各种技术。从信息活动的角度来认识,信息技术是关于信息的产生、发送、传输、接收、交换、识别和控制等应用技术的总称,目的是用以实现信息的获取、传递、存储、处理、显示和分配等功能。现代信息技术主要是随着计算机技术、微电子技术和通信技术的迅猛发展,围绕着信息的产生、收集、存储、处理、检索和传递,形成的以信息资源的开发和利用为主要目的的高技术群。

信息技术包含的内容十分广泛,从大的方面来看,可分成以下四类:

一是感测与识别技术。这类技术包括信息识别、信息提取和信息检测等技术,主要用以扩展人感知信息的能力。如计算机语音与图像识别技术,用于将人的语音和相关图像进行智能化识别。

二是信息传递技术。这类技术是指实现信息传递和分发等功能的各类技术,目的是实现信息的快速、可靠、安全和准确的传递。我们平常应用十分广泛的电子邮件,就是采用了这类技术。

三是信息处理和再生技术。这类技术主要实现对信息的编码、压缩、加密、再生等处理,使信息产品更能适应特定的需要,更好地发挥它的实际价值。我们日常所用的"Winrar""快压"等软件都属于这一类的应用,是文件处理的必要手段。

四是信息控制和显示技术。这类技术主要实现对信息的有效控制和正确的显示等目的,是信息处理过程的最后一个环节。信息控制是通过对信息的反馈来实现的,即由控制系统把信息输送出去,又将其作用结果反馈回来与输入信息进行比较,若发现偏差就进行调整以起到控制的作用。信息显示技术与人们的生活息息相关,如电视机已经历了显像管显示器、等离子电视、液晶电视以及 LED 电视等多个阶段,每次显示技术的进步就会带来整个电视行业的革命。又如,我们日常使用的手机,显示屏幕的好坏直接影响了手机的使用效果。

从信息产业发展的角度来理解,信息技术所覆盖的范围同样十分广泛,主要包括微电子技术、新型元器件技术、计算机硬件技术、计算机软件技术、系统集成技术、光盘技术、传感技术、机器人技术、高清晰度电视技术和数字影像技术等。其中,微电子技术、计算机的硬件技术和软件技术占有较高的比重。

从以上可以看出,信息技术是一个动态的概念,在不同的历史阶段,从不同的角度去认识,它的内涵与外延都是不同的。

1.1.2 通信技术

简单地说,通信(Communications)是指信息的传递活动。书信来往、电话、电报、传真、移动电话、电子邮件、手机短信、QQ、微信等,都是常见的通信方式。一般而言,通信过程的实现需要三个最基本的要素:一是信息的发送者(称作信源);二是信息的载体和传播媒介(称作信道);三是信息的接收者(称作信宿)。图1-1展示了通信系统的基本原理。

图1-1 通信系统的基本原理

通信技术的快速发展在信息传递方面变得越来越方便、快捷,也变得更加多样化和个性化,但通信的基本功能并没有发生根本的变化,改变的只是通信的手段以及信息的载体和传播媒介。本书所讨论的通信主要是指通过电波、光波等现代通信手段,依托专门的通信网络(主要指电信网、计算机网等)实现的双向交流式的通信方式,通信技术也是指实现这类通信相关的现代技术。通信网络是实现通信业务的基础设施,也是实现电子政务业务运行的基本载体。按照不同的标准,通信网络可分成不同的种类。按照业务的种类划分,可分成电话网、数据通信网、图像通信网、传真通信网和电报网等;按照传输媒介的不同划分,可分为电缆通信网、光缆通信网、卫星通信网、光纤通信网和低轨道卫星移动通信网等;按照服务区域的不同划分,可分为本地电信网、农村电信网、长途电信网、移动电信网和国际电信网等;按照传输信息信号形式的不同划分,可分为模拟通信网、数字通信网以及数字模拟混合通信网。在当今世界,通信领域的发展真可谓日新月异、精彩纷呈,通信为经济的发展、科技的进步和社会的繁荣发挥了不可估量的作用。

从全球范围来看,通信技术是一项牵涉面广、关联性强、发展速度非常快的重要技术,无论是世界各国和各地区的政府机构,还是数量众多的通信企业,都期待从中赢得更多、更好的发展机遇。

1.1.3 信息通信技术

"信息通信技术"是信息技术和通信技术的总称,是从英文"Information and Communications Technology"翻译而来,简称"ICT",中文简称为"信通技术"。一般认为,ICT是指现代信息技术和现代通信技术的集成应用和融合发展,以实现更高水平的信息传递和通信交流的目的。

按照国际电信联盟(International Telecommunication Union,ITU)发布的《世界电信发展报告》的解释,全世界范围内人们正在使用的ICT的设备主要有无线电收音机、电视机、固定电话、移动电话、个人电脑和互联网等六个大类,前三类被称作"老三件",后三类被称作"新三件"。大多数的发展中国家基本上还处在以"老三件"为主的阶段,而大部分发达国家已进入到了"新三件"唱主角的时期。国际互联网数据研究机构 We Are Social 和 Hootsuite 共同发布的"数字2018"互联网研究报告显示,到2017年年底全世界的网民总数已经超过了40亿人,但即使如此,全球仍有超过30亿人与互联网世界隔绝。因此,ICT 也是一个演进中的概念,处在一个由简单到复杂,从低级到高级的发展过程之中。从总体来看,我国已基本进入到了以"新三件"占主导的阶段,移动电话、个人电脑和互联网已经全面融入到了经济社会发展的方方面面。

从 ICT 的发展历程来看,已经经历了从模拟到数字、从低速到高速、从窄带到宽带、从语音到数据、从简单终端到多媒体终端等多方面的变化。未来的发展方向会出现两个基本特点:一是在终端设计上将会更加强调"以用户为本"的设计理念,使终端设备能做到便携、多功能、高速运行,能适应多种不同应用的需要,并且易于连接、操作简便、价格合理;二是从 ICT 行业的发展角度来看,各类相关企业必须适应当前以及未来市场的发展需要,把建设具有高容量、高速率、高可靠性、高适应性和高覆盖率等特征的现代化网络作为根本使命,为满足更高层次的信息和通信需求提供高水准的服务。

从以上的分析可以看出,ICT 已确确实实成为关系到小到个人、大到国家,甚至关系全人类发展的重要力量,对人类社会的进步和繁荣充当生力军的角色。

1.2 "互联网+"概述

"互联网+"是一个带有较强中国特色的概念,代表互联网经过20多年的快速发展后进入到"后互联网"时代的一种新的形态,成为当今经济社会发展的一个新的基础环境。

1.2.1 对"互联网+"的认识

尽管"互联网+"作为一个正式的概念写入政府官方文件的时间还不长,但它既不是一个全新的概念,也不是一种新出现的技术,更多的内涵是一种理念和模式的创新。从本质上来看,"互联网+"代表一种新的经济形态,既要充分发挥以互联网为代表的新一代信息技术在生产要素配置中的优化和集成作用,又要将互联网的创新成果深度融合于经济社会各领域之中,提高实体经济的创新力和生产力,形成更广泛的、以互联网为基础设施和实现工具的经济发展新形态。实施"互联网+"的主要目的,是要达到经济社会的思维转变、技术转变、发展格局转变和发展模式转变,全面促进经济转型、产业升级、市场繁荣和社会进步。当前,"互联网+"在国家意志、政策配置、企业战略和市场需求等四大因素的共同驱动下,正成为推动经济转型和社会变革的重要力量。

1.2.2 "互联网+"的技术体系

"互联网+"作为新一代信息技术发展的综合体现,包含较为广泛的技术体系。从当前的发展来看,"互联网+"主要包含云计算、物联网、移动互联网、大数据、智能技术以及区块链等。

1.2.2.1 云计算

云计算是指基于网络的计算技术,使终端设备可像用水、用电一样只要按需使用共享资源、软件和信息,而不必考虑如何实现,以节省使用成本并降低应用难度。在云计算体系中,处于网络节点上的、动态的计算机群就是"云",数量庞大的计算机分工协作,共同进行计算,以更低的成本、更高的效率为用户提供更强的计算能力。

云计算的核心理念是通过不断提高"云"的处理能力,减少用户终端的处理负担,最终使用户终端简化为一个单纯的输入输出设备,以较低的成本享受"云"的强大计算处理能力。搜索引擎、在线字典、网络邮箱等是目前云计算的一些典型应用。图1-2为传统的计算模式与云计算模式两者之间的比较,图中左侧是传统的计算模式,右侧是云计算模式。

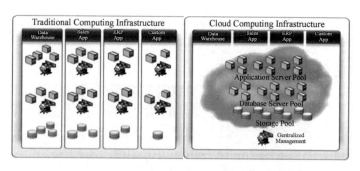

图1-2 传统的计算模式与云计算模式的比较

与云计算模式比较,传统的计算模式存在以下缺点:

(1) 用户独立部署IT系统,软硬件、能源和管理等的成本居高不下,而且烟囱式的系统建设容易出现各种形式的信息孤岛;

(2) 系统一般都需要按峰值规模建设,资源平均利用率低,造成因运能过剩而导致的浪费;

(3) 缺乏弹性的系统设计,应对业务突发情况差,各平台之间兼容性差,并且存储系统要单独建设;

(4) 建设周期漫长,无法实现快速提供与部署,而且伴随着业务需求的快速增长,设备更新换代要求高,会造成后续运行困难。

与传统的计算模式相比,云计算有利于实现以下"六化":

(1) 技术标准化:云计算模式遵循统一的标准,能为用户提供基于相同标准的服务,方便数据共享、系统互联和资源整合。

(2) 能力服务化:在传统计算模式下,计算能力需要通过购置软硬件设备以及消耗必要的人力和能源才能获得。而云计算模式使得计算能力变成了服务,用户只要购买服务即能获得相应的计算能力,犹如我们不需要自行购置发电机而只要向电力公司购买即能用上电一样。

(3) 提供快速化:云计算可以提供快速的服务,方便用户随时随地使用,以更好地满足业务运行的需求。

(4) 资源弹性化:用户根据需要购置相应的资源,而不必像传统模式下那样需要具备峰值的计算能力予以保障,可以有效地节省开支,提高资源的利用率。

(5) 管理集约化:云计算实现了管理的集中化,可以最大限度地优化管理能力,降低管理成本,提升管理效率,最大限度地实现了管理的集约化。

(6)控制集中化:云计算提供集中式的服务,可以对系统安全、数据存储等采取集中化的控制,防止人为事故或其他意外的发生。

云计算技术经过较长时间的发展,现已出现了一批有影响的云服务的提供商,其中国内的"阿里云"服务对象包括200多个国家或地区的用户,已成为这一领域的翘楚。国际上,Alphabet(谷歌计算)、微软、SAP、IBM、亚马逊等都是世界著名的云服务提供商,并已形成了较为可观的云服务市场。

1.2.2.2 物联网

物联网,顾名思义是"物的互联网"(Internet of Things),是人的互联网的进一步扩展和延伸,由于"物"的数量远远大于人的数量,因此物联网的应用范围和发展前景十分广阔。图1-3展示了物联网的原理。

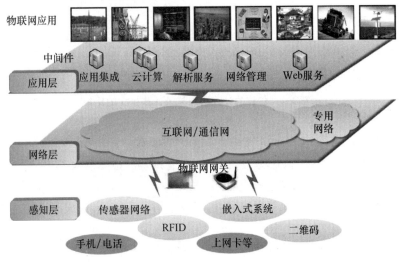

图1-3 物联网的原理

如图1-3所示,物联网系统包含感知层、网络层和应用层三层架构,将越来越多的、被赋予一定智能的设备和设施相互连接,提供在线监测、定位追溯、自动报警、调度指挥、远程控制、安全防范、远程维保、决策支持等管理和服务功能。

1. 感知层

感知层用于原始数据的采集,是物联网应用的源头,数据采集的数量和质量直接影响物联网应用的实际成效。

2. 网络层

网络层实现感知层和应用层之间的数据传输,是实现"物与物"之间连接的纽带,具体包括互联网、通信网或专用网络等,既可以是一种,也可以是多种组合,具体要根据应用场景进行选择。

3. 应用层

应用层是物联网用于满足各类业务需求的应用系统的集合,是物联网应用价值的具体体现。应用层涉及各行各业的具体应用,需要根据业务需求进行针对性的开发和应用。

经过多年的快速发展,当前物联网的应用触角已经伸展到大量的行业,图 1-4 列出了目前物联网应用较为成熟的相关行业。

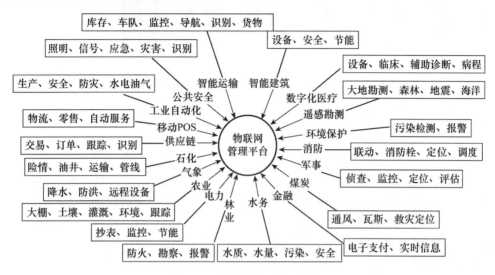

图 1-4　物联网应用行业分布

当前,我国物联网的应用正在全面铺开,应用成效也在不断得到显现,未来发展有着极为广阔的前景,为我国的经济转型和社会进步提供了重要的技术支撑力量。

1.2.2.3　移动互联网

移动互联网是指互联网的技术、平台、商业模式和应用与移动通信技术充分结合,实现基于移动状态的各种互联网应用。移动互联网是互联网与移动通信各自独立发展后互相融合的新兴市场,包括互联网产品移动化和移动产品互联网化两种趋势。与传统的PC 互联网相比,移动互联网具有以下主要特征:

1. 终端移动性

支持终端在移动状态下接入互联网,如高速行驶的汽车或者高铁,使随时随地使用互联网成为可能。

2. 业务专有性

移动终端与用户的身份紧密关联,通过移动终端处理各类业务,比 PC 端更具有专有性,方便管理。

3. 网络普及性

移动互联网既可以通过移动通信 3G、4G 以及即将到来的 5G 等方式接入,也可以通过 WiFi 或城市无线网等方式接入。目前,我国的移动通信网络已具有较高的覆盖率,保证了移动互联网的全方位应用。

4. 应用整合性

移动互联网实现了用户、终端、业务和网络的深度融合,实现了应用的高度整合,更好地满足应用需求。

移动通信网是移动互联网发展的重要基础设施,全球移动通信网以带宽(数据速率)的提升为标志,经历了一代又一代的变革(如图 1-5 所示)。

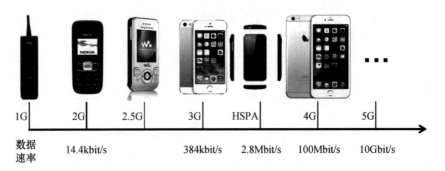

图1-5 移动通信网络的发展演进

当前,我国的移动通信网络已全面进入4G时代,并为5G时代的到来做相应的准备。按照国际电信联盟的解释,5G网络同时具备在1平方公里范围内向超过100万台物联网设备提供100MB/s平均传输速度。这就意味着,长期制约用户使用移动互联网的带宽瓶颈将被彻底破除,真正意义上的信息社会将正式到来。

1.2.2.4 大数据

"大数据"(Big Data)是最近几年最为炙手可热的概念之一,很大程度上达到了被"神化"的地步。简言之,"大数据"是指无法在可承受的时间内用常规软件工具进行捕捉、管理和处理的数据集合。大数据蕴藏着巨大的价值,是因为常规方法无法挖掘,所以需要用相应的技术和方法来解决。云计算是大数据的信息化基础,而大数据是云计算的一个典型应用,可以说,大数据的业务需求为云计算的落地找到了实际应用。

大数据具有四个以"V"字母开头的英文字母所描述的基本特征:

1. Volume

数据容量的存储从 TB[①] 扩大到 ZB[②],甚至更大。数据的加工处理技术的提高,网络宽带的成倍增加,以及社交网络技术的迅速发展,使得数据产生量和存储量急剧增长,给数据处理带来严峻的挑战。

2. Velocity

数据容量的增长要求数据传输和处理的速度快速提升,主要表现为数据流和大数据的移动性,以及大容量数据实时性的传输和处理。比如,用户通过手持终端设备关注天气、交通、物流等信息,如果数据处理的速度跟不上,那就会使数据的价值荡然无存。

3. Variety

Variety 是指数据形式多样性,包括各种途径来源的关系型数据和非关系型数据。由于各种设备通过网络连成了一个整体,用户不仅可以通过网络获取信息,而且还成为信息的制造者和传播者,数据种类也开始变得繁多,语音、数字、文字、模型、图形或视频等数据类型融合共生。

4. Value

挖掘价值是大数据应用的关键所在,但大数据的价值密度低,并且具有稀缺性和不

---

① 1TB=1024G。

② 1PB=1024G。

确定性的特点,价值发现较为困难,这也是大数据应用所需要克服的主要障碍。

不同的行业在大数据的开发和应用方面有着不同的价值潜力和开发难度(如图1-6所示)。其中,政府大数据的应用是属于价值潜力高和开发难度相对较小的行业,应用前景良好。

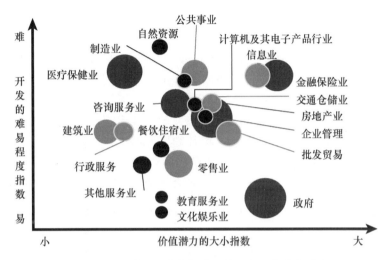

图1-6 不同的行业大数据应用价值和开发难度对比

1.2.2.5 智能技术

智能技术是一个综合性的概念,由现代通信技术、计算机网络技术、智能控制技术、传感技术和定位技术等汇集而成,形成一种集成化的应用,实现智能化管理和服务的目的。

智能技术的涉及范围十分广泛,其中人工智能是重要的表现。人工智能的本质是对人的思维的信息过程的模拟,是人的智能的物化,用于研究、开发模拟、延伸和扩展人的智能。人工智能经过信息采集、信息处理和信息反馈三个核心环节,实现智能感知、智能计算和智能反馈,即感知、思考和行动三个层层递进的运行过程(如图1-7所示)。

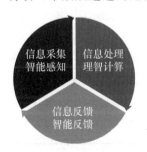

图1-7 人工智能的运行过程

深度学习(Deep Learning)是当前全球人工智能领域的主要热点之一,世界各国的政府和相关企业对此倾注了极大的热情。基于人工神经网络的深度学习技术是当前最热的研究领域,被谷歌、Facebook、IBM、百度等企业广泛使用,用来进行图像、语音和人的行为习惯的智能识别。

虚拟现实（Virtual Reality）作为智能技术的后起之秀，正在受到广泛的关注。虚拟现实是指借助计算机系统、传感器技术生成三维环境，创造出一种新颖的人机交互方式，通过调动用户的视觉、听觉、触觉、嗅觉等感官来享受真实、身临其境的体验。目前，随着各种技术的深度融合、相互促进，虚拟现实技术在教育、科研、军事、制造业、艺术与娱乐、医疗、城市管理和环境保护等领域已经有了比较多的应用，并已呈现出越来越广泛的应用态势。

制造业是对智能技术应用需求最为强烈的行业之一，世界发达国家把推进"智能制造"作为振兴制造业发展的重要抓手。德国正在推进的"工业4.0"①战略把"建设智慧工厂，实现智能制造"作为核心任务。美国提出的"工业互联网"战略的核心任务也是为了实现制造业的"智能化"，以推动美国工业制造业的转型升级。我国近年来提出的"中国制造2025计划""制造业与互联网融合发展计划"等都是为了促进制造业与智能技术的融合，进一步提升我国制造业的市场适应力和国际竞争力。

政府既是智能技术的重要使用者，又是有力推动者，将在智能技术的发展和应用中起到不可替代的作用。

1.2.2.6 区块链

区块链（Block Chain）是近年来伴随着比特币的出现而快速发展起来的新技术，这种以"去中心化"为基本特征的分布式数据库技术具有去中心化、集体维护、高度透明、去信任、匿名等特征，在比特币体系中得到了创新性应用，其独特的应用成效得到了世界各国政府和企业的广泛关注。在麦肯锡2016年发布的《区块链——银行业游戏规则的颠覆者》的报告中，区块链技术被称为继蒸汽机、电力、信息和互联网科技之后最有潜力触发第五轮颠覆性革命浪潮的核心技术，足以看出区块链技术的发展前景。2016年年初，英国政府发布了由英国政府首席科学顾问撰写的题为《分布式账本技术：超越区块链》的报告，为国家层面如何布局区块链技术的应用提供决策支持。毫无疑问，一场以"区块链"为驱动力的经济社会变革即将在全球范围内启幕。

区块链是指通过去中心化和去信任的方式，由参与其中的成员共同维护一个特定数据库的技术方案，该技术方案让参与系统中的任意多个用户节点，把一段时间系统内用户交互传输的数据，通过特定的密码学算法计算并记录到一个数据块（Block），并且生成该数据块的指纹用于链接（Chain）下个数据块和校验，系统所有用户组成的节点来验证记录的真伪。每个数据库分别记录了4个核心参数，分别是前一区块的哈希值（Hash）、本区块的时间戳、一个随机数和本区块的哈希值树（Hash Tree），前一个区块的哈希值用于将本区块与前一个区块构建一一对应的映射关系，形成环环相扣的链；时间戳用于记录数据存储于本区块的具体时间；随机数随机生成，需要通过相应的算力（比如比特币的挖矿）才能获得；哈希值树记录这一区块中各类存储信息的密钥阵列，客户必须通过获得密码才能获取存储在该区块中的特定数据。图1-8展示了典型的区块链的结构和要素构成。

---

① "工业1.0"是指蒸汽机用于制造业实现制造业的"机械化"；"工业2.0"是指电力用于制造业实现制造业的"电气化"；"工业3.0"是指计算机和自动化技术用于制造业实现制造业的"自动化"；"工业4.0"是指一系列智能化技术用于制造业实现制造业的"智能化"。

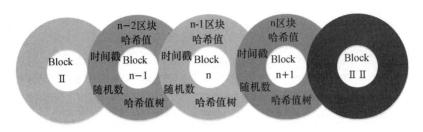

图 1-8 典型的区块链结构和要素构成

从本质上来看,区块链可以理解为一个基于计算机程序的开放式总账。它可以独立记录在区块链上发生的所有交易,系统中的每个节点都可以将其记录的数据更新至网络,每个参与维护的节点都能复制获得一份完整数据库的拷贝,这就构成了一个去中心化的分布式数据,可以在无须第三方介入的情况下,实现人与人之间点对点式的交易和互动。从技术原理上来看,区块链并不复杂,但在经济社会发展的各个领域有着十分广泛的用途。

作为一种去中心化的技术,区块链具有以下三个方面的特征:

1. 数据的完整性和不可更改性

区块链能够完整地记录整个交易过程的完整数据,并且交易的所有参与者都能实时获得区块链中的全部数据,可以消除信息不对称造成的风险。与此同时,区块链中的所有数据具有基于时间的单向流动性,当新数据写入区块后,新生成的区块将会被迅速覆盖至区块链中的全部区块,这样的流程不可逆转,所产生的数据记录既无法修改也不可撤销,充分保证了数据的真实性。

2. 独立性和相互依存性并存

区块链由共同参与业务运作的用户群体所共享,每个节点上的用户均可同步更新区块链中的数据,并且任何参与运作的节点均可以查询整个区块链的全部数据。当整个区块链网络中单一节点出现故障时,并不会导致其他节点上信息的缺失,其余参加者仍能照常运行,因此具有较强的独立性。另一方面,区块链网络任一节点所产生的交易数据必须依赖网络上其他节点的确认才能有效地纳入整个区块链之中,相互依赖的关系十分明显。

3. 开放性和专用性相结合

区块链依托互联网进行数据的传输和业务的运作,任一用户只要遵循响应的规则即可通过互联网参与业务的运行,也可以根据自身的需要自由退出,这种开放性的特征很大程度上保障了用户的自由选择权,能做到"进退自如"。在互联网提供广泛的开放性的同时,区块链网络利用各种加密技术手段,使得关联业务之间的用户可以组成专门的业务单元,开展特定业务的运作。

区块链作为一种与传统数据库类型有着显著差异的新型数据库系统,为涉及数据库应用的各行业的发展提供了新的技术选择。金融业作为高度数字化的服务行业,自然与区块链有着紧密的联系,两者的有机结合必将产生强大的融合效应,形成全新的发展模式。

1.3 电子政务概念与内涵

自从1946年世界上首台计算机在美国问世以来,世界各国的政府部门与以计算机为主要标志的信息技术应用就结下了不解之缘。长期以来,政府部门既是社会信息资源的最大拥有者和处理者,也是信息技术的最大使用者。在经历了主机阶段、个人电脑加局域网阶段以及互联网阶段的技术变迁后,政府的政务处理活动迎来了新的发展阶段——电子政务时代。① 电子政务的出现既是现代信息通信技术进步的产物,也是政府自身改革与发展的必然结果。

1.3.1 三个基础概念

在讨论电子政务这一概念之前,需要先掌握与电子政务相关的三个基础概念,以期能对电子政务有更全面和更深刻的理解。

1.3.1.1 政府

众所周知,政府(Government)是指国家权力机关的执行机关,即国家行政机关。按照一般的理解,政府是一种机构和组织,是为社会各种组织和个人提供政府管理事务的客观存在。按照管辖权力的不同,政府可分为中央政府和地方各级政府,不同的政府机构各自承担不同的职能。

1.3.1.2 政务

政务(Government Affairs)是指关于政治方面的事务,泛指国家和地方政府的管理工作。在我国,"政务"的概念可从广义和狭义两个角度来理解:广义的"政务"泛指各类行政管理事务,包括政党、政府、人大、政协、军队等系统所从事的行政管理活动,如党务、税务、警务、军务以及社区事务等;狭义的"政务"则是专指政府部门所开展的行政管理和社会服务活动,而不包括其他非政府部门的事务。在我国,对"政务"的理解基本是从广义的角度考虑的,电子政务的实际实施也是在广义的范围进行的。

1.3.1.3 政府治理

"政府治理"(Governance)一词源于拉丁文和古希腊语,原义是统治、控制和操纵,长期以来用在与国家的公共事务相关的管理活动和政治活动中,泛指政府治理的一系列的行为和过程。在西方国家,有很多政治学家和经济学家对政府治理作了大量的研究,形成了颇为丰富的理论,比如政府与市场、政府与社会、公与私之间的界定与权限划分等都属于政府治理需要考虑的范畴。

1.3.2 "电子政务"的不同定义

需要说明的是,电子政务是随着互联网、电子商务等概念而来,它是由英文"e-Government"翻译而来,而"e-Government"的字面意思应为"电子政府"。在国内,早几年这

---

① 参见:周宏仁. e-Government in Administrative Reform. http://unpan1.un.org/intradoc/groups/public/documents/CAFRAD/UNPAN006861.pdf.

一概念也曾被翻译成"电子政府",但后来可能主要是为了与"电子商务"概念相对应,大家习惯用"电子政务"这一提法替代"电子政府"这一原义了。所以,国内所提的"电子政务"实际上就是国际上的"电子政府"——e-Government 的概念。

总结以上多个国际组织对"电子政务"的定义,结合我国的实际,本书认为,电子政务是指政府部门通过以互联网为主要标志的信息通信技术在政府事务中的广泛应用,以改变政府内部与外部之间的关系,使政府的效率、效力和服务能力等各个方面的水平得到全面的提高,创造出更为卓越的政府。

从经济全球化和信息网络化这个大背景来看,电子政务可以理解为政府部门应用信息通信技术将政务处理与政府服务的各项职能实现有机集成,并通过政府组织结构和工作流程持续不断的优化与创新,以实现提高政府管理效率、精简政府管理机构、降低政府管理成本、改进政府服务水平等目标。

1.3.3 电子政务概念的内涵

电子政务作为一个综合性的概念,包括以下四个方面的内涵:

1.3.3.1 以信息通信技术作为技术基础

电子政务不同于用传统的手段来处理政府事务,它必须通过以互联网为主要表现形式的现代信息通信技术的应用才能实现,它的发展离不开信息化基础设施和相关软硬件技术的发展。

1.3.3.2 "电子"与"政务"的有机融合

电子政务并不是政府事务和信息通信技术的简单组合,而是通过信息通信技术的应用,使得传统政务活动中难以做到的信息实时共享和双向交互等新的政务实现方式成为可能,使政务处理的效率、水平、透明度和满意度等各方面都能得到全面提升。

1.3.3.3 必须与政府改革和流程重组紧密结合

电子政务不能停留在信息通信技术的简单应用这一层次,更重要的是要通过信息通信技术与电子政务发展相适应的政府机构改革和工作流程重组紧密结合起来,使电子政务发挥出真正的优势。否则,让先进的信息通信技术去适应落后的政府组织结构和政务工作流程,只能是本末倒置、于事无补。

1.3.3.4 "政务"是根本,"电子"是手段

从电子政务的不同定义都可以看出这样一个共同点,"电子"是手段、工具和载体,而改善政务才是根本的目的。因此,只有达到改善和创新政务管理的根本目标,才能算作是真正有意义的电子政务。如果过分追求"电子"的先进性,而忽视了"政务"的根本需要,那么只能使电子政务误入歧途,贻害无穷。

1.3.4 电子政务与传统政务的区别

传统政务的处理方式是以政府机构和职能为中心的,企业、社会组织和公众要通过政府部门办理相关事务,必须首先了解各个政府部门的基本职能、权限和具体分工,然后按照先后顺序分别到不同的部门办理。因为业务流程复杂,审批环节众多,议事程序漫长,使得政府的服务对象苦不堪言。比如有的地方盖一栋大楼需要盖数百个公章,开设

一个外资企业需要等上数月甚至更长的时间都成了司空见惯的事,这样不但浪费了宝贵的社会资源,而且也大大损害了政府的形象,使得政府与企业、政府与公众的矛盾日益加深,而且为政府的腐败行为留下了巨大的空间。电子政务的处理方式是以公众的需求为中心的,政府以"向社会提供高效、优质的政府管理与服务"作为出发点,帮助企业、社会组织和公众高效办理各种经济社会事务,协调各种关系,共同推进经济社会的发展与进步。

传统政务与电子政务的比较参见表1-1。

表1-1 传统政务与电子政务的比较

对比项目	传统政务	电子政务
政府机构存在形式	物理实体存在	网络虚拟化存在
政务办理方式	面对面	跨越地理限制
政务办理时间	严格时间限制	7×24方式①
政府组织结构	金字塔型垂直结构	网络型扁平化结构
政府管理方式	集中管理	分权管理
政务生效标志	公章等	数字签名等
政务处理程序	前后串行作业	协同并行作业
政府工作重心	以管理、审批为中心	以服务、指导为中心
政府主要议事方式	会议等	网络讨论等
政府决策参与范围	主要集中在政府内部	政府内部与外部相统一

1.3.5 电子政务的基本特征

电子政务是随着以互联网为核心的信息通信技术的迅猛发展而逐步发展成熟起来的,但它绝不是信息通信技术在政府管理中的简单应用,或者说利用信息通信技术去适应现有的政府业务流程。从政务实现的角度上来看,电子政务主要具有以下三个方面的基本特征:

1.3.5.1 政府业务流程的电子化

简单地说,流程(Process)是指一个或一系列连续有规律的行动,这些行动以确定的方式发生和执行,导致特定结果的实现。政府的政务活动是由一系列的政府业务流程组合而成的,业务流程设计是否科学合理、运行过程是否顺畅、流程输出的结果是否符合实际需要等,都会对政府的政务活动产生直接的影响。在传统的条件下,政府业务流程的设计与运行是在职能分工和层级制的原则下进行的,这种体制暴露出了明显的缺陷。比如,流程的分散化使得政府任何一个部门及其工作岗位上的人员都无法充分了解和掌握整体行政业务过程的全部信息,一个最终解决公共问题的信息流、工作流被置于分部门、无控制的割裂状态。又如,由于各项行政业务工作以严格的时序进行,如果某一环节出现中断,则整个工作流程也将中断,必然导致政府某项特定业务的停滞。再如,在严格而细化的职能分割体系下,每个职能部门及其岗位工作人员往往只关心自己管辖的局部业

---

① 每周7天,每天24个小时。

务,而不关注相关部门的工作情况,更不关注整个业务流程活动的最终效果。所以,在这样的条件下,政府业务流程的运作效率和输出效果就会有很大的局限性,一定程度上影响了政务实现的效率和水平。

实现电子政务的重要任务就是要实现政府业务流程的电子化,改变传统政府流程分散、割裂的状态,实现政府业务流程的一体化和高效化运作,利用电子信息流打破政府部门间人为造成的各种壁垒,使政务活动的时间、质量、成本和服务等方面的业绩有根本性的改善和提高。

1.3.5.2 政府服务提供的电子化

作为公共服务的主要提供者,向社会各界提供各类政府服务是各级政府机构的基本职责。政府提供的服务包括一般性的信息服务、政府与外部的沟通服务、专门化服务和交易性服务等。在传统的条件下,各类服务由于受到技术条件和参与范围等多方面的限制,在服务传递的内容、效率、质量和水平等方面无法满足社会的需要,与经济社会的发展要求和政府自身职能的履行存在着比较大的差距。

实现政府服务流程的电子化、政府服务功能的自动化、政府服务内容的个性化和政府服务提供的持续化,真正做到一站式(One-Stop)服务、全天候(7×24)服务、不间断(Non-Stop)服务和公民关系管理(Citizen-Relationship Management),是电子政务发展的重要任务。政府服务的电子化不但在提高政府服务能力和水平、降低政府服务成本方面具有十分明显的优势,而且在提高政府服务的参与面和公众的满意度等很多方面都会带来重要的影响。可以说,政府服务的电子化代表政府服务发展的方向和趋势,将会在社会进步和经济繁荣等多方面发挥显著的作用。

1.3.5.3 政府内外关系的电子化

作为实施公共管理和公共服务的主体,政府承担了极为重要和丰富的职能,而且与社会各个方面都有着千丝万缕的联系。在传统的条件下,政府与政府之间、政府与企业之间、政府与公民之间以及政府与其他社会组织之间虽然有着广泛的联系,但因为缺乏有效的手段和管理方法,使得各种关系的维持只能停留在比较肤浅的层次,无法向深层次的方向发展。比如,由于政府无法对公民的个体情况进行深入的了解和跟踪,就很难向其提供专业化、个性化的服务。又如,由于政府在进行重大决策时囿于参与面的局限性很难真正体现利益相关人的共同意志。正如联合国报告中对"电子政务"定义的描述那样,电子政务在很大程度上是要改变传统的政府内部之间、政府与外部之间的各种关系,通过现代信息通信技术的应用,使得这样的关系更紧密、更富有价值,从而使政府的管理水平和服务能力有根本性的提高。

政府内外关系的电子化并不是利用先进的技术来取代传统的人性化的交流与沟通,而是利用电子化的手段使得政府内部之间、政府与外部之间的交流沟通变得更方便、更直接、更高效。根据联合国在全球范围内曾经组织的调查,国际上有2/3的被调查者认为他们的政府并不代表他们,他们认为自己的国家并不是按照人民的意志进行治理的。产生这一结果的重要原因是政府与公民之间关系的脱节,两者之间存在着不可忽视的沟通鸿沟。实现电子政务就是要用电子化的手段来弥补这一鸿沟,使得传统的政府内外关系产生革命性的变化,让政府能更加直接有效地体现公众的意志,最大限度地让公众满意。电子政务中所应用的公民关系管理系统实际上就是改变政府与公民传统关系的一种有效的手段,通过公民关系的数字化和电子化,让政府对公民的管理和服务变得更加方便、快捷和高效。

1.3.6 与电子政务相关的几个概念

电子政务的概念从出现至今已有一二十年的历史,但到目前为止,人们对它的理解和认识还不是很到位,与之容易混淆的相关概念也不少,在此试举几例。

1.3.6.1 办公自动化

在过去很长一段时间,有不少人简单地认为,办公自动化(Office Automation,OA)就是电子政务,实现了办公自动化就等于实现了电子政务,而且一些IT企业为了推广自己的软硬件产品,也把办公自动化与电子政务混为一谈,企图浑水摸鱼。实际上,这是一种很大的误解。办公自动化比我们今天所谈的电子政务的发展要早得多,在发达国家,20世纪六七十年代,政府部门基本都已实现了办公自动化。在我国,不少政府部门在20世纪80年代中期就已经基本实现了办公自动化,比如利用计算机实现文件处理等。进入90年代后,政府部门办公自动化的应用随着"金税工程""金关工程"的实施得到了迅速的发展。到目前为止,全国各地大部分政府机关都已实现了不同程度的办公自动化应用,但办公自动化的总体应用水平还不高,不少还停留在利用电脑代替人工这一层次,没有摆脱信息封闭、缺乏实时交互等局限性,只是在政府办公方面发挥了其应有的作用。因此,办公自动化只是电子政务的低级阶段,与真正意义的电子政务还有很大的差距。

1.3.6.2 政府信息化

所谓信息化,是指信息技术革命所引起的,使人类社会从工业经济时代向信息经济和知识经济时代转型的一种社会经济过程。它包括信息技术的产业化、传统业务的信息化、基础设施的信息化、生活方式的信息化等多个方面。在经济和社会的信息化进程中,政府部门起着至关重要的作用,这一方面是因为信息化是一项复杂的系统工程,只有政府的积极参与和率先垂范,才能使信息化建设落到实处,产生效益;另一方面是因为政府部门掌握着全社会主要的信息资源,是信息资源和信息市场的基本控制者,没有政府信息资源的有效释放,经济和社会的信息化也只能是无源之水、无本之木。所以,推行经济和社会的信息化必须由政府信息化开始,政府信息化是先导,企业信息化是基础,社会信息化是方向,家庭信息化是趋势。

不难看出,政府信息化是一个相对宽泛的概念,具体包括办公自动化、信息网络化、管理电子化等多个方面。政府信息化与电子政务的关系是相辅相成的,电子政务是政府信息化的主要表现形式,而政府信息化又是电子政务实施的必要条件。因此,政府信息化与电子政务是相互作用、同步推进的。

1.3.6.3 电子商务

从20世纪90年代中期以来,电子商务在全球范围内得到了迅猛的发展,为人类社会的经济发展和社会进步起到了重要的推动作用。一般来说,电子商务是企业通过信息通信技术在企业生产经营活动中的广泛应用,达到有效降低生产经营成本、显著提高经营管理效率、成功开拓国内外市场、大幅度增进客户满意度等多方面的目的,进而提高企业适应市场、满足市场和开创市场的能力。换句话说,电子商务就是应用"电子"手段为"商务"服务,使商务活动的运作方式和实现结果产生根本性的变化。

电子政务与电子商务的区别表现在:

(1) 电子商务的主体是企业,而电子政务的主体是政府;

(2) 实施电子商务的主要目的是企业为了追求理想的经济效益,而发展电子政务的主要目的则是政府为了更好地实现自身的职能。

电子政务与电子商务的联系表现在:

(1) 电子政务与电子商务都必须依靠信息通信技术来实现;

(2) 电子政务与电子商务的根本目的是一致的,都是为了推动经济和社会的快速发展;

(3) 企业与政府之间的一些业务往来,于企业而言是电子商务,于政府而言则是电子政务。比如,企业向政府纳税、政府向企业采购,对于政府来说属于电子政务,而对于企业来说则属于电子商务。

1.3.6.4 电子政府

虽然电子政务与电子政府来自于同一个英文组合词"e-Government",国内所用的"电子政务"实际上相当于国际上的"电子政府"的概念,但国内有时提到的"电子政府"这一概念也是有其特定含义的。按照一般的理解,"电子政府"是与传统的政府机构相对而言的,是现有的政府机构在开展电子政务的过程中,对现有的政府组织结构和工作流程进行优化重组之后所重新构造成的新的政府管理组织。

从深层次来看,电子政府与电子政务存在的区别表现在:(1) 电子政府的外在表现形式可以是虚拟化的政府网站,但支撑网站运作的必然是精简的政府机构、高效的政府工作团队和电子化的政府业务流程;(2) 电子政务主要是指政府部门利用信息通信技术实现政府的相关职能,它将政府事务通过互联网等技术的应用实现有机集成,实现政府组织结构和工作流程的优化组合,打破时间、空间和传统政府部门"各自为政"的局限性,全方位地向社会提供优质、高效、规范、透明、符合国际水准的政府管理和政府服务。因此,电子政务的实施必须依靠电子政府来完成,而构建电子政府的根本目的也就为了更好地实施电子政务。

1.3.6.5 电子化政府治理

电子化政府治理的英文表述是"e-Governance",是在国际上讨论得比较多的一个重要概念。简单地说,电子化政府治理是指利用信息通信技术来实现更好的政府治理。这一看似简单的概念实际上超越了电子政务和电子政府的范畴,根据世界银行提供的报告描述,电子化政府治理是借助于信息通信技术的应用,要致力于改变公民与政府发生联系的方式,公民与公民之间相互的关系以及政府与公民之间的关系。世界银行认为,电子化政府治理应该包括以下三个方面的内涵:

(1) 电子化行政(e-Administration):通过降低行政成本、约束政府的行为、制定与政府相关的战略、创造政府的授权等方式来改进政府的流程。

(2) 电子化公民和电子化服务(e-Citizens and e-Services):通过与公民的对话来加强公民与政府的联系;通过倾听公民的意见来履行政府的责任;通过改进政府的公共服

务来促进政府民主。

（3）电子化社会（e-Society）：通过为企业更好地工作、发展社区、建立政府的合作伙伴以及建设文明社会等举措来构筑超越政府壁垒的电子化社会。

如果说电子政务强调的是政府服务和信息通过电子化的方式传递的话，那么电子化政府治理更侧重在公众通过电子化的方式有平等的权利参与对其有直接或间接影响的政府决策，允许公众直接通过电子化的途径参与到政府的相关活动中去。电子化政府治理不仅仅表现在政府通过互联网来传递政府服务，或者说通过电子化的方式让公众获得政府的信息以及实现电子化的支付等，更重要的是它通过电子化技术的应用形成了一种新的民主决策机制，或者说是建立在电子化技术基础上的一种新型的政府与公民的关系。因此，电子化政府治理有时又被理解成为电子化民主（e-Democracy）的近义词，从某种意义上可以看作是电子政务的目标和方向，是电子政务发展的一个高级阶段。

1.4 电子政务的产生与发展

电子政务是伴随着互联网的兴起而发展起来的。一二十年来，它伴随着信息通信技术的不断进步、政府自身改革与发展的逐步深入以及社会需求的日渐成熟等多种因素得到快速推进。目前，世界各国都在加快电子政务的发展进程，以期更好地把握电子政务带来的极为难得的发展机遇。

1.4.1 电子政务的发展动力

电子政务之所以在最近几年能得到快速的发展，与各种因素紧密相关，主要表现在以下三个方面：

1.4.1.1 信息通信技术的快速发展

最近20年来是信息通信技术发展最快的一段时期，特别是互联网在各行各业的广泛应用和全面渗透，引发了一场意义深远的信息革命，而在进入"互联网＋"时代之后，这样的趋势得到了进一步的提升。信息通信技术不仅为电子政务的发展提供了强劲的技术支撑，而且为电子政务的发展提供了极其广阔的用户基础，两者的紧密结合使得电子政务既成为可能，又成为必要。纵观全球，信息通信技术的普及与应用事实上已成为电子政务发展的快速推进器，世界各国在取得互联网应用快速发展的同时，也为电子政务的深入发展打下了坚实的基础。

1.4.1.2 政府自身改革与发展的需要

政府作为社会公共事务的管理主体，如何以更高的效率、更快的速度、更好的服务和更低的成本履行自身的职能和相应的职责始终是各级政府部门追求的目标。加快电子政务的发展与应用可以说是实现这一目标的一种极为有效的途径，因为电子政务借助信息通信技术的应用，可以让公众更方便地参与政府事务，可以突破政府部门之间各种有形的壁垒，可以更大程度地开发和利用政府的各种信息资源，可以构建起更加透明、高效、廉洁和人性化的全新的政府，这正是政府自身改革与发展的根本方向和根本目标。所以，电子政务与政府深化机构改革、转变政府职能、提高施政效率、优化政府服务等目标不谋而合,自然能得到世界各国政府部门的极力支持和推动。美国联邦政府曾在名为《扩展 e-Government》的策略报告中提出行动的三条主要目标:一是使公民更容易获取政府服务以及能更方便地与联邦政府接触;二是提高政府的效率和效力;三是提高政府对于公民需求的反应速度。这充分说明,发展电子政务就是政府自身改革与发展的根本需要。

1.4.1.3 社会需求的牵引

经济的快速发展、社会的全面进步是每个国家的公民、企业和各种社会组织都共同期望实现的目标。随着社会信息化的快速发展,无论是公众,还是各种经济实体和社会组织,都积极希望政府与信息化发展的潮流相适应。毫无疑问,在全社会的信息化进程中,政府部门既是社会信息资源的最大拥有者,也是社会信息化最强有力的主导者和组织者,因为只有政府部门才具有调配、调节、引导、开发和利用信息资源的充分权威和管理职能。也正因为如此,在世界各国积极倡导的"信息高速公路"的五个领域中,电子政务名列前茅,成为各国政府的重要奋斗目标和各国之间展开全球角逐的竞技场,实际上很大程度上是因为经济社会发展强劲需求的牵引。唯有加快电子政务的发展,才能与经济社会发展的要求相适应。

从公众对政治民主的需求来看,随着人类文明程度的提高和物质条件的进一步改善,对政治民主有着更高、更迫切的需求,公众要求参政议政,要求政府实施民主化管理的呼声日益高涨。而电子政务在实现政务公开、政府信息共享、决策参与度和透明度提高等方面有着极为明显的优势,很大程度上能够满足全社会对政府政治民主的发展需求。所以,从这一点来看,加快电子政务的发展对社会进步同样具有不可忽视的推动作用。

1.4.2 影响电子政务发展的主要因素

从电子政务的发展历程来看,影响电子政务发展水平和层次的因素有很多,主要集中在以下五个方面:

1.4.2.1 信息通信技术的发展和应用状况

电子政务的发展是建立在信息通信技术的发展和应用基础之上的,一个国家或地区电子政务的发展水平和层次与信息通信技术的发展和应用状况紧密相关。在政府内部,信息通信技术的基础设施、基本装备是开展电子政务的重要条件;在政府外部,公众使用信息通信技术来获得电子政务的各种服务,同样需要具备必要的条件。因此,电子政务和信息通信技术的发展和应用是相互作用、共同推进的。

衡量信息通信技术发展与应用程度的重要指标是互联网用户数、计算机普及率和互联网带宽等,从近年来的发展情况来看,这些方面的发展不断加快,为电子政务的健康、快速、有序发展创造了极好的条件。

1.4.2.2 政府信息资源整合和利用程度

信息资源是一个国家或地区国民经济与社会发展的重要战略资源,谁拥有了丰富的信息资源,谁在信息资源开发和利用方面就占据优势,谁就能在激烈的国际、国内竞争中获得主动权,把握新的发展机遇。随着经济全球化和信息网络化的深层次发展,国家与国家之间、地区与地区之间围绕信息资源展开的竞争将会更趋白热化,信息资源在经济和社会发展中所起的作用也将会越来越显著。政府是全社会信息资源的主要生产者、拥有者和使用者,在实施电子政务的过程中,如何实现信息资源的有效整合,建立起科学、高效的信息资源采集、处理、交换、共享、运营和服务机制,使政府、公民和社会各界能够充分共享政府雄厚的信息资源优势,这不仅是电子政务发展的基本目标,而且也是决定电子政务发展水平的重要指标。

在传统的条件下,由于受到管理体制的束缚和技术条件的限制等多种因素的影响,政府信息资源往往分散管理、独立运作,既造成了政府信息资源的浪费,又产生了社会信息资源的供应不足,除了形成数不胜数的信息"孤岛"以外,政府信息资源的价值不能得到真正的体现。因此,在发展电子政务的过程中,各级政府部门必须充分认识到政府信息资源整合和利用的重要性,应把它看作是发展电子政务的一项基础性、根本性的工作。

1.4.2.3 政府人力资源状况

电子商务的发展主体是企业,与之相对应的,电子政务的发展主体是政府,政府是一个国家或地区电子政务发展中的决定性力量。但制约政府电子政务发展的一个重要因素是政府人力资源状况的限制,因为电子政务的实施既要有一批懂技术且熟悉政府业务的开发型技术人才,又要让现有的政府公务人员具备能在比较短的时间内掌握并利用信息通信技术开展电子政务业务的技能,这是当今世界各国或地区政府机构普遍面临的一项严峻挑战,从某种意义上可以说,是电子政务发展的一道"坎"。

不少政府公务人员或由于对电子政务的认识不到位,或由于担心自身的利益受损,或由于缺乏相应的技术能力,在对待发展电子政务的问题上多少持消极抵触的态度,这在发展初期是可以理解的,但也是不能不予以重视和尽力去克服的。否则,没有政府公务人员响应的电子政务的发展必然走向形式主义的死胡同。当然,改变政府人力资源状况是一个长期的过程,既要加快专门人才的培养,又要通过培训、宣传、考核等多种方式来提升政府人力资源的能力和水平。

1.4.2.4 电子政务相关法律

电子政务在取得快速发展的同时,也带来了比较复杂的法律问题,比如政府信息资源的公开、政府电子文档的管理、公民隐私的保护、政府信息的安全等许多方面都面临着新的挑战。因此,世界各国在推进电子政务发展的同时,也把促进电子政务的法律建设作为一项重要内容予以建设和完善。

从世界范围来看,具有完备的电子政务立法的国家还不多,局部的相关立法已比较多见,比如电子签名法、个人隐私保护法等已在很多国家正式出台。有关电子政务的立法虽是一项牵涉面广、程序复杂、任务艰巨的工作,但已成为电子政务发展过程中既十分重要又极为紧迫的议题。

1.4.2.5 电子政务组织与管理

电子政务的开发、实施与应用是一个长期而又复杂的过程,牵涉到发展规划的制定,资金、技术、人才等资源条件的保障,系统的管理与维护以及具体的应用与服务等很多环节和程序,在整个发展、成熟的过程中,针对电子政务的组织与管理起着极为重要的作用。组织管理得好,可以起到事半功倍的效果;组织管理得不好,就会掉进失败的泥淖。

联合国的报告中根据电子政务的实施效果把电子政务分成三类：第一类是浪费型（Wasteful）电子政务，是指那些投入了很多资源，但由于信息通信技术的应用不得法，并没有使政府的政务处理能力得到优化的电子政务项目；第二类是无目标型（Pointless）电子政务，是指那些虽然在一定程度上优化了政府业务流程，但与社会的发展要求存在很大差距的电子政务项目，这类项目的实施者往往追求技术的先进性，但忽视了电子政务的真正目的——公众的需要；第三类是有目的型（Meaningful）电子政务，是指那些不仅优化了政府业务流程，而且充分满足社会需要的电子政务项目，这类电子政务支持人类发展，符合经济和社会的发展方向，可以为政府自身以及政府的服务对象创造最大限度的价值。从国际电子政务的发展状况来看，浪费型电子政务和无目标型电子政务项目目前还占有比较大的比例，其中一个值得重视的原因是电子政务的组织和管理没有到位，以致最后的发展与电子政务的根本目标大相径庭。

电子政务从本质上来看还是"三分技术，七分管理"，对电子政务实施有效的组织和管理具有十分重要的意义，相关的政府部门必须对此既要高度重视，又要从组织保障、人员配备、制度制定和监督考核等多方面入手，使其真正落到实处。

1.5　电子政务的价值分析

电子政务的实施并不是简单地把政府信息搬到网上，也不仅仅是以计算机代替人工来处理政府事务，而是要利用信息通信技术，彻底转变传统的政府管理工作模式，使政府机构、政府公务员、公民、企业和其他各种社会组织构筑起一种全新的网络联系，实现公务、政务、商务和事务的一体化管理与运行的目标。因此，电子政务的价值也是体现在多方面的。

1.5.1　提升政务处理效率

电子政务在提升政务处理效率方面具有十分明显的优势，因为信息通信技术在处理大量、复杂的政府信息和公共事务时显得极为有效，而且基于互联网的数据收集和传输的应用在大大节省传统的政务处理所需要的时间的同时，显著促进了政府部门之间、政府与外部之间信息的共享，对提升政务的处理效率有着非同寻常的作用。

1.5.1.1　一站式服务提升效率

政府职能通过信息通信技术的应用做到"一站式服务"，公众面对的将是一个虚拟化、一体化的政府，他们不必关心自己打交道的是哪一级政府的哪个部门，具体工作人员是谁，而是只要通过互联网等手段提出自己的服务请求即可得到相应的服务。这样，将使得过去政府机构普遍存在的"门难进，脸难看，话难听，事难办"的现象得到根本的改观。

1.5.1.2　7×24服务提升效率

政府部门通过网站、呼叫中心等形式向社会提供7×24的服务，可以使公众随时随地与政府机构发生各种业务联系，克服了传统上必须在特定时间到特定部门找特定工作人员办事的弊端，从而大大提高了政务处理的灵活性和方便性。

1.5.1.3　信息资源共享提升效率

由于政府相关部门共享政府信息数据库，使得不同的政府部门在收集信息、处理信息、传递信息、沟通信息等方面将以更快捷、更经济的方式进行,使政府工作效率得到有效提升。

1.5.1.4 数字化的信息传输提升效率

网络远程会议、电子邮件交换等技术的应用将使得传统的政府议事程序、决策方法产生根本性改观,原有的政府公文流转将直接变成数字化的方式传输,过去司空见惯的"文山会海"将不知不觉中在数字世界中消失,无休无止的"公文旅行"将突破时空的界限,做到随时随地快速传达。信息传输方式的改变,必将使政府的效率有根本性的提高。

1.5.1.5 机构精简提升效率

由于政府信息可以在组织内部为更多的人来分享,越来越多的政府事务将在较低的层级直接得到解决,传统的以上传下达为主要工作内容的中间管理层将大大精简,因信息传递不及时或错误所造成的内部消耗可以大大减少,行政程序也将大大简化,行政效率必将显著提高。

因此,从以上的论述可以看出,实现传统政务活动向电子政务的转型,首要的价值将体现在政务效率的根本性提升上。

1.5.2 提升政府服务能力

不断提升政府服务的能力是政府自身改革与发展的追求目标,电子政务在促进政府服务方面将发挥极为显著的作用,具体表现在以下两个方面:

1.5.2.1 提高政府服务的满意度

电子政务通过信息通信技术的应用使得政府能够根据公众的个性化、多样化的服务需求,提供有针对性的专业化服务,服务需求者不再需要了解复杂的政府流程和职能关系,即可获得相应的政府服务,可以说是一种政府服务方式的变革,这对提高政府的满意度大有益处。

1.5.2.2 降低政府服务的成本

电子政务在降低政府服务成本方面同样可以从四个方面来理解:第一,由于政务活动处理方式的改变,使得社会公众可以直接通过网络办理政府事务,在节省时间的同时,相应的费用必然会大幅度下降;第二,由于政府职能的调整和政务处理的简化,使得不少政府服务对象中过去那些专门与政府打交道的岗位和人员的数量大大减少,比如电子税务会使企业的办税人员的工作量大大减轻,进出口配额的网上申请、电子报关等实施必将会减少相关人员,降低处理成本;第三,由于政府通过网络向社会提供了多种形式的信息资源服务,降低了个人和组织获取信息服务的成本,减轻了公众为此需要付出的经济负担和时间负担;第四,对政府部门自身而言,由于信息通信技术的应用,使得政府服务的自动化程度大大提高,相应的服务成本也将大大降低。毫无疑问,政府服务水平的提高无论是对政府,还是对公众而言,都将产生非常重要的价值。

1.5.3 优化政府管理

优化政府管理,提高政府管理的能力和水平是发展电子政务的重要目的,这可以从以下三个方面得到充分体现:

1.5.3.1 提高政府决策水平

发扬社会民主,扩大公众对政府决策的参与面,提高政府决策的科学性,是国内外政府机构普遍追求的目标。电子政务在实现这一目标方面可以发挥重要的作用:第一,网络为政府与公众之间的交流提供了直接、畅通的渠道,电子政务可以使政府及时了解社情民意,有效集中公众的智慧,促进决策的民主化和科学化;第二,电子政务有助于政府决策部门获取与决策相关的全面、准确的信息,减少决策的盲目性;第三,电子政务将会有效缩短决策需要的时间,提高决策的时效性;第四,电子政务为公众了解与监督政府的决策执行过程提供了帮助,一些不完善的决策以及对一些正确的决策没有得到及时贯彻执行的情况可以通过网络得到反映。

由此可见,实施电子政务将会使政府的决策水平有一个质的飞跃,在发扬民主、体现公众意志、提升政府在经济社会发展中的组织和领导能力等方面都大有裨益。

1.5.3.2 加快政府职能转变

作为国家行政权力机关,政府所承担的职能可谓包罗万象,但最根本的是两个方面:一是实现政府管理,推行政令的实施;二是为社会提供公共服务。这两项职能相辅相成、互为补充。但是,长期以来,我国不少的政府机构过多地偏重第一项职能,片面强调管理与控制,却忽视了第二项职能,使政府服务的能力和水平受到影响,也在一定程度上妨碍了政令的畅通。发展电子政务,一方面可以有效地增强政府公务员的公仆意识,更好地为人民服务;另一方面,也为政府开展高质量的公共服务创造了相应的条件。

电子政务的实施将使政府的工作重心从原来的"以管理、审批为中心"向"以服务和指导为中心"转变,政府机构的设置、政府职能的设计以及政府需要履行的职责都将产生极大的转变,政府为社会提供公众服务的能力也会大大增强。电子政务对加快政府职能的转变将会发挥重要的作用,主要表现在:第一,政府机构利用网络的互动性,为公众提供网上在线业务,比如为公众提供各种查询、申请、交费、注册以及申请许可等服务,可以为广大公众节省时间和费用;第二,政府部门利用政府网站向社会提供全方位的信息服务,因为政府机构不但掌握有最大量的公共信息,而且又是法规、规章和政策的制定者,向公众提供信息服务是各级政府机构义不容辞的责任,政府网站的应用可使政府的信息服务能力大大提升;第三,政府可利用信息通信技术为经济活动和社会就业等提供各种指导性服务,比如利用网络为中小企业实施电子商务提供相应的配套服务,为下岗职工再就业提供网上培训和择业服务,为企业与人才之间搭起网络交流的桥梁等。

所以,电子政务的实施必然会加快政府机构从传统的"管理型政府"向新型的"服务型政府"转型的步伐,不断提升政府的服务能力。

1.5.3.3 促进政府廉政建设

政府腐败在世界各国和地区的政府组织中都有程度不同的表现,而且是全世界都难以根治的"顽症"。政府腐败之所以存在:一方面是因为政府在行使权力的过程中存在着很多人为因素,给腐败行为的产生提供了滋生的土壤;另一方面,由于对政府行为的监督、监管和惩罚的力度不够到位,使得一些腐败分子有机可乘、铤而走险。

电子政务对推动政府的廉政建设将会起到越来越重要的作用,主要表现在:第一,电子政务将会有力地增强政府工作的透明度,促进政务公开。这是因为电子政务使公众能更清楚地了解政府工作的基本流程和议事规则,公众有了更多的知情权、参与权和监督权,迫使政府行为更加规范、公正,也使得政府工作人员不敢轻易"为短期利益而出卖未来";第二,电子政务在一些容易滋生腐败的环节,比如政府采购、政府大型工程的招投标、进出口配额的发放等领域的运用,使这些敏感的政府行为通过网络成为"阳光下的交易",使得腐败的土壤开始"风化";第三,互联网为查处腐败行为也提供了有利帮助,比如网上举报、网上追逃等已有力地遏制了腐败行为的产生。

从某种程度上可以说,电子政务的实施是政府根治"腐败"这一"顽症"的一剂猛药,只要措施得力,就能做到标本兼治。

1.5.4 创造社会价值

创造全面的社会价值是发展电子政务的重要目标,也是电子政务自身价值的重要体现。电子政务的社会价值体现在以下三个方面:

1.5.4.1 增进公众对政府的信任度

在传统的条件下,政府与公众之间由于缺乏合适的沟通渠道和机制,公众对政府的信任度比较低,正如联合国报告所揭示的那样,这是全世界各国政府普遍面临的问题。公众对政府缺乏必要的信任,对政府开展政务活动带来了不小的负面影响。提升公众对政府的信任度,提高公众对政府的满意度,这是世界各国政府都在努力争取的目标。

电子政务的实施为促进政府与公众之间的交流与沟通创造了理想的条件,也为增进公众对政府的信任度打下了坚实的基础。信息通信技术可以促进公众更好地参与政府事务,加强对政府行为的监督,提高政府的透明度和公正度,而且还可以让公众有机会通过电子化的方式反映自己的意见和愿望,让政府能更加深入细致地体察民情、了解民意,使政府成为真正体现公众意志的、负责任的、新型的电子政府。

1.5.4.2 增长社会知识和技能

电子政务在促进政府信息资源开发和利用的同时,也为全社会知识和信息的传播创造了极为有利的条件,对增长社会的知识和技能具有积极的作用。信息通信技术加快了知识和信息的传播与扩散的速度,使得知识和信息在全社会范围内得到更好的利用,对进一步丰富社会的知识资源、提高公众的学习能力、增强各方面的技能有明显的作用。所以,从另一个角度来看,电子政务也是推进社会进步与发展、促进人类自身完善的重要力量。

1.5.4.3 增加新的商业和工作机会

发展电子政务在增加新的商业和工作机会方面的作用同样不可忽视,表现在:第一,政府重视电子政务发展,可以简化商业活动的程序,提高为商业活动服务的效率,从而使当地的投资环境得到改善,以吸引更多、更有价值的投资;第二,政府与企业之间的电子政务的实施为企业更加公平、高效地参与政府采购等商业活动带来了更多的机会;第三,政府通过电子化的方式加强对适龄就业人口的培训与管理,为他们提供各类就业信息和相关服务,在为他们创造更多、更有价值的工作机会的同时,还能为当地的经济发展、市场繁荣和社会稳定做出积极的贡献。

从世界范围来看,席卷全球的电子政务热潮正在逐步推进,电子政务的价值也正逐步显现,随着其应用和发展的不断深入,必将迎来更加灿烂辉煌的明天。

1.6 本章小结

电子政务作为信息通信技术与政务发展融合的产物,正成为当今政府改革和发展的重要选择。在科技进步、社会需求和政府改革三个方面力量的共同作用下,电子政务正处于快速推进之中。在当今以"互联网+"为主旋律的背景下,电子政务发展正面临着前所未有的机遇和挑战,需要我们深入研究、系统分析、全面学习,只有一步一个脚印地进行锲而不舍的探索,才能迎来电子政务发展美好的明天。

第二章

电子政务发展模式分析

从国际电子政务的发展经验来看,电子政务绝不是简单地为政府工作人员配备电脑或者说是传统政务活动的自动化,电脑的应用和复杂流程的自动化既不能为政府带来更高的效率,也不能促进公众参与的程度。如果政府部门既不把公民看作政府的客户,也不把他们当作政府决策的参与者,仅仅专注于电子政务技术方案的先进性,这是无法达到电子政务的预期效果的。

根据政务活动的特点和服务对象的差异,电子政务可以分为四种发展模式,包括政府与公民之间的 G2C 模式、政府与企业之间的 G2B 模式、政府与政府之间的 G2G 模式以及政府与雇员之间的 G2E 模式。不同的发展模式具有不同的运作流程和业务内容,本章重点对这四种模式进行分析说明。

2.1 G2C 模式

G2C 电子政务是政府(Government)与公民(Citizen)之间的电子政务的简称,是指政府部门向公民提供一站式、在线获得政府信息和服务的电子政务模式。通过这种电子政务模式,公民可以在数分钟甚至在数秒钟内方便、快捷地从电子政务系统中得到所需要的各类信息和服务,而不再像过去那样需要数天或数小时才能获得。G2C 电子政务模式的应用使得政府提供的信息和服务不再以政府部门为中心,而转变为以公民的需求为中心,对增进公民对政府的满意度和信任度有着重要的作用。根据美国电子政务的发展要求,公民通过互联网在政府网站获取信息或服务时,必须在鼠标点击 3 次之内即能获得相应的信息或服务,由此可见这样的电子政务应用对公民来说有着极其重要的价值。G2C 电子政务的表现形式十分广泛,主要的应用包括以下一些方面:

2.1.1 电子化身份认证

电子化身份认证采用专门的电子化芯片或特定的代码,通过网络动态地接入政府的中心数据库,既可以记录个人的基本信息,如包括姓名、性别、出生时间、出生地、血型、身高、体重及指纹等属于自然状况的信息,也可以记录个人的信用、工作经历、收入及纳税状况、学历层次、养老保险等信息,使公民的身份能得到随时随地的认证,从而既有利于人员的流动,又可以方便公安部门的管理。公民电子化身份认证还可以允许公民个人通过电子化报税系统申报个人所得税、财产税等个人涉税业务,政府不但可以加强对公民个人的税收管理,而且还可以方便个人纳税申报。此外,电子化身份认证系统还可以使公民通过网络办理结婚证、离婚证、出生证、驾驶证、行驶证以及财产公证等手续。

目前,比较常见的电子化身份认证服务主要有:
(1) 申办出生证明并查询相关信息;
(2) 申办户籍证明及查询相关信息;
(3) 申办结婚证书并查询相关信息;
(4) 登记申领身份证预约服务;
(5) 财物报失、招领及捐赠;
(6) 政府公众服务及公安部门介绍;
(7) 更改公民的个人资料等;
(8) 申办死亡证明并查询相关信息。

2.1.2 电子化社会保障服务

在我国,社会保障事业在过去10多年间得到了很大的发展,并将逐渐成为政府工作的基本内容之一,因此,电子化社会保障服务必将成为电子政务的重要应用。电子化社会保障服务主要是通过网络建立起覆盖本地区乃至全国的社会保障网络,使公民能通过网络及时、全面地了解自己的养老、失业、工伤和医疗等社会保险账户的明细情况,政府也能通过网络把各种社会福利,比如困难家庭补助、烈军属抚恤和社会捐助等,运用电子化资料交换、磁卡、智能卡等技术,直接支付给受益人。电子化社会保障体系,一方面可以增加社保工作的透明度,另一方面还可以加快社会保障体系普及的进度,强化政府服务民生的能力。

当前,我国电子化社会保障服务的主要内容有:
(1) 政府社会保障政策网上发布;
(2) 个人社会保障网上登记与办理;
(3) 社会保险账户在线管理;
(4) 劳动纠纷网上求助;
(5) 社会保障政策和法律在线服务。

2.1.3 电子化民主管理

电子化民主管理是G2C电子政务的重要应用之一,它不仅可以让公民通过网络发表对政府有关部门和相关工作的看法,参与相关政策、法规的制定,而且可以直接向政府有关部门的领导者发送电子化邮件,对某个具体问题提出意见或建议。与此同时,电子化民主管理可以提高选举工作的透明度和效率,比如政府把候选人的背景资料公布在网上,方便选举人查阅,选举人可以直接在网上投票,这样既可以大大提高选举工作的质量,又可以有效保证选举工作的公开、公正和公平。

2.1.4 电子化医疗服务

长期以来,公众普遍感到我国的医疗服务不尽人意,医疗体制的改革还远未到位,而

G2C 电子政务在改善政府的医疗服务方面也能发挥重要作用。政府医疗主管部门可以通过网络向当地居民提供医疗资源的分布情况，提供医疗保险政策信息、医药信息、执业医生信息，为公民提供全面的医疗服务。公民可以通过网络查询自己的医疗保险个人账户余额和当地公共医疗账户的情况；查询国家新审批的药品的成分、功效、试验数据、使用方法及其他详细数据，提高自我保健的能力；查询当地医院的级别和执业医师的资格情况，选择合适的医生和医院等。电子化医疗服务不但可以使病人能更加方便地享受到优质的医疗服务，而且还可以有效地促进当地医疗卫生事业的发展。

2.1.5 电子化就业服务

提供就业服务是政府的基本职能之一，也是维护社会稳定和促进经济增长的重要条件。政府可以充分利用互联网，借助移动终端等手段为求职者和用人单位之间架起一座服务的桥梁，使传统的、在特定时间和特定地点举行的人力资源交流突破时间与空间的限制，做到随时随地都可以使用人单位发布用人信息、调用相关资料，求职者可以通过网络发送个人资料、接收用人单位的相关信息，并可以直接通过网络办妥相关手续。政府网上人才市场还可以在就业管理和劳动部门所在地或其他公共场所建立网站入口，为没有计算机的公民提供接入互联网寻找工作职位的机会，帮助他们分析就业形势、指导就业方向等。与此同时，政府还可以利用移动端的 APP、微信等渠道为求职者提供就业服务，进一步提升政府服务就业的能力。

政府电子化就业服务的具体形式有：
(1) 政府空缺职位信息发布；
(2) 社会招聘岗位信息发布；
(3) 招聘单位招聘信息登记；
(4) 求职人员查询招聘信息；
(5) 求职人员网上登记；
(6) 就业政策与相关法规；
(7) 政府网上就业培训；
(8) 就业合同网上鉴证。

2.1.6 电子化教育、培训服务

社会主义市场经济的发展以及科学技术的迅猛发展使得公众对教学、培训的需求不断上升，越来越多的人认识到"终身学习"的重要性。但是，由于受到各种条件的限制，满足人们学习、培训的需求难度很大，对边远地区的群众来说困难尤其显著。政府利用网络手段为公众提供灵活、方便、低成本的教育培训服务，不仅是增强我国公民素质的有效途径，而且也是改善政府服务的重要内容。

在提供电子化教育与服务方面，政府可以从三个方面入手：一是出资建立全国性的教育平台，资助相应的教学、科研机构、图书馆接入互联网和政府教育平台；二是出资开发高水平的教育资源向社会开放；三是资助边远、贫困地区信息技术的应用，逐步消除落后地区与发达地区之间业已存在的"数字鸿沟"（Digital Divide）等。

当前，政府在电子化教育服务方面的做法有：

(1) 辖区教育资源分布状况公示；
(2) 相关院校招生、就业信息；
(3) 网上学习课程及注册管理；
(4) 教育贷款网上申请；
(5) 各类考试信息发布；
(6) 相关考试成绩网上查询；
(7) 毕业与学位证书网上认证；
(8) 境外院校合作办学服务；
(9) 社会办学机构认定服务；
(10) 相关院校科研成果转化服务等。

政府在电子化培训服务方面比较有效的做法有：
(1) 政府提供公益性的培训公共服务平台，为社会提供培训公共服务；
(2) 引入 MOOCs（Massive Open Online Courses，大规模开放在线课程，又称"慕课"）模式，引导相关培训机构为社会提供慕课服务；
(3) 各类社会培训机构的资质认证状况网上发布；
(4) 培训机构培训师资认证情况发布；
(5) 培训服务市场政府在线监管。

2.1.7 电子化交通运输服务

交通运输管理是政府的基本职能，也是公众十分关注的民生问题。利用 B2C 电子政务模式提升交通管理和服务的水平，是各地、各级政府都在追求的目标。目前，电子化交通运输服务相关的应用主要有：
(1) 驾驶执照网上申请换领；
(2) 车辆号牌网上选号；
(3) 特殊车牌网上拍卖；
(4) 申领车辆登记细节证明书；
(5) 驾驶执照和车辆牌照续期；
(6) 车辆年检网上办理；
(7) 交通罚款网上缴纳；
(8) 旧机动车网上交易；
(9) 交通道路路况信息网上发布；
(10) 交通突发事件网上求助；
(11) 政府交通地图网上发布；
(12) 影响交通的重大事件预先发布。

2.1.8 电子化旅游服务

促进旅游资源的开发和利用，加快旅游业的健康快速发展，是各级政府十分关注的问题。利用电子化手段面向公众提供电子化旅游服务有很多种形式，主要有：
(1) 旅游景点网上展示；

(2) 旅游天气预报网上发布;
(3) 旅游交通时刻表网上公布;
(4) 旅游线路网上设计;
(5) 旅游电子化地图网上查询;
(6) 旅游服务机构网上推介;
(7) 旅游票务网上预订;
(8) 旅游信息资料网上下载;
(9) 旅游服务质量网上投诉;
(10) 旅游突发事件网上求助。

2.2　G2B 模式

企业是国民经济的"细胞",是经济社会发展的主要动力源泉。企业的发展与政府的管理和服务水平有着十分紧密的联系,也是政府经济工作的着眼点和着力点。利用信息通信技术为企业提供高水平、多角度、全方位的服务,是政府开展电子化公共服务的一项基本任务。G2B 电子政务是政府(Government)与企业(Business)之间的电子政务的简称,是指政府与企业之间通过互联网建立起一种数字化的业务联系,以建立一种新型的政府与企业的关系。G2B 电子政务的目标是要减少企业的负担,为企业提供一站式的获取政府信息的平台,使企业能通过电子商务的手段与政府进行数字化的沟通。目前,国内外 G2B 电子政务正处于快速发展的阶段,应用的领域也变得越来越广泛,主要的应用有以下七个方面:

2.2.1　面向企业的基础管理与信息服务

政府是企业的监管主体,是企业开展各类经济活动的监督者和守护者,因此企业要开展各项经营活动都必须接受政府的管理与监督。利用 G2B 电子政务方式为企业提供一系列基础管理与信息服务是政府转变面向企业的职能的重要选择。目前,这方面的应用主要有:

(1) 网上企业名称查询与预登记服务;
(2) 网上营业执照申请以及相关信息查询服务;
(3) 相关企业资信状况网上查询;
(4) 特种许可网上申请;
(5) 企业登记信息网上变更;
(6) 与企业相关的政府政策信息网上发布;
(7) 与企业相关的法律法规的网上宣传;
(8) 政府政策与法律法规的网上咨询服务。

2.2.2　政府电子化采购

在世界各国,政府采购的总额通常要占到本国 GDP(Gross Domestic Product,国内生产总值)的 10%～15%,我国政府采购的数额也在逐年上升,近年来的年政府采购额早已超过了上万亿元人民币。因此,从某种意义上来说,政府采购项目是本国市场的基本组成部分。对政府而言,政府采购是G2B的电子政务,因为政府机构的采购不具有单纯的商业目的,应看作政务活动的一部分;对企业而言,政府采购是B2G的电子商务,是企业电子商务的重要内容。

政府采购是一项牵涉面十分广泛的系统工程,利用电子化采购和电子化招投标系统,对提高政府采购的效率和透明度,树立政府公开、公正、公平的形象,促进国民经济的发展,都起着十分重要的作用。政府电子化采购主要是通过网络面向全国甚至全球范围发布政府采购商品和服务的各种信息,为国内外企业提供平等的机会,特别是广大中小企业可以借此参与政府的采购,以赢得更多的发展机会。电子化招投标系统在一些政府大型工程的建设方面已经有了很多的应用,它对减少政府和企业的招投标成本、缩短招投标的时间都有积极的意义。

政府电子化采购对杜绝传统政府采购中的腐败行为同样具有不可低估的作用,它使原来由政府代表与企业代表的直接接触转化为政府代表与网络的互动过程,"人人"界面转变成了"人机"界面,并且所有的过程都有电子化记录在案,大大增强了采购工作的透明度,提高了行政效率,显著降低了腐败行为发生的机会。

2.2.3 电子税务

税收是国家财政收入的主要来源,向政府纳税是每个企业应尽的基本义务,也是政府取得财政收入的主要方式。降低征税成本、杜绝税源流失、方便企业纳税一直是税务机关工作的重要目标。利用信息通信技术发展电子税务,不但可以为企业提供极大的便利,而且还可以有效地规范企业的纳税行为,加强政府对税收的监控,对于政府和企业双方来说都有重要的意义。电子税务是指政府部门通过信息通信技术的应用,为企业提供一站式的、在线式的政府税务服务。它可以使企业通过政府税务网络系统,在企业办公室或家里甚至在外地就能完成税务登记、税务申报、税款划拨、查询税收公报、了解税收政策等各项涉税事务,既方便了企业办理各项税务业务,也在一定程度上杜绝了偷漏税行为的发生。

我国已经实施的"金税工程"对打击偷逃税行为起到了重要的作用,并逐步建立起了全国范围内的增值税发票稽查系统和电子化纳税系统,既方便了企业,又提高了国家税收征管的效率和水平。

目前,面向企业的电子税务业务主要有:
(1) 企业网上申请税务登记证以及相关信息网上查询;
(2) 税收政策网上发布;
(3) 网上纳税咨询服务;
(4) 网上远程纳税服务;
(5) 企业所得税的申报与评估通知;
(6) 企业增值税的申报与评估通知;
(7) 出口退税的网上申请与评估通知;
(8) 企业员工增值税的网上申报与预扣。

2.2.4 电子化工商行政管理

工商行政管理的主要职能是对市场和企业的行为进行管理,并提供相关的服务,各地的工商行政管理部门是政府行使管理和服务职能的重要职能部门。传统的工商行政管理方式由于工作量大、程序复杂、效率低下等原因常常导致企业的不满。电子化工商行政管理则利用信息通信技术来开展工商行政管理的各项事务,比如把作为工商行政管理工作主要内容的证照管理通过网络来实现,既可以大大缩短证照的办理时间,又可以减轻企业人力和经济的负担。又如,对企业的年检等工作通过网上的窗口来办理,同样可以显著提高效率,降低时间和费用。作为电子化工商行政管理基本应用的电子化证照系统可以使企业营业执照的申请、受理、审核、发放、年检、登记项目变更、核销以及其他相关证件(如统计证、土地和房产证、建筑许可证、环境评估报告等)的申请和变更均可以通过网络来实现,这将使传统的工商行政管理工作产生质的飞跃。

2.2.5　电子化外经贸管理

众所周知,进出口业务在一国的国民经济发展中占有重要的比重,我国已成为位居世界前列的进出口大国。对我国政府来说,一方面要通过各项符合国际要求的政策鼓励国内企业开展进出口业务,特别是加快出口业务的发展和出口产品国际竞争力的提升;另一方面,我国的外经贸管理必须有一个新的突破,既要符合国际惯例,又要为广大国内外企业创造一个公平、高效、宽松的进出口环境。电子化外经贸管理已成为一种新的趋势,比如海关报关手续的网上办理、网上结汇以及在线商检服务等已在我国外经贸管理中开始应用。

2.2.6　中小企业电子化服务

中小企业[①]在促进就业、活跃市场、增强出口等许多方面发挥着极为重要的作用,一个国家和地区的经济繁荣程度很大程度上取决于中小企业的生存质量。我国中小企业面广量大,在新形势下,广大中小企业在获得更为广阔的市场空间的同时,自身的生存与发展也因为技术、人才、市场等资源的局限受到了严峻的挑战。帮助和促进中小企业的发展是各级政府的基本职能之一,利用电子化手段为中小企业开展各类服务是政府开展G2B电子政务的重要形式。政府可以利用宏观管理优势,借助网络为提高中小企业国际竞争力和知名度提供各种帮助,如组建专门为中小企业进出口服务专业网站,为中小企业设立网上求助中心,为中小企业提供软硬件服务等都是行之有效的服务举措。

2.2.7　其他服务

"改变政府职能,增强服务意识,提高政府服务水平"是我国政府改革与发展所面临的长期任务。利用G2B电子政务模式优化面向企业的服务是一个长期、可持续的过程,其他相关的服务还包含很多方面。

面向企业的经营服务主要包括:

---

① 按照2011年6月工业和信息化部、国家统计局、国家发展和改革委员会、财政部联合发布的《中小企业划型标准规定》,我国中小企业划分为中型、小型和微型三种类型,具体标准根据企业从业人员、营业收入、资产总额等指标并结合行业特点制定。以"工业"型中小企业为例,从业人员1000人以下或营业收入4亿元以下的为中小微型企业。其中,从业人员300人及以上,且营业收入2000万元及以上的为中型企业;从业人员20人及以上,且营业收入300万元以上的为小型企业;从业人员20人以下或营业收入300万元以下的为微型企业。

(1) 国际经贸信息服务；
(2) 招商引资政策与信息服务；
(3) 企业合资、合作信息服务；
(4) 中小企业投资与贸易指南；
(5) 市场供求信息网上发布；
(6) 行业发展动态网上发布。

面向企业的管理与技术服务主要包括：
(1) 政府在网上发布人才供求信息；
(2) 政府在网上提供技术转让服务；
(3) 政府为企业组织网上培训服务；
(4) 政府在网上为企业提供技术推广及应用服务支持；
(5) 科技成果转化服务，实现产、学、研的有效对接；
(6) 商标、专利等知识产权受理服务；
(7) 企业技术、管理难题专家咨询服务。

G2B 电子政务活动远不止以上这些，实际上只要与企业发生直接或间接联系的政府管理部门都可以在较大程度上通过 G2B 电子政务模式代替传统形式的政务活动，以提高效率、降低成本，为企业创造更大的价值。各政府职能部门需要根据自身政府职能的性质与社会的需求，从实际出发务实创新，为广大企业提供全方位的政府服务。

2.3　G2G 模式

G2G 电子政务是政府（Government）与政府（Government）之间的电子政务的简称，是指政府内部、政府上下级之间、不同的地区和不同的职能部门之间实现的电子政务活动。G2G 电子政务的首要目标是要促进中央政府和地方政府围绕公众的需求进行更好的协同工作。G2G 电子政务作为政府之间电子政务的应用，对打破传统条件下部门与部门之间的障碍，促进政府之间的沟通与合作，构筑起新型的、基于网络的政府之间的合作关系有着重要的意义。G2G 电子政务的表现形式同样有很多种，主要的应用说明如下：

2.3.1　政府内部网络化办公

政府内部网络化办公系统是电子政务的基础应用，是指政府部门内部利用 OA 系统和网络技术完成政府工作人员的许多事务性的工作，实现政府内部办公的自动化和网络化，在实现内部资源充分共享的基础上，提高政府的作业效率和业务水平。

政府内部网络办公系统可以分为领导决策服务子系统、内部网站子系统和内部财务管理子系统等。通过不同的子系统的综合应用，使得传统的政府内部管理实现向电子政务条件下的政府管理转型。

2.3.2　政策、法规电子化传递

颁布和实施各项政策、法规是各级政府部门特别是高级政府部门的一项重要工作，但在传统的条件下，由于受技术手段等多方面因素的制约，政策、法规传递的时效性、信

息量、传播面等各方面都受到很大的局限。利用互联网等电子化方式传递不同政府部门的各项法律、法规、规章、行政命令和政策规范,具有十分明显的速度和管理成本优势,对保障政府政策、法规传递的及时性、有效性和针对性都有重要的意义。

2.3.3 电子化公文处理

公文处理是政府部门的基础性工作,传统的公文处理方式是依靠纸张作为载体,借助盖章、签字等形式实现公文的传递与处理。这种公文处理方式不但浪费资源,而且因为周期长、效率低,常常会出现因公文"长途旅行"而影响政府决策的效率,给政府管理工作带来很大的被动。

电子化公文处理系统借助网络技术的应用,使传统的政府之间的报告、请示、批复、公告、通知、通报等在保证信息安全的前提下通过数字化的方式在不同的政府部门之间实现瞬时传递,大大提高了公文处理的效率,将彻底改变传统的、司空见惯的公文"长途旅行"现象,使政府公文处理的效率有根本性的提高。

2.3.4 电子化司法档案管理

长期以来,公安机关破案难、司法机关执法难的问题一直没有得到很好的解决:一方面是因为我国目前还没有建立起全国统一、完整的司法档案管理系统,比如有关公民个人和企业的信用管理系统基本还不完善,给执法带来一定的难度;另一方面,全国不同的地区、不同的政府机构缺乏实时、有效的信息沟通也是一个重要的原因。

通过电子化的手段,在政府司法机关之间共享司法信息,比如公安机关的刑事犯罪记录、审判机关的审判案例、检察机关的检察案例等,将会大大促进司法工作的开展,在改善司法工作效率的同时,对提高司法工作人员的能力和水平也将有很大的促进。

2.3.5 电子化财政管理系统

分配和使用财政资金,实现政府不同部门之间的资金流转,以及对财政资金使用的监控,既是政府财政管理工作的重要内容,又是政府财政、审计等部门的基本工作。传统的财务管理系统因为财务信息的封闭和独立给政府的财务管理带来了一定的难度,也为滋生腐败提供了条件。

建立在网络基础上的电子化财政管理系统可以向政府主管部门、审计部门和相关机构提供分级、分部门、分时段的政府财政预算及其执行情况报告,包括从明细到汇总的财政收入、开支、拨付款数据以及相关的文字说明和图表,便于有关部门及时掌握和监控财政状况,使政府财政管理工作跃上一个新台阶。

2.3.6 政府部门之间业务管理系统

政府不同部门之间的业务联系错综复杂,既有同一业务系统纵向之间的业务联系,又有同一个政府机构中不同业务部门之间的横向业务系统的关联,发展G2G电子政务就是要实现政府部门之间纵向到底、横向到边的电子化业务联系,构筑新型的政府关系。

电子化的纵向业务管理系统主要适合于一些垂直管理的政府机构,比如税务、海关等系统通过组建本系统的内部网络,形成纵向型的业务管理系统,以实现统一决策、信息实时共享,有效提高系统的决策水平和反应速度。这类业务系统在我国基本以"金字工程"的形式得以推广实施,已取得了比较理想的成效。

电子化的横向业务管理系统利用网络在政府不同部门之间进行横向协调,以实现政府的有效管理,目的是要使原分散在不同部门的决策信息做到有机集成,为不同的决策者所共享,减少部门之间相互扯皮的现象,提高决策准确性和作业效率。我国已经推行实施的"中国电子口岸执法系统"是比较成功的横向业务管理系统,这一系统主要是由国家海关总署牵头,运用网络技术,将涉及进出口管理和服务的海关、商检、外贸、外汇、工商、税务、银行等单位建立起基于网络的业务联系,把这些部门分别管理的进出口业务信息流、资金流、货物流等数据的原先分散的电子化底账集中在统一、安全、高效的公共数据中心物理平台上,建立起统一的电子化底账,实行联网核查,实现数据共享和数据交换。这一系统的应用,不仅使企业可以在网上进行进出口贸易,而且还加强了政府对口岸的监管,提升了打击走私,打击骗税、骗汇活动的力度,取得了国内外的广泛好评。

2.3.7 数字化城市管理

G2G电子政务还包括数字化城市管理,也就是把涉及城市管理的各个方面都通过数字化的方式来实现。其主要的应用有:

(1) 对城市供水、供电、供气、供暖等城市要害部门实行网络化控制与监管;

(2) 对城市交通、公安、消防、环保等部门实行网络统一化调度与监管,提高管理的效率与水平;

(3) 对各种突发事件和灾难实施网络一体化管理与跟踪,提高城市的应变能力;

(4) 对城市社区实行数字化的管理,提高城市社区管理的质量和水平。

从以上多个方面的应用我们可以看出,G2G电子政务应用牵涉的面同样十分广泛,所发挥的作用也十分重要。

2.4 G2E 模式

G2E电子政务是政府(Government)与政府公务员(即政府雇员)(Employee)之间的电子政务的简称,是指政府部门与政府公务员之间建立起一种新型的、网络化的业务联系,以形成高效的行政办公和政府公务员管理体系,旨在提高政府工作效率和政府公务员管理水平服务。其具体的应用主要有以下四个方面:

2.4.1 公务员日常电子化管理

政府部门利用电子化手段实现对政府公务员的日常管理,从而降低管理成本,提高管理效率。比如,利用网络进行日常考勤、出差审批、差旅费异地报销等,既可以为政府公务员带来很多的便利,又可以节省领导者的时间和精力,还可以有效降低行政成本。

政府公务员日常管理的电子化已在国内外不少政府机构实现,并已取得了一定的成效。由于各地、各级政府的情况各不相同,政府公务员日常电子化管理的应用程度差异也很大,全方位、高水平的应用还不多见。

2.4.2 政府电子化人力资源管理

政府人力资源管理的质量和水平对政府工作的质量以及对政府公务员的价值体现都有很大的影响。应用信息通信技术手段，实现政府电子化人力资源管理已成为一种新的形式和趋势，不少政府部门已开始应用。

政府电子化人力资源管理主要的应用形式有电子化招聘、电子化绩效管理、电子化薪酬设计、政府内部电子化人才流动信息发布和电子化沟通等，它的发展将使传统的、以纸面档案管理为中心的人力资源管理模式产生一场新的革命，对提高政府人力资源管理的效率和水平，降低人力资源管理成本有很大的贡献。

2.4.3 公务员电子化培训系统

提高政府管理水平的关键在于政府公务员水平的提高，而提高其水平的根本途径必须通过各种形式的培训来实现。长期以来，我国各级政府管理部门对政府公务员培训的重视程度明显不足：一方面是因为经费、师资、场地等条件有限，无法满足日益增长的培训需要；另一方面是因为传统的培训必须要求政府公务员在同一时间、集中在同一地点进行，对日常工作的影响大，因此组织培训有较大的困难。

应用信息通信技术实现电子化培训可以克服传统培训的缺点，既能降低培训的成本，又能提高培训的针对性和灵活性。所以，电子化培训借助网络交互的方式帮助政府公务员随时随地注册参加各类培训课程、接受培训和参加考试等，将会给政府公务员的学习与进修提供一条理想的通道。

2.4.4 政府公务员电子化绩效考评

对政府公务员的绩效考评是一件既重要又很困难的工作，可是在传统的条件下，往往由于缺乏科学的、定量的指标以及合理的激励和约束机制，绩效考核很难得到有效实施，对提高政府公务员的积极性、主动性和责任心都不利。

利用信息通信技术构筑绩效考评体系，既可以对绩效考评的各项指标进行量化考核，又可以通过网络实现远程考评，另外还可以实现政府公务员之间的横向比较以及本人不同时期的纵向比较，使得考评方式更加科学、公平与公正。电子化的绩效考评系统可以按照设定的任务目标、工作标准和完成情况对政府公务员的业绩进行科学的测量和公正的评估，以达到良好的激励与约束的效果。

2.5 本章小结

电子政务发展模式包含G2C、G2B、G2G和G2E，每种模式包含不同的发展内容，并没有一成不变的发展框架。不同的政府部门应根据实际发展的需求由浅入深、一步一个脚印的推进。在发展过程中，政府部门需要不断总结经验，加强学习和研究，逐步找到适合自身需要的发展道路。

第三章

电子政务规划与标准

无论是一个国家、一个地区,还是一个部门,电子政务的发展都是一个长期而又艰巨的过程,既不可能一蹴而就,也不可能一劳永逸,而是应该根据特定政务活动的特点,结合业务的需求,有计划、有步骤、由浅入深、由低级到高级有序地展开。电子政务的推进是一个牵涉面比较广的系统工程,在具体的实施过程中,必然会遇到各种问题与困难,需要认真研究、积极思考、大胆探索。

从国际、国内电子政务发展的实践来看,电子政务规划与标准在电子政务的发展进程中起着重要的作用,既是指导电子政务发展的根本性纲领,也是推进电子政务实施与应用的基本性依据。制定科学合理的电子政务规划与标准同样是一项复杂的工程,需要综合考虑多方面的因素,使规划与标准既具有较长时期的指导性和预见性,又具有实际的可操作性。

3.1 电子政务规划概述

电子政务的规划是电子政务建设得以顺利实施的前提条件,也是电子政务健康发展、良性运作的基本保障。没有科学合理并经得起时间、技术和公众需求考验的电子政务规划作支撑,电子政务的发展必然会迷失方向,甚至会误入歧途。所以,要保证电子政务的发展取得预期的效果,必须对电子政务规划予以高度的重视。

3.1.1 电子政务规划的含义

制定电子政务规划是启动电子政务应用的首要步骤,也是电子政务发展中的重要环节之一。但是,目前各级政府部门对电子政务规划本身的理解还普遍不到位,对电子政务规划的重视程度也不够,以致在很大程度上影响了电子政务健康有序的发展。

一般来说,电子政务规划(e-Government Planning)是指相关的政府机构和部门根据本地区、本部门的实际情况,明确电子政务建设的目标和优先级,并根据它们之间的内在逻辑关系,制定出实现目标的具体步骤与规范标准,以保证电子政务阶段目标和总体目标的顺利实现。

电子政务规划涵盖的范围较为广泛,不仅需要对政府机构运作模式及部门之间错综复杂的协作关系有透彻了解,而且还会受到技术进步、部门调整以及职能重组等多方面的影响。所以,规划的时间跨度不宜过长,以 3~5 年为佳。电子政务规划一旦形成,就具备相对稳定性,在规划实施期间没有特殊情况就不得随意对其进行更改。

3.1.2 电子政务规划的重要性

任何一个电子政务项目,不论其投入的多少,技术复杂程度的高低,有没有科学的电子政务规划,所产生的实际效果是迥然不同的。换句话说,电子政务规划在电子政务的实施、应用及其发展过程中所起的作用是极为重要的,具体表现在以下三个方面:

3.1.2.1 有助于明确电子政务发展的目标和方向

电子政务项目的实施往往需要比较多的人、财、物等资源的投入,而且实施周期也比较长,因此必须在项目实施之前对其具体的目标、实施步骤、各种资源的保证条件,以及对在实施过程中可能遇到的问题和困难做出合理的预期,并制定出合理的应对措施,以保证项目的实施按照预定的计划进行。

有了科学合理的电子政务发展规划,不但可以使政府部门的领导者和工作人员认识到电子政务的发展目标和前进方向,而且也可以让电子政务的设计开发人员、实施和安装人员更能明确项目的要求和进度。对广大公众而言,电子政务规划可以使他们对政府的改革与发展有了全面的认识,并能以更大的热情、更高的积极性、更切合实际的行动参与到电子政务的发展建设中来。

3.1.2.2 有助于加强政府部门之间的合作与协调

在传统的条件下,政府部门之间由于受"官僚制"政府管理体制的影响,各部门相互独立、各自为政的现象较为严重,各部门为了维护自身的利益,常常会忽视与其他部门之间的合作和交流。这种局面既不利于政府效率的提高,又显著增加了政府部门之间协调的成本。实施电子政务就是要改变这种现象,进一步理顺政府部门之间的关系,精简流程,提高效率,并能有效地降低政府管理和协调的成本。因此,制定科学合理的电子政务规划就成了实现这一目标的重要条件。

电子政务规划将从全局出发,从宏观上明确政府相关部门的职责,进一步确立不同政府部门在电子政务发展过程中的地位和作用,做到"权责分明";当然这也为其彼此之间的合作、交流和协调提供基本的原则和依据。科学有效的电子政务规划不但可以有效地解决由于沟通协调不到位而带来的尴尬局面,而且还能有效地避免电子政务发展过程中政府相关部门之间可能产生的矛盾与摩擦,从而保证电子政务的发展有序推进。

3.1.2.3 有助于降低实施风险,保证电子政务的实施效果

对大多数政府部门来说,实施电子政务是一项挑战性很强的工作,具有比较大的风险。如何应对电子政务发展过程中可能出现的各种不确定因素,最大限度地控制各种可能出现的风险,是每个政府部门都必须考虑的问题。制定电子政务规划对降低风险、保证电子政务的实施效果将会起到积极的促进作用。

电子政务规划可以对电子政务实施过程中可能出现的风险进行评估,并通过预先的判断准备相应的应对措施来有效地防范各种风险,使风险降低到最小限度。另外,完善的电子政务规划可以为将来电子政务建设的具体实施和评价提供理论上的支持和实践上的依据,为电子政务的发展保驾护航,真正达到电子政务发展的预期目标。

3.1.3 电子政务规划的主要内容

电子政务规划的具体内容应视政府部门自身的地位、所处的环境和所要达到的目标等各方面的情况而定。一般来说,电子政务规划应包括以下五个方面的内容:

3.1.3.1 背景分析

背景分析主要是对本地区、本部门实施电子政务的内部、外部背景做出全面细致的分析,以进一步认清形势、分清现状,提高对电子政务的认识,从而取得思想认识上的一致。背景分析主要内容包括:一是国际、国内电子政务发展状况和趋势分析;二是本地区、本部门在履行政府职能方面所面临的挑战;三是公众对本地区、本部门电子政务发展的需求等。

3.1.3.2 目标和任务分析

电子政务规划的核心任务是要对未来电子政务的发展做出科学的计划和安排,所以,明确电子政务的发展目标和任务是电子政务规划的关键性内容。规划编制者对这一部分内容必须进行深入研究、仔细分析,力争使其全面、科学和合理,符合本地区、本部门的实际,并具有比较强的实际操作性。

一般来说,目标和任务的确定既要按照时间跨度纵向设计分阶段的子目标和子任务,又要按照电子政务业务覆盖范围的不同,从横向的角度确立各个子系统的分目标和分任务,以实现纵横交错、全面兼顾。

3.1.3.3 实施方案分析

在明确了电子政务的具体目标和具体任务后,就要进一步落实可行的实施方案。实施方案应包括系统组成、技术实现、网络布局、安全防范、应用体系以及管理体制等内容,概貌性地勾勒出电子政务实施的方方面面。

不过,可以预见的是,实施方案在实际的实施过程中会受到各种因素的变化而产生不同程度的变动,但在电子政务规划中必须确定实施方案的基本框架以及改进优化的相关要求等。

3.1.3.4 实施保障分析

在目标和任务基本明确、实施方案基本确定的前提下,就应该规划具体的实施保障措施。电子政务的实施保障是综合性的,主要有以下四个方面:

(1) 组织和领导保障,即从组织机构的设置到领导职能的安排,保障电子政务计划的有序进行;

(2) 资金投入保障,即从资金投入的角度,分阶段、分项目对电子政务的实施提供相应的保障;

(3) 技术与安全保障,即对确定的电子政务计划从技术和安全的角度,提供可供选择的实现方案和措施;

(4) 人员和制度保障,即对实现电子政务规划所需要的人员和制度提供必要的保障。

实施保障同样是电子政务规划中的重要内容,因为如果没有切实可行的保障措施,最美好的电子政务规划也只能是空中楼阁,无法实现其应有的目标。

3.1.3.5 评估与改进分析

随着电子政务实施的不断推进,必须对电子政务的实施绩效做出必要的评估,以进一步控制实施进程,防止偏离预期的目标与方向,以最大限度地保障电子政务规划的有序推进。

评估与改进分析既是对电子政务前期发展提供绩效评估和改进优化的依据,也为其后续发展明确了方向和目标。所以,评估标准要尽量科学合理,有较强的操作性,改进措施也要切实可行,不能敷衍了事、草率马虎。

电子政务规划的主要内容不是一成不变的,在实施的具体过程中,可以根据环境的变化、技术的演进和政府自身的改革而不断完善充实,以体现与时俱进的发展要求。

3.1.4 电子政务规划的主要步骤

制定电子政务规划需要综合考虑多方面的因素,既要考虑未来电子政务发展的目标,又要明确实现预期目标的各种人、财、物资源的条件和要求,同时还要提高规划的可预见性,确保规划的可操作性。所以,电子政务规划的制定不是一蹴而就的,一般来说,电子政务规划主要包括以下五个方面的步骤:

3.1.4.1 组织和领导保证

由于电子政务项目涉及众多的政府机构和部门,既会影响相关部门的职能调整,又需要对原有的政府业务流程进行重组和改革。所以,在某种意义上可以说电子政务是"一把手工程",没有政府主要领导者的支持和推动是很难有所作为的。在制定电子政务规划时,提供电子政务实施的组织和领导保证应该是首先必须考虑的。

国际上比较通行的做法是设立专职的电子政务组织领导机构,并设立直接接受政府首脑领导的"首席信息官"(Chief Information Officer,CIO)职位,具体组织和指挥电子政务项目的实施。国内的通行做法是由各地政府或政府部门的一把手、主管信息化的副职、办公厅(局、室)负责人、信息中心负责人以及其他相关人员共同组成"电子政务领导小组",以统筹领导和协调电子政务建设的全过程。由于领导小组是一个非正式的政府职能部门,它的作用和地位实际上要视政府一把手的重视程度而定,这一点对电子政务的发展较为不利,因为主要领导者的变动,以及领导者的态度变化都会给电子政务的发展带来显著的影响。因此,在制定电子政务规划时,既要认识到组织和领导保证对推进电子政务发展的重要性,又要能确保组织和领导的有效性、持续性和稳定性。

3.1.4.2 科学合理地分析电子政务发展需求

对本地区或本部门电子政务未来发展需求做出科学合理的分析,是制定电子政务规划中最重要、最为基础也是相对难度最大的一项工作。因为需求分析是明确电子政务发展目标和方向的基本依据,也是政府部门决定对电子政务进行各种资源投入的主要参考因素。

要准确分析电子政务需求,首先应对本地区或本部门电子政务发展的一些基本问题进行基本分析,比如政府在履行其职责时面临着哪些挑战,最棘手的问题是什么,目前公众与相关政府部门对本政府机构最大的抱怨是什么,现有政府职能的流程是怎么样的等,诸如此类,不一而足。

对以上这些关键问题做到心中有数后,就要结合信息通信技术的功能和特点来分析与研究这些问题中哪些可以通过利用信息通信技术得到比较好的解决,需要具备哪些条件,需要投入哪些资源,存在哪些风险,实施电子政务会产生什么样的结果……如果对这些问题还没有充分把握,贸然实施电子政务显然是不合适的。

从国内外电子政务发展的实践来看,对电子政务需求的分析研究必须改变"技术导向"的错误做法。应该认识到,电子政务是根据本地区或本部门政务活动的特点、公众的需求以及社会经济发展的需要决定的,而不是由技术决定的。从本质上来看,技术是为了更好地实现政府职能,能更有效地向公众提供专业的政府服务的,如果片面地去追求技术的先进性,一味强调软硬件的高端和超前,必然会使电子政务的发展偏离正确的轨道,最终与公众的真正需要背道而驰。

影响电子政务需求的关键因素包括政府所处的环境、所采用的技术和时间延续三个方面。环境因素主要看本地区或本部门已有的信息通信技术装备和系统、人员信息化的准备情况,政府业务流程适合电子政务发展的程度以及内外部对电子政务的需求等;对所采用的技术既要认识到"所有的技术都会过时的"的基本规律,以避免盲目地求新求变,又要注意技术的生命周期、可扩展性以及兼容性等问题,尽量选用稳定、可靠、适用并有生命力的技术;在时间延续方面,如果作过长的预期,显然是缺乏科学性的,会与将来的实际情况发生较大的偏差,但如果时间延续太短,那也会使规划的存续期大打折扣,也是不合适的。所以,一般来说,对电子政务的需求分析和发展规划的预期,以 1~3 年较为合理,超过 5 年可信度就会变得比较差。这一点是需要在规划的编制过程中引起注意,以避免走不必要的弯路。

3.1.4.3 电子政务系统的总体设计

在完成前两个步骤后,即进入电子政务的总体设计阶段,也就是要围绕本地区或本部门的电子政务需求,结合资金投入、技术选择以及政府所处的环境等多方面的因素,对电子政务系统进行全面的分析和设计。

电子政务系统的总体设计必须综合考虑网络体系、技术支撑体系、业务应用体系和安全保障体系等各个组成部分的特点,确定相应的开发应用标准和规范,并依据统一的技术规范、业务应用平台、信息指标体系、开发代码和运行管理制度等,保证整个电子政务系统的有机集成和高效运作。

3.1.4.4 技术和功能层面的细化

完成电子政务系统的整体设计后,接下来就必须从技术和功能层面构建起适应电子政务要求的技术支撑和业务应用体系。这一阶段的主要任务是对电子政务系统总体设计的进一步细化,从技术实现的可能性和业务需求的必要性两个方面对电子政务发展做出进一步的规划。

在这一阶段,需要对以下五个方面做出规划和部署:

(1) 确定电子政务系统运营的通信网络系统;

(2) 选用合适的技术开发工具和开发平台;

(3) 构建安全管理体制,包括安全监测、物理安全、信息安全、网络安全以及安全管理制度等一系列规范;

(4) 电子政务可靠性保障方案,如数据备份、复杂系统的容错、防病毒和突发事件应急处理办法等；

（5）系统扩展性预案，对电子政务系统升级、业务需求扩展等应做出初步的预计，并能做出必要的应对处理。

3.1.4.5 确立科学的评估方法，明确合理的评估标准

电子政务规划是针对未来电子政务发展的行动方案，在发展过程中存在着很多不确定的因素。为了使电子政务的发展取得预期的效果，并能够对运行的效果进行合理的评价，必须确立科学的评估方法，明确合理的评估标准。

因为电子政务是一项新生事物，对它进行科学合理的评估并非易事。在确定评估方法时，必须采用定性和定量相结合的方法，既要考虑评估方法的可操作性，又要考虑这种方法的科学合理性。对评估标准的确定，一方面要借鉴和吸收国际上已经成熟的相关标准，另一方面也要考虑本地区或本部门的实际，使评估标准具有一定的灵活性和适用性。在具体的评估时，必须考虑到电子政务的直接受益者——公众对电子政务的评价和接受程度。

3.1.5 电子政务规划的指导思想和原则

电子政务规划必须遵循一定的指导思想，并坚持相应的发展原则，这一点在我国不同类型的电子政务规划中都得到了很好的体现。

3.1.5.1 电子政务规划的指导思想

根据国家对电子政务的发展要求，我国电子政务建设的指导思想大致可以概括为：以邓小平理论、"三个代表"重要思想、科学发展观、习近平新时代中国特色社会主义思想为指导，全面贯彻落实科学发展观，适应改革开放和现代化建设对政务工作的要求，转变政府职能，提高工作效率和监管的有效性，更好地服务人民群众；以需求为导向，以应用促发展，通过积极推广和应用信息通信技术，增强政府工作的科学性、协调性和民主性，全面提高依法行政能力，加快建设廉洁、勤政、务实、高效的政府，促进国民经济持续快速发展和社会全面进步。

电子政务的发展必须坚持政府主导与社会参与相结合，坚持深化应用与提高产业技术水平相结合，坚持促进发展与保障信息安全相结合，保持政策的连续性与稳定性，统筹兼顾中央与地方的需求，以提高应用水平为重点，以政务信息资源开发和利用为主线，建立信息共享和业务协同机制，更好地促进行政管理体制改革，带动信息化发展，走中国特色的电子政务发展道路。

3.1.5.2 电子政务规划的原则

我国电子政务的发展需要坚持的原则根据不同的规划主体而确定，一般可以概括为以下四个方面：

1. 统一规划，加强领导

电子政务建设必须按照统一的部署，制定总体规划，避免重复建设。各级党政主要领导要亲自抓，防止各自为政。要正确处理中央与地方、部门与部门的关系，明确各自的建设目标和重点，充分发挥各方面的积极性，分类指导，分层推进，分步实施。

2. 需求主导，突出重点

电子政务建设必须紧密结合政府职能转变和管理体制改革，根据政府业务的需要，

结合人民群众的要求,突出重点,稳步推进。要讲求实效,坚持经济效益和社会效益相统一。当前要重点抓好建设统一网络平台、建立标准、健全法制,建设和整合关系国民经济和社会发展全局的业务系统。

3. 统一标准,保障安全

加快制定统一的电子政务标准规范,大力推进统一标准的贯彻落实。要正确处理发展与安全的关系,综合平衡成本和效益,一手抓电子政务建设,一手抓网络与信息安全,制定并完善电子政务网络与信息安全保障体系。

4. 经济适用,注重扩展

必须做到避免重复建设和力争节约,对现有的政府信息系统要充分利用、发挥效益,对新建系统要科学论证,硬件设备通过政府采购等形式购置,以提高经济性和适用性。要注重电子政务发展的可扩展性,提高系统的兼容性和升级能力,促进可持续发展。

3.2 日本电子政务发展规划案例

日本是经济和科技发展均位居世界前列的发达国家,在电子政务发展方面,日本凭借其世界一流的信息化基础设施以及广泛深入的应用,取得了卓有成效的进展,为世界各国电子政务发展提供了十分有益的借鉴。日本电子政务发展所取得的成绩,与其长期坚持"规划先行"是分不开的,可以说,一轮又一轮电子政务发展规划是引领日本电子政务更好、更快发展的重要法宝。

3.2.1 规划背景

日本政府于 2000 年 3 月开始正式启动"电子政务工程"计划,目标是要求政府 3000 多项业务在 2003 年之前均可通过网络实现。按照该项工程的计划,日本政府要求在 2005 年以前让政府各部门的主要业务全部通过互联网进行,以全面进入办公电子化、无纸化的时代。在"电子政务工程"计划实施期间,政府还提出了"e-Japan2002"计划,制定了详细的战略和措施推动电子政务工程。最近几年,作为经济强国的日本把加快电子政务的发展作为一项战略性的举措予以推进,希望电子政务能成为振兴经济、推进改革的强心剂,经过多年的努力,取得了丰硕的成果。

在电子政务网络基础设施建设方面,日本政府提出坚持"以民间为主导"的原则,政府创造自由、公平和能够发挥民间研究开发作用的竞争环境;明确竞争政策的制定应体现"用户利益最大化"和"公平"的基本原则;在建设过程中日本政府引进新的评估方法,使网络基础设施建设保持世界领先水平,并采取相应的措施使日本成为国际互联网的中枢。在电子政务应用方面,日本政府认为不应只停留在把原来的业务实现网络化的程度,而是要以中长期目标进行有计划的投资,实现简化行政机关业务、提高效率、减轻国民和企业负担的目的;通过实现电子政务,要使任何人不受时间、地理的限制,接受国家行政机关和地方行政机关提供的服务,比如通过家庭或工作场所的互联网 24 小时全天候办理各种行政手续等,以期能为日本民众提供卓越的政府服务。

3.2.2 e-Japan2002 计划

为了促进全国信息化的全面发展,日本政府IT战略本部于 2001 年 5 月 31 日首次召开会议,出台了有关2002年IT重点施政方针的"e-Japan2002"计划,为了支持这一方案的实施,日本政府在2002年财政预算中专门拨出2兆日元(当时相当于155亿美元)来实施该计划。该方案确立了日本IT实施计划的重点,确定了各项目标的实施单位与机构,同时对建设"e-Japan(电子化日本)"做出了全面、科学和合理的部署。"e-Japan2002"计划的主要任务有以下五个方面:

3.2.2.1 建设国际领先的信息通信网络

建设国际领先的信息通信网络是日本政府努力奋斗的目标,在"e-Japan2002"计划中,日本政府进一步明确了为实现这一目标所采取的具体措施,并通过相应的政府职能部门来组织实施。措施包括两个方面:一是要推进高速及超高速互联网的普及;二是加强研究与开发。

3.2.2.2 振兴教育,培养人才

按照"e-Japan2002"计划的部署,到2005年,日本全部的公立学校建成高速互联网环境,儿童可以大幅提高使用网络的能力,早日实现利用网络振兴教育、培养人才的目标。这一目标包含三个方面的具体措施:一是推进学校教育信息化;二是提供IT学习机会;三是培养专门知识以及在技术上有创造力的人才。

3.2.2.3 促进电子商务

促进电子商务在日本的快速发展是"e-Japan2002"计划的重要内容,为了实现这一目标,相关的政府部门都明确了具体的职责,涵盖了中央政府法务省、文部科学省、经济产业省、内阁府等主要经济管理部门和其他相关部委。

3.2.2.4 推进公共领域利用信息通信技术

推进公共领域利用信息通信技术,加快电子政务发展是"e-Japan2002"计划的重要任务之一,为此,该计划确定了相关政府部门及其相应的职责。总务省作为主要的责任部门,担当了总体负责和跨部门协调统筹的角色。

3.2.2.5 确保高度信息通信网络的安全及可靠性

确保信息安全是推进信息化的基本前提。在"e-Japan2002"计划中,提出了五个方面的具体措施:一是建立高度可靠的电子政府;二是强化网络恐怖活动对策;三是提高信息安全意识;四是协助民间机构采取信息安全对策;五是开发信息安全基础技术。

3.2.3 U-Japan 计划

"e-JapanII"计划的实施,进一步夯实了日本电子政务发展的基础,为下一步的发展创造了更好的条件。为了取得更大的发展,日本政府于2004年12月公布了新的"U-Japan"计划。这一计划的中心议题是希望以无所不在的网络为基本工具实现理想的信息社会,在这个社会里,许多的社会经济活动都将得到网络的全面支持。

3.2.3.1 "U-Japan"计划的基本内涵

"U-Japan"计划中的"U"总共包括四个方面的内涵,即"4U"[①](如图3-1所示)。

---

① "4U"的英文读音为"for you",中文意思为"为你"。

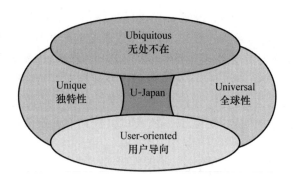

图 3-1 "U-Japan"的概念框架

如图 3-1 所示,"4U"的含义如下:

(1) Ubiquitous(无处不在)。

即连接所有的人和物,在这个社会中,人与人、人与物、物与物相互关联,在信息交流中发挥更为重要的作用。

(2) Universal(全球性)。

即人与人之间的友好交流,谁都可以简单利用机器和网络,比如高龄人士和残障人士等也可以积极参与社会活动。通过信息传递和心灵交流,可以让民众产生超越年龄和地域的归属感。

(3) User-oriented(用户导向)。

即努力为消费者提供方便,而不是仅仅重视供应方的利益,进一步开发与需要紧密结合的技术和服务。

(4) Unique(独特性)。

即充满个性、倍具活力,新的社会体系和业务、服务不断出现。摆脱单一局面,实现由创意带来的地域个性。带动个体活力,人人拥有梦想,容易接受新挑战。

3.2.3.2 "U-Japan"计划的发展目标

"U-Japan"计划旨在让日本于 2010 年成为"世界信息通信技术的领导者",进而直接促进其他地区信息通信技术的发展。它的目标包括:

(1) 创造一种无缝接入和无线网络的环境,以期能在全国范围内形成完善的宽带基础设施;

(2) 通过信息通信技术来推进社会制度的改革,促进技术的创建、分配和使用,引进通用设计,促进信息通信技术人力资源的开发;

(3) 识别和澄清"消极"的问题以便问题得到解决;

(4) 促进"21 世纪信息通信技术战略的安全和保护";

(5) 对越来越明显的重要问题做出响应;

(6) 制定"无处不在的网络社会"的纲领;

(7) 不仅促进国内社会,而且促进国际市场和网络的政策;

(8) 从战略上推进研发标准化工作的优先领域,并通过创新加强国际竞争力。

"U-Japan"计划明确,到 2010 年,从宽带发展到无处不在的网络,使得 100%的人口拥有高速或超高速的互联网接入,发展一个无缝的网络环境,包括从有线转向无线和网络终端;从计算机化提升到问题的解决,超前的信息通信技术应用于解决更多的社会问题,让80%的人口体会到信息通信技术在解决问题时的作用,进而解决21世纪人们在健康、福利制度、环境和能源、灾害预防、公共安全以及教育和人力资源方面的问题,以利于重整社会体制和社会结构;快速提升信息通信技术在环境中的使用,通过改善环境来减少信息通信技术传播中的问题,使得80%的人口接触到信息通信技术,体会到它的方便快捷。

3.2.3.3 "U-Japan"计划的发展策略

"U-Japan"计划的发展策略主要包括以下三个方面:

1. 建设无处不在的网络

建设无处不在的网络的主要任务包括:建立准确无误的环境入口(有线或无线),提升频谱释放战略、稳固的无线集合、对话与广播的联系及IP基础设施;建立全国性宽带基础设施,解决宽带划分问题,使区域网络化,优化竞争策略;建立一个物联网,发展电子标签、传感器网络和机器人网络,发展无处不在的终端技术(脱离传统电脑);建立网络合作基础,发展无处不在的平台,达到网络的高度可靠性,加强电子商务基础设施的发展。

最后到2010年实现100%的公民有权使用高速及超高速网络,给人们提供学习各种信息的便捷入口。

2. 开发先进而实用的信息通信技术软件

开发各种类型的先进而又实用的信息通信技术软件,以更好地解决出生率下降和人口老龄化等造成的问题,具体包括:

(1)通过信息通信技术改造社会体系:重整系统鼓励信息通信技术的使用,改革社会教育及企业管理、重整系统分布促进电子化政府;

(2)提高产品本身、分布和使用的质量:为数码产品的分布和减少成本创造环境,改善数码产品档案的建立与使用,加入有吸引力的内容,用柔和的力量建立一个日本品牌;

(3)推动全球性计划:发展先进的代理科技,改善用户界面,为中老年人及残障人士使用信息通信技术建立一个支持系统;

(4)信息通信技术人力资源的使用:培养先进的信息通信技术人才,支持信息通信技术公司的创立,并鼓励公民参与其中。

最后到2010年实现社会上有80%的公民体会到信息通信技术对解决问题很有用。

3. 发展环境的优化

对于无处不在的网络社会预期的另一方面,实际还有许多的担忧与障碍存在,比如24小时网络链接可能导致隐私的泄露。

因此,面对这些问题,必须做到:加深对负面影响的理解以及对问题的鉴别;促进有关信息通信技术的安全策略,识别具有主要社会影响并且需要更多的关注的优先问题;识别无处不在的网络社会中出现的异常问题;建立一个无处不在的网络社会的纲领,提高民众对无处不在的网络社会的认识,根据多样的安全可靠的消息分布来建立全新的社会基础结构。

最后到2010年实现80%的人从使用信息通信技术中获得更大的便利和价值回馈。

3.2.4 《新IT改革战略》的电子政务发展计划

日本政府于2006年1月正式发布了《新IT改革战略》，提出了进一步推动日本信息化建设所需要明确的基本理念、目标和政策等问题，电子政务作为这一战略的重要组成部分，既明确了相应的目标，又提出了评估的指标，并且还制定了发展的具体对策。

3.2.4.1 电子政务的建设目标

《新IT改革战略》提出的电子政务建设总体目标是：通过信息通信技术在行政领域的灵活应用，以提高日本民众生活的便利程度，简化行政环节，提高行政效率以及提升行政作业行为的透明度，使日本建成世界上最便利、最具效率的电子化政府。具体包括三个方面的目标：

第一，建设能够使公众切实感到便利和政府服务水平不断提升的电子化政府，到2010年日本民众向中央、地方政府以及地方公共机构提出的申请申报手续等的在线利用率应不低于50%；

第二，在IT战略本部中建立针对政府电子政务发展的评价体制，以促进政府电子政务业务系统的优化，建成高效的电子化政府，对于地方政府应采取同样的措施进行建设和完善；

第三，对于中央和地方公共团体的电子政务系统，应在考虑用户便利的同时，必须确保其可靠性、可信性和安全性，加强信息安全制度建设，并通过发展电子政务，加强普及和培育电子政务相关的尖端技术，进一步带动信息通信技术的研发和产业化。

3.2.4.2 电子政务的评估指标

为了实现以上各方面的目标，并能对相关政策的执行情况和执行效果进行评估，《新IT改革战略》确立了五项评估标准：民众向政府申请申报等手续的在线利用率；申请者必须花费的时间和费用；政府网站的利用情况；电子政务系统相关成本的削减情况、业务处理时间节省与人员精简的效果；公共服务中智能卡的引入情况及其使用后公共服务水平的提高程度。

3.2.4.3 促进电子政务发展的主要政策

为了实现使日本"建成世界上最便利、最具效率的电子化政府"的总体目标，《新IT改革战略》提出了以下具体的实施政策：

（1）为达到2010年在线申请申报手续不低于50%的目标，应明确制定并公布具体的促进计划。

（2）研究与所得税、营业税电子申报相关的制度以及具体的实现方案，并对实施方案的执行成效进行评估。

（3）以用户为导向，通过采用电子化文件传输的方式逐步替代传统的直面文件传输形式，提高政府行政的效率。

（4）促进居民基本账户电子化系统的应用，到2010年实现各种行政手续的精简。与此同时，中央各相关部门和地方公共团体的电子政务业务应有计划地整合到"地方政府广域网"（LGWAN）上来，从而推进标准化统一系统的应用。

（5）2008年所有的都、道、府、县完成公共机构个人认证申请系统的配置，2010年所有的地方政府应完成该系统的配置。

(6) 中央、地方公共团体应努力推进信息系统数据的标准化,并应努力促进各系统之间的连接和协作,以促进各种行政手续的一站化或各种公共服务的协同办理。

(7) 除了针对中央或地方公共团体的申请等手续以外,还应在医疗、护理、年金等公共领域推进采用智能卡系统提供安全、迅速且可靠的服务。

(8) 中央各部门在首席信息官下设立新的综合管理机构——项目管理办公室,全面负责本部门电子政务信息系统的规划、开发、应用和评价等业务。与此同时,大力培养各部门精通电子政务信息系统和业务改革的内部人才,为电子政务的快速发展提供可靠的人才保障。

(9) 在IT战略本部下设立电子政务评价委员会(暂称),负责对各部委电子政务实施成效进行严格的审查和评价(包括费用成效比),并对信息系统的规划、开发、应用和评价等业务提供必要的协助和建议。

(10) 在更新或维护各部委电子政务系统时,在符合下述三项标准时方可实施:一是有利于行政、财政改革,如能够减少信息系统相关经费、缩短业务处理时间或可以削减人员;二是以最优化计划等制订完善行动计划为基础;三是能够为民众提高便利程度。并且必须做到:可以外包的业务应尽量外包。

(11) 制定完善电子政务信息系统采购相关指南,各部委在依据该指南进行信息系统采购的同时,应努力增加有相应技术能力的企业参与竞争的机会。

(12) 政府要着力研究有利于综合提高系统便利性、安全性以及运营效率的电子政务通用基础设施构筑方案,以推进高层次、高安全性的电子政务为方向,研究今后应开发的技术,并以该研究结果为基础,通过政府与民间协作推进必要的技术研发。

(13) 独立行政法人应参照政府的有关措施,从内部管理业务开始着手推进业务、系统的优化升级,以促进业务和系统的高效化和合理化。

3.2.5 i-Japan 战略 2015

2009年7月6日,日本政府IT战略本部制定适应新的发展形势需要的"i-Japan战略2015"。这里的"i"包含"Inclusion"和"Innovation"两层意思:"Inclusion"的原义指"包容",在这里引申为"信息通信技术要像阳光、水和空气那样融入经济社会发展的方方面面";"Innovation"意指"创新"。这一战略是继日本政府推出的"e-Japan 2002""U-Japan"计划和"新IT改革战略"之后的后续发展蓝图,规划了日本全国至2015年的信息技术发展之路。

3.2.5.1 "i-Japan 战略 2015"的发展目标

日本政府已经意识到,目前已进入到了将各种信息和业务通过互联网提供的"云计算"时代。作为信息技术的载体,要大力发展以绿色信息技术为代表的环境技术和智能交通系统等重大项目。制定"i-Japan战略2015",日本政府希望能开拓支持日本中长期经济发展的新产业。

这一战略明确,到2015年要实现以人为本、"安心且充满活力的信息化社会",要让信息通信技术全面融入经济社会的每个角落,并由此改革整个经济社会,催生出新的活力,实现积极自主的创新。这一战略的核心要义是实现信息通信技术的易用性,突破阻碍其使用的各种障碍,确保信息安全,并最终通过信息通信技术向经济社会的全面渗透打造全新的日本。

为了体现以人为本,创造使国民安心和有活力的社会,该战略有一个重要的发展项目是被称为"国民电子个人文件箱"的应用。其目的是可以让日本民众自己管理自己的信息资料,即通过互联网安全、可靠地完成工资支付等各种手续,并对其进行综合管理,使国民享受到一站式的电子政务的服务。按照计划,这一项目计划在2013年完成。

3.2.5.2 "i-Japan战略2015"的发展重点领域

"i-Japan战略2015"的发展重点领域包括电子政府和电子地方自治体、医疗健康和教育人才等三大领域。

1. 促进电子政府和电子自治体建设

促进电子政府和电子自治体的建设被列为"i-Japan战略2015"发展的首要任务,基本的立足点是整顿体制和相关的法律制度。为了实现这一目标,日本政府提出了设置副首相级的首席信息官职位的举措,赋予其必要的权限并为其配备相关辅佐专家,以期能全面负责监督战略的执行,增强中央与地方的合作以大力推进电子政务和行政改革。这是日本推进电子政务发展的战略性的行动,也为世界各国提供了十分有益的启示。

与此同时,这一战略还延续过去的计划并确立了PDCA(Plan-Do-Check-Action,计划、实施、检查与行动)的体制,以通过信息通信技术推进"新行政改革",简化行政事务,实现信息交换的无纸化和行政透明化。

2. 提升医疗保健能力

面对日益严重的老龄化和出生率低下的社会问题,日本政府深刻地认识到,必须通过信息通信技术来促进医疗改革,解决医生短缺和分配不均等问题,进一步提高医疗和卫生保健的质量。"i-Japan战略2015"明确,为了推进医疗保健的发展与改革,一方面要使用远程医疗技术,致力于提升医生的技术,进一步完善和整顿医疗机构的信息化基础设施,促进地方医疗机构之间的交流和合作,并在此基础上解决地方医生资源分布不均衡等问题,为日本民众提供优质和经济的医疗服务;另一方面,日本政府计划推行日本版的电子病历,以实现个人电子保健信息的获取与管理、处方和用药信息的电子化。与此同时,日本政府还计划将电子病历的匿名保健信息用于流行病学研究,以全面改善医疗服务质量。

3. 强化教育人才保障

教育人才是立国之本,日本政府十分重视信息通信技术在教育人才培养中的应用。"i-Japan战略2015"指出,促进信息通信技术在教育人才方面的应用,提高学生的学习欲望、学习能力和信息利用能力,以及教师在信息利用方面的指导能力,是提高教育发展水平的有效举措。通过推广实践性的教育基地以及官、产、学合作充实国家中心功能等措施,建立起能持续稳定培育高端信息通信技术人才的体制。此外,在普及大学信息教育和整顿信息化基础设施的同时,也要利用信息通信技术促进对远程教育的支持。

3.2.6 日本电子政务发展所取得的进展

多年来,日本政府通过出台一系列的相关的规划和政策积极推动电子政务的发展,取得了卓有成效的进展,主要包括以下六个方面:

3.2.6.1 行政流程在线应用的促进

日本政府为了达到2010年在线申请申报手续不低于50%的目标,从而确立了新的IT改革战略。通过把这些文书转化为电子形式,几乎所有的申请书和其他全国政府使用的表格都可以在线填写并提交,这些在线应用正逐步向公众传播。

为了拓宽在线服务的范围,日本政府发起了扩大在线应用的行动计划(由IT战略本部于2008年9月12日决定)。这项计划的宗旨是深入拓宽在线应用,特别是被民众和企业频繁使用的申请表格,还有那些被企业重复或继续使用的申请表格。

此外,下一代电子政务基础设施项目研究组已经成立,并正在探索为民众和企业提供根本上的精简、方便和高效的政府服务的方法。

3.2.6.2 政府信息电子化方式提供的促进

日本政府信息电子提供的工作是这样开展的:通过一些专门向民众提供政府信息的站点来提供民众所需的必要的信息,各地、各级政府机构(部委和机构本身、当地的分支机构和其他机构等)在其准备和运行的网站上提供相关的政府资料,为民众提供全面的信息支持。

政府信息的提供是和政府信息电子化方式提供的基本思路(指南)是相一致的,所以政府机构的工作就有了统一性,同时民众和其他的用户也可以方便、快捷地获得政府机构所发布的信息。自2001年4月起,总务省行政管理局不断地改进和完善一站式的电子政务网站,它为政府信息的发布提供了全面的搜索服务和指南的功能,使政府信息的发布的效率和效果产生了实质性的变化。

3.2.6.3 工作和系统最优化的促进

为了变得更加精简和高效,使每个政府机构的工作和系统更加高效和合理的运转,日本政府采取了三个方面的措施:对系统和工作的运行状况进行评估;将文书工作进行计算机化和标准化;系统的统一化和集中化。

3.2.6.4 对有关政府采购的信息系统的改进

为了保证政府机构与信息系统采购相关的程序更加公正和透明,给予有技术竞争力的企业参与竞标的充分机会,日本政府确立了政府采购信息系统的基本方针,并要求各政府机关严格按照这一方针执行采购的相关活动。

3.2.6.5 信息安全措施的促进

随着信息技术的快速发展,信息技术的重要性也在上升,它对国民生活和经济活动产生冲击的可能性也在加大,但相关的安全威胁也在与日俱增。

在日本,信息安全政策委员会规定了信息安全政策的基本战略。国家信息安全中心(National Information Security Center,NISC)已被确立为执行机构,以促进信息安全措施的执行。近些年,日本政府制定了一系列相关的信息安全的措施,主要的有:

(1) 安全日本2008战略(Secure Japan 2008)(由信息安全政策委员会于2008年6月19日制定);

(2) 信息安全第一国家战略(由信息安全政策委员会于2006年2月2日制定);

(3) 对中央政府计算机系统加强信息安全采取措施的政策(由信息安全政策委员会

于 2005 年 9 月 15 日制定)；

(4) 为中央政府电脑系统的信息安全采取的措施而制定的准则和执行标准(由信息安全政策委员会于 2005 年 9 月 15 日制定)。

3.2.6.6 地方电子政务的促进

日本政府正在实施多种从用户友好性和节省开支的立场出发所制定的政策，目的是想能够在 2010 财政年度时实现方便、高效和灵活的地方电子政务。

在日本地方电子政务发展中，应用得较为成功的是"居民基本登记卡"，这是一种由地方政府专门为当地居民颁发的强化安全的智能卡(如图 3-2 所示)，在日本全国范围内得到了普遍的应用。

图 3-2　日本居民基本登记卡

这些卡能被地方政府用作为当地居民提供在线服务的互联网身份认证工具，每张卡上均必须印有个人身份照片才能生效。居民基本登记卡可以让当地居民根据地方政府的相关规定获得相应的各种服务，成为日本电子政务和电子自治体发展的重要载体，在为日本民众带来了实实在在的便利的同时，也为日本地方政府管理和服务能力的提升发挥了不可低估的作用。

3.2.7　日本的开放政府与大数据战略

日本历史上出现的多个电子政务规划为促进日本电子政务的发展做出了重要的贡献，也是日本电子政务能走在全球前列的主要原因之一。目前，日本政府正在大力推进"开放政府与大数据战略"，为未来电子政务的发展指明了新的方向。

3.2.7.1　新规划出台背景

2012 年 6 月，日本 IT 战略本部发布电子政务开放数据战略草案，迈出了政府数据公开的关键性一步。7 月，日本推出了《面向 2020 年的 ICT 综合战略》，提出"活跃在 ICT 领域的日本"的目标，重点关注大数据应用。该战略聚焦大数据应用所需的社会化媒体等智能技术开发、传统产业 IT 创新，以及在新医疗技术开发和缓解交通拥堵等公共领域的应用。

2013 年 6 月，安倍内阁正式公布新 IT 战略——《创建最尖端 IT 国家宣言》。该宣言阐述了 2013—2020 年期间以发展开放公共数据和政府数据为核心的日本新 IT 国家战略，提出要把日本建设成为一个具有"世界最高水准的广泛运用信息产业技术的社会"。2014 年 6 月 24 日，日本 IT 战略本部对该宣言作了新的修订，并开始了进入全面的实施阶段。

3.2.7.2 战略举措

为了推进"开放政府与大数据战略"的实施,加快建成世界最高水准的广泛运用信息产业技术的社会,日本政府把打造"任何人在任何时候均可接入和使用的一站式公共服务平台"作为抓手,并从以下三个方面进行了相应的部署:

1. 提供高度便捷的电子政务服务

日本政府将原来由政府承担的职能通过云计算开放环境授权给私营部门,或者通过政府与私营部门合作的方式向社会提供,方便企业、公民和各类社会组织根据需要获得相应的政府服务。构建"我的政府"服务门户,构建无缝利用政府服务的个性化通道,政府主动向公众推送其所需的各类信息和服务,变被动为主动,构建新型的政府与服务对象之间的关系。

日本政府所确定的"提供高度便捷的电子政务服务"举措的关键考核指标如下:

(1) 服务使用者的满意程度;

(2) 网站点击率;

(3) 应用程序编程接口发布的数量;

(4) 个人编号卡的发放数量。

值得一提的是,为了全面改善政府面向公众的服务,日本政府决定在全国范围内推行个人编号卡的使用,这是一种记载了个人编号的、附带本人脸部照片的卡片,内嵌 IC 芯片的塑料卡片,卡面记载有姓名、住址、出生日期、性别、个人编号和本人的脸部照片等。该卡除了可以用作确认本人的身份证明书外,还可以用于自治体服务、e-Tax 等需要使用电子证明书的电子申请等各项服务,具体用途如下:

(1) 作为证明个人编号的证件:在需要出示个人编号的各种情况下,可以作为证明个人编号的证件。

(2) 各种行政手续的网上申请:可以用于登录 2017 年 1 月开始运行的"信息记录公开系统"等,进行各种行政手续的网上申请。

(3) 可以作为确认本人的官方身份证明书:同时需要出示个人编号并进行本人确认的情况下,仅凭此卡即可完成;可以有效利用于金融机构开设账户、首次发行护照等各种场合。

(4) 各种民间业务的网上交易:可以用于网上银行等各种民间业务的网上交易。

(5) 搭载了各种服务的多功能卡:市区町村及国家提供各种服务时需要的多张卡片,能够集中到个人编号卡一卡之中。

(6) 用来在便利店发行各种证明书:可以用来在便利店发行居民票、印章登记证明书等各种官方证明书。

图 3-3 为个人编号卡的样卡。

图 3-3 个人编号卡的样卡

2. 在国家和地方各级政府层面改革信息系统

在投资 IT 系统建设时进行综合性的改革,当独立的信息系统需要更新时,相关政府部门必须制订详细的计划,说明更新的必要性,以及为公众和其他部门创造的价值等,既不能形成新的信息孤岛,也不能造成重复作业。全面推广云计算的应用,消除政府部门之间的壁垒,实现无缝协同,以提升政府服务公众的效率,大幅降低政府运行的成本。为此,在国家和地方各级政府层面将对政府信息系统进行全面改革,以适应新的发展需要。

这一举措的关键考核指标如下:

(1) 政府信息系统数量减少比例;

(2) 政府信息系统运行成本下降情况;

(3) 无纸化办公实现目标落实情况(比如,电子化支付等)。

3. 加强政府中的 IT 治理

通过强化政府首席信息官的职责推进 IT 治理,并采取 IT 投资战略管理鼓励有挑战性的 IT 投资,彻底消除浪费。为此,要革新信息系统的投资预算办法,向公众公开相关预算,接受社会监督;在政府内部推动 IT 人力资源的合理流动,促进人力资源的共享共用;创新人员轮换制度,以确保重大 IT 项目的人员稳定;加强人员培训,提升政府职员 IT 应用能力;鼓励开源软件的应用,促进系统和数据的共享,提升规模经济效益。

这一举措的关键考核指标如下:

(1) 独立项目的成就等级;

(2) 训练有素的 IT 人员数量;

(3) 接受培训的人员数。

3.2.8 案例评析

作为经济发达、信息化基础设施全球领先的发达国家,日本在推进电子政务发展方面必然有着不可多得的先天优势,但仅仅有这些优势是远远不够的。日本从本国的发展实际出发,走出了一条行之有效的电子政务发展道路,其中不同阶段的发展规划所发挥的作用不可小觑,相关的经验值得我国学习、借鉴。

第一,高度重视发展规划在引领电子政务发展中的作用。日本政府把制定电子政务发展的规划作为推进电子政务发展的一项战略任务,并通过对规划的动态完善为电子政务的发展提供持续的政策保障,使其成为驱动电子政务发展的重要的"使能器"。

第二,强化政府的领导为电子政务的发展提供可靠的组织保证。日本政府深刻地认识到,电子政务的健康、快速发展有赖于政府强有力的组织领导,为此做出了一系列相应的部署。从早期的成立"IT 战略本部"统筹全国的电子政务发展到后来设立副首相级的首席信息官来统领更高层次、更大范围的电子政务发展,由此充分说明,日本在电子政务发展的组织保障上取得了重大的突破,也为世界其他各国提供了很好的示范。这一点对我国尤具借鉴意义。

第三,突出重点,有序推进。在不同的发展阶段,日本政府对电子政务的发展均能根据现实的发展需要提出重点的目标和任务,为电子政务的发展指明了前进的方向和道路。这一点在"i-Japan 战略 2015"中体现得尤为明显,这一战略计划明确了"促进电子政府和电子自治体建设、提升医疗保健能力和强化教育人才保障"三大任务,虽然涉及面相对较窄,但紧紧抓住了影响日本当今经济社会发展的"牛鼻子",对充分发挥电子政务的作用和价值有着重要的意义。

第四,充分吸收新的信息通信技术与电子政务融合发展。日本政府十分重视新一代信息通信技术与电子政务的融合发展,积极吸收云计算、大数据等新兴技术在政府业务中进行应用,促进开放政府与大数据战略的实施,取得的成效较为显著。

从日本的电子政务发展历程来看,从"e-Japan 2002"到"U-Japan"的跨越,再向"i-Japan 战略 2015"和"开放政府与大数据战略"的迈进,规划始终发挥着重要的引领作用,给我国电子政务发展提供了很好的经验借鉴。

3.3 电子政务标准概述

电子政务建设涉及面广、投资数额大、历时时间长、系统构成复杂,面对众多的硬件厂商、应用软件厂商、系统集成厂商、数据库厂商,如何使电子政务发展演绎成"大合唱",这是一件很不容易的事,唯一的办法是采用一定的标准,用标准来统一行动,步调一致,使电子政务发展有序进行。

3.3.1 电子政务标准的含义

电子政务是一项复杂的系统工程,利用一定的标准对其进行规范显得十分必要。所谓标准(Standard),是对重复性事物和概念所做的统一规定,它以科学、技术和实践经验的综合成果为基础,经有关方面协商一致,由主管机构批准,以特定形式发布,作为共同遵守的准则和依据。而"标准化"(Standardize)则是指在经济、技术、科学及管理等社会实践中,对重复性事物和概念通过制定、发布和实施标准,达到统一,以获得最佳秩序和社会效益的活动。

按照标准适用范围的不同,标准一般可以分成以下五类:

1. 国际标准

国际标准是指国际标准化组织和国际电工委员会所制定的标准,以及国际标准化组织已列入《国际标准题内关键词索引》中的 27 个国际组织制定的标准和公认具有国际先进水平的其他国际组织制定的某些标准。

2. 国家标准

国家标准是指对全国经济技术发展有重大意义,需要在全国范围内统一的技术要求所制定的标准。国家标准在全国范围内适用,其他各级标准不得与之相抵触。

3. 行业标准

行业标准是指对没有国家标准而又需要在全国某个行业范围内统一的技术要求所制定的标准。行业标准是对国家标准的补充,是专业性、技术性较强的标准。行业标准的制定不得与国家标准相抵触,国家标准公布实施后,相应的行业标准即行废止。

4. 地方标准

地方标准是指对没有国家标准和行业标准而又需要在省、自治区、直辖市范围内统一工业产品的安全、卫生要求所制定的标准。地方标准在本行政区域内适用,不得与国家标准和行业标准相抵触。国家标准、行业标准公布实施后,相应的地方标准即行废止。

5. 企业标准

企业标准是指企业所制定的产品标准和在企业内需要协调、统一的技术要求和应管理、工作要求所制定的标准。企业标准是企业组织生产,经营活动的依据。

借鉴标准的定义我们可以看出,电子政务标准就是指针对电子政务实施和应用的标准,它是以电子政务的理论研究和实践发展为基础,经政府相关部门与代表厂商协商一致,由政府主管部门批准,以特定形式发布,作为电子政务发展过程中共同遵守的准则和依据。遵循标准的基本分类,电子政务的标准同样分为国际标准、国家标准、行业标准、地方标准和企业标准等五个层次。

3.3.2 电子政务标准体系

电子政务标准是一个覆盖电子政务发展各个方面的体系,为电子政务发展提供了较为全面、可靠的标准保障。

3.3.2.1 电子政务标准体系构成

电子政务标准体系的涉及面比较广,总体可以分成一个总体标准和五个分标准这样两个层次(如图3-4所示)。

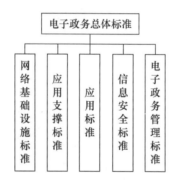

图3-4 电子政务标准体系的组成

3.3.2.2 电子政务总体标准

电子政务总体标准是关于电子政务发展的总体性标准,主要包括电子政务基础性标准、总体规范及技术框架等,在整个电子政务标准体系中具有全局性、指导性的作用。总体标准相对来说概括性比较强,而且一旦确定以后,就具有较大的稳定性。

3.3.2.3 网络基础设施标准

网络基础设施标准是为电子政务提供基础通信平台的标准,包括基础通信平台工程建设标准、网络服务商互联互通标准、网络安全标准等各个方面。网络基础设施标准在国内网络服务市场垄断程度比较高、互联互通比较突出的情况下,显得尤为重要。

3.3.2.4 应用支撑标准

应用支撑标准是为电子政务应用系统提供支撑和服务的标准,包括信息交换平台、电子公文交换、电子记录管理、日志管理、数据库等方面的标准,是电子政务标准体系中基本的组成部分。应用支撑标准主要针对部门级的电子政务应用,在规范部门电子政务应用方面有着重要的作用。

3.3.2.5 应用标准

应用标准是为规范电子政务应用开发设计而制定的相关标准,包括基础信息、数据元及其代码、电子公文格式、流程控制等标准。应用标准是为承担电子政务系统开发的软件厂商提供的,对规范系统开发,提高系统开发的兼容性和通用性有着很大的指导意义。

3.3.2.6 信息安全标准

信息安全标准是为电子政务实施提供安全服务所需的各类标准,包括安全级别管理、身份鉴别、访问控制管理、加密算法、数字签名、数字证书格式等标准和规范。信息安全标准对维护电子政务系统的安全,保障公众的隐私权、保证系统的稳定性和可靠性都有着密切的关系。

3.3.2.7 电子政务管理标准

电子政务管理标准主要是为确保电子政务工程建设质量所需的标准,包括电子政务软件工程、电子政务项目验收与监理、电子政务系统测试与评估,以及电子政务信息资源评价体系等涉及工程建设管理的标准。电子政务管理标准为实施电子政务监理和评估提供了基本的依据,有利于保障电子政务的实施质量和水平。

3.3.3 电子政务标准的主要价值

确立电子政务标准对电子政务的健康、快速、稳定和有序的发展有着不可低估的作用。推广和实施电子政务标准的主要价值主要体现在以下三个方面:

3.3.3.1 满足电子政务系统复杂性的需要

电子政务系统的复杂性表现在很多方面,主要有:(1)全面的开放性,既表现在电子政务系统对不同的平台有高度的适应性,又表现为不同政府部门相互间的信息按照特定规则开放,还表现为政府信息有保证地向政府内部各部门、企业和公民之间的信息开放。(2)必要的兼容性,表现在新建的电子政务系统不是对原有系统的全面否定,而是实现必要的兼容。(3)可扩展性,包括网络的可扩展性和应用系统功能的可扩展性,不具有扩展性的电子政务系统往往是短命的。(4)可维护性,电子政务系统必须满足日常维护和长期维护的需要,并能通过增加系统的伸缩性和可复用性来实现。(5)高度的稳定性,电子政务系统要能抵挡各种自然因素和人为因素的干扰与破坏,要能经得起种种考验,必须保证各个子系统的稳定可靠。(6)充分的安全性,安全是电子政务的生命,没有充分的安全性,电子政务就不可能发挥其应有的作用。

由于电子政务建设具有以上多方面的复杂性,没有一个相对统一的标准,显然很难做到合拍,有时甚至会出现难以想象的后果。因此,贯彻执行一定的电子政务标准是十分有必要的。

3.3.3.2 更好地开发和利用政府信息资源的需要

政府是全社会信息资源的最大拥有者,政府信息资源也是全社会最为宝贵的战略资源之一,充分开发和利用政府信息资源的价值也是电子政务的主要目的之一。但是,由于各地、各级政府长期以来在政府信息资源开发方面往往采取各自为战、条块分割的做法,事实上已经形成了一个又一个的信息资源"孤岛",既不能实现必要的信息资源共享,也无法向社会提供应有的服务,这样就不可能实现政府信息资源应有的价值。

推行电子政务标准,其中一个重要的方面就是要对分散开发和建设的政府信息资源形成一定的规范,使其成为标准化的资源,能够为不同的政府部门、社会公众充分共享。

3.3.3.3 促进电子政务健康有序的发展

电子政务正在全球范围内快速推进,我国的电子政务发展也正在全国如火如荼地展开,在这样的大背景下,如果没有一系列相应的规范和标准,必然会导致电子政务发展的混乱和无序现象。这方面的教训在我国的政府信息化建设中是很深刻的,不能再在电子政务的发展过程中重犯不该犯的错误了。

为了更好地发挥电子政务标准在促进电子政务健康有序发展中的作用,就必须在标准的前沿性、先进性、科学性和合理性等方面下功夫,既要借鉴国际先进经验,又要考虑实际国情,使标准的真正价值得到最大限度地体现。

3.3.4 我国电子政务标准建设情况

为了推动我国电子政务建设健康、有序发展,我国在电子政务标准体系建设方面已做出了不少重要的探索,并已取得了良好的进展。

3.3.4.1 我国电子政务标准建设历程

为了加快电子政务标准的研究和制定工作,国家标准化管理委员会和当时的国务院信息化工作办公室加强了统一电子政务标准化工作的领导,并于2001年12月批准成立了国家电子政务标准化总体组,这标志着电子政务标准化工作正式全面启动。国家电子政务标准化总体组是由国家标准化管理委员会和国务院信息化工作办公室共同领导的技术专家组织,负责电子政务标准化工作的总体协调,以及电子政务所涉及的重要标准研究、制定专项的组织和推进工作。国家电子政务标准化总体组从宏观、全局的角度上统筹规划,利用国内专家的力量规划国家电子政府标准化工作的目标、方案、总体规划等内容;集中精力制定出基础、共性相关标准及体系框架,并组织国内外各单位、专家制定行业、业务相关标准。

国家电子政务标准化总体组所确定的我国电子政务标准化指导思想是:面向电子政务的建设,本着"统筹规划,面向应用,突出重点,分工协作"的方针,依托现有资源和信息化工作的基础,坚持自主制定与采用国际标准相结合,加强与示范应用的有机结合,适时推出与电子政务相适应的标准体系,强化标准实施与监督力度,为电子政务建设提供强有力的支持、保障和服务。

经过10多年的发展,我国电子政务标准化体系的建设已取得了一定的突破,形成了初步的电子政务发展体系。

3.3.4.2 我国电子政务相关国家标准

自国家电子政务标准化总体组成立以来,我国电子政务标准建设进入了快车道。按照"急用先行"的原则,国家电子政务标准化总体组首先发布了《电子政务标准化指南》,取得了较为广泛的认可,随后完成了《电子政务标准化指南——第二部分:工程管理》《电子政务标准化指南——第五部分：支撑技术》《电子政务标准化指南——第六部分：信息安全》《电子政务业务流程设计方法通用规范》《电子政务数据元》《基于XML的电子公文格式规范》《电子政务主题词表编制规则》《XML在电子政务中的应用指南》《信息化工程监理规范》等征求意见稿，在广泛征求意见的基础上，《电子政务业务流程设计方法通用规范》《电子政务数据元——第1部分：设计和管理规范》《电子政务主题词表编制规则》《电子政务系统总体设计要求》《政务资源信息交换体系》和《政务资源信息目录体系》等一批国家级电子政务标准正式颁布，初步形成了我国电子政务发展的标准体系。

近几年来，为了适应新的形势发展需要，一批新的电子政务标准正在逐步编制和发布，如《基于云计算的电子政务公共平台顶层设计指南》《国家电子政务外网信息安全标准体系框架》等先后制定和发布，进一步丰富和完善了我国电子政务标准的发展体系。

电子政务标准建设是一个长期的过程，需要在实践中得到不断的发展和检验，一步一个脚印，逐步走向成熟和完善。

3.4 电子政务标准实例

我国电子政务标准目前实际应用的以国家标准和地方标准为主，国内的一些发达省份鉴于适应电子政务发展的实际需要，率先在国内发布了相应的地方标准，为地方乃至全国的电子政务发展提供支撑。本书以江苏省发布的地方标准《安全生产信息系统数据交换与共享技术规范》[①]为例，对电子政务发展中数据交换与共享技术的标准规范予以简要说明。该标准提出了安全生产信息系统数据交换与共享体系架构、技术实现方式、数据交换与共享系统的技术要求、数据接口规范和数据交换共享内容，适用于各级安全生产管理部门信息系统的规划、设计和建设，对有关行业、领域的安全生产工作实施监督管理的部门(即安全生产委员会成员单位)信息系统及其他安全生产信息系统建设可以参照执行。

3.4.1 数据交换与共享体系

3.4.1.1 总体要求

数据交换与共享在整个安全生产信息系统中居于中心地位。本级安全生产信息系统平台通过数据交换与共享系统抽取及共享下级安全生产信息系统平台提供的数据并进行存储，以及通过数据交换与共享系统向上级平台提供其所需的数据。此外，本级安全生产信息系统平台还应满足本级政府信息系统平台的数据共享与交换要求，同时可支持与国家级安全生产监管部门、本级安委会成员单位、下级安全生产监管部门、本级各类企业等相关单位业务系统的数据交换。从而形成互联互通、数据共享的安全生产信息系统平台数据库体系，实现安全生产领域信息系统之间的数据交换与共享。

各级安全生产信息系统与外部数据源的交换与共享逻辑关系如图3-5所示。

---

① 本标准的起草单位为南京邮电大学、南京爱信科信息科技有限公司等，主要起草人为姚国章、吴春虎等。

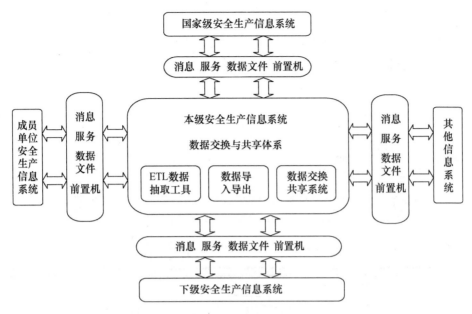

图 3-5　安全生产信息系统与外部数据源的交换与共享逻辑关系

实现各级安全生产信息系统之间及与其他相关业务系统之间的数据交换与共享的方式可分为：

（1）ETL 实现数据库之间数据交换与共享；
（2）数据文件导入应用系统实现数据交换与共享；
（3）数据文件导入数据库实现数据交换与共享；
（4）消息和 Web Services 服务实现数据交换与共享；
（5）消息和共享文件实现数据交换与共享。

应根据安全生产信息系统与各应用系统之间的环境条件来选择其技术实现方式。

3.4.1.2　数据交换与共享体系架构

按照网络环境和技术实现原理的不同，安全生产信息系统平台数据交换与共享体系由 ETL 数据抽取系统、数据导入导出系统和数据交换与共享系统组成。数据交换与共享体系构成如图 3-6 所示。

ETL 数据抽取系统由数据抽取、数据转换、数据加载和数据更新组成：
（1）数据抽取是指从源数据库中按照条件抽取符合条件的数据；
（2）数据转换是指按照配置的数据转换条件对数据进行加工转换处理；
（3）数据加载是指处理好的数据加载到缓存中进行预处理；
（4）数据更新是指将预处理后的数据写入目标数据库中，完成数据的更新。

数据导入导出系统由数据文件导入和数据导出功能组成：
（1）数据文件导入主要是指来自外部且包含数据的各种数据文件通过此功能可以将数据导入数据交换与共享系统中，数据交换与共享系统根据数据格式解析数据并更新到对应的应用系统中；
（2）数据导出是指根据各种导出条件将符合条件的数据导出到文件载体中。

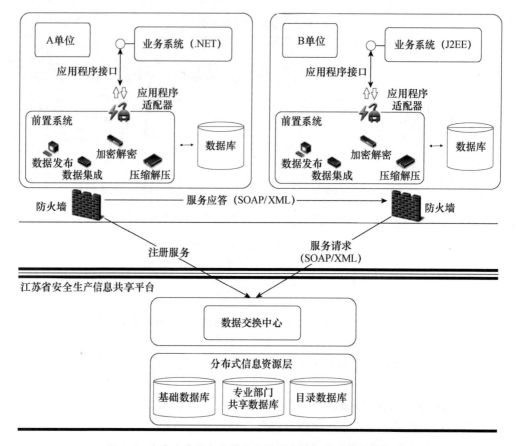

图 3-6　安全生产信息系统平台数据交换与共享体系的构成

数据交换与共享系统由前置交换子系统、交换桥接子系统、交换传输子系统、交换管理子系统组成,各系统功能如下:

(1) 前置交换子系统与安全生产信息系统应用系统之间隔离,保证安全生产信息系统业务信息库和业务应用系统的独立性;

(2) 交换桥接子系统是业务数据库与前置交换数据库之间的数据交换接口,以实现两个数据库之间的双向信息同步;

(3) 交换传输子系统作为前置交换子系统之间的数据交换通道,实现交换信息的打包、转换、传递、路由、解包等功能;

(4) 交换管理子系统实现对整个数据交换过程的流程配置、部署、执行和整个数据交换系统运行进行监控、管理。

3.4.2　数据接口规范

3.4.2.1　数据接口模型

数据接口模型用于在安全生产信息系统与其他系统之间进行数据交换或数据共享时封装信息内容,可支持结构化的数据、非结构化数据的封装。数据接口模型由数据结构、数据集和附件集组成(如图 3-7 所示)。

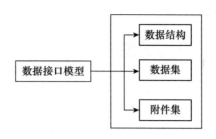

图 3-7 数据接口模型

数据结构是可选元素,元素名称是 Data Structure,用来描述交换信息内容的结构信息。数据集是可选元素,元素名称是 Data Set,用来封装结构化数据。附件集是可选元素,元素名称是 Attachments,用来表示非结构化数据。数据集和附件集可以同时出现,也可以单独出现。数据结构由信息资源标识、信息资源显示名称、说明性注释、数据项和扩展属性五个元素组成,其结构如图 3-8 所示。

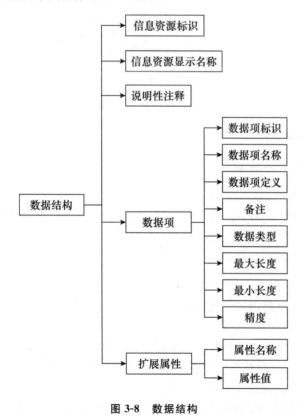

图 3-8 数据结构

3.4.2.2 数据集

数据集用来封装结构化数据。数据集由一个或多个数据记录组成(如图 3-9 所示)。

3.4.2.3 附件集

附件集用来封装非结构化数据,如文本、图像、音频、视频文件等。附件集由一个或多个附件构成(如图3-10所示)。

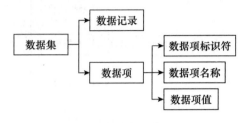

图 3-9 数据集

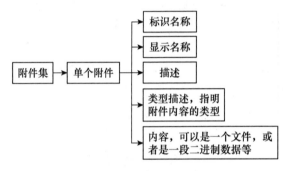

图 3-10 附件集

3.4.3 交换过程

3.4.3.1 身份验证过程

身份验证过程如下：

(1) 调用身份验证接口，传入用户账号和密码进行身份验证，获得身份验证串 guid；

(2) 进行数据集及数据项连通性检测。

3.4.3.2 数据获取过程

数据获取过程如下：

(1) 身份验证通过后，系统生成 RSA 公钥/私钥对，并获取本地已经存在的数据文件的版本号，即 Hash Value 校验值；

(2) 通过描述文档获取共享数据集并创建为 ZIP 文件；

(3) 调用数据获取接口，如果带查询参数的，还必须传入相应的查询参数。调用数据获取接口得到的结果数据块字符串为 Result；

(4) 将 base64 编码的字符串 Result 解码为二进制数据，追加写入 ZIP 文件；

(5) 循环步骤(3)和(4)，直到 Result 以"♯SIRC_EGSS_FILE_END"为结尾字符串，则获取数据结束，得到压缩包 ZIP 文件；

(6) 根据安全生产信息系统数据共享平台提供的开发包接口来还原 ZIP 文件，得到原始数据文档，对数据进行 DES 解密，获取原始数据文档 GetNationList.xml；

(7) 通过数据交换专用接口对获取的原始数据文档 GetNationList.xml 进行完整性验证。

3.4.4 文档规范

3.4.4.1 文档结构与格式

数据交换文档采用标准 XML 格式。XML 文档格式分为文档头、文档体和文档尾三个部分(如图 3-11 所示)。不同数据类型的数据交换文档格式可以在此基础上进行扩展。文档头包括文档标识信息,如文档号、文档日期、角色信息等。文档体包括数据交换格式的具体业务信息,构成数据文档的主体内容。文档尾是一些说明性信息或附加信息,有时可以省略。

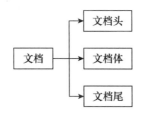

图 3-11 XML 文档格式的结构

3.4.4.2 关系型数据交换文档规范

关系型数据交换文档由以下五个部分的 XML 文档片段构成:

(1) 数据文档主文件:XML 主架构文档,用于将以下 4 个部分的 XML 文档组织成一个完整的 XML 数据文件。

(2) 数据描述文档:用于描述数据文档中包含交换数据的记录数、字段数、版本号、数据更新时间等信息。

(3) 数据基本信息文档:用于描述共享数据库的名称、存储介质类型、发布单位等信息。

(4) 数据字典文档:用于描述数据文档中包含交换数据的数据字典信息。

(5) 数据片段文档:数据存储分片文档,用于记录各个分片的交换数据信息。

3.4.5 案例评析

安全生产信息系统中的数据交换与共享是电子政务发展中的重点和难点之一,长期以来未能找到行之有效的解决办法,其中,标准缺失是重要的原因。江苏省安全生产监管系统由于牵涉面广、参与部门多、各地各部门之间信息化基础差异大等原因,各安全生产信息系统之间的数据交换与共享一直是老大难问题,江苏省安全生产委员会意识到制定相应的标准是解决这一难题的有效措施,为此组织专门的力量编制完成了本规划,填补了我国安全生产监管领域相关标准缺失的空白,既为促进安全生产信息系统之间的数据交换和共享提供了重要的依据,同时也为其他的政府部门数据交换和共享提供了有益的借鉴。

3.5 本 章 小 结

电子政务规划是电子政务建设和发展的基本依据,很大程度上决定了未来电子政务发展的水平和质量,高度重视和充分发挥规划在电子政务发展中的独特作用,是国际、国内电子政务发展的普遍经验,需要我国各地、各级政府在实践中更好地予以体现。

电子政务标准是演奏各地、各级政府电子政务发展这场精彩大合唱的基本"曲谱",离开了标准做支撑,电子政务发展就必然陷入混乱和无序。当然,电子政务标准的完善是一个长期的过程,需要在实践中不断磨合,在磨合中不断走向成熟,为电子政务发展提供可持续的保障。

规划和标准是电子政务发展的两大利器,规划明确目标,标准指引方向,共同推动电子政务的建设和发展走上健康、快速、有序的轨道。

第四章 电子政务实施

电子政务实施是电子政务发展过程中的一个重要环节,同时也是一项牵涉面广、持续时间长、组织难度大,并且对电子政务的实际运行效果有着决定性影响的战略任务。从国际、国内电子政务发展的实践来看,大凡成功的电子政务应用都与在实施过程中的周密部署、精心准备、科学组织和强有力的领导分不开。

电子政务实施是一项复杂的系统工程,必然会在实际实施的过程中遇到各种问题与困难,需要我们从公众的需求和发展的实际出发,认真思考、积极探索、勇于创新,找到一条切实可行的发展道路,既能使电子政务的实施真正落到实处,又能最大限度地实现电子政务的发展目标和应有价值。

4.1 电子政务实施概述

电子政务实施是电子政务发展过程中不可缺少的一环,是电子政务计划正式启动、电子政务规划开始付诸行动的标志,在电子政务发展进程中占有重要的地位。研究电子政务实施的一般性问题,对促进电子政务健康、快速发展有着很强的现实意义。

4.1.1 电子政务实施的概念

所谓"实施",英文多用"Implementation",是指计划执行或方案履行的过程。电子政务实施是指相关地区或部门的政府机构执行电子政务计划,实现电子政务规划的过程。国内专门讨论电子政务实施的文献资料相对较少,一般认为,电子政务实施应该包括电子政务系统的技术实现和电子政务系统的应用两个阶段:前者主要由政府相关部门通过外包建设、合作共建或者独立建设等方式完成电子政务系统的技术实现过程;后者则是在电子政务系统建成后,政务活动通过业务系统运行的过程。

电子政务系统的技术实现所持续的时间应视系统的复杂程度、涉及面的大小、实施方的效率等因素而定,一般会历时数月乃至数年,但相比于电子政务应用而言,应该是比较短暂的。当然,很多情况是,电子政务系统的建设与应用往往是同步推进的,也就是在建设过程中应用,在应用过程中建设是比较常见的现象,因为在应用中出现的问题,需要通过再建设来改进,改进完善后的系统同样需要应用来发挥作用。

与电子政务规划不同的是,规划往往要求统一进行,追求"一步到位",但实施却是必须分阶段进行的,必须有计划、有步骤、按部就班地展开,既不能不切实际地急躁冒进,也不能在时机成熟的情况下裹足不前。一般情况下,电子政务实施的启动,就意味着了电子政务发展将进入一个新的阶段。

4.1.2 电子政务实施的原则

电子政务实施应坚持必要的原则,除了必须坚持在电子政务规划中所要求的"统一规划、加强领导,需求主导、突出重点,统一标准、保障安全,经济适用、注重扩展"等几条基本的原则以外,在电子政务实施过程中,更要结合实施过程的特点,确定特定的原则。综合起来,电子政务实施应坚持以下五个方面的原则:

4.1.2.1 统筹规划,协调发展

电子政务的实施应从我国的实际出发,统筹规划,协调发展,防止各地区、各部门的无序发展,杜绝因为标准不一致等原因而产生计划经济时期普遍盛行的"地方粮票"现象再次出现,直接影响信息系统的互联互通和数据资源的交换共享。

4.1.2.2 以需求为导向,以应用促建设

电子政务实施应牢牢把握"以公众利益为出发点"的重要原则,要转变过去的"让领导满意"为"让老百姓满意",要认识到只有符合公众实际需要的,经得起实际考验的电子政务应用才是有价值的,必须避免搞不切实际的"花架子"工程以及追求政绩的样板工程。

4.1.2.3 "一把手"重视和群众参与相结合

电子政务从某种程度上可以理解为是"一把手工程",因为电子政务的实施没有"一把手"的高度重视和积极参与,要取得满意效果是不现实的。但也不能高估"一把手"的力量,仅仅靠"一把手"还是不够的,必须由包括公务人员、公众在内的广大群众的积极支持,才能使电子政务落到实处。所以,"一把手"重视和群众参与是驱动电子政务发展的两个车轮。两者相互作用,合力推进。

4.1.2.4 分步实施,以点带面

电子政务的实施是一个渐进的过程,不同的地区、不同的机构由于自身的情况不同,发展基础各有差异,而且,所面对的目标对象的需要也是各有千秋的,所以要做到"齐步走"既不现实,也无必要,应让一些有条件的地区、部门先实施起来,在取得经验的基础上,再进一步推广普及。要做到以点带面,有计划、有步骤地全面推进。

4.1.2.5 实用为主,适度超前

电子政务实施必须坚持实用为主、量入为出的原则,要根据实际需要以及可能的资源条件,推进电子政务的实施,在技术选型、系统开发和设备配置等方面有条件的话可以做到适度超前,但必须避免盲目追求所谓的高端和先进,不切实际的高标准、高配置只会导致劳民伤财。

4.1.3 电子政务实施的主要任务

电子政务实施具有多方面的任务,主要包括以下八个方面:

4.1.3.1 建设统一完整的电子政务网络

电子政务网络由政务内网、政务外网和互联网等构成。政务外网是业务专网,主要运行各类服务性的业务系统。政务内网包含涉密和非涉密两个部分,涉密部分主要运行各类涉密公文等信息,非涉密部分则运行一般性非涉密的政府信息。互联网主要用于运行面向公众的服务。

按照电子政务的实施要求,政务外网与互联网之间逻辑隔离,政务内网与政务外网、互联网之间物理隔离。接入政务内网涉密部分的部门,其接入网络必须按照涉密计算机系统的要求建设;政务内网非涉密部分的部门,其接入网络要与其他网络实行物理隔离。通过建设与整合能基本形成统一的电子政务内外网络平台。

4.1.3.2 建设业务应用系统

各地区、各部门的电子政务建设单位要按照"统一规划,分工负责"的思路,重点围绕"经济调节,市场监管,社会管理,公共服务"这四个方面的职能开展各类业务应用系统建设,包括办公业务资源系统、宏观经济管理、"金税工程""金财工程""金盾工程""金审工程""金保工程""金农工程""金质工程""金水工程""金科工程"以及应急指挥、工商管理、企业信用、卫生信息等系统,各地、各级政府应结合实际需要,有重点、有计划地推进业务应用系统的建设。

4.1.3.3 建设面向公众的政府服务门户

在建设电子政务网络平台的同时,各地、各部门要按照实际需要建设面向公众的服务门户,开展网上办公,向公众发布社会经济发展信息、行政法规、政府办公流程,以及与公众密切相关的事项。公众服务门户建设必须统一标准,建立管理制度,及时更新信息内容。

4.1.3.4 加快政府基础性资源数据库的建设

政府基础性资源数据库是电子政务的基础和后盾,必须花大力气、真功夫去开发。基础性资源数据库的建设要以政务应用需求为中心,整合已有资源,着重建设人口基础信息库、法人单位基础信息库、自然资源和空间地理基础信息库、宏观经济数据库以及政府文件数据库、法律法规数据库等基础性、公益性数据库等,逐步建立政府信息资源的大数据系统。

4.1.3.5 重视信息安全,完善信息化安全保障体系

各地、各部门应高度重视信息安全工作,加强物理安全、网络安全、信息安全、系统安全的技术防范工作,统一建设安全认证体系,加强对日常安全的审计监控,建立和完善安全管理组织机构以及规章制度。

4.1.3.6 推进电子政务技术标准和管理制度建设

为了规范电子政务的业务流程,提高数据资源的信息共享水平,必须加快推进电子政务技术标准和管理制度的建设。技术标准要重点制定业务协同办公、信息交换、网络安全、公文交换、档案管理等方面的标准;管理制度包括制定信息网络管理、业务系统运行、信息资源开发和利用、安全保密、电子政务绩效评估以及政府采购等方面的政策和制度,以规范电子政务建设。

4.1.3.7　加强培训，提高公务员的技术素质和水平

电子政务的建设和应用离不开政府公务员的支持和参与，因此，在电子政务的实施过程中要结合本地区、本部门政府公务员的需求和特点，有针对性地对不同应用层次的管理和使用人员开展电子政务知识与技能的培训，提高他们的素质，增强他们适应电子政务发展需要的能力。

4.1.3.8　不断总结和提高政府服务公众的能力

电子政务的本质是服务，是政府部门利用电子化手段为广大公众和企业提供卓越的政府服务，这是电子政务发展的主旋律。在电子政务实施的过程中，应不断总结和提高政府服务社会公众的能力，逐步提升电子政务发展的水平和层次，使电子政务真正为社会公众所接受。

4.2　电子政务的实施过程

根据对电子政务发展模式和发展阶段的分析，我们可以看出，电子政务的实施是一个复杂的系统过程，既不可能一蹴而就、一劳永逸，也不应停滞不前、无所作为，而应从实际出发，结合政务活动的特点和公众的需求，明确思路、突出重点、统筹规划、分步实施。从对电子政务发展阶段的不同划分可以看出，不同的政府机构在不同的发展阶段实施电子政务都有不同的侧重点。一般来说，电子政务的实施过程可以分为以下四个步骤：

4.2.1　实现政府内部管理电子化

政府内部管理电子化是电子政务的基础，具体建设内容包括：政府内部网（Intranet）的建设、政府内部公文信息流转、办公自动化系统的建设以及基于工作流技术的文档管理系统的建设等。这一阶段实施的主要任务是实现办公无纸化和内部网络化，以提高政府内部的事务处理能力和政府管理的效率。

4.2.2　推进政府网站的建设与管理

政府网站是电子政务的基本组成部分，网站提供的信息量的大小、交互性、易用性和时效性等很多方面都将直接影响电子政务水平的高低。因此，准备实施电子政务的政府部门应考虑建设一个界面友好、设计美观、功能齐全、信息丰富并且更新及时的网站，同时还应保证与政府部门内部的办公自动化系统和数据库系统的连接，实现信息的网上发布与在线查询。

从我国现有的政府网站来看，存在的普遍问题是信息量稀少、更新不及时、没有与政府机构内部的办公自动化系统和数据库相连等，不少政府网站已成了事实上的"幽灵"网站①，既损害了政府的形象，又影响了电子政务的发展进程。所以，如何发挥政府网站在电子政务中的作用，提高政府网站的管理水平不能不引起政府各级领导者的高度重视。

有不少政府部门的领导者还简单地认为，政府网站的建设和维护是计算中心、网络

---

①　指长时间没有更新、维护，几乎被网站所有者遗忘的网站。

中心的事,只要资金、设备到位,就可以万事大吉了。实际上这种想法是不正确的,技术部门擅长的是"电子",对"政务"的精通是很难有保证的,没有业务部门的支持和参与,政府网站提供的信息的完整性、准确性、时效性和权威性必然会大打折扣,这一点不能不引起各方面的重视。从某种程度上可以说,政府网站建设就是"一把手工程",没有政府领导者强有力的协调、组织和领导以及身体力行的参与,是不可能产生预期效果的。

4.2.3　建立电子化的政府管理系统

电子化的政府管理系统借助于信息通信技术的应用,使政府管理部门的业务和范围逐步从政府内部拓展到政府外部,服务的对象也将大大拓宽。电子化的政府管理系统是要实现政府的内网①、专网②和外网③的有机整合,有效消除政府部门之间以及政府与公众之间信息沟通的障碍,以加强政务活动中的政府部门之间的合作和公众在政府活动中的参与。

这一阶段的主要任务是要借助信息通信技术的应用打破政府不同部门之间长期存在的壁垒,构筑起集成化的电子政务处理系统,实现政府内部、政府上下级之间、不同政府部门之间和不同地区的相关政府部门之间的信息资源共享和业务的协同处理,在促进公众参与的同时,为社会提供卓越的政府服务。

4.2.4　由浅入深,循序渐进,推行电子政务的实施

实施电子政务最主要的目的在于应用,即坚持"以公众为中心"的理念,以电子化、网络化的政务实现方式取代传统的政务活动,使政府的政务处理能力和水平以及政府服务的质量和效率得到根本性的转变。但对每个政府部门来说,电子政务的发展和应用是一个渐进的过程,必须由浅入深、循序渐进,有计划、有步骤,积极稳妥地推进。

在这一阶段,相关政府部门要在前几个阶段取得进展的基础上,结合本部门工作的特点和公众的需求,把政府的各项职能逐步移植到网上,通过电子化的方式来实现,构筑起网络化、集成化的电子政务系统,向社会提供全方位的电子政务服务,使电子政务发展不断推向深入。

4.3　电子政务技术选择

电子政务技术选择是电子政务实施过程中必须慎重考虑的问题。为了进一步规范电子政务实施技术的应用,国家相关部门联合发布了《电子政务工程技术指南》。这一文件的主要目的是为了指导电子政务工程建设中相关技术管理活动,促进电子政务系统的互联互通、信息共享、业务协同和安全可靠,加快具有自主知识产权的信息技术与产品的研究开发,带动信息产业的发展。

---

　①　内网即政府内部办公业务网(Intranet),主要处理涉密信息,运行本部门的业务。
　②　专网即办公业务资源网络(Extranet),它是依据政府机构的行使职能的需要,在业务范围内与内网有条件互联,并以此为基础建立电子化的办公平台,以及实现各级政府涉密信息的共享以及政务活动的协同处理。
　③　外网即政府公众信息网(Internet),是用于面向公众提供信息服务的公共性网络系统。

4.3.1 电子政务技术要求

电子政务的技术选择既要从本部门电子政务发展的实际需求出发,又要考虑未来长远的发展需要。

4.3.1.1 电子政务技术的一般性要求

电子政务技术选择要围绕业务需求,顺应技术发展趋势,遵循实用性、安全性、可靠性、先进性、可扩充性、易维护性和开放性要求,具体表现在以下四个方面:

(1) 要以业务需求为主导,以完整地实现系统预期功能为目标,提高电子政务系统的实用性;

(2) 要根据安全需求,实现不同类型和级别的网络与信息安全,提高电子政务系统的安全性;

(3) 要根据应用的需求,合理确定系统平均无故障运行时间和可靠性等级,合理确定系统部件平均故障修复时间;

(4) 为了保证系统不断扩展的需要,有利于工程的分步实施,在经济合理的前提下,系统要预留功能扩充的接口。

4.3.1.2 电子政务技术的标准化和规范化要求

电子政务工程建设要坚持标准化和规范化,保证电子政务工程建设健康发展,具体要求如下:

(1) 按照《电子政务标准化指南》要求,积极采用国家标准;

(2) 对尚无国家标准的,可以采用国际标准和国外先进标准;

(3) 各地区、各部门也可以结合工程建设制定相应的技术指导性文件,并向国家标准化管理委员会和国务院信息化工作办公室提出国家标准制定建议和方案。

4.3.1.3 体系结构要求

电子政务实施要根据业务需求和系统特点,采用开放的体系结构,适应业务协同和系统扩展的要求,具体表现在:

(1) 优先选用浏览器/服务器(B/S)的体系结构;

(2) 鼓励服务器端使用集群服务器和高可用的服务器软件;

(3) 鼓励选用不同技术方案,使用多种终端,在业务集中管理、安全性要求高的窗口服务型行业和内部办公系统,推荐使用网络计算机;

(4) 积极采用智能卡技术,努力做到一卡多用、使用便捷和安全可靠。

4.3.1.4 数据传输和交换的要求

用于数据传输和交换的各类通信网络建设,必须满足以下要求:

(1) 网络互渠要遵循传输控制协议/互联协议(TCP/IP),遵循国家制定的 IP 地址分配方案,有利于互联互通;

(2) 各地区、各部门要因地制宜,在充分整合现有资源的基础上,鼓励使用公共基础网络资源,建设电子政务专输平台;

(3) 有条件的地区和部门,可以根据实际需求使用宽带网络及安全无线网络技术。

4.3.2 电子政务实施软件及相关技术

电子政务实施牵涉到众多的软件及相关技术,需要根据相应的规范予以部署。

4.3.2.1 系统软件

电子政务系统要选择有利于信息交换、信息共享和应用系统开发的基础系统软件,国家既鼓励使用开放源码的操作系统,也鼓励使用基于可扩展标记语言(Extensible Markup Language,XML)标准的信息交换技术和 Web 服务等事务处理技术。电子政务工程实施方要积极按照可移植操作系统接口(POSIX)、面向对象的数据库、结构化查询语言(Structured Query Language,SQL)、XML 等有关标准,提供通用的应用程序接口(Application Programming Interface,API),为业务应用系统的开发提供数据接口和运行引擎,实现与现有系统兼容以及异构系统环境下的信息共享。

4.3.2.2 中间件技术

电子政务系统要充分利用中间件技术,使用通信和网络管理、数据访问控制、数据服务、面向对象的事务处理、安全防范和管理等中间件产品,建设用以规范和集成各业务应用系统软硬件的中间件平台。通过采用中间件技术和产品,推动资源共享,互联互通,带动国内中间件产业的发展。

4.3.2.3 数据标准

电子政务政府信息资源开发和利用过程中,要统一数据标准,重视元数据建设,提高数据的规范化程度,构筑数据共享的基础,实现多源信息的集成整合与深度开发。与此同时,推动建立多种模式存取和共享数据的技术体系,以有利于提供数据格式转换工具和编程接口,鼓励采用操作元数据的工具软件,保证数据资源的充分利用。

4.3.2.4 支撑软件

电子政务建设要优先选用跨操作系统的支撑软件和应用软件产品,使用单位应要求开发单位提供规范的数据应用接口协议,以满足异构系统的数据交换要求。

4.3.2.5 开发原则与方法

各类业务应用系统建设要遵循软件工程的原则和采用软件工程的方法。在业务分析、需求分析、系统设计、系统实施和系统维护等业务应用系统全生命周期中,依据《电子政务业务流程设计通用指南》和《电子政务系统总体设计指南》等国家标准,实现开发过程的有效管理,确保应用系统的高效开发,增强业务应用系统的可用性、正确性和经济性。

4.3.3 电子政务技术开发与安全

电子政务技术开发与安全涉及的问题比较多,重点应注意以下两个方面:

4.3.3.1 防止业务应用系统的重复开发

电子政务应用系统的开发必须防止重复性开发,具体应做到:

(1)推进业务应用系统建设,要统筹规划,积极采用专业化开发单位提供的产品和服务,避免不必要的重复开发和重复建设;

(2) 在业务应用系统的升级和维护过程中,要重视设计的合理性和源代码的可寻址问题,既要提高系统的可重用性,又要保护已有的投资;

(3) 鼓励业务应用系统采用符合国家有关标准的、成熟的、商品化的以及高可重用的构件化软件产品和服务。

4.3.3.2 电子政务技术的安全问题

电子政务技术的安全问题应注意以下两个方面:

(1) 要高度重视电子政务工程中的网络与信息安全建设,依据国家有关电子政务工程建设信息安全管理的要求,同步建设电子政务系统的安全保障体系;

(2) 涉及国家经济命脉、信息安全、国计民生和社会安定的电子政务系统,在系统的运行、维护、升级过程中,在必要时可以要求开发单位提供有关源代码和技术文档支持。

4.3.4 电子政务技术的采购与监理

电子政务技术的采购与监理都应按照相应的法规执行,具体包括以下三个方面:

4.3.4.1 电子政务技术的采购管理

电子政务技术的采购管理要考虑以下三个方面的问题:

(1) 电子政务工程建设的采购活动要严格执行《中华人民共和国政府采购法》,各级政府要为购买自用正版软件提供必要的资金。在同等条件下,优先购买使用国产信息产品及软件。

(2) 利用财政性资金建设的电子政务工程要严格执行《中华人民共和国招标投标法》(以下简称《招标投标法》),任何部门和单位不得以任何方式规避招标。

(3) 重大电子政务工程要由具备计算机信息系统集成相应资质的企业总承包。

4.3.4.2 电子政务工程的监理

加强电子政务工程监理市场的规范化管理,确保电子政务工程的安全和质量。从事电子政务工程监理活动的单位要具备信息系统工程监理的相应资质,同一工程的建设和监理要由相互独立的机构分别承担,监理单位要先于建设单位介入,没有确立监理单位的工程,建设单位不得开始建设。

4.3.4.3 电子政务工程的人才队伍建设

电子政务工程建设要高度重视人才的培养和公务员信息化技术业务素质的提高:一要引进和吸收电子政务相关专业人才,充实技术开发和应用管理的力量;二要加强在职人员的培训,提高政府公务人员应用和管理电子政务的能力。

4.4 电子政务实施的组织与领导

电子政务实施能否取得好的成效,科学的组织和强有力的领导起着十分重要的作用。作为实施电子政务工程的政府机构来说,必须对此问题有足够的认识和高度的重视。

4.4.1 电子政务工程的组织过程

无论是投资数额巨大、实施范围广的大型电子政务工程,还是单个政府部门小型的电子政务应用项目,实施的程序基本是相似的,组织过程也具有较大的共性。一般来说,电子政务工程项目的组织过程包括以下一些环节。

4.4.1.1 成立电子政务项目工作组

电子政务项目无论是从技术、管理层面来看,还是从参与面、涉及的政府机构与人员来认识,都是一个具有较大实施难度的工程,必须调集各方面力量进行协调和整合才能形成合力,增强战斗力,保证工程项目的顺利实施。

成立电子政务项目组是电子政务实施前期必须完成的一项工作,项目组的成员应来自于不同的机构,包括实施电子政务的政府部门、实施厂商、监理机构、合作单位等,最好还能有用户代表,人员组成应包括单位领导、业务主管、工程技术人员等。项目组应通过订立制度的形式明确相应的权限,开展工作的程序、协调的方式以及相应的议事规则等。大型的建设项目还需要成立由主管领导挂帅的电子政务项目建设领导小组,并通过分设工作组的形式,加强对项目建设的组织与领导。

4.4.1.2 项目调研与需求分析

项目调研是在电子政务项目组正式成立后进行的,主要是要了解国家对电子政务的有关政策、上级部门对电子政务工作的具体要求,本地区、本部门建设电子政务的可行性和必要性,实施电子政务过程中可能会出现的问题与困难等。项目调研越细致,对电子政务工程的实施就会越有利。

电子政务工程项目的需求分析在电子政务实施过程中具有重要的地位和作用,因为明确需求是实现需求的前提和出发点。项目需求分析首先必须从用户的角度来定义需求,特别是要从公众需要的角度来分析现实和潜在的各种需求。需求分析必须从本地区、本部门电子政务基础设施条件和人力资源状况出发,理清现有政务活动的业务流程,逐步明确电子政务建设的总体目标、系统结构、业务功能、新的业务流程以及与之相适应的组织机构等,最后,形成较为科学、合理的电子政务项目建设的需求方案。

4.4.1.3 确定技术方案

在完成深入细致的项目调研和需求分析后,即进入形成技术方案的阶段。技术方案的形成过程应视项目本身的要求及实施的难度而定,有的采用委托设计,有的采用公开征集,也有的是通过政府相应的技术中心完成。

对一些大型的、比较复杂的电子政务工程项目,相关的政府部门可以通过"方案招标"的办法来寻找到较为理想的技术方案。当然,方案招标的成功与否很大程度上与项目需求的表达、参与投标单位的水平以及对中标单位的回报紧密相关。对技术方案的评审应坚持相应的原则和标准,邀请相关专家对技术方案进行公正、公开和公平的评审。必须强调的是,技术方案的选择应强调实用性、科学性和可行性,必须避免追求不切实际的高起点、高配置、高性能,否则会造成资金浪费和实施困难。

4.4.1.4 选择施工单位

等到技术方案形成后,下一步就要落实具体的施工单位了。施工单位的选择从表面看起来是一件很容易完成的工作,因为希望参与工程建设的单位比比皆是,但实际上,施工单位的选择是一项极为慎重,而且程序又比较烦琐的工作。因为,一方面,电子政务工程作为政府建设工程的一种表现形式,必须严格按照国家相应的法律法规运作;另一方面,必须从维护政府的形象和权威的角度,保证这一过程的严肃性、公正性和公平性。

施工单位的选择最常用的是招投标方法,它由发标、投标、开标、评标和定标等多项程序组成,在《招标投标法》中均有相应的规范和要求。确定中标单位后,政府部门作为业主单位与作为施工方的中标单位签订详细的实施合同,具体的内容各不相同,但最基本的必须明确建设要求、业务功能、工程进度、测试方法、验收要求、技术文档要求、保修和维护以及付款方式等。合同是电子政务工程实施的基本依据,必须反复斟酌,以防出现不必要的纠纷。

4.4.1.5 工程施工

电子政务工程施工是施工方和监理方在业主单位的领导和要求下,有计划、有步骤地实现电子政务项目的过程。工程施工最基本的依据是项目合同,施工方按施工合同的要求进行施工,监理方则按照监理合同的要求进行监理,业主单位按照相关合同的条款对施工方和监理方进行约束。

为了保证工程施工的进度和质量,电子政务项目建设组的工作重点是要切实发挥好组织、协调、监督和管理的作用,动态地监督、处理和协调施工过程中可能出现的各种问题和困难,使工程建设有序展开,有条不紊地进行。

4.4.1.6 工程试运行与验收交付

工程实施结束后就应进入到试运行阶段,这一阶段主要考察已完成的工程项目能否按照预定的目标和合同的要求实现稳定、可靠的运行,也是发现问题、做出进一步改进的重要一环。工程试运行的时间可长可短,关键是看工程项目是不是已经符合要求,适合长期运行了。

工程试运行结束后,就应进入到工程验收与交付阶段,这一阶段由业主单位组织相应的专家、业务人员、专业技术人员、监理人员以及用户代表等组成验收组,对电子政务工程项目进行验收。验收的基本依据仍然是建设合同,验收的标准应按照合同规定的相关标准执行。工程验收前,工程建设方应按照要求把工程建设过程中形成的资料、图表、技术文档、系统配置等基础数据收集整理好,确保完整、齐全、合乎规范,这些是工程交付的必备资料。项目验收组应对电子政务工程项目的试运行情况以及现场勘查和测试等程序所取得的各种数据作出客观、全面的分析与评价,并能对工程中尚存在的问题提出改进意见或整改措施,以保证验收结果的真实、可信,对各方均能具有说服力。

4.4.1.7 组织人员培训

电子政务系统在正式启用之前,显然有必要对业务人员和技术支持人员进行全面的培训。电子政务的实施对政府工作人员提出了新的要求和挑战,政府工作人员必须以积极的心态和饱满的热情去迎接这种挑战。为了让政府工作人员能尽快适应变化,并以高质量的服务实现传统政务向电子政务的转型,政府相关部门应该有计划、有组织地对业务人员和技术人员进行全方位的培训。对业务人员的培训,可与工程施工方协同进行,明确培训目的和培训要求,以做到熟练操作和专业使用为基本要求;对技术人员的培训,既要使他们掌握常规的技术处理和技术规范,也要懂得意外情况的处理,能够确保电子政务系统的持续、可靠、稳定地运行。

在对政府工作人员进行培训的同时,有时也有必要对电子政务业务系统的直接用户进行培训。比如,电子税务系统上马以后,企业的涉税事务都可以通过网络足不出户地进行,但不少企业限于自身的条件和人力资源状况,没有相应的培训,是很难与电子税务发展相适应的。所以,政府相关部门必须经常性地组织电子政务的最终使用者参加各类培训,使他们与政府的步伐相合拍。

4.4.1.8 应用与改进

建设电子政务最根本的目的是为了应用,应用既是电子政务项目实施的出发点,也是电子政务发展的归宿。只有将电子政务工程项目很好地应用于具体的工作实际,才能使其切实发挥应有的作用,达到提高政务活动的工作效率,改进政府服务的目的。因此,电子政务项目开始投入使用后,政府相关部门要制定相应的制度和措施,落实必要的工作责任制,建立起科学合理的运行与维护机制,确保系统高效运行。当然,业务系统的应用各有自己的目标和特点,不能一概而论,但强调应用,以应用促发展,这一点是毫无疑问的。

无论什么样的电子政务系统在正式应用的过程中,必然会出现各种各样的问题,这是不足为怪的,在应用中发现问题,并针对存在的问题进行改进与优化,是一项长期性的工作,需要持之以恒地抓下去。对于发现电子政务系统存在的问题,要从全面的角度进行考虑,特别是要从电子政务系统用户的角度帮助他们发现问题、认识问题,并能有效地解决问题。

4.4.2 电子政务实施过程中的领导职责

领导者在电子政务的实施过程中具有无可替代的作用,从某种意义上可以说,领导者决定了电子政务发展的水平和层次,也影响着电子政务前进的目标与方向。所以,我们必须对电子政务实施过程中领导者的职责有一个较为明确的认识。从大的方面来看,领导者在电子政务实施过程中应承担起以下四个方面的职责:

4.4.2.1 把握全局,立足长远,引领发展

电子政务建设既是推动国民经济和社会信息化发展的龙头工程,也是造福公众的民心工程,无论是对政府自身的发展,还是对促进社会的进步和繁荣都将起着极其有益的作用,这一点必须为各级层次的领导者所认识到。只有认识到位,思想解放,观念先进,才能使电子政务的发展成为相关地区和相应部门的重要任务,并会为此而不遗余力地去推动。

作为地区或部门的政府领导者,应当从社会发展的全局和政府发展的大局确定电子政务发展的方向和思路,既不急躁冒进,也不裹足不前,实事求是,从实际出发,踏踏实实地指挥和领导本地区、本部门的电子政务发展进程。领导者在把握全局、立足长远的同时,有两个方面是必须高度重视的:一是必须充分估计和认识到电子政务发展过程中所具有的各种风险,要通过学习、借鉴、合作等各种方式尽可能地规避或缩小相应的风险;二是要从全局的基础上统一和协调各种资源,化解实施过程中可能出现的部门与部门之间、职员与职员之间的矛盾与纠纷,做到步调一致、行动统一。

4.4.2.2 拓宽思路,解决电子政务发展的资金困难

实施电子政务工程自然需要相应的资金投入,但资金问题往往是令人最伤脑筋的

事,一方面是因为电子政务工程项目的投资一般都比较大,另一方面是电子政务资金筹措相对有比较大的难度。作为各地区、各部门的领导者,有效解决电子政务工程的资金瓶颈无疑是首要问题。

按照我国政府现行的管理体制,解决电子政务资金困难的最惯用的做法当然是通过财政拨款。实际上,电子政务作为提升政府管理和服务的效率和水平的战略举措,既代表政府改革与发展的前进方向,也是适应国际化潮流的必然趋势,各地、各级政府花大力气推进,在资金上予以必要的支持也是十分有必要的。在财政对电子政务资金的管理上,应考虑到电子政务项目工程延续时间相对较长、跨部门运作等特点,尽可能突破原有体制对财政资金要求"按年度拨款""专款专用"的束缚,因为"按年度拨款"可能会使电子政务项目失去连续性,"专款专用"则会使跨部门的项目无法实施,更谈不上跨地区的应用了。

实际上,解决电子政务资金的办法除了财政拨款以外,还可以利用三种渠道和途径:(1)通过电子政务项目自身的利益回报来解决资金困难,比如政府电子化服务项目有的是有偿服务的,在正式运行后可以通过合理的收费以弥补系统建设的成本;(2)可以通过委托商业机构投资、开发和运行,并由商业机构获得一定期限的经营权,这种做法在国际上也是比较通行的,在国内也是可以借鉴的;(3)可以通过合作的方式解决,主要是通过与商业机构合作,充分利用政府外部的人力、财力和物力资源,从一定程度上解决政府在资金方面的不足。

4.4.2.3 大力度推进政府的改革与重组

如果从信息通信技术应用的角度来看,电子政务的实施并非是难事,因为技术相对是容易实现的,阻力要小得多。但电子政务实施成效真正的体现并不来自于信息通信技术本身,更重要的是来自于与电子政务相适应的政府改革和业务流程重组,没有精简的政府机构和顺畅高效的政府业务流程,电子政务所发挥的作用是很有限的,有的时候还会起到相反的效果。所以,这一点也是每位政府领导者必须深刻认识到的。

按照电子政务发展的要求,大力度推进政府的改革和重组,是电子政务发展中的重要一环,也是困难和阻力最大的一项工作。其原因有以下四个方面:(1)因为电子政务作为一种新生事物,尚有很多的未知领域需要探索,究竟如何找到一条适合政府改革与发展的道路不是一下子能够找到答案的;(2)政府改革与发展是伤筋动骨的大事,没有强有力的领导和协调,是很难贯彻实施下去的;(3)政府改革与重组无论是对政府部门还是对政府工作人员都将带来直接的冲击,这样的阻力是自然存在的,也是根深蒂固的,如果不能有效化解这样的阻力,电子政务发展是很难深入进行下去的;(4)电子政务对政府工作透明化、直接化的要求,恰恰与传统的偏于保守的政府文化是不一致的,要逐步塑造起全新的政府文化也绝非易事。

作为各级政府部门的领导者而言,应该自觉地把推进政府的改革与重组作为电子政务实施的一项重要工作来做,做到两者同步展开,互为促进,相得益彰。要做到这一点,政府领导者一方面必须认真学习和研究电子政务发展的一般性规律,吸收和借鉴国际、国内电子政务发展的先进经验;另一方面,要加大协调、沟通的力度,理顺政府内外各方面的关系,为电子政务的全面实施铺平道路。

4.4.2.4 谋求电子政务长期、可持续发展

对我国各级政府部门来说,发展电子政务犹如登上一列没有终点的列车,将会永不停步地向前进发。政府部门的领导者就像这趟快速前行列车的车长,既要把握前进的方向,又要始终不断地保持列车的平稳、安全和高速度。所以,电子政务的发展在具体的项目实施过程中可以分成几个阶段来操作,但它本身发展应该是连续、长期性的,需要每个政府部门持续不断地予以推进。

哈佛大学肯尼迪政府学院杰瑞·麦施林对政府部门的领导者如何推进政府信息化(电子政务)的发展提出了以下八条建议[①]:

(1) 聚焦信息通信技术如何改变工作和公共部门的战略;
(2) 运用信息通信技术进行战略性创新而不是简单零碎的自动化;
(3) 在执行信息化工程中实践最佳效果;
(4) 为信息通信技术的应用改进财政和金融支持;
(5) 保护隐私和安全;
(6) 构建信息通信技术的伙伴关系,刺激经济发展;
(7) 应用信息通信技术提升机会平等和社会健康;
(8) 筹划数字民主。

从中可以看出,政府各级领导者在电子政务发展方面任重而道远,谋求电子政务的长期、可持续发展是当代政府部门领导者所肩负的一项重要的历史使命。

4.4.3 电子政务实施应处理好的关系

从国际、国内电子政务发展的实践来看,在电子政务实施的过程中,必须处理好各方面的关系,以确保电子政务的全面、协调和快速的发展。从领导者的角度来看,应该处理好这样八个方面的关系:

4.4.3.1 正确处理统一领导和部门利益之间的关系

电子政务建设不同于传统的工程项目建设,它是一个跨部门、跨行业、跨区域的系统工程,在电子政务建设过程中一定要统一领导、分步实施,不能各自为政。当工程建设中涉及部门利益时,不能片面强调部门利益的特殊性,必须服从大局,令行禁止,以利于快速、健康、协调有序地推进电子政务建设。

4.4.3.2 正确处理好政府主导和市场行为之间的关系

电子政务的实施要求我们必须重新审视政府与市场的关系,坚决摒弃那种政府统揽一切、包打天下的做法,要认真研究政府与市场之间的分工,充分发挥市场机制的作用,充分调动电子政务实施厂商和社会各方面的积极性,为电子政务建设注入新的活力。各级政府部门要积极鼓励社会各界参与电子政务建设,形成政府与市场之间良好的互动机制,不断探索电子政务建设的新模式。

4.4.3.3 正确处理电子政务规划和实施计划之间的关系

众所周知,电子政务项目建设是一项资金和技术密集型的系统工程,信息通信技术

---

① http://industry.ccidnet.com/pub/disp/Article?articleID=54332&columnID=35。

的发展一日千里,电子政务自身的发展也处在快速变化之中。所以,作为电子政务规划来讲,一定要立足于整体,要有前瞻性,在规划形成的基础上,实施计划要能细化,具有比较强的可操作性,整个规划可以分若干个阶段实施,以保证电子政务建设有条不紊地向前推进。规划往往是框架型的,实施计划应能体现出科学、合理,比较切合实际的需要。

4.4.3.4 正确处理新建项目和原有资源整合的关系

电子政务建设应防止盲目铺摊子、大干快上新项目的错误倾向,要充分整合已有的网络资源、信息资源、技术资源、人才和管理资源等各种已有资源优势,在资源得到充分整合的基础上,力争使电子政务的发展有新的突破。电子政务建设要十分重视政府各类信息的开发和利用,具体可以从三个方面入手:一是要从构建基础数据库入手,确保信息资源的准确可靠;二是要坚持统一标准,打破信息资源条块分割,促进信息资源的广泛共享;三是充分利用现有的基础设施,在梳理、优化、重组上下功夫,努力提高信息资源的经济和社会效益。

4.4.3.5 正确处理加强监管和改善服务的关系

利用信息通信技术加强对政府的监管,提高政府服务的能力和水平,是实施电子政务的重要目的。加强监管和改善服务是相辅相成的,只有在服务中体现监管、在监管中改善服务,才能保持电子政务的生命力。电子政务要让"加强监管"和"改善服务"两个轮子同时驱动、同步前进。

4.4.3.6 正确处理电子政务安全与发展之间的关系

保证电子政务的安全可靠是电子政务建设首要的要求,这一点是无可厚非的,但也绝不能因为强调安全而走入另一个极端,使电子政务进入安全的误区。安全永远只能是相对的,没有绝对的安全,片面地追求安全是完全没有必要的。电子政务安全系统要与电子政务主体工程同步规划、同步建设、同步验收,要把安全管理制度建设和规范设计贯穿于电子政务运行、维护的全过程。在具体安全的密级设计上,要根据国家有关安全保密的要求和规定,结合具体的电子政务建设项目的性质和对安全可靠性的要求进行,也要避免不切实际的安全"冗余"。

4.4.3.7 正确处理电子政务建设与信息产业发展之间的关系

电子政务发展开启了一个庞大的信息通信技术的应用市场,对国内软硬件厂商来说是一个不可多得的历史机遇。作为各级政府部门来说,在符合WTO的原则和国际规范的前提下,要尽可能地为本土厂商提供机会,给我国的信息产业和信息服务业的发展带来历史性的机遇。各地在推进电子政务建设的过程中,应把重大项目建设与骨干企业培育结合起来,把应用开发与振兴软件产业结合起来,把信息资源开发和政务系统的运行维护与发展信息服务业结合起来,落实相关政策,带动信息产业健康、有序、快速的发展。

4.4.3.8 正确处理系统建设与人才培养的关系

电子政务系统建设往往可以通过外包、共建的形式完成,由专门的软硬件企业按照计划和要求进行开发和建设,但在系统正式交付使用后,软硬件厂商也就基本撤出了,虽然这些厂商还会提供后续的技术支持,但这往往是不够的,相应的政府部门必须培养自己的技术人员和技术队伍。实际上,对不同地区和部门的政府机构来说,电子政务专业技术人员的缺乏将是一个长期存在的问题,单纯依靠高校的培养或者社会的输送显然是很难解决问题的,关键的办法还是需要依靠自己的培养。所以,每个政府部门都应该正确处理好系统建设与人才培养的关系,把电子政务人才培养工作纳入电子政务发展计划的议事日程当中去。

4.4.4 电子政务实施中的领导策略

电子政务已在全国各级政府部门遍地开花,作为各级政府部门的领导者,有责任、有义务把电子政务的发展引向深入,使其成为促进政府改革、社会进步、经济繁荣的重要推动力。在具体的领导策略方面,还应强调以下四个方面:

4.4.4.1 转变"官"念,稳步推进

不可否认,在任何一件新生事物的发展过程中必然会遇到各种各样的阻力,电子政务的发展也必然如此。因此,电子政务要发展,观念要先行。作为科学技术进步和社会发展的产物,电子政务代表着政府机构未来发展的方向,这是不以人的意志为转移的。无论是政府机关的首脑,还是普通公务员,都应认识到这一发展趋势,尽早转变观念,并付诸行动,以迎接电子政务时代的到来。

观念的转变要从转变"官"念入手,转变长期形成的"官本位"的行政观为"民本位"的行政观,把"为社会提供高水平的政府管理和社会服务"作为政府一切工作的出发点。电子政务的发展必然会触及一些部门和人员的既得利益,有关部门应以大局为重,密切配合,使本部门、本地区的电子政务发展得到稳步推进。

4.4.4.2 加快完善电子政务发展的政策与规范

电子政务的发展离不开相关的法律、政策和规范来保驾护航。在这一方面,我国目前还十分欠缺。为了促进电子政务的快速发展,既要借鉴发达国家的成功经验,又要从我国实际出发,研究制定相应的法律、政策与规范。

由于电子政务由数量众多的不同的应用系统构成,不同的系统在应用范围、构建方式、系统结构和数据资源等方面存在一定的差异,所以应加紧制定相应的规范。相关的规范主要有:

(1)网络构造规范,具体包括政务网网络设计建设规范、网络设备选用及安装管理规范、政务网互联及协议规范等组成;

(2)政务数据资源交换规范,具体包括公文信息数据规范、数据交换方式指南、信息资源存储规范等组成;

(3)安全体系规范,具体包括安全策略制定规范、物理层安全建设规范、网络安全规范、信息安全规范、数字证书管理规范、应用系统安全规范、系统管理规范、应急系统构建规范等;

(4)运行管理规范,具体包括电子政务日常运行、管理等各方面的规范;

(5)系统建设开发规范,具体包括系统建设开发的技术规范、接口标准等。

各地、各部门应从实际出发,加紧贯彻和实施适合需要的规范。

4.4.4.3 正确认识电子政务的安全问题

电子政务的安全是一个敏感的话题,因为它既牵涉到国家的信息安全,又会影响电

子政务的发展进程,从某种程度上可以说,只有安全的电子政务才是有生命力的。电子政务的安全主要通过以下三种方式来实现:

1. 物理安全

物理安全主要从环境安全、设备安全和媒体安全三个方面来保护计算机网络设备、设施以及其他基础设施及存储介质等免遭地震、水灾、火灾等环境事故、人为操作失误或错误及各种计算机犯罪行为导致的破坏。

2. 网络安全

网络安全主要通过在政府内部网与外部网之间,以及内部网不同网络安全域之间,设置防火墙,实现相互之间的隔离预防控制等。

3. 信息安全

信息安全主要采用数据传输加密技术、数字签名技术、数据完整性鉴别技术及防抵赖技术等保障信息传输的安全,实现对网络信息的监督与控制。

造成电子政务安全问题的原因是多方面的,人为破坏、意外事故、病毒感染、误操作等都会产生严重的安全问题。政府有关部门一方面应从完善有关安全的法律法规和规范入手,尽量减少占安全事故很大比例的人为破坏、误操作等行为的出现;另一方面,要尽量开发、应用具有自主知识产权的电子政务软件和系统,降低意外事故的发生概率。

4.4.4.4 加强电子政务的宣传与教育

电子政务的实施将会影响社会的方方面面,而且,电子政务的实施效果如何与社会对它的认识和支持程度密切相关。在当前,公众对电子政务的了解和认识还远远不足,一方面是因为电子政务本身的发展还不十分成熟;另一方面,相关的宣传与教育也没有跟上。特别是作为电子政务应用的两大主体——公众和公务员对实施电子政务还心存疑虑,因为大多数公众还没有对电子政务产生感性认识,对其真正意义认识不深;而广大公务员因担心"电子"可能会对"位子"构成威胁而对其产生一定程度的排斥态度。所以,政府各部门应通过各种有效的方法做好电子政务的宣传与教育工作,让公众更好地了解、支持电子政务的发展。

发展电子政务对于广大公务员来说确实带来了前所未有的挑战,对他们的思想观念、知识结构、应用能力、行为倾向、服务意识与服务水平等都提出了新的要求。因此,提高政府公务员的整体素质已成为政府各部门的一项紧迫任务,加强政府公务员的教育与培训无疑是实现这一目标的有效途径。政府有关部门的领导者应大力培养公务员信息技术的应用能力,提高他们的道德水准,激发他们的创新与合作精神,以更好地适应新形势下政府工作向电子政务转型的新要求。与此同时,政府有关部门的领导者还应组织与电子政务应用密切相关的企事业单位的工作人员参加培训,如电子税务应用培训班等,让更多的公众了解电子政务、参与电子政务、支持电子政务,为电子政务的高层次、高水平和多角度发展准备好肥沃的土壤。

4.4.5 积极推进政府工作流程重组

电子政务的优势很大程度上来自于政府机构和职能的重新调整与再设计,因为只有简单、明晰的政府作业流程才能明确责任、节省时间、提高效率。没有这一环节的支持,电子政务肯定是不彻底的,所起的作用也是有限的。而我国的政府机构由于长期受体制的束缚,在政府机构的设置和政府职能的安排方面与电子政务的发展要求存在很大的差距,所以,借助信息技术实现政府工作流程再造显得十分必要。

政府工作流程重组(Government Process Re-engineering,GPR)主要应用企业业务流程再造(Business Process Re-engineering,BPR)的思想,对政府的各项作业流程进行根本性的再思考和彻底性的重新设计,从而大幅提高政府的工作效率、工作质量、管理成本和服务质量等业绩。再造政府工作流程应坚持的原则包括:

(1) 政府的服务对象应以公众为中心,彻底改变政府过去存在的"以自我为中心"的思想与做法。

(2) 政府组织机构的设计应以"流程"为中心,改变传统的以"职能"为中心的机构设置方法,因为以职能为中心的机构设置把流程人为地割裂开来,使流程"消失"在具有不同职能的部门和人员之中,既严重影响作业效率,又使得公众无所适从。

(3) 政府工作流程再造应用系统的观点注重整体流程最优化,改变过去"各部门工作十分卖力而整体效率低下"的现象,尽可能减少无效的部门和工作。

(4) 充分发挥个人和团队相结合的作用,通过个人主观能动性、积极性以及创造性的发挥与团队成员的高度合作,保证政府工作流程高效、有序、顺畅地执行。

(5) 政府工作流程再造是一项复杂、困难的任务,必然会遇到各种阻力。只有积极探索、勇于实践,才能取得预期的成果。

4.5 本章小结

电子政务实施是电子政务发展的重要环节,是把电子政务发展的宏伟蓝图变成美好现实的过程,这当中必然会遇到各种问题和阻力。作为政府有关部门的领导者和负责人员,一方面要充分认识到电子政务的发展趋势,坚定不移地支持电子政务的实施;另一方面,应从本部门的实际出发,制订切实可行的发展计划,逐步拓展电子政务应用的深度与广度,使电子政务焕发出蓬勃的生命力。

第五章

电子政务监理与评估

我国电子政务的建设已经历了较长的发展阶段,积累起了较多的建设经验和发展教训。由于电子政务工程具有投资数额大、建设周期长、实施风险高、技术复杂、涉及面广等特点,在具体的实施过程中难免会遇到各种困难和问题。在国内外电子政务发展的实践中,因为在实施过程中遇到问题而不能达到预期目标,甚至因此而使项目半途而废的现象绝非个别。如何化解电子政务工程实施的风险,提高电子政务的成功率和效果,是一个必须认真对待和重点考虑的问题。根据国际、国内电子政务的发展经验,实施电子政务工程的监理,加强电子政务工程的评估是一项重要而又有意义的任务,需要全面落实、深入推进。

实施电子政务的根本目的是要提升政府管理和服务的能力、水平与效率,如何对电子政务的绩效进行科学、有效的评估是一个牵涉到电子政务发展目标和方向的大问题,必须予以充分的重视。国际上,关于电子政务评估的理论研究和实际方法已经变得越来越丰富;在国内,目前有关电子政务评估的问题也已受到了政府相关部门和学术界的关注,相关的理论研究和实际评测正在有序推进之中。

5.1 电子政务监理基础

众所周知,工程监理是道路、桥梁、建筑等基础设施工程建设中一项十分重要的工作,是保证工程进度、工程质量和控制工程投资的基本措施。电子政务工程本质上还是属于"工程"的范畴,只不过比一般性的建设工程要更为复杂,管理的难度也更大。因此,电子政务监理是保证电子政务工程建设成效的重要条件,必须对此有足够的认识。

5.1.1 电子政务监理的概念与类型

"监理"(Inspection)最基本的含义是"监察与管理",多用在工程管理领域。目前,在电子政务工程建设领域,监理也成为一项基本的内容。

5.1.1.1 电子政务监理的概念

按照国家的相关规定,建设工程监理是指对工程项目建设,由社会化、专业化的建设工程监理单位接受业主单位的委托和授权,根据国家批准的工程项目建设文件、有关工程建设的法律法规和建设工程监理合同,以及其他工程建设合同所进行的旨在实现项目投资目的的微观监督管理活动。按照监理阶段的不同,建设工程监理可以分为建设前期阶段监理、设计阶段监理、施工准备阶段监理、施工阶段监理和保修阶段监理。建设前期阶段、设计阶段、保修阶段是否需要实行监理,一般由建设单位自行决定。

电子政务监理属于信息系统工程监理的范畴,从程序和要求来看,它与建设工程的监理没有实质性的不同。信息系统工程监理是指依法设立且具备相应资质的信息系统工程监理单位,受业主单位的委托,依据国家有关法律法规、技术标准和信息系统工程监理合同,对信息系统工程项目实施的监督管理。与此相对应,电子政务监理是指具有电子政务项目资质的监理机构,受业主单位的委托,依据相关的法律法规、技术标准和监理合同,对电子政务工程实施监理的过程。

5.1.1.2 电子政务监理的类型

根据监理内容和程度的不同,电子政务监理可以分成以下三种类型:

1. 咨询式监理

咨询式监理是在电子政务工程实施前进行的一种类似于业务咨询和方案咨询式的监理。这种监理简单易行,不仅费用较少,而且监理方的责任也相对较轻,适合有一定电子政务实施基础、技术力量比较强的政府机构采用。

2. 分阶段式监理

分阶段式监理是把电子政务工程分成若干个阶段,每个阶段结束后由专门的监理方实施监察、测试和审查,以完成相应的监理工作。这是一种主要针对阶段性结果的监理方式,相对难度要比咨询式监理高,而且监理标准的设计必须由业主单位、实施方和监理方共同参与制定。

3. 全过程监理

顾名思义,全过程监理是对电子政务工程实施的全过程进行动态式的监理,既包括咨询式监理和分阶段式监理的内容,还要派驻监理人员对电子政务工程实施的全过程进行跟踪监察,不断收集和反馈电子政务工程建设过程中的各种信息,动态性地评估和监控实施方的实施过程,以确保实施进度与实施质量,并对实施费用进行有效控制,最大限度地实现监理的目标。由于很多电子政务工程实施的难度相对较大,投资数额可观,很多政府部门为了保证实施效果,往往采用全过程监理的方式。

5.1.2 电子政务监理的内容

电子政务监理的内容是指对电子政务工程的质量、进度和投资进行监督,对工程合同和文档资料进行管理,以有效协调实施各方相互之间的关系,确保电子政务工程能按时、按预算、按质量要求完成任务。具体来说,电子政务监理的主要内容可以概括为"三控两管一协调"。

5.1.2.1 质量控制

质量监控是电子政务监理全过程中最重要的环节,它从电子政务工程建设的可行性

研究、设计开始,到建设准备、实施和竣工,再到正式启用及后期运营维护,贯穿于整个全过程。质量控制主要包括以下内容:

(1) 组织设计方案评比,进行设计方案磋商及审核,控制设计变更;
(2) 在实施前审查实施单位的资质和相应条件等;
(3) 在实施中通过多种控制手段检查监督标准、规范的贯彻;
(4) 通过阶段验收和竣工验收,把好电子政务工程的质量关等。

5.1.2.2 投资控制

投资控制同样是电子政务监理过程中的重要环节,是避免IT"黑洞"的有效举措。它的主要任务包括:

(1) 在电子政务实施前期进行可行性研究,协助实施单位正确地进行投资决策;
(2) 在设计阶段对设计方案、设计标准、总概(预)算进行审查;
(3) 在实施准备阶段协助确定标底和合同造价;
(4) 在实施阶段审核设计变更,核实已完成的工程量及投资变更,进行工程进度款签证和索赔控制;
(5) 在工程竣工阶段审核工程结算。

5.1.2.3 进度控制

进度控制的主要目的是要在保证工程实施质量的前提下,按照合同要求保证实施进度。它首先要在电子政务实施的前期通过详细的调查和周密的分析确定合理的工期目标,并在实施前将工期要求纳入实施合同。在建设实施期则要通过科学的规划和安排,审查、修改、实施组织设计和进度计划,做好协调与监督,使单项工程及其分阶段目标工期均能按照计划完成,最终保证工程建设总工期的实现。

5.1.2.4 合同管理

电子政务合同管理是进行质量控制、投资控制和进度控制的基本手段,因为合同是监理单位实施有效监理,保证监理效果的根本性依据,也是采取各种监控措施、协调矛盾、调解纠纷的基本保障。监理合同在电子政务监理过程中有着不可低估的作用,必须反复酝酿、认真对待。

5.1.2.5 信息管理

电子政务监理活动是通过信息的收集、交互和反馈进行的,对电子政务监理信息的科学、高效的管理是保证电子政务监理效果的前提。信息管理包括投资信息控制管理、设备信息控制管理、实施信息管理、软件开发信息管理、测试与维护信息管理等内容,也是贯穿监理全过程的活动。

5.1.2.6 协调管理

协调是电子政务监理过程中必不可少的一项工作,因为在整个实施过程中,电子政务实施的业主单位和实施方由于认识上的不一致,或者过程中可能出现的各种问题和困难,难免会出现矛盾和纠纷,这时就必须依靠监理方从中进行斡旋,及时化解矛盾,消除纠纷,使电子政务实施过程顺利推进。电子政务监理的内容及其相关各方的关系如图5-1所示。

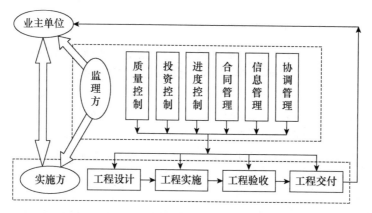

图 5-1　电子政务监理的内容及其相关各方的关系

5.1.3　电子政务监理的范围

根据国家的相关规定,我国电子政务监理的范围包括以下各个组成部分:
(1) 国家级、省部级、地市级的电子政务工程项目;
(2) 使用国家政策性银行或者国有商业银行贷款,规定需要实施监理的电子政务工程项目;
(3) 使用国家财政性资金的电子政务工程项目;
(4) 涉及国家安全、生产安全的电子政务工程项目;
(5) 国家法律法规特别规定需要实施监理的其他电子政务工程项目。

5.1.4　电子政务监理的基本原则

实施电子政务监理的基本原则主要包括以下五个方面:

1. 委托原则

监理方必须接受业主单位的正式委托,并与业主单位签订书面的监理委托合同。合同中应详细列明对该工程的质量、投资、进度等进行全面控制和管理的条款。

2. 独立公正原则

监理方必须独立、公正、自主地开展监理工作,竭诚为业主单位提供监理服务,同时依法维护实施方的合法权益。

3. 依法原则

监理方的所有监理活动都必须符合国家现行的法律和行业规范,做到依法监理、合法合规。

4. 回避原则

监理方不能从事与被监理项目相关的电子政务工程建设业务。作为公正、独立的第三方机构,监理方应对被监理项目的实施方在业务以及核心技术方面不构成竞争关系。

5. 保密原则

监理方对在监理过程中所涉及的有关被监理工程的财务以及技术方案等方面的信息要严格保密,杜绝可能发生的泄密行为。

5.1.5 电子政务监理的目标

电子政务监理活动的总体目标是要按照合同的要求,保证电子政务工程在进度、投资和质量等方面按照计划进行,具体的目标包括以下五个方面:

(1) 对电子政务工程实施方的行为进行监控,保证开发和实施行为符合国家法律法规和相关政策,制止开发和实施行为的随意性和盲目性,保证促使开发进度和质量能按照合同要求顺利实现,以确保电子政务工程科学、合理、合法、经济而又高质量地完成。

(2) 能在业主单位、实施方之间开展各种形式的协调,促进业主单位和实施方的有效沟通,使实施方能最大限度地把握业主单位的实际需求,并能让业主单位及时掌握电子政务工程的进展情况。

(3) 保证电子政务工程运行的全过程有一套明确、合理、可行的计划和规程,以及与之相适应的审核、监理机制和手段。

(4) 保证工程的关键技术指标在工程实施过程中一直处于受监控状态,能及早预测和发现可能影响施工计划的各种因素,及时纠正实施过程中可能出现的各种偏差。

(5) 保障合同的全面履行,保证工程验收、交付按照计划进行以及工程款项的及时结算。

5.1.6 对电子政务监理活动的管理

在我国,电子政务监理作为一项与电子政务活动同步兴起的新鲜事物,正受到越来越多的政府机构和相关厂商的重视。随着电子政务监理市场的不断繁荣,如何对电子政务监理行为进行管理与规范,也已提上议事日程。目前,我国对电子政务监理活动的管理分不同的行政级别予以区分。

1. 国家部委的监理管理职责

国家相关部委负责全国信息系统工程监理的管理工作,其主要职责是:

(1) 制定、发布信息系统工程监理法规,并监督实施;
(2) 审批及管理甲级、乙级信息系统工程监理单位资质;
(3) 负责信息系统监理工程师的资格管理;
(4) 监督并指导全国信息系统工程监理工作。

2. 省级政府的监理管理职责

省、自治区、直辖市相关主管部门负责本行政区域内信息系统工程监理的管理工作,其主要职责是:

(1) 执行国家信息系统工程监理法规和行政规章;
(2) 审批及管理本行政区域内丙级信息系统工程监理单位资质,初审本行政区域内甲级、乙级信息系统工程监理单位;
(3) 负责本行政区域内信息系统工程监理工程师的管理工作;
(4) 监督本行政区域内的信息系统工程监理工作。

5.2 电子政务监理实施

电子政务监理活动是一项复杂的工作,它牵涉到众多的环节和程序,有必要对监理活动的全过程有一个比较清晰的认识。

5.2.1 电子政务监理程序

电子政务监理是按照一定的程序进行的,不同的电子政务项目由于自身的特点及其监理的方式等不同,在监理程序上也会存在一定的差异,但还是存在一定的共性。一般来说,电子政务监理包含以下六个方面的程序:

1. 组建电子政务项目监理机构

这一机构应由总监理工程师、监理工程师和其他监理人员组成。目前,大部分监理公司推行"总监理工程师负责制"原则,由总监理工程师对被监理的电子政务工程承担组织、领导和实施的主要责任。

2. 编制监理计划

监理计划的编制是一项重要的工作,监理方必须与业主单位反复协商,并能和实施方形成一致意见。

3. 编制工程阶段监理细则

监理方按照已经拟就的监理计划,制定相应的监理实施细则,使监理活动能按照实施细则有计划、有步骤地进行。

4. 实施监理

监理方按照监理计划和监理实施细则,结合工程的具体进展,全面展开监理活动。

5. 参与工程验收并签署监理意见

在工程结束实施验收过程中,监理方作为参与方之一,既需要签署客观、公正的意见,也需要接受验收小组的评估,以检验监理合同的履行状况。

6. 档案移交

监理业务完成后,监理方向业主单位提交完整的最终监理档案资料。监理档案是监理活动的重要工作成果,必须做到内容翔实、数据准确、保存完整、保存介质可靠,以便日后调用备查。

5.2.2 监理方的权利与义务

电子政务监理活动是由监理方组织实施的,监理单位和监理人员都具有相应的权利和义务。

5.2.2.1 监理单位所具有的权利与义务

具有相应资质的监理单位在电子政务监理活动中所具有的权利与义务包括:

(1) 按照"守法,公平,公正,独立"的基本要求,开展电子政务工程的监理工作,最大限度地维护业主单位与实施方的合法权益;

(2) 按照电子政务监理合同的规定,取得相应的监理收入;

(3) 不得以任何形式承包电子政务工程的实施,也不能转包给关联的第三方实施;

(4) 不得与被监理电子政务工程的实施方存在隶属关系和利益关系,不得作为其投资者或合伙经营者;

(5) 不得以任何形式侵害业主单位和实施方的知识产权,必须为业主单位和实施方的文件资料严格保密;

(6) 在监理过程中如因违犯国家法律法规,造成重大质量、安全事故的,必须承担相应的经济责任和法律责任。

5.2.2.2 监理人员所具有的权利与义务

电子政务监理活动最终是需要由专业的监理工程师来具体实施的,监理工程师应当是经培训考试合格,并取得国家认可的资质条件的专业技术人员。监理工程师所具有的权利和义务包括:

(1) 根据监理合同的要求,独立、公正地执行工程监理业务,任何一方不得以各种理由阻挠其监理活动的正常进行;

(2) 严格保守业主单位的各种文件和档案资料的秘密,不得泄露实施方的任何技术秘密和商业秘密;

(3) 不得同时从事与被监理电子政务工程相关的技术活动和业务活动,更不能从中非法牟利。

5.2.3 电子政务监理过程

一个完整的电子政务监理项目应包括实施前监理、实施中监理和实施后监理三个阶段,在不同的阶段,监理方的工作重点和职责自然各不相同。

5.2.3.1 实施前监理

电子政务监理活动在电子政务工程正式实施前就应该开始了,监理项目组在这一阶段需要做的主要工作包括:

(1) 与业主单位一起共同对拟实施的电子政务工程进行评估,包括工程的可行性研究,投资、进度、质量方面的综合性分析等;

(2) 协助业主单位组织有关领域的专家对拟实施的电子政务工程的总体规划、技术方案和设备选型等方面进行论证和优化,确定工程的设计要求,参与计划任务书的编制;

(3) 帮助业主单位编制招标文件,并组织招标、投标活动,确定正式的实施单位;

(4) 参与合同谈判,协助业主单位与实施方签订实施合同;

(5) 参与设备选型,审定设备造价;

(6) 帮助业主单位制订必要的人员培训计划。

5.2.3.2 实施中监理

实施中监理是整个电子政务监理活动的核心环节,历时长,监理难度大,是电子政务监理的重点所在。在这一阶段,监理项目组所需要开展的重点工作主要有:

(1) 协助业主单位对项目实施过程进行质量、进度和投资的监控;

(2) 评估实施方的实施计划,对其分包方案进行验审;

(3) 检查实施准备情况,审查实施方的质量控制体系和措施;

(4) 监督实施方按照合同要求的标准或规范施工,督促其实现合同目标要求;

(5) 核实质量文件,对施工质量进行监督、评价或整改;

(6) 主持协商项目设计变更,调解业主单位和实施方之间可能出现的各种争议;

(7) 针对实施过程中出现的新情况、新问题,提出可行的调整方案和补救措施;

(8) 消除各种障碍,保障实施过程顺利进行。

5.2.3.3 实施后监理

实施后监理是在电子政务工程实施结束后开始的,监理项目组同样还有很多相关的监理工作需要完成,主要有:

(1) 会同业主单位共同组织项目竣工验收,协助组织成立验收专家组,做好验收准备工作;

(2) 全面验收工程的各项指标和性能,逐项检查其与合同要求的相符性,包括验证系统功能模块性能与合同的符合性,审核与工程配套的技术文档是否齐全并满足相关标准及规范的要求,检查技术培训是否达到合同要求等;

(3) 按照验收评测情况,出具竣工验收报告;

(4) 对实施方在后续服务期内的服务要求、服务规范进行进一步明确;

(5) 督促实施方整理和移交各种技术档案资料;

(6) 整理和移交项目监理的各种技术档案资料;

(7) 帮助业主单位制定系统运行管理规章制度。

5.3 北京市电子政务网上审批试点工程监理应用案例

北京市电子政务网上审批试点工程是北京市政府全力打造"数字北京"重大基础性工程,涉及全市 15 个委办厅局的网上审批业务互联互通,这一工程既包括硬件及软件的系统集成,也包括应用软件的开发及应用软件的培训等,监理单位不仅要对硬件系统集成的质量、进度、造价等进行控制,而且还要对软件系统集成的质量、进度、造价等进行监控,同时还要对工程承包合同的执行、工程开发信息文档等进行管理。

5.3.1 监理目标

按照北京市电子政务网上审批试点工程子项目各建设单位与承包人签订的合同条款,以及相关行业的国家或国际质量标准,符合项目的整体建设目标和北京市政府有关信息化工程建设文件要求,确保这一工程中各建设单位"网上审批"子项目的工程"按期保质、高效节约"地完成。

5.3.2 监理内容

按照工程监理招标书及各项工程的实施内容,具体的监理内容确定如下:

5.3.2.1 工程组织及技术总体方案的质量控制

工程组织及技术总体方案的质量控制包括以下内容:

(1) 审查和确认承包商的总体技术方案;

(2) 审查和确认承包商的组织实施方案和承包商提交的项目计划;

(3) 审查和确认承包商的工程质量保证计划及质量控制体系;

(4) 审查和确认承包商的源代码管理方案;

(5) 审查和确认承包商的测试计划;

(6) 审查和确认承包商的工程进度计划;

(7) 确定项目质量控制的关键节点。

5.3.2.2 工程质量控制

工程质量控制包括以下三个部分：

1. 系统集成质量控制

(1) 审核和确认系统集成方案。

(2) 对采购的硬件设备的质量进行检验、测试和验收。

(3) 制定系统集成验收大纲，对设备安装、系统软件的安装调试进行验收。

(4) 对系统集成进行总体验收。

2. 应用软件开发的质量控制

(1) 审查和确认承包商的软件开发计划。

(2) 软件开发的需求分析、概要设计、详细设计、编码测试、应用测试阶段的质量控制。

(3) 审核承包商的开发质量记录。

(4) 制定应用系统验收大纲，组织源代码及应用程序的移交验收。

3. 软件应用培训的质量控制

(1) 审查并确认承包商的培训计划。

(2) 监督承包商实施其培训计划，并征求用户的反馈意见。

(3) 审核确认承包商的培训总结报告。

5.3.2.3 工程进度控制

工程进度控制的具体内容包括：

(1) 审核承包商的进度分解计划，确认分解计划可以保证总体计划目标；

(2) 对项目实施进度进行实时跟踪，并要求承包商对进度计划进行动态调整，以确保项目的阶段和总体进度目标的实现；

(3) 当工程目标出现严重偏离时，及时指出，并提出对策建议，同时督促承包商尽快采取措施。

5.3.2.4 工程投资控制

工程投资控制的具体内容包括：

(1) 通过对工程实施中的方案及设计优化，确保投资控制在预算之内或更节省；

(2) 协助建设单位做好项目支付预算的现金流量表，将付款进度与工程质量与形象进度结合起来。

5.3.2.5 工程合同管理

工程合同管理的具体内容包括：

(1) 跟踪检查合同的执行情况，确保承包商按时履约；

(2) 对合同工期的延误和延期进行审核确认；

(3) 对合同变更、索赔等事宜进行审核确认；

(4) 根据合同约定，审核承包商提交的支付申请，签发付款凭证。

5.3.2.6 信息管理/工程文档管理

信息管理/工程文档管理的具体内容包括：

(1) 做好监理日记及工程大事记；
(2) 做好合同批复等各类往来文件的批复与存档；
(3) 做好项目协调会、技术专题会的会议纪要；
(4) 管理好实施期间的各类技术文档。

5.3.3 监理工作制度

根据北京市电子政务网上审批试点工程的重要性和监理工作的程序，监理单位设立监理工作各个阶段的制度，以便有章可循，保证电子政务网上审批试点工程保质、按期完成。其具体制度包括设计方案、项目计划审查制度、开工报告审批制度、变更设计制度、工程质量监理制度、工程质量检验制度、工程质量事故处理制度、工程进度监督及报告制度、投资监督制度、监理报告制度、工程竣工验收制度、监理日志和会议制度、监理例会、专业性监理会议等。

5.3.4 项目组织管理

监理单位根据北京市电子政务网上审批试点工程的特点专门成立了北京市电子政务试点工程监理服务工程组，组织一批精干力量，成立以总监理工程师负责制的工程监理组，由具有丰富监理和管理经验的项目管理经理、安全系统工程师、网络系统工程师、软件系统工程师组成，负责完成北京市电子政务网上审批试点工程各子项目的监理工作。监理项目严格按照有关监理法规来界定北京市电子政务网上审批试点工程各建设单位、集成商、软件开发商、设备供应商的管理关系。

监理单位根据需要确立了以下服务准则：
(1) 维护国家的荣誉和利益，按照"守法，诚信，公正，科学"的准则执业；
(2) 执行有关工程建设的法律法规、规范、标准和制度，履行监理合同规定的义务和职责；
(3) 不收受被监理单位的任何礼金；
(4) 遵守国家的法律和政府的有关条例、规定和方法等；
(5) 认真履行工程建设监理合同所承诺的义务和承担约定的责任；
(6) 坚持公正的立场，公平地处理有关各方的争议；
(7) 坚持科学的态度和实事求是的原则；
(8) 在坚持按照监理合同的规定向建设单位提供技术服务的同时，帮助被监理者完成其承担的建设任务；
(9) 不泄露所监理的工程需保密的事项。

5.3.5 监理实施总结

北京市电子政务网上审批试点工程是一个涉及面较为广泛的信息建设系统工程，不仅关系15个政府部门内部工作流程和模式的整合和改革，而且会影响部门之间信息资源的交换与共享，同时还关联企业、公众等与政府部门之间的业务往来。在项目实施过程中，由于监理到位，取得了良好的成效。从这一监理项目的实施，我们可以得到以下三个方面的启示：

第一,电子政务监理在电子政务项目的发展中起着不可或缺的作用。长期以来,不少政府部门的领导者和业务人员由于缺乏对项目监理的了解,对它的重要性和价值没有形成应有的认识,有的甚至以节省开支等为理由省略了项目监理的环节,这是很不应该的,必须提高对电子政务项目监理的作用和价值的认识,使其成为促进电子政务项目成功实施的一个重要保障。

第二,监理提供方的能力和水平对电子政务项目的成败有着至关重要的影响。从北京市电子政务网上审批试点工程监理项目的实施过程来看,电子政务项目监理是一项专业性很强、技术性要求很高的业务,监理提供方必须从人员、技术等方面提供充分的保障,真正成为值得业主单位信任的顾问和专家,才能取得预期的监理成效。

第三,建立高效的互动协作机制对提高监理的成效有着重要的意义。监理作为独立于业主单位和工程建设方的"第三方",如何在各方之间找到利益的平衡点,以形成一个高效、互动、相互作用和相互影响的运作机制有着重要的意义。

5.4 电子政务评估的概念与范围

电子政务评估作为电子政务建设和发展的重要内容,是与电子政务发展相伴而生的,并随着电子政务的发展而不断走向完善。

5.4.1 电子政务评估的概念

所谓评估(Assessment),是指对某一特定对象在若干方面进行评定与估价。它必须依赖一定的原则、程序和标准。电子政务评估则是指为了达到一定的目的,遵循一定的原则、程序和标准,运用科学、可行和可靠的方法对电子政务的基础设施、信息资源、社会接受程度、政府电子化服务供给水平、电子政务领导能力和政府变革情况等进行全方位的评判和测定。与资产评估、资信评估等活动相类似,电子政务评估同样应遵循独立性原则、客观性原则、公正性原则、科学性原则、针对性原则、可行性原则和可靠性原则等基本的评估原则。

5.4.2 电子政务评估的范围

根据国际、国内电子政务发展的经验,电子政务评估的范围主要侧重以下六个方面。

1. 电子政务基础设施

电子政务基础设施情况是衡量一个地区、一个部门开展电子政务活动基本条件的重要指标,既要考察基础设施的建设情况,更要评估其实际使用情况。

2. 电子政务信息资源

促进政府信息资源更有效的开发和利用是发展电子政务的重要目标,通过了解政府对适合电子政务发展的信息资源开发和利用的状况,可以在很大程度上判断电子政务的发展水平。

3. 社会接受程度

公众和政府公务员对电子政务的了解、认可、接受以及满意程度是反映电子政务有效性的关键性指标,也是真正体现电子政务"以公众为中心"的发展理念的重要表现。

4. 政府电子化服务供给水平

政府电子化服务提供的深度与广度是衡量电子政务发展水平的重要标志,直接反映出政府在电子政务环境下通过互联网向公众提供政府服务的能力和状况。

5. 电子政务领导能力

电子政务领导能力主要包括政府在组织实施和应用电子政务方面所表现出来的领导能力、协调力度、决策水平以及电子政务建设管理的有效性等。

6. 政府变革情况

政府变革情况主要考察政府在电子政务发展过程中所进行的政府流程重组、机构改革、职能调整等一系列反映政府深层次变革的进展情况。

5.5 电子政务国际评估标准

关于电子政务的评估标准,国际、国内都没有形成统一的规范,而且也很难统一,因为:一方面电子政务本身处在快速发展之中,评估标准具有比较大的不确定性;另一方面则由于不同的评估机构具有不同的背景,对电子政务的理解必然存在着一定的差异。在此介绍三种有代表性的国际评估标准。

5.5.1 联合国采用的电子政务评估标准

联合国十分关注全球电子政务的发展,并通过全球性的测评引导世界各国电子政务的健康发展。

5.5.1.1 联合国对电子政务评估的概况

联合国对电子政务的发展极为重视,联合国公共经济与公共管理署与美国公共管理学会对联合国各成员国电子政务发展状况进行了多年的研究,并发布了多个相应的评估报告。这两家国际机构从"政府网站建设现状""信息基础设施建设"与"人力资源状况"三个方面得出了电子政务评估的一般方法,并对符合条件的国家作出了定量的评估。参加评估的国家必须具备相应的条件:存在官方政府网站;提供信息发布、互动性业务以及在线处理业务;在教育、医疗健康、劳动就业、社会福利与服务、金融5个关键部门建有网站并提供在线服务;使用单一的政府门户网站;能够实现战略计划的最低目标,并已经成立了电子政务的主管机构。

5.5.1.2 联合国对电子政务评估的指标体系

联合国经济社会事务部多年来一直对联合国190多个成员国电子政务的发展进行全面的评估,联合国2008年发布的电子政务评估的指标体系具有较高的代表性,包括电子政务成熟度指标和电子化参与度指标两大类:电子政务成熟度指标包含三类子指标,分别是网络测度指标、电信基础设施指标和人力资本指数指标;电子化参与度指标相对独立,共同构成了由四个子指标构成的评价体系。

1. 网络测度指标

网络测度的总目标是通过评估国家级的站点以及五个最常用部门(如美国的卫生部、教育部、社会福利部、劳动部以及财政部)还有相关的门户网站和/或次级站点来测量各成员国的在线能力。在具体操作时,联合国的调查人员对被评估网站设计了一套调查问卷,在每个阶段以问句的形式设置了多项指标,系统而详尽地考察了各国网站所提供的在线服务,对此进行统计评分,而对各部门网站的评估都使用相同的一套问题,具体问题包括:

(1) 是否有存档文件(如法律、法规、政策文件等);
(2) 网站是否提供新闻版块;
(3) 数据库是否可使用或下载;
(4) 是否一站式/单一窗口;
(5) 可下载表格情况如何;
(6) 可否提交网上表格;
(7) 是否拥有语音、视频节目;
(8) 电子签名应用情况如何;
(9) 是否提供个人网上账户;
(10) 是否支持信用卡支付;
(11) 是否鼓励公民参与;
(12) 是否提供电子邮件订阅;
(13) 是否标示出处理电子邮件/表格的时间框架。

2. 电信基础设施指标

电信基础设施指标是由 5 个关乎国家基础设施能力的基本指数组成的综合指数,分别为:

(1) 每百人中的互联网用户数;
(2) 每百人中的个人电脑数量;
(3) 每百人拥有的固定电话数量;
(4) 每百人拥有的移动电话数量;
(5) 每百人拥有的宽带情况。

以上每个指数占电信基础设施总指标的 20%,数据是通过为每个指标设置指数从而统一制定而成。过程如下:根据国家得分,5 个指标分别选取一个最大值及最小值。该国的绩效衡量取值于 0—1 之间,具体操作办法如下:

$$指标值=(实际值-最小值)\div(最大值-最小值)$$

$$基础设施指数=个人电脑指标值\times 20\%+互联网用户指标值\times 20\%+电话线指标值\times 20\%+移动用户指标值\times 20\%+宽带指标值\times 20\%$$

各成员国的数据主要来自于国际电信联盟。

3. 人力资本指数指标

$$人力资本指数=2/3(成人识字率指数)+1/3(总就学率指数)$$

成人识字率是指 15 岁及 15 岁以上、有理解力的、在日常生活中能读写一段简短文字的人口比率;初级、中级、高级的总就学率是指就读了初、中、高三个水平等级(无论年龄)的学生总数在该级别的学龄人口中所占的比例。

成人识字率以及总入学率的统计数据主要由联合国教科文组织提供。

4. 电子政务参与度指标

电子政务参与度指标主要评估一国为使其公民使用信息通信技术参与公共政策,所提供的信息和服务的有用性和质量。其具体指标包括以下三组：

（1）电子化信息（e-Information）；

（2）电子化咨询（e-Consultation）；

（3）电子化决策（e-Decision-making）。

所测数据均从互联网获得，对这些数据进行相关的计算即可获得结果。

5.5.1.3 对联合国电子政务评估指标体系的评价

联合国对电子政务的评估是针对成员国进行的，主要从宏观的角度对各国电子政务作出综合评价，它的评价结果具有很强的权威性。当然，联合国的评估方法和指标体系也具有一定的局限性：一是只考察电子政务成熟度指数和电子政务参与指数两个大类指标，指标体系不够完整；二是只针对国家层面的评估，比较宏观；三是部分数据只能来自其他机构，缺乏可靠性。尽管如此，联合国对电子政务的一些评估思路和评估方法对国内地区和部门的电子政务的评估有着重要的指导作用和借鉴意义，特别是强调电子政务成熟度的重要性，这一点对明确我国电子政务的发展方向有重要意义。

5.5.2 美国电子政务公众满意度指数

美国从 2001 年开始将 ACSI（American Customer Satisfaction Index，美国顾客满意度指数）方法应用到对联邦政府网站进行测评，开创了电子政务评估注重服务对象体验的先河。这一方法改变了传统的通过点击率、浏览页数、访问者人数等指标对联邦政府网站进行测评的方法，开始用顾客满意度对网站进行测评，运用统计的方法来预测顾客的行为，通过计算得到网站的顾客满意度和顾客忠诚度，从而反映政府网站的建设和运行情况。10 多年来这一方法得到不断优化，在实际应用中取得了较好的效果。

5.5.2.1 测评方法

美国电子政务公众满意度指数的测评是依据 ACSI 方法进行的，从原理上来看并不复杂，首先是比较顾客期望和实际感知质量的差值得出感知价值，再通过感知价值得出顾客的满意程度，通过满意程度可以判断出顾客是抱怨的还是忠诚的。图 5-2 展示了 ACSI 测评方法的原理。

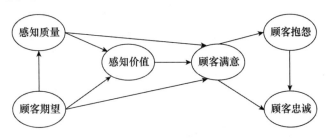

图 5-2　ACSI 测评方法的原理

5.5.2.2 测评指标

美国电子政务公众满意度指数的测评指标包括一级指标和二级指标两类，具体内容参见表 5-1。

表 5-1 美国公众电子政务满意度测评指标

一级指标	二级指标
公众期望	公众整体期望
	对网站信息和服务可靠性的期望
	对网站满足其个性化需求的期望
感知易使用	网站版块的命名易使用程度
	网站操作流程易掌握程度
感知有用	网站服务满足其个性化需求服务
	网站提高其效率程度
网站信息	网站信息的充实程度
	网站信息的公开、透明程度
	网站信息的更新速度
	网站信息的权威和可靠程度
网站互动	网站提供信息的交互程度
网站性能	网页与版块设计的合理性
	网站链接和运行速度
	网站界面友好程度
网站功能	网站链接资源功能
	网站站点导航功能
	网站搜索工具功能
感知质量	整体感知服务质量
公众满意	整体满意程度
	与预期质量相比的满意程度
	与理想质量相比的满意程度
网站形象	网站投诉和监督渠道的畅通程度
	网站反馈和受理情况
公众信任	对网站建设的信心
	对网站建设的支持

5.5.2.3 对美国电子政务公众满意度测评方法的评价

以公众满意度作为电子政务发展水平和实际运行成效的衡量指标,不仅是一种方法和手段上的创新,而且更重要的是它体现了电子政务发展理念的一种突破,使其真正回归到了以服务对象为中心的发展轨道上来。当然,这种方法在实际操作过程中会有一定的难度,尤其是我国当前公众电子政务参与面总体还比较低的情况下,实施的成效不一定能得到保证。

5.5.3 日本早稻田大学电子政务评估方法

日本早稻田大学对全球电子政务发展状况进行评价已经历了较长时间,形成了一套相对完整的评价体系。

5.5.3.1 评估方法

早稻田大学采用的评估指标是一套包含 7 个一级指标和 42 个二级指标的测评体系,相关的二级指标不仅是对原有的指标进行分化,而且更重要的是进行了相关的重构或重新界定。二级指标大部分由二进制的参数组成,确保评测结果既有较高的区分度,又能不受研究人员的主观影响。与此同时,每个部门都被要求测试其可靠性是否显著,所使用的方法是否在准则最优化的前提下兼有定量和定性的测量方法。从中不难看出,这套测评体系不但有较高的科学性,而且在实际可操作性方面也颇具优势。

5.5.3.2 评估指标

早稻田大学的电子政务评估指标体系参见表5-2。

表5-2 早稻田大学的电子政务评估指标体系

一级指标	二级指标	一级指标	二级指标
1. 管理优化程度	1-1 行政及预算系统 1-2 最优化意识 1-3 整合的企业架构	5. 政府中的CIO角色	5-1 出席 5-2 授权 5-3 组织 5-4 研制计划
2. 必须的界面和功能应用	2-1 网络法律 2-2 电子投标系统 2-3 电子税务系统 2-4 电子支付系统 2-5 电子投票系统 2-6 社会保障服务 2-7 民事登记 2-8 领事服务 2-9 劳工相关服务 2-10 电子医疗系统	6. 网络准备度	6-1 互联网用户 6-2 宽带用户 6-3 移动电话用户 6-4 个人电脑用户
3. 国家门户	3-1 导航 3-2 互动 3-3 界面 3-4 技术	7. 电子化参与	7-1 信息 7-2 机制 7-3 咨询
4. 电子政务促进	4-1 立法 4-2 计划/战略 4-3 政策 4-4 政府实体 4-5 私营机构 4-6 协作 4-7 资金 4-8 出版/期刊 4-9 培训 4-10 会议、研讨会 4-11 广告 4-12 政府委员会 4-13 私人委员会 4-14 智囊团		

5.5.3.3 对电子政务发展的建议

早稻田大学的研究人员根据分析研究,得出了以下五个方面的建议:

(1)针对发展中国家的需要,进一步完善基础设施;

(2)向移动政务转变,设计开发更友好的移动应用模式;
(3)在CIO的领导下加强电子政务相关活动;
(4)解决绿色信息通信技术问题,保护环境和节约资源;
(5)树立基础设施和人力资本的标杆是取得成功的关键。

5.5.3.4 国际合作

早稻田大学的研究团队认为,电子政务是形成信息社会、促进世界和平与繁荣、解决数字鸿沟向数字机遇转变的一种解决方案。在认识到这一前提下,加强国际之间的合作变得十分重要和迫切。为此应采取的对策包括:

(1)为电子政务开发国际人力资源资格标准;
(2)巩固和分享全球电子政务的研究资源;
(3)制定国际最佳实践电子政务框架和标准。

5.5.3.5 对早稻田大学电子政务评估方法的评价

早稻田大学对电子政务的评估可谓是后起之秀,这套评估方法在实际应用中还存在着数据获取困难、评估实施相对较为复杂等问题,但总体来看评测的方法相对较为科学,评测的指标体系也比较全面合理,能够较客观地反映出被评估对象的发展状况,对促进电子政务的健康、有序、快速发展有较为积极的意义。

5.6 国家行政学院电子政务评估方法

近年来,国内对电子政务发展状况进行评估也越来越受到重视,形成了不少有特色的评估方法和评估体系。其中,国家行政学院电子政务研究中心自2014年起每年发布的《中国城市电子政务发展水平调查报告》具有较强的代表性。该中心对中国地级以上城市的电子政务服务进行评估,并对其发展状况进行排名,通过展示各地成功的电子政务发展经验,为未来电子政务服务的发展提供启示与参考,促进全国及各地区电子政务的良性发展。

5.6.1 评估对象与评估方法

由于当前我国面向公众的在线服务主要集中在市一级政府,因此2016年电子政务发展水平的评估对象为中国地级以上的338个城市,同时对36个主要城市进行了排名和比较分析。全国36个主要城市包括4个直辖市(北京、上海、天津、重庆)、15个副省级城市和计划单列市(哈尔滨、成都、大连、广州、杭州、济南、南京、宁波、青岛、厦门、深圳、沈阳、武汉、西安、长春),以及17个非副省级省会城市(福州、贵阳、海口、合肥、呼和浩特、昆明、拉萨、兰州、南昌、南宁、石家庄、太原、乌鲁木齐、西宁、银川、长沙、郑州)。

在科学性、综合性、可行性、导向性和一致性等原则的基础上,评估采用AHP层次分析法,用构造评判矩阵的方式,请权威专家对评估指标进行打分,将分数综合平均后作为权重,进而构建中国电子政务发展水平(E-Government Development Index,EGDI)评估指标体系。2016年,中国电子政务发展水平评估指标体系由三个部分组成:在线服务、电子参与和移动政务,分别占60%、20%和20%的权重。由于全流程服务和整体型政府已成为电子政务发展的重要趋势,因此,本次评估重点考察政府能否为公众提供系统、全面和完整的全流程在线服务,以及公众能否在一个网站、一个入口获得,比如通过一个微信公众号和一个移动 APP 中即可使用各种类型的服务。

5.6.2 评估指标

这一评估方法围绕在线服务、电子参与和移动政务三类指标进行具体评估,各类指标的构成说明如下:

5.6.2.1 在线服务指标

综合基础性、广泛性、直接性、可行性等因素,在线服务水平主要评价 10 类基本公共服务(包括婚育、户籍、教育、社保、医疗、住房、交通、就业、出入境和便民服务)的在线服务水平,包括在线服务成熟度和用户体验两个方面,主要分为:

（1）10 类基本公共服务的成熟度,由起步阶段、提升阶段、交互阶段和整体服务阶段构成;

（2）服务的用户体验由服务交付的透明度、多渠道服务的提供（电子邮箱、电话等）、服务的易于使用（如支持与帮助功能等）和用户满意度（是否提供反馈渠道、满意度反馈等）构成。

5.6.2.2 电子参与指数

电子参与不仅是公众参与渠道的扩展,更是参与方式与参与内容的深度和效度的增强;不仅是提出问题得到解答,更主要的是促进政策的形成并影响行动。与之前的评估一样,电子参与评估各城市政府利用信息技术开展公众参与政策制定时提供信息和服务的质量和有效性,反映公众如何参与以及如何发挥政治民主化建设的影响力,电子参与指数由电子参与成熟度和电子参与的用户体验两个部分构成。

1. 电子参与成熟度

电子参与成熟度主要考察有关民生的教育、住房、交通、医疗和环保五大领域的电子参与情况,分为电子信息、电子咨询和电子决策三个层次。

电子信息主要评估政府网站(包括城市门户和教育、住房、交通、医疗和环保的部门网站)是否提供"政民互动"栏目,以及是否提供关于政府官员、组织结构、政策法规条例、项目计划、预算、联系方式等公众感兴趣的政府信息。

电子咨询是利用政府网站等提供在线咨询的必要工具,实现政府和公众的对话。其主要评估网站提供在线咨询(包括在线访谈、在线咨询、网上问卷、电子投票等),政府部门保存好咨询记录并以多种方式答复咨询申请。

电子决策是在公众深入地了解政府政策形成的过程与结果的基础上,政府通过建立各种渠道,让公众通过电子化手段发表意见,并将公众的意见纳入政府决策过程,政府部门反馈公众哪些意见被采纳。其主要评估相关网站"政民互动"栏目提供意见征集、网上评议,以及意见征集的反馈结果的情况。

2. 电子参与的用户体验

电子参与的用户体验主要侧重公众在与政府互动过程中的服务的易用性,比如从政府门户网站到部门网站的链接,在互动的过程中如有提问是否可以用第三方账号登录,同时从政府侧评估政府网站是否对网民参与的数量、回答问题等的数量进行统计,对咨询结果的满意程度是否有反馈渠道等方面进行考察。

5.6.2.3 移动政务指标

移动政务服务的评估标准遵循科学化、具体化的总体原则,在评估对象上,主要涉及政务微信公众号和政务APP(政务客户端)。

就政务微信公众号的评估上,主要评估指标为公众号的开设与否、信息推送的及时性、信息的覆盖程度、信息的丰富程度、信息的可读性、公众号的双向交互功能和在线办事,此外还有公众号所具有的特色功能。

在政务APP的评估上,主要评估指标为APP发布的重要政务信息类型的丰富性、在线办事功能的强度、是否支持微博、微信等社交媒介的分享以及下载渠道和更新方式等内容。

5.6.3 对国家行政学院电子政务评估方法的评价

国家行政学院电子政务以国家信息化建设的方针政策和国家电子政务总体框架体系为标准,充分吸收国际经验,构建全面反映我国城市电子政务发展水平的评估指标模型,综合运用具有可行性和科学性的采集方法与分析工具,从在线服务、电子参与、移动政务以及用户满意度等方面,全面评估我国城市电子政务发展水平,对我国电子政务健康、快速、有序的发展有着重要的促进作用。当然,由于我国电子政务发展的涉及面太广,评估要全面覆盖全国范围内县一级的行政区至少还不现实,有待进一步深入。与此同时,在评价指标的选取和数据的获得等方面还有较大的改进空间,以期能更加方便、高效地开展实际评估。

5.7 中国政府网站绩效评估的方法

政府网站是信息化条件下政府密切联系群众的重要桥梁,也是网络时代政府履行职责的重要平台。积极适应信息通信技术发展、传播方式变革,运用互联网转变政府职能、创新管理服务、提升治理能力,使政府网站成为信息公开、回应关切、提供服务的重要载体,是我国各地、各级政府所共同面临的挑战。为了更好地促进我国政府网站健康有序地发展,我国已连续开展了10多届"中国政府网站绩效评估"工作。这是一项具体由中国软件评测中心主办和组织实施的社会第三方性质的政府网站测评工作,取得了良好的效果。其具体的评估方法是对政府网站健康度、信息公开、互动交流、回应关切、办事服务、网站功能、优秀创新案例等7项指标,采用自动扫描监测、人工抽查分析、行业专家推荐打分等方式进行评估,各部分结果按一定权重进行加权,得出最终评估值。该评估分别对部委网站、省级政府网站和地市区县级政府网站设立了评估指标,形成了较为科学全面的评估体系。

5.7.1 部委网站评估指标

部委网站评估指标包括健康情况、信息公开、办事服务、互动交流、回应关切、网站功能、优秀创新案例7个一级指标。其中,优秀创新案例指标为附加指标,结果纳入网站最终绩效得分。部委网站评估指标参见表 5-3。

表 5-3 部委网站评估指标

一级指标	二级指标	权重	评估说明
健康情况 (30)	站点可用性	5	部委主办的门户网站的站点可用性情况
	首页更新	5	部委主办的门户网站的首页更新情况
	链接可用性	10	部委主办的门户网站的链接可用性情况
	栏目维护情况	10	部委主办的门户网站的栏目维护情况
	单项否决情况	——	部委主办的门户网站被单项否决的情况
信息公开 (22)	基础信息公开	10	网站对机构职能、领导信息、政府文件、人事信息、统计信息、规章文件、规划计划、财政预算决算和"三公"经费,是否实现了全面、及时的公开
	政务专题	7	网站结合国务院办公厅要求重点公开信息,以及结合部门业务职能建设公开专题和维护的情况
	信息公开保障	5	网站是否及时公开了信息公开年报,是否编制了信息公开目录,以及更新维护情况
办事服务 (12)	公共服务	6	网站基于本部门业务职能提供和整合便民服务、推行数据开放的情况
	行政办事	6	网站通过办事大厅、服务专题等多种形式,整合、提供本部门和各直属单位行政办事服务的情况
互动交流 (10)	政务咨询	5	网站是否建设了政务咨询类栏目,为公众提供了办事咨询、留言建议等渠道,以及渠道是否存在无有效信件、长期不回应、答复推诿的现象
	调查征集	5	网站是否建设了调查征集类栏目,为公众参与决策制定、发表意见提供了渠道,以及 2015 年开展征集的情况
回应关切 (14)	决策解读	7	网站是否通过了互动访谈、热点专题、视频直(录)播等方式对重要政策、重大决策进行解读,以及 2015 年开展决策解读的次数和效果
	新闻发布会	7	网站是否开通新闻发布会专栏,及时对重大政策、热点事件等进行互联网上的面对面信息发布和公开,以及 2015 年开展新闻发布会的次数和效果
网站功能 (12)	微博微信	2	网站是否提供了政务微博、政务微信的入口,以及信息内容丰富度和更新及时性情况
	站内搜索	4	网站是否提供了站内搜索功能,以及站内搜索结果的准确性和易用性
	公共搜索	2	通过百度等主流公共搜索引擎搜索网站站点、重点信息和服务的情况
	安全防范	2	网站是否存在安全漏洞,以及漏洞的数量、等级和严重情况
	移动版本	2	网站是否建立了适合移动终端访问的移动版本(移动客户端、终端适配版、Html5 站点),以及移动版本内容和功能的建设情况
优秀创新案例 (10)	——	10	网站在信息公开、办事服务、互动交流、政策引导、管理机制、新技术应用等方面的优秀创新做法,通过专家评审、组织单位投票和网民投票的方式选出

5.7.2 省级政府网站评估指标

省级政府网站评估指标包括健康情况、信息公开、办事服务、互动交流、回应关切、网站功能和优秀创新案例7个一级指标。其中,优秀创新案例指标为附加指标,结果纳入网站最终绩效得分。省级政府网站评估指标参见表5-4。

表5-4 省级政府网站评估指标

一级指标	二级指标	权重	评估说明
健康情况 (30)	站点可用性	10	省级门户网站的站点可用性情况
	首页更新	5	省级门户网站的首页更新情况
	链接可用性	10	省级门户网站的链接可用性情况
	栏目维护情况	10	省级门户网站的栏目维护情况
	单项否决情况	——	省级门户网站被单项否决的情况
信息公开 (20)	基础信息公开	10	网站对地区介绍、机构职能、领导信息、政府文件、人事信息、财政资金、统计信息、发展规划、价格收费和政府工作报告等信息的公开情况,以及更新维护情况
	重点信息公开	5	网站对公共资源配置、食品药品安全、环境保护、安全生产等历年国务院办公厅要求重点公开的信息,是否实现了全面、及时的公开
	信息公开保障	5	网站是否及时公开了信息公开年报,是否编制了信息公开目录,以及更新维护情况
办事服务 (16)	权责清单	4	网站对权力清单、责任清单的公开和规范情况,以及对行政职权取消和调整的及时公开情况
	公共服务	6	网站基于政府部门业务职能提供和整合便民服务、推行数据开放的情况
	行政办事	6	网站通过办事大厅、服务专题等多种形式,整合、提供本级部门和下辖地区行政办事服务的情况
互动交流 (12)	政务咨询	6	网站是否建设了政务咨询类栏目,为公众提供了办事咨询、留言建议等渠道,以及渠道是否存在无有效信件、长期不回应、答复推诿的现象
	调查征集	6	网站是否建设了调查征集类栏目,为公众参与决策制定、发表意见提供了渠道,以及2015年开展征集的情况
回应关切 (12)	决策解读	6	网站是否通过了互动访谈、热点专题、视频直(录)播等方式对重要政策、重大决策进行解读,以及2015年开展决策解读的次数和效果
	新闻发布会	6	网站是否开通新闻发布会专栏,及时对重大政策、热点事件等进行互联网上的面对面信息发布和公开,以及2015年开展新闻发布会的次数和效果

续表

一级指标	二级指标	权重	评估说明
网站功能 （10）	微博微信	2	网站是否提供了政务微博、政务微信的入口，以及信息内容丰富度和更新及时性情况
	站内搜索	2	网站是否提供了站内搜索功能，以及站内搜索结果的准确性和易用性
	公共搜索	2	通过百度等主流公共搜索引擎搜索网站站点、重点信息和服务的情况
	安全防范	2	网站是否存在安全漏洞，以及漏洞的数量、等级和严重情况
	移动版本	2	网站是否建立了适合移动终端访问的移动版本（移动客户端、终端适配版、Html5站点），以及移动版本内容和功能的建设情况
优秀创新案例 （10）	——	10	网站在信息公开、办事服务、互动交流、政策引导、管理机制、集约化建设等方面的优秀创新做法，通过专家评审、组织单位投票和网民投票的方式选出

5.7.3 地市区县级政府网站评估指标

地市区县级政府网站评估指标包括健康情况、信息公开、办事服务、互动交流、回应关切、网站功能、优秀创新案例7个一级指标。其中，优秀创新案例指标为附加指标，结果纳入网站最终绩效得分。地市区县级政府网站评估指标如表5-5所示。

表5-5 地市区县级政府网站评估指标

一级指标	二级指标	权重	评估说明
健康情况 （30）	站点可用性	5	地市：市级门户网站的站点可用性情况 区县：区县门户网站的站点可用性情况
	首页更新	5	地市：市级门户网站的首页更新情况 区县：区县门户网站的首页更新情况
	链接可用性	10	地市：市级门户网站的链接可用性情况 区县：区县门户网站的链接可用性情况
	栏目维护情况	10	地市：市级门户网站的栏目维护情况 区县：区县门户网站的栏目维护情况
	单项否决情况	——	市级、区县门户网站被单项否决的情况
信息公开 （18）	基础信息公开	8	网站对地区介绍、机构职能、领导信息、政府文件、人事信息、财政资金、统计信息、发展规划、价格收费和政府工作报告等信息的公开情况，以及更新维护情况
	重点信息公开	6	网站对公共资源配置、食品药品安全、环境保护、安全生产等历年国务院办公厅要求重点公开的信息，是否实现了全面、及时的公开
	信息公开保障	4	网站是否及时公开了信息公开年报，是否编制了信息公开目录，以及更新维护情况

续表

一级指标	二级指标	权重	评估说明
办事服务（24）	权责清单	4	网站对权力清单、责任清单的公开和规范情况,以及对行政职权取消和调整的及时公开情况
	民生领域服务	10	网站对教育、就业、医疗、社保、住房、公用事业等领域公共信息数据开放和公共服务的整合提供情况
	重点办事服务	10	网站对办理量大、涉及面广、需求度高的重点办事服务的细分和实用情况
互动交流（10）	政务咨询	5	网站是否建设了政务咨询类栏目,为公众提供了办事咨询、留言建议等渠道,以及渠道是否存在无有效信件、长期不回应、答复推诿的现象
	调查征集	5	网站是否建设了调查征集类栏目,为公众参与决策制定、发表意见提供了渠道,以及2015年开展征集的情况
回应关切（8）	决策解读	4	网站是否对重要政策、重大决策进行解读,以及2015年开展决策解读的次数和效果
	新闻发布会	4	网站是否开通新闻发布会专栏,及时对重大政策、热点事件等进行互联网上的面对面信息发布和公开,以及2015年开展新闻发布会的次数和效果
网站功能（10）	微博微信	2	网站是否提供了政务微博、政务微信的入口,以及信息内容丰富度和更新及时性情况
	站内搜索	2	网站是否提供了站内搜索功能,以及站内搜索结果的准确性和易用性
	公共搜索	2	通过百度等主流公共搜索引擎搜索网站站点、重点信息和服务的情况
	安全防范	2	网站是否存在安全漏洞,以及漏洞的数量、等级和严重情况
	移动版本	2	网站是否建立了适合移动终端访问的移动版本(移动客户端、终端适配版、Html5站点),以及移动版本内容和功能的建设情况
优秀创新案例（10）	——	10	网站在信息公开、办事服务、互动交流、政策引导、管理机制、集约化建设等方面的优秀创新做法,通过专家评审、组织单位投票和网民投票的方式选出

5.7.4 对中国政府网站绩效评估方法的评价

政府网站作为电子政务发展的重中之重,对电子政务发展的成效和水平有着十分重要的影响。中国政府网站绩效评估针对部委网站、省级政府网站和地市区县级政府网站进行了针对性的评估指标设计,分别从政府网站健康度、信息公开、互动交流、回应关切、办事服务、网站功能、优秀创新案例等七个方面进行评价,具有较强的可操作性和较高的可信度,为不同类型政府网站的绩效评估提供了可靠的依据。考虑到我国政府网站面广量大,要在短时间内进行全面评估的工作量非常大,可以对评估指标进一步优化,方便地方政府在本区域内自行组织评估,同时也要适合网站主体单位开展自行评估,以更好地满足政府网站发展的需要。

5.8 本章小结

电子政务监理与评估是电子政务建设与发展的基本内容。监理侧重对电子政务的建设提供全过程、全流程的监督和管理,评估则侧重对电子政务发展与应用成效的评价和诊断,两者既互为整体又各有侧重,为电子政务的更好更快发展保驾护航。从国内的发展情况来看,电子政务工程的监理经过多年的发展已形成较为规范的流程,在实际应用中效果良好;电子政务的发展评估也已经历了较长的时间,积累了较为丰富的经验,为促进不同层级的电子政务发展尤其是政府网站健康、有序、可持续的发展提供了重要的决策支持。从未来的发展趋势来看,进一步加强对电子政务工程项目的监理和电子政务发展状况的评估,是一项长期而又艰巨的任务,始终不能松懈。

第六章
政府电子化公共服务

向社会提供公共服务是政府的基本职能,是每个国家、每个地区、每级政府机构都必须履行的重要职责。政府公共服务的能力、水平、质量和层次是政府综合能力的全面反映,对政府自身及其服务对象而言都有着十分重要的意义。改善公共服务成果,改进公共服务过程质量,实现公共服务领域的创新,提高政府公共服务的有效性、针对性、经济性和可靠性,是国内外各级政府机构普遍追求的目标。

在社会对政府公共服务的效率、质量、多样化和个性化要求越来越高的今天,全面改善政府公共服务的根本途径在于对信息通信技术的有效应用,大力推进政府公共服务电子化的发展进程。只有通过对以互联网为核心的信息通信技术在政府公共服务的各个领域全方位、多角度、深层次的应用,才能建立起一个高效、便捷和顺畅的公共服务体系,使其更好地符合现代社会对政府服务高质量、多层次、广覆盖的需要。

政府电子化公共服务既是电子政务的基本组成部分,也是反映电子政务应用与发展水平的重要标志。从世界范围来看,政府电子化公共服务已进入一个快速发展的阶段,所发挥的作用也正变得越来越显著。在我国,除了香港等地区的发展较为迅速外,大多数地区和部门的政府机构总体还处在较为初级的阶段。深入研究政府电子化公共服务的基本规律,有效推进电子化公共服务的快速发展,不仅是我国各地和各级政府加快政府管理体制转变,提高政府的生产力、发展力、竞争力和服务力的需要,而且也是电子政务深层次发展的必然选择,只有这样才能使电子政务在服务社会进步、服务民生改善和服务经济发展等各方面发挥日益重要的作用。

6.1 政府公共服务概述

"服务"(Service)自古有之,与人类社会密切相关。在不同的历史阶段、不同的经济社会条件下,无论是商业服务,还是政府公共服务,服务提供能力和服务需求都是各不相同的,但随着人类社会的进步与发展,无论是服务的提供能力,还是服务的需求程度,都处在快速上升之中。

6.1.1 服务的概念与特点

作为商业社会的一种基本现象,国外对"服务"的研究远比国内重视得多,服务水准和服务需求也是国内所望尘莫及的。所以,国内的政府机关和商业机构都有学习和研究服务的必要。

6.1.1.1 服务的定义与内涵

国内外针对"服务"的定义多是从企业的角度出发的,国外的表述有很多,如美国市场营销协会给"服务"下的定义为:服务是"用于出售或者是同产品连在一起进行出售的活动、利益或满足感。"国际著名市场营销专家菲利普·科特勒给服务下的定义是:"一方能够向另一方提供的基本上是无形的任何功效或利益,并且不导致任何所有权的产生,它的生产可能与某种有形产品密切联系在一起,也可能毫无联系。"关于服务的概念虽不一而足,但概括起来,服务是指服务提供方为了使客户感到满意,并为了与其保持长期友好的互惠合作关系而建立客户忠诚的一系列活动。从商业角度来看,服务所包含的内涵有以下四个方面:

1. 服务是一种满足感

为客户提供任何一种服务都要预期客户对服务过程和结果的感觉,如果只是完成了一个服务过程,没有考虑客户对其服务的感受如何,就可能导致服务失败。

2. 服务是一系列行为的集合

客户的忠诚是来源于一系列优质服务要素的组合,是一个长期和综合的过程,它需要建立起一种科学规范的行为体系,使优质服务成为服务提供者的一种习惯,根植于每个人的心中,并在每个环节得到充分的体现。

3. 服务是一种尊重

服务作为一种有特定目标的活动,主要任务是要通过一系列活动让服务需求方的需要得到满足,换言之,服务的基本前提是服务提供方必须尊重服务需求方的需要。因此,卓越的服务必然是对客户的高度尊重,而低劣的服务是对客户的极大侵害,根本没有尊重可言。可以说,服务始于需求,终于尊重。

4. 服务是一种沟通

服务是双向的,沟通是提高服务水平的重要手段,只有有效的沟通需求方才能产生满意的服务。因此,沟通既是服务供求双方的共同需要,也是服务过程的重要内容。

6.1.1.2 服务的特点

作为一种与有形商品联系紧密又有特殊性的活动,服务的特点表现在以下五个方面:

1. 无形性

服务无形的,无论是与实体商品相联系的服务,还是以独立方式存在的服务,客户在得到服务之前是看不见、摸不着、闻不到的。而且,客户在得到服务以后,一般也得不到有形的实物。因此,服务需求方在选择服务时,往往通过个人过去的经历以及别人的介绍,特别是他人的口碑对服务的选择有着重要的作用。

2. 不可分性

与有形商品显著不同的是,服务与其来源是密不可分的。也就是说,服务提供方和服务需求方直接发生联系,生产过程与消费过程同时进行,两者在空间上和时间上都是不可分的,而且服务需求方必须介入到服务生产过程中去才能获得服务。比如,医生为病人诊断、演员在舞台上为观众表演、教师为学生上课等,无不如此。而有形产品的生产与消费一般都存在较长的时间间隔,生产与消费一般也不在同一地方,从生产、流通到消费存在一系列的中间环节。

3. 不可储存性

服务不能储存,有明确的时间属性和空间属性。因为服务的生产与消费同时进行,使其不可能像有形产品一样先储存起来,再进行销售。服务的不可储存性往往会导致服务的供给与需求的不平衡,有的时候服务会供不应求,而有的时候服务又会供过于求。服务的不可储存性导致服务的需求上下波动,要求服务提供部门及时作出需求预测,通过预定安排等方式以保持服务供求的平衡。

4. 易变性

有形产品一般采取规模化、自动化生产,质量控制较为严格,产品的质量差异相对较小。而服务一般是直接由人来提供的,不同的人提供的服务可能相差甚远,因而服务质量存在较大的不确定性。服务质量的好坏在一定程度上取决于由谁在什么时间、什么地方提供什么样的服务,而且,即使在服务人员、服务时间和服务地点确定的情况下,服务还是会存在众多不确定因素。由于服务的易变性,因此,很难对服务制定出一个统一的评价标准,对服务提供方的服务质量进行有效控制也就变得很不容易了。

5. 易替代性

服务产品具有较大的易替代性,这主要表现在两个方面:一方面是服务需求可以通过多种可替代的服务满足;另一方面,服务与有形商品也存在相互替代性。服务的易替代性会导致客户对服务提供方的忠诚度下降,给服务提供方带来了严峻的挑战。

6.1.2 政府公共服务的特殊性

政府公共服务(Public Service)与一般意义上的商业服务并没有本质上的区别,最基本的特点是由政府机构向其客户——包括公民、商业机构等在内的公众提供的。但是,政府作为一种特殊的组织,它所提供的公共服务具有不同于商业服务的一些特点。

6.1.2.1 非营利性

与商业服务明显不同的是,政府公共服务是政府职能的一部分,不具有营利的特性。所以,政府公共服务不像商业服务活动一样有具体的营利目标,要完成股东的营利计划等,它更多地表现为政府的一种义务、一种责任。当然,政府公共服务在一定条件下也是可以收取一定的服务费用的,但收费只是为了维持与改进政府公共服务的水平,不能成为政府服务部门的营业利润来源。而且,政府的服务收费要严格接受社会各界的监督,杜绝政府服务乱收费行为的发生。

6.1.2.2 垄断性

政府公共服务行为与商业服务活动另一个不同点是政府公共服务往往具有垄断性,对政府服务对象来说具有不可选择性。比如,政府提供的身份证件发放、结婚登记、企业营业执照申领等都是由政府部门垄断提供,没有其他机构可以与之竞争。因为政府公共服务垄断的存在,在保证政府服务行为权威性的同时,也在一定程度上影响了政府公共服务的质量。

6.1.2.3 普遍性

与商业服务针对某一细分服务对象所不同的是，政府公共服务的对象具有普遍性，它并不针对某一特定对象服务，而是所有符合条件的服务对象。所以，政府在提供公共服务时要考虑不同对象的接受能力，如考虑公众的文化水平、应用信息通信技术的能力等，使政府所提供的公共服务为每位服务对象所接受。

6.1.2.4 范围性

政府公共服务还受特定的行政区域管辖范围的限制，也就是说，政府公共服务只向本行政区内的服务对象服务，不属于行政区域管辖范围的公民、企业还是其他社会组织都不属于当地政府机构的服务对象。例如，政府提供的就业服务、福利保障服务等主要面向当地居民，外地居民即使长期居于此地也很难享受到相应的服务。

6.1.3 政府公共服务的职责

提供卓越的公共服务是世界各国政府机构共同面临的战略性任务，尤其是我国，由于在中华人民共和国成立后比较长的时间内实行的是计划经济体制，政府的定位是"全能型政府"，主要通过指令性计划和行政手段进行经济管理和社会管理，政府扮演了生产者、监督者和控制者的多重角色，为社会提供公共服务的职能和角色被严重淡化。改革开放40年以来，原来的"全能型政府"逐步向"公共服务型"政府转型，政府的角色也正由原来对微观主体的指令性管理转换到为市场主体的服务上来，转换到为各种形式的市场主体开展生产经营活动创造良好的发展环境上来。从大的范围来看，政府承担的公共服务的职责主要包括以下三个方面：

6.1.3.1 为社会提供公共产品

公共产品是指需要通过政府财政机制向社会提供，满足作为群体的社会成员的公共需要的产品。它是与私人产品相对而言的，私人产品需要通过市场机制向社会提供，满足作为个体的社会成员的私人需要的产品。向社会提供全面而丰富的公共产品，满足社会成员的公共需要，是政府的基本职责。公共产品是政府公共服务的重要表现形式，包含的内容和形式十分广泛，包括面向公众的社会福利、教育、科技、医疗卫生、文化等各方面的政府服务，以及面向企业的多层次的政府服务等。利用信息通信技术提供政府公共服务产品，提高政府公共服务的效率和水平，提升公众对政府公共服务的满意度，正是政府实施电子化公共服务的重点，是需要大力推进和向深层次发展的。

6.1.3.2 创造良好的经济社会发展环境

创造良好的经济社会发展环境同样是政府提供公共服务的一种表现形式，需要各地、各级政府为此共同努力。在创造良好的经济发展环境方面，政府不能既当运动员，又当裁判员，要着重扮演好"掌舵者"，而非"划桨者"的角色，充分发挥好经济发展的促进者、合作者和管理者的作用，把完善市场经济体制、规范经济发展秩序作为自己的使命，积极引导国民经济和地方经济健康、持续、稳定的发展；在创造良好的社会发展环境方面，政府必须强调坚持"以人为本"的发展理念，注重人与自然的和谐、人与社会的协调，改变片面追求GDP的错误做法，追求经济社会的可持续发展。利用信息通信技术，致力于创造理想的经济社会发展环境，是政府电子化公共服务的有机组成部分。

6.1.3.3 开发适应公众需要的服务项目

长期以来,我国的政府机构强调的是政府的"管理"职能,忽视了政府职能的另一个支柱——政府公共服务,以至于政府的服务职能在很大程度上缺失,与公众的服务需求存在着很大的差距。在新的历史条件下,强调政府的服务职能,提升政府服务公众的能力,已成为各地、各级政府的一项紧迫的任务。增强政府公共服务的能力,首先,必须确立"以民为本"的服务观,切切实实把满足公众的服务需求看作政府公共服务的出发点和归宿,才能使政府的公共服务落到实处,真正发挥出应有的作用;其次,政府公共服务的内容不是一成不变的,需要坚持需求导向的发展原则,大胆探索和开发新的服务项目,最大限度地满足公众对政府公共服务的现实需求和潜在需求;最后,政府公共服务的提供一定要充分应用信息通信技术,通过发展电子化公共服务,提高政府公共服务的范围、层次和水平。

6.1.4 对政府公共服务的评价

什么样的公共服务是成功的、卓越的,应如何进行评价?这是一个看似简单,实则较难回答的问题。联合国经济和社会事务部对此进行了探索,并确定了四个方面的评价依据作为全球"联合国公共服务奖"评选指标[①],这套评价体系对我们更好地理解公共服务的发展方向具有指导意义。

6.1.4.1 "改善公共服务成果"方面的准则

联合国把是否"改善公共服务成果"作为衡量公共服务质量优劣的重要方面,成功的"改善公共服务"包括以下三个方面的准则:

1. 加强对公众各种需要的响应

这一准则涉及让公众表达各种需要的机会、增强社区力量的行动和公共服务的代表性,以及把公众的投入纳入公共决策、确定优先事项、执行并评价方案等方面的机制。

2. 促进公平

这一准则涉及把政府提供服务的范围扩充至弱势群体和(或)使服务能惠及更多人,特别是通过促进有关两性平等、文化多样性、青年、老年人、残疾人和其他弱势群体等方面的社会包容的各种机制。

3. 以强调及时、殷勤有礼和方便易得的方式提供公共服务

这一准则涉及有效地采取诸如精简手续、减少繁文缛节、协调和提供服务以对象为中心等战略。

6.1.4.2 "提高公共服务过程质量"方面的准则

"提高公共服务过程质量"包括以下三个方面的准则:

1. 促进透明度

这一准则涉及创建机制,提高公众观察和检查政府决策过程的能力。这些机制可以是书面、面对面、会议和(或)电子形式,包括以通俗语言以及以少数民族和文化上属于少数的语言印制政府记录。

---

① 参见:联合国经济和社会事务部公共行政和发展管理司.联合国公共服务奖. http://unpan1.un.org/intradoc/groups/public/documents/un/unpan012257.pdf.

2. 促进问责制

这一准则涉及公众通过向政府机构反馈的机制等方式,参与、监测和分析政府决策。各种形式的文件材料可以作为鉴定是否符合法律、程序和财政规定以及处理投诉和审查冤情的证据。

3. 促进专业精神

这一准则涉及人力资源管理问题,诸如量才征聘、培训和发展,以及促进道德行为等。所涉机制包括立法的文书、管理工具、专业发展方案和公民反馈。

6.1.4.3 "公共服务领域创新"方面的准则

"公共服务领域创新"包括以下三个方面的准则:

1. 代表"根本的改变"

这一准则涉及在广大框架内的变革,而不是递增性的改善。将创新的方法、工具和技术应用于微观问题和宏观问题,例如技术现代化、行政改革或政府服务提供程序的彻底革新。

2. 已产生成果

这一准则涉及对公众生活已产生长期影响的明证。这种影响可以通过定性和定量的方法加以衡量,包括公众调查和基准研究。

3. 减少提供服务的成本

这一准则涉及在维持服务质量或服务覆盖范围的前提下,有效节省政府在公共服务方面的开支。

6.1.4.4 "地方政府应用电子政务"方面的准则

联合国特别强调了地方政府应用信息通信技术,发展地方电子政务的重要性。"地方政府应用信息通信技术发展地方电子政务"包含以下三个方面的准则:

1. 加强服务的提供

这一准则是指地方政府由于应用信息通信技术而提高了服务的质量,从以下四点来衡量服务质量的提高:

(1) 有更多机会获得服务;
(2) 效率更高而且更及时;
(3) 服务更加"以公众为中心";
(4) 服务的功效更大、相关性更强、质量更好。

2. 重新策划政府业务

这一准则与推动各种重新策划进程和应用创新的行政手段有关。这方面主要包括作出决策的支持系统、政府网络和地理信息系统,并导致更加有效的决策和执行,对公共服务的提供和管理采取跨专业、全面和"横向"处理办法。

3. 电子参与

这一准则与电子政务的应用有关,使地方政府——决策者和公务员——能够同公众尤其是个别公众进行更好的交流。这种加强的交流有助于维持政府的合法性、应对力和相关性,使公众能够更易于表达他们的需要、参与并影响决策、对政策的执行加以评论,就政府的各种服务(联机和脱机服务)提供反馈、投诉等。

6.2 政府电子化公共服务基础

政府电子化公共服务作为电子政务发展的重点领域,在电子政务发展中受到国际社会的广泛关注,并取得了比较明显的进展。在我国,尽管电子化公共服务的起步较晚,而且由于受政府管理体制等多方面的局限,发展相对较慢,但发展的序幕已经拉开,新一轮的发展高潮也已到来。

6.2.1 政府电子化公共服务的含义与特点

政府电子化公共服务是随着电子政务的出现而发展起来的,可以说是电子政务发展到一定阶段的产物,并将会把电子政务发展推向深入。

6.2.1.1 政府电子化公共服务的含义

简单地说,政府电子化公共服务(Government Electronic Public Service)是指政府机构为了使公众更好、更快地享受政府公共服务,充分应用信息通信技术,通过互联网、呼叫中心、电话、信息家电、移动通信等各种途径向社会提供全天候、全方位的政府公共服务。按照政府服务性质的不同,政府电子化公共服务主要分为以下四种类型:

1. 政府信息服务

政府信息服务是指政府机构直接通过网站等途径向公众提供单向的、非接触式的政府公共信息服务,比如利用政府网站提供政策、法律法规条文,政府各职能部门的联络方式、具体分工、办事程序等。信息服务是政府电子化公共服务中最基础也是最容易实现的形式。

2. 沟通服务

沟通服务是指政府机构充分利用网络的交互功能,实现政府与公众的双向交流。比如,政府通过电子邮件、微信、微博等获取公众对政府公共服务的请求并及时作出回复。又如,政府针对某项决策通过互联网收集社会各界对方案的具体意见,以提高政府决策的民主性、科学性。

3. 专门化服务

专门化服务是指政府机构根据公众的个体化需求,通过电子化手段提供政府相关服务。比如,政府通过公民关系管理系统(Citizen Relationship Management,CRM)为公民个体提供个性化的教育、医疗、就业服务。又如,政府通过互联网为企业提供国际经贸等专项服务。

4. 交易类服务

交易类服务是指政府机构作为交易的监管方或直接的参与方,为交易参与各方提供相应的电子化服务。比如,政府在网上为交易双方提供身份认证、信用鉴定等配套服务。又如,政府为企业提供网上纳税、电子合同鉴证等相应服务。

政府电子化公共服务的内容十分广泛,可以覆盖绝大多数与公众、企业以及其他社会组织相关的政府公共服务。

6.2.1.2 政府电子化公共服务的特点

作为一种新的服务提供方式,政府电子化公共服务具有以下一些特点:

1. 随时随地提供服务

与传统的人工服务显著不同的是,政府电子化公共服务通过信息通信技术的应用,使得政府服务突破了时间和空间的限制,可以做到让公众随时随地享用政府的公共服务。需要获得政府公共服务的公众不管在何时何地,只要能够接入互联网,即可获取其永久居住地以及临时居住地的政府公共服务。

对政府服务部门来说,要做到随时随地为公众提供电子化公共服务必须从完善政府公共服务基础设施入手,除了建设高水平的政府服务网站以外,还要通过建设公共信息亭、呼叫中心等多种方式保证公众方便地享用政府公共服务,并且还要考虑到特殊群体的服务需求。比如,缺乏信息技术应用能力的群体、不同语言的外地访问者等,应该为他们提供周到、便利的服务。

2. 以公众需求为导向

与"以客户为导向"的企业电子化服务相类似,政府电子化公共服务必须是"以公众需求为导向"的。也就是说,政府提供的各项公共服务不是让公众来适应政府部门的设置和职能划分的需要,以致使公众不得不在不同的政府部门之间来回穿梭、迂回等待,而是政府服务部门应最大限度地从公众的需要出发,以"公众的利益为中心"设计服务项目,提高服务效率,降低服务成本,改善服务品质,为社会公众提供最大的服务效益。由此可以说,电子化公共服务不仅仅是服务方式的改变,更重要的是,它是政府服务意识的提升和服务观念的创新。

3. 集成化

政府电子化公共服务应具有很强的集成性,能把众多政府部门的不同政府职能通过网络集成在一起,让公众享受"一站式"的政府服务,以有效地节省服务时间,提高服务效率。集成化的政府公共服务要求政府不同的部门打破各自为政的传统做法,进一步理顺关系,建立起快捷、顺畅的政府公共服务的业务流程,让公众获得高效、全面的政府服务。

4. 智能化

政府电子化公共服务的智能化是指政府公共服务提供部门综合利用网络技术、计算机技术以及信息通信技术,为公众提供高水平的智能化服务。智能化服务可以有效地减少政府服务过程中的人为干预,使得政府服务更为规范、科学,它对提升政府形象、提高政府工作效率、节省政府服务的成本都有很大的帮助。

5. 个性化

在传统的条件下,政府机构由于受到人力、物力的限制,所提供的服务只能是"粗放型"的,无法按照个体的服务需求主动地提供个性化的服务项目。而在电子化公共服务的条件下,政府的公共服务能力有了显著的提高,使得政府能够面向公众提供个性化的、"一对一"的服务。例如,面向个人的健康保健、教育培训,面向企业的税务服务都可以做到按个性化的要求提供服务方案,并通过互联网等形式主动提供相应的服务。

6. 自助化

政府电子化公共服务对提高服务的自助化程度也大有益处,因为互联网的应用使得公众能更加主动地获取政府服务,并能充分按照个人意愿选择服务项目,这样不仅在一定程度上可以提高公众对政府公共服务的满意度,而且对保护个人的隐私也有好处。比如,通过电子化手段办理结婚、离婚手续,使当事人能更自主地作出决定,可以有效地保护公民的隐私权。

6.2.2 政府电子化公共服务与传统条件下的政府公共服务流程的比较

政府电子化公共服务与传统的政府公共服务的差异很大程度体现在业务流程上,由于业务流程的不同,从而产生了两者显著的实施效果差异。

6.2.2.1 传统条件下的政府公共服务流程

在传统的政府公共服务流程中,政府各部门提供的服务都是独立、分散进行的,不同的部门承担着不同的服务职能,公众需要逐一与不同的政府部门打交道。尽管不少政府部门也应用计算机信息系统管理与服务相关的信息,但各自的信息是封闭而不是共享的。因此,在传统条件下,政府的公共服务必然是低效率、高成本的,其业务流程如图6-1所示。

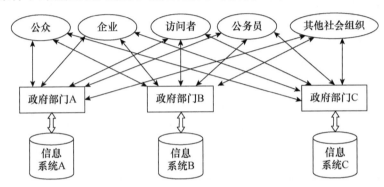

图 6-1 传统条件下的政府公共服务流程

6.2.2.2 政府电子化公共服务的业务流程

政府电子化公共服务通过计算机网络的应用使得不同政府部门的服务得到有机的集成,公众可以通过访问政府网站、拨打电话、发送电子邮件、发传真等各种形式从单一的政府"窗口"获取专门化的政府服务。图6-2是政府电子化公共服务的流程。

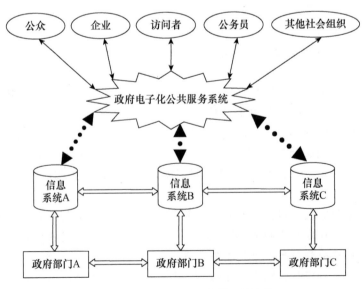

图 6-2 政府电子化公共服务的流程

从图 6-2 和图 6-1 的比较我们可以看出，政府电子化公共服务演变成一个以信息流传输为主要内容的过程：公众以数字化的形式向电子化公共服务系统输入服务需求，政府公共服务提供部门通过电子化公共服务系统为公众提供数字化的信息服务。与此相关的一个最明显的变化是传统的政府公共服务分化成前台服务与后台办公两个部分，公众通过前台服务向政府电子化公共服务系统提出服务请求，政府公共服务提供部门则通过后台服务提供专业化服务支持。这样，一方面方便了公众随时随地获取政府公共服务；另一方面也大大减轻了政府公共服务的工作量，进一步提高了政府公共服务的效率和水平。

6.2.3 政府电子化公共服务的价值

传统的政府公共服务形式较为单一，服务渠道较为狭窄，政府公共服务的理念也基本是"以政府机构为中心"，即要求"社会公众来适应政府机构的需要"，而不是"政府服务去适应社会公众的需要"。政府电子化公共服务使政府公共服务向多种形式、多种渠道转变，真正建立起"以公众需求为中心"的新型的政府公共服务理念。因此，政府电子化公共服务在一定程度上可以说是政府公共服务方式的一场革命，它所创造的价值是极为显著的，可从以下五个方面来理解：

6.2.3.1 方便公众享用政府的公共服务

互联网特有的交互性用在政府公共服务中比传统的报纸、杂志、广播、电视、电话和传真等传播媒介更具有方便性，它的信息传播方式更为直观，多媒体的应用又使得信息内容更为生动活泼。而且，通过相关数据库的开发和应用能够实时、动态地自动记录和处理相关信息，对公众带来的便利是不言而喻的。而且，政府电子化公共服务系统还可以与政府传统的人工服务系统以及电话客户服务系统进行有机集成，形成更强的服务能力，最大限度地为公众提供方便。

6.2.3.2 降低政府公共服务的成本

电子化公共服务在降低政府公共服务成本方面所起的作用是十分明显的，它可以有效减少政府工作人员的数量，大大降低纸面文件的纸张、印刷、邮递的费用，大幅度节省电话、传真等通信费用，而且对缩减政府公共服务提供部门和办公设施都会有较大的帮助。以最简单的政府政策服务为例，在传统的情况下，政府通过纸面文件的形式下发给有关当事人，所投入的费用极为可观，如果改用政府网站、微信、微博等方式发布，费用必然会大大下降。互联网在降低服务成本方面潜力巨大，政府公共服务应更多地考虑借助互联网来实现。

6.2.3.3 提升政府公共服务的品质

电子化公共服务对提升政府的服务品质是显而易见的，它可以充分利用互联网这一媒介获取公众访问政府网站的状况、对政府现有服务的评价以及进一步明确潜在的服务需求，并针对公众的需求提供个性化的服务，让公众得到更为满意的服务。电子化公共服务将使得政府服务的信息容量更大、服务的速度更快、服务的效果更好、服务的费用更省、服务的针对性更强。比如，政府通过互联网提供面向公众的就业服务、医疗服务等，能大大改善传统服务的不足，可以为公众提供高水平的就业中介、医疗保健顾问服务。

6.2.3.4 促进电子化民主进程

政府电子化公共服务将使政府与公众的关系发生根本性的变化,表现在两个方面:一是由于电子化公共服务要求政府公共服务提供部门牢固树立起"以公众需求为中心"的服务理念,必然会提高提供政府公共服务的自觉性和主动性,以赢得社会公众的积极支持和广泛参与;另一方面,电子化公共服务为公众参与政府事务提供了畅通的渠道,既可以让公众有效监督政府的各种行为,使政府事务更为公开、透明,又可以让他们参与政府的具体决策,大大提高政府决策的科学性和民主性。因此,政府电子化公共服务对推动政府的民主化进程将起到重要的作用。

6.2.3.5 推动政府公共服务的持续创新

互联网为政府与公众之间架起了一座畅通、便捷、高效的服务桥梁,为政府公共服务的持续创新提供了广阔的空间。根据国际经验,政府电子化公共服务包含的范围十分广泛,公众参与的形式方便灵活,服务项目多种多样,可以产生政府与公众"双赢"的理想效果。在我国,随着政府改革的不断深入,公众参与热情的逐渐提高,政府电子化公共服务无论是形式还是内容都将会出现重大的变化,对推动政府公共服务的持续创新将会发挥不可低估的作用。

6.2.4 政府电子化公共服务的实施目标

不同的政府机构在不同的发展阶段,实施电子化公共服务的目标是各不相同的。在现阶段,我国各级政府实施电子化公共服务的目标可以概括为以下三个方面:

6.2.4.1 为公众提供高水平的政府公共服务

政府电子化公共服务的根本目标是政府机构通过信息通信技术的应用,为社会提供高水平的政府服务,所以各级政府机构必须牢固树立起"以公众需求为中心"的政府电子化公共服务理念,把"公众是不是需要""公众是不是支持""公众是不是满意"作为衡量政府电子化公共服务是不是有效的检验标准,想方设法为公众提供适合他们需要的服务。

高质量的电子化公共服务要求政府机构能做到以下三个方面:

1. 能对公众的服务请求作出快速回应

在我国,广大公众对政府电子化公共服务的了解还不多,参与的热情还不很高。但是,如果政府有关机构对一些积极参与的公众不能作出及时和积极的回应,必然会使政府电子化公共服务"胎死腹中"。因为参与政府电子化公共服务的公众是怀着信任、期待的态度来与政府机构联系的,如果政府机构对公众的需求不闻不问,或者把传统的拖拉作风转移到网上,显然会使政府电子化公共服务失去存在的意义。

2. 满足公众个性化服务需求

参与政府电子化公共服务的公众是希望通过电子化的手段能帮助他们解决在传统条件下难以解决的实际问题,比如有的问题牵涉到众多的政府机构,需要不同的政府机构共同协商解决。如果政府相关公共服务提供部门还是像过去那样相互推诿、相互扯皮,或者对公众的个体需求视而不见、敷衍了事,必然会使政府电子化公共服务招致公众的"唾弃"。

3. 方便公众参与

政府电子化公共服务是以互联网的应用为主要手段的,但在我国由于受国情等因素的影响,在未来比较长的时间内,公众直接通过互联网享用政府公共服务的比例提升是一个渐进的过程。在这种情况下,政府有关机构就应从方便公众参与的角度出发,为公众提供多样化的参与渠道,特别是通过电话、手机、公众信息亭等多种方式参与,让公众切切实实感受到政府电子化公共服务"唾手可得"。

6.2.4.2 促进政府机构改革和职能转变

促进政府机构改革和职能转变的进程是政府实施电子化公共服务必须追求的一个重要目标。因为,电子化公共服务将在多方面推进政府机构改革和职能转变的进程:第一,政府电子化公共服务要求政府机构按照公众的需求设立相应的部门,并提供有针对性的政府公共服务,对那些人浮于事、职责不清的政府机构必须进行必要的"关、停、并、转";第二,政府电子化公共服务要求政府机构彻底改变传统不良的工作作风,把"为公众提供满意服务"作为政府机构基本的职责,这样必然会使政府的职能得到进一步转变,使政府的工作作风得到应有的改观;第三,政府电子化公共服务使得传统的政府机构之间存在的界限逐渐消失,要求不同的政府机构通过电子化的形式共享信息资源,共同参与政府公共服务的过程,这样必然会提高政府的公共服务能力,使政府的公共服务职能得到加强。

政府电子化公共服务与政府机构改革和政府职能转变是相辅相成、共同促进的,政府电子化公共服务有助于政府机构改革和政府职能转变的目标实现,而政府机构改革和政府职能的转变必然会提升政府公共服务的能力和水平。

6.2.4.3 提高政府的决策能力与管理水平

提高政府的决策能力与管理水平是各级政府所共同追求的目标。但在传统的条件下,由于公众参与政府决策没有合适的渠道,也缺少相应的参与机制,很大程度上限制了公众参与的机会,也影响了政府决策能力和管理水平的提高。

实施政府电子化公共服务要求把提高政府的决策能力与管理水平作为一项基本的任务,使公众通过电子化手段参与政府决策、监督政府行为,成为政府工作的重要组成部分,并通过相应的制度保障公众的参与权、知情权和监督权,使各级政府的决策和管理水平有"质"的提高。

6.2.5 政府电子化公共服务的实施原则

政府电子化公共服务的实施必须坚持以下五个方面的基本原则:

6.2.5.1 以公众利益为出发点

政府电子化公共服务的实施必须以公众利益作为基本出发点,以公众的需求为导向,精心设计和开发政府电子化公共服务项目,配备相应的人员,并按照公众的要求提供满意的服务。

"以公众利益为出发点"原则要求政府选择那些公众需求比较大、存在问题比较多、矛盾比较突出的传统服务项目作为政府电子化公共服务的突破口,为公众带来实实在在的便利,同时也可以让公众深切感受到政府改革的决心和信心。

6.2.5.2 创造竞争环境

政府公共服务是由政府相关机构向社会公众提供的,具有一定的垄断性,但并不是说企业和个人不能参与政府公共服务的运作。在我国,长期以来,政府公共服务的能力有限,服务水平不高与我国政府公共服务领域缺乏竞争是有密切关系的。社会资金不能投资政府的公共服务项目,企业既不能与政府机构开展竞争,又不能参与政府的投资造成了政府公共服务的封闭性,从而造成了政府公共服务与公众的需求不相适应的局面。

在政府电子化公共服务的发展过程中一定要打破传统的思维定式,改变过去那种政府大包大揽的做法,让企业和个人有机会投资和参与政府的公共服务项目,使之形成良好的竞争环境,推动政府公共服务的有序发展。

6.2.5.3 推崇创新

政府电子化公共服务是一项新事物,对我国各级政府来说,要让其得到快速、健康的发展存在的困难是可想而知的,唯有推崇持续的创新,才能达到理想的目标。"推崇创新"原则要求政府机构坚持从实际出发,紧紧围绕公众的需求开发相应的服务系统,坚持"好用,适用,够用"的标准向社会公众提供合适的政府电子化公共服务项目。

推崇创新还应允许在创新过程中的失败,因为创新必然存在着风险。对那些有利于政府改革、有利于公众利益、有利于社会进步的政府电子化公共服务项目,就应该勇敢地去尝试,大胆地去探索。

6.2.5.4 鼓励应用

政府电子化公共服务成败的关键在于能否得到公众的支持和参与,而要做到这一点,就必须最大限度地为公众的应用提供方便。因此,"鼓励应用"是促进政府电子化公共服务顺利发展的重要原则,它要求政府公共服务提供部门从优化政府电子化公共服务质量入手,通过有效的鼓励措施,引导公众主动参与政府的电子化服务项目。在政府电子化公共服务项目推出的初期,可以让网上、网下两种服务方式同时并存,在条件成熟时逐渐减少网下人工服务的比例,逐步由网上电子化服务所替代。

鼓励应用还应做到公平地对待使用者,维护其隐私及尊严,为他们创造亲切和善的工作界面,对那些有特别需要的使用者应给予特殊的关怀和照顾。

6.2.5.5 规范管理,不断完善

政府电子化公共服务的良性发展还要求政府有关机构加强和规范管理,通过不断的改进使其得到逐步完善。政府相关机构应对电子化公共服务项目制订详细的计划和目标,并向社会公布政府电子化公共服务的程序与规范,自觉接受公众的批评与监督,不断地发现问题、分析问题、解决问题,让政府电子化公共服务实现可持续发展。

6.2.6 政府电子化公共服务的评价

对政府电子化公共服务的评价一直受到国际社会的关注,评价的体系和方法很多。一般来说,评价政府电子化公共服务的优劣,主要应判断以下四个方面的指标:

6.2.6.1 电子化公共服务的完备度

政府电子化公共服务的完备度可以从以下五个方面对其进行衡量:
(1)政府电子化公共服务的多样性,看其是否全面地提供适合公众需要的政府公共服务项目;

(2) 是否考虑到了不同用户的使用需求,比如对残障人员有没有特殊的照顾等;
(3) 是否对公众的隐私权和信息安全有明确的保护;
(4) 与公众、政府相关的信息、出版品、数据库等能否通过政府网站进行存取;
(5) 政府网站提供的信息除了摘要以外能否进行全文阅读等。

用以上五个方面对政府电子化公共服务进行评价,即可概貌性地得出政府电子化公共服务的水平和进程。

6.2.6.2　政府电子化公共服务的整合度

在一个国家或地区,政府机构数量众多,政府网站的数量同样也会十分可观,是否能够有集成的政府入口门户网站来提供公众服务是相当重要的。集成的入口门户网站不仅应包括相关政府机构的网站链接,而且还应通过对网站的制度性设计,将各政府机构相关部门的信息、出版品或数据库予以分类整合起来;各网站的设计风格要在统一的基本架构下各自发展,使公众在获取政府电子化公共服务时变得更为简便,不再需要逐个去了解各网站的内容架构,以免浪费宝贵的时间和精力。

6.2.6.3　政府电子化公共服务的可使用度

政府电子化公共服务的可使用度表现在两个方面:一是在于该项服务能否通过互联网直接在线完成;二是该项服务是否由专人负责,并能作出快速响应。在传统的条件下,公众对政府公共服务最大的不满莫过于政府公共服务的低效率。因为在很多情况下,公众的服务请求在政府机构来回穿梭,耗时费力,有的干脆石沉大海,导致公众对政府的不满。

如果政府公共服务能直接通过网络在线完成,对公众来说意义极为重大。电子化公共服务的可使用度就是要对政府公共服务电子化实现的有效性作出评估,衡量其效率和质量。对那些不能在网上直接完成的政府公共服务,如果政府相关机构能通过电子邮件等途径作出快速回应,并能告知目前处理的阶段与回复的期限,则同样会得到公众的理解与支持。这也是政府电子化公共服务可使用度的表现。

6.2.6.4　政府电子化公共服务的可持续度

政府电子化公共服务是一个长期持续的过程,必须对它的可持续发展能力进行评价。获取合理的收入回报,既是维持政府电子化公共服务自身发展的需要,也是更好地体现社会公平的表现。政府电子化公共服务平台可以通过网络广告等形式来适当收取些费用,或者采用使用者合理付费的方式,让政府公共服务提供部门有一定的收入来源,以促进政府电子化公共服务的可持续发展。实际上,政府电子化公共服务的合理收费对改进服务的质量、提高政府服务的竞争意识也是大有裨益的。

除了评价收入来源以外,可持续度指标还应对政府电子化公共服务的人力资源、技术、管理、新服务项目开发、公众参与面等各个角度作出评价。

6.3　政府电子化公共服务国际经验

一些发达国家和地区在开展政府电子化公共服务方面已经作出了较为成功的尝试,积累了比较丰富的发展经验,值得我国各地、各级政府学习、借鉴。

6.3.1 处理"数字鸿沟"的国际经验

在政府实施电子化公共服务的过程中,不同的服务对象由于经济水平、教育文化背景、信息技术应用能力等各方面存在着明显的差异,由此而导致在享用政府电子化公共服务的"数字鸿沟"。有关发达国家已经注意到了这一现实问题,并采取相应的措施以进一步缩小"数字鸿沟"。

6.3.1.1 逐步完善政府电子化公共服务的基础设施

政府电子化公共服务必须通过相应的电子化服务设施来提供,从公众获取服务的方式来看,除了最基本的互联网以外,还应包括固定电话、移动电话、数字电视、公共信息亭、电话呼叫中心等多种途径。这方面的做法不同的国家都有一定的差异:意大利的波哥纳市向所有的居民提供免费上网和电子邮箱;加拿大和新加坡政府向低收入家庭提供购买计算机的补助;牙买加政府利用邮局,印度政府利用公共信息亭等设施方便居民就近访问政府网站,获取政府的公共服务。从全球范围来看,在公共场所设立公共信息服务亭的国家正在逐渐增加,所取得的效果也比较好。因为,它不但可以帮助居民上网,而且还可以解决一部分人的就业问题。

在提供多渠道服务方面,英国政府可谓想尽了办法。为了最大限度地惠及公众享受政府电子化公共服务,英国政府采用了互联网、手机、触摸屏、计算机、数字电视、电话咨询中心等多种接入手段,尽可能地为不同的用户提供可选择的服务。英国政府认为,对于多样化的社会群体,政府的公共服务必须保证公众都能使用并容易使用,在实施电子化公共服务时既要考虑到了解、熟悉信息通信技术的人,也要考虑到那些不是太精通的人,另外还应考虑到海外人士以及残疾人等的特殊需求。为了鼓励人们更多地采用信息通信技术,英国政府还在全国建立了6000多个信息中心,以保证所有想上网而又不具备条件的人都能上网。此外,英国政府还为低收入家庭提供购置电脑设备的金融支持。

6.3.1.2 关注弱势群体的需求

从某种意义上可以说,那些最需要政府提供帮助和服务的人(如社会救济),恰恰是那些不知道如何上网、怎样获取服务的人。换句话说,弱势群体的服务需求正是需要政府重点关注的事情。对于由于失明、弱视、视障等生理上的原因造成的无法获取政府电子化公共服务的问题,我国香港特别行政区政府的做法:一是在香港主要的政府电子化公共服务网站——生活易网站特设纯文字版,并在网页的美术设计、颜色、标志和文字安排等各方面都特别考虑到这些人的需要;二是通过香港盲人辅导会、香港失明人协进会、香港视网病变协会及香港社会服务联会等机构帮助提供专门设备,方便失明及视障人士可以通过这些设备登录生活易网站,以享用电子化公共服务;三是在分布全港的24间公共图书馆的公众计算机中有24台计算机全部安装有屏幕放大软件及发声器,方便弱势群体更好地享受政府电子化公共服务;四是生活易网站还特别设置摊位,为失明及视障人士申请电子核证证书,并在有关的盲人服务中心提供电子核证证书使用训练。

"数字鸿沟"问题在世界各国都有不同形式的表现,政府对此不能视而不见,必须采取有效的措施予以消弭,否则会使政府电子化公共服务流于形式,变成了所谓的"形象工程""面子工程"和"花架子工程",与社会的实际需要相距甚远。

6.3.2 保护个人隐私的国际经验

政府电子化公共服务的有效实施必然要建立起完善的个人资料库和企业的基本信息库,由此而引出的个人隐私的保护成了一个不容忽视的敏感问题,国际上对这一问题也极为重视。对隐私权的保护,国际上最通行的做法主要是加强立法和重视网络安全。

6.3.2.1 利用法律手段保护公众隐私

美国在公众隐私权保护方面无疑走在世界前列,早在 1974 年就通过《联邦隐私法案》,主要从行政的角度出发,对政府应当如何收集资料、资料如何保管、资料的开放程度等都作了系统的规定。1986 年,美国国会又通过了《联邦电子通信隐私权法案》,规定了通过截获、访问或泄露保存的通信信息侵害个人隐私权的情况、例外及责任,是处理网络隐私权保护问题的重要法案。1998 年,美国国会制定并由总统签署通过了《儿童网络隐私保护法案 1998》,规定:收集、使用或公开 12 岁及以下儿童的个人资料时,必须获得其父母的同意;提供如何收集和利用资料的公告;提供家长审视收集自其子女资料的机会;提供家长有拒绝其子女的个人资料被进一步的收集或使用的机会;使用合理方法,让父母有机会防范其 12—17 岁子女的个人资料被收集或使用;建立合理的程序,确保被收集的儿童个人资料的安全性与完整性。

欧盟在 1995 年就发布了《欧盟资料保护指令》,在保护隐私权方面将欧盟国家作为一个整体纳入了法律调整的范围内,保证了隐私立法的统一性。该指令的第 25 条规定:有关跨国资料传输时,个人资料不可以被传输到欧盟以外的国家,除非这个国家能保证资料传输有适当程度的保证[①]。这一规定非常严格,但对保护公民的隐私权起到了重要的作用。

利用法律手段保护公众的隐私已被证明是一种十分必要也是极为有效的措施,在政府电子化公共服务发展中不可或缺。

6.3.2.2 利用技术手段保护公众隐私

利用技术手段保障公众隐私也是重要的做法。当然,技术保护措施五花八门,不一而足,但目的都是一样的,都是为了有效保护公众的隐私信息的安全。我国香港特别行政区政府在这一方面也作出了自己的尝试。

香港特别行政政府在利用"公共服务电子化"系统以电子方式为香港市民提供公共服务之初,不少市民都对网上交易心存疑虑,因为在网上传送资料时有被偷取的危险,他们担心个人隐私被公开。于是,在正式推出网上公共服务之前,香港邮政署建立了公开密码基础建设(公匙基建),成立了香港首个公共核证机关,向市民及机构发出电子核证证书,确保交易双方的身份、资料的完整,以及为此提供法律效力保证,使政府推出电子化公共服务时能给予市民信心。在电子付款方面,"公共服务电子化"系统采用了 SSL(Secure Sockets Layer,保密插口层)及 SET(Secure Electronic Transaction,保密电子交易)等先进的电子付款安全技术。有了这些安全保障措施后,香港特别行政区政府推出了各类新的政府公共服务,因为网站有先进的保安功能及网络监察系统的保证,付款、查

---

① http://www.chinalawedu.com/news/2004_7%5C19%5C1639588312.htm.

询以至更改个人资料都不用担心安全问题。

保护个人隐私可以消除公众在参与政府电子化公共服务时的各种顾虑，可以放心、安全地填写完整、真实的个人资料，以获得更加专业化、个性化的政府服务，从而使政府电子化公共服务得以健康、有序、高效地推进。

6.3.3 解决资金与技术瓶颈的国际经验

由于受到政府本身所拥有的人、财、物资源的限制，在政府电子化公共服务的发展过程中，资金和技术是阻碍其发展的两大现实瓶颈。实际上，只要拓宽思路，解决的办法还是有的。

6.3.3.1 授权私营部门经营

为了有效解决政府电子化公共服务发展中的资金困难，授权有资质的私营部门经营不失为一种有效的办法，美国亚利桑那州政府的做法就很有借鉴意义。这个州的交通局将全州的汽车驾驶执照的发放系统完全授权给了IBM公司经营，州政府没有投入任何资金。IBM公司接手这一项目后，承担了从系统设计、硬软件的采购、系统的集成，直到系统建成后的运行和维护的全部工作，并负责整个项目的资金投入。交通局与IBM公司约定，系统运行后，IBM公司可以从每个驾驶执照的发放中收取1美元。在这个系统建成以前，居民到交通局办驾照的平均等待时间是45分钟，州政府为发放每个驾照需要付出6.6美元；系统建成以后，居民在网上办驾照的平均时间是3分钟，而州政府为发放每个驾照的支出降至1.6美元。从这一事例可以看出，观念的突破、思路的转变可以产生意想不到的效果。

6.3.3.2 委托专门公司开发

在解决电子化公共服务的技术方面，有的政府部门是依靠自己的力量开发，但可能会因为技术力量的不足而达不到预定的目标；也有的政府部门则完全委托给大公司来开发和运行，最后也会因为过分强调技术而陷入误区。香港特别行政区政府的做法是通过组建专门的公司与政府部门一起共同来开发电子化公共服务项目。香港的"公共服务电子化"系统是由政府主导、当地多家高科技公司出资建立的新公司，负责相应的技术研发。该公司在香港特别行政区政府的组织、领导和协调下取得了较大的成功。

从政府外部资源分布状况来看，政府所需要的资金和技术条件都是具备的，关键是如何进行有效的开发和利用。坚持互惠互利的原则，加强公、私部门之间的合作是一种有效的办法。

6.3.4 在服务公众方面的国际经验

实施电子化公共服务最主要的目的是要为广大公众提供方便、快捷、高质量、人性化、全方位的政府公共服务，为了做到这一点，世界各国政府都作出了很多有益的探索。

6.3.4.1 按照公众的需求细分政府的服务

政府面对的是各种类型、各种层次的政府公共服务需求者，在过去，政府机构往往是按照自身的职责划分来提供政府公共服务的，但这种服务与公众的个性化、多样化要求不相符合。为此，加拿大政府开设了具有细化政府公共服务功能的"政府在线"网站为公众和企业提供全方位的政府公共服务,取得了很大的成功。加拿大的"政府在线"网站针对3个客户群体提供了3个主要的入口,分别是加拿大人、非加拿大人和加拿大企业。通过"加拿大人"的入口,访问者可以很快找到加拿大居民经常需要的信息与服务,如健康、工作以及纳税等内容,不同背景的访问者都可以只用一次单击即能找到他们所需要的特定信息;"非加拿大人"入口主要为外国的学生、劳工、旅游者和商人提供有针对性的、权威性的信息服务,政府通过这一窗口向非加拿大人提供各种专业的信息和服务;通过"加拿大企业"入口,访问者即可进入很多个快速链接,通过这些链接可以找到包括从企业成立到雇佣员工、缴税、融资、出口等各种与企业经营活动相关的重要信息。网站还提供了电子表格、网上投标、网上拍卖、专利网上申请等服务,为加拿大企业提供了极大的方便。

6.3.4.2 提供集成化一站式的政府公共服务

提供集成化一站式的政府公共服务门户是很多国家为公众提供全面、专业服务的惯常做法,新加坡在这一方面取得了极大的成功。

新加坡政府网站的功能极为强大,包含的内容相当广泛,在国际上具有很高的知名度。新加坡政府网站最具代表性的,也最具特色的是"电子公民中心"(e-Citizen Center),这一虚拟型的网络服务中心主要为公众提供方便、快捷的网上服务。电子公民中心包括"人文与遗产、商业、国防、教育、就业、选举、家庭、医疗保健、住房、图书馆、娱乐、安全与保安、运动、交通与旅游"等很多栏目,这些政府公共服务项目都是以公众的需求为导向进行设计的,访问者不必具体知道有关事务是由哪个部门或具体怎么办理的,只要通过电子公民中心直接办理就行了。比如,公民要办理"结婚"事宜,只要单击"家庭"栏目中的"Get Married"链接按钮,系统即会把申办者的请求转至具体负责这项事务的社会发展部来办理;又如,进入网站上虚拟的"就业市镇"就可以得到不同政府部门有关就业的各种服务,如求职、提升技能等。电子公民中心的设计真可谓匠心独具、体贴入微。

电子公民中心的成功与新加坡政府在发展政府电子化公共服务上坚持"One-stop;Non-stop"的服务理念是分不开的。"One-stop"服务是指"一站式服务",即访问者只要登录到电子公民中心,即可享受到政府跨部门的服务,而不必关心这项业务的具体运作流程。这一理念的贯彻实施,大大简化了政府工作的办事程序,相对于传统的、需要在不同政府部门之间来回穿梭才能办理政府事务来说,可以说是一个革命性的进步。因此,这种电子化公共服务方式受到了广大公众的热情支持和积极参与。"Non-stop"则是指政府的电子化公共服务是不间断的在线实时服务,访问者在世界任一个角落都可以通过网络享受到每周7天、每天24个小时的服务,打破了传统政府管理和服务中的时间、空间界限,为社会公众带来了最大限度的便利。

服务无止境,服务只有更好,没有最好。对每个有志于提供卓越的政府电子化公共服务的政府机构来说,服务是一场只有起点、没有终点的接力赛。

6.4 我国电子化公共服务发展策略

电子化公共服务已成为全球性的政府发展与变革的热潮,我国也不例外,各地、各级政府应对此有深刻的认识,并能采取有效的措施,快速推进政府电子化公共服务在我国

的发展。在具体的发展策略上,可以参考以下四个方面:

6.4.1 创新政府服务观念与服务机制

政府电子化公共服务的实施必须对政府的服务观念和服务机制有一个重大的创新,以促使政府相关部门和人员形成正确的服务观,并能把"为公众提供高水准的政府公共服务"作为自身崇高的使命,体现到每个政府公共服务的环节中去。

6.4.1.1 创新政府服务观念

观念先行是做好政府电子化公共服务的前提,所以,创新政府服务观念的意义十分重要。政府服务观念的创新要求政府公务员做到以下四点:

1. 牢固树立"公众利益至上"的思想

政府公务员必须牢固树立起"公众利益至上"的思想,并把它真正贯彻到实际工作中去。

2. 牢固树立"用心服务"的思想

政府公共服务提供部门要急公众所急、想公众所想,主动了解公众的需求,了解政府公共服务工作中存在的各种问题,增强与公众的亲和力,并从时间的迅速性、技术的准确性和承诺的可靠性等方面入手,切实保证政府公共服务的高效率、高水平。

3. 牢固树立"全员服务"的思想

政府公共服务是一项系统工程,需要不同的政府部门之间通力合作、共同配合,只有一体化的服务才能真正满足公众的需求。

4. 牢固树立"服务就是生产力"的观念

优质的政府公共服务是促进经济发展和社会进步的重要推动力,也是扩大招商引资、增进就业、繁荣市场的"助推剂"。政府的不同部门要牢固树立"政府公共服务就是生产力"的观念,把提高政府电子化公共服务的水平作为一项重要的任务来落实。

6.4.1.2 创新政府公共服务机制

政府公共服务机制不健全是导致政府公共服务水平低下的重要原因,比如服务程序不完整、服务流程不清晰、服务体系不完善以及服务任务不明确等都会导致服务质量的低劣。因此,服务机制创新在政府电子化公共服务的发展中同样具有重要作用。创新政府公共服务机制具体应从以下三个方面展开:

1. 服务运作机制创新

服务运作机制创新要求政府相关部门和人员建立起"技术为业务服务,后台为前台服务"的全方位服务支撑体系,理顺各个部门的关系,明确各自的职责,建立起规范化的服务业务处理流程,提高服务的效率和水平。

2. 服务监督机制创新

服务监督机制创新要求政府相关部门不断完善服务监督机制,逐步采用定量化的服务质量评价方法,加强考核,不断提高服务人员的素质,形成科学合理、优胜劣汰的服务机制。

3. 服务激励机制创新

服务激励机制创新要求政府有关部门把调动政府公务员的积极性、主动性和创造性作为一项重要的机制,加大政府服务的激励力度,鼓励政府公务员不断提高服务水准,为创造高水准的政府服务工作尽心尽力。

6.4.1.3 营造新的政府公共服务文化

高水平的政府公共服务离不开卓越的服务文化,政府电子化公共服务的发展同样需要营造良好的电子化公共服务文化,在创新政府服务观念和服务机制的过程中,营造新的政府公共服务文化是一项不可缺少的内容。新的公共服务文化要求政府相关部门和政府公务员树立起一些重要的思想,包括:

(1) 要设身处地地为公众着想,帮助他们解决实际问题;
(2) 要真心诚意成为公众的朋友,了解他们的深层次需求,明确他们的真实想法;
(3) 要培养团队精神,提倡相互信任、相互合作、互帮互助;
(4) 要转变观念和工作方式,自觉抵制官僚主义的思想、作风和行为;
(5) 要学会善于倾听,不断吸收公众对政府电子化公共服务的意见和建议,并及时加以改进;
(6) 要树立终身学习观念,不断更新知识,把自己培养成复合型人才。

政府公共服务文化的树立是一个长期的过程,必须持之以恒,坚持不懈地推进。

6.4.2 强化管理,推进改革

政府电子化公共服务的发展是一个漫长而又复杂的过程,需要从多方面入手,齐头并进。

6.4.2.1 明确需求,重视反馈

要提高政府电子化公共服务的水平,首先要保证明确公众现实和潜在的需要,在此基础上要有新的突破,力争超越公众的期望。了解公众需求最常用的方法是在网站上提供用户反馈功能,收集公众对政府电子化公共服务的意见。与此同时,还应通过其他方法主动获取公众的真实评价。

比如,英国政府为了听取公众对政府电子化公共服务的意见,专门成立了一个由5000人组成的公众代表会,成员是在全国随机选择的,它代表英国不同年龄段、不同地区、不同背景、不同性别的各方面人士。政府有关部门定期组织专门的调查,了解诸如"公众希望哪些服务能做到24小时进行""公众希望用何种方式同政府打交道"等,以便政府的公共服务机构能更加有的放矢地提供具有针对性的公共服务。

我国各地、各级政府应学习并借鉴国际、国内的先进经验,结合当地的实际需要,为社会公众提供更多、更好、更快的政府公共服务。

6.4.2.2 集成应用,整合职能

政府电子化公共服务的一个重要特点是打破了传统的政府分工,使不同机构的政府公共服务能做到有机集成,公众不再需要了解政府各机构的职能划分,不必关注某项政府事务应由政府哪个机构负责,而只要像看电视选择频道一样简单。信息通信技术的应用虽然为满足公众的这一需求创造了条件,但需要政府机构转变观念、拓宽思路,为公众提供一体化的服务。所以,政府电子化公共服务的发展必须把政府机构的改革和政府职能的重组紧密结合起来,使两者同步推进、相得益彰。

发展政府电子化公共服务与政府改革的目标是一致的，都是要建立起高效、精简、廉洁、注重服务的新型政府，以便更好地承担起公共管理和公共服务的责任。政府电子化公共服务为政府改革提供了有力的工具，政府改革为政府电子化公共服务的发展指明了方向，两者是相辅相成的。必须注意的是，在政府电子化公共服务的实施过程中，应避免简单地把传统的政务活动计算机化或网络化，而要按照政府电子化公共服务的要求，对现行的政府管理职能、组织以及业务流程进行必要的调整和改革，以增强政府工作的科学性、协调性和民主性，提高各级政府的社会服务能力，为全面建设成新型的电子政府创造条件。

6.4.3 重视安全与隐私保护

安全与隐私保护是政府电子化公共服务发展必须重视的两个问题，我国政府也不例外，要采取有效措施予以落实。

6.4.3.1 对安全问题应有正确的认识

政府电子化公共服务对系统的安全和信息的安全都有较高的要求，有关政府机构应加强控制与防范。但对安全问题应用一分为二的观点来看，既要看到信息安全的高度重要性，同时也不能因为担心安全而影响政府电子化公共服务的发展进程。要从加强防范、杜绝人为因素等方面入手，切实提高政府电子化公共服务安全管理的水平。

6.4.3.2 重视对公众隐私权的保护

对隐私权的保护，既要认识到它在推进政府电子化公共服务发展进程中的重要作用，又要通过立法以及技术防范等手段使其得到有效保护，逐步培育起政府和公众对隐私权的正确认识，自觉成为隐私权保护的实践者和受益者。可喜的是，《中华人民共和国网络安全法》已通过全国人大常委会审议，并已正式实施。该法第45条规定，依法负有网络安全监督管理职责的部门及其工作人员，必须对在履行职责中知悉的个人信息、隐私和商业秘密严格保密，不得泄露、出售或者非法向他人提供。这一具有重要里程碑意义的法律的实施，为公众隐私权的保护提供了可靠的法律保障。

6.4.4 推进标准与规范建设

标准与规范建设在政府电子化公共服务的发展过程中同样具有基础性的作用，应切合实际，抓紧落实。

6.4.4.1 逐步完善政府电子化公共服务的标准和规范

我国幅员辽阔，人口众多，政府机构的数量数以万计，而政府机构的从业人员数量十分庞大，各地政府机构的基础条件和发展水平千差万别。在这种情况下，要全国"齐步走"发展政府电子化公共服务是不现实的，也是很难成功的。但如果从一开始就不重视政府相应的标准化与规范化建设，必然会出现不可控制的混乱局面。所以，国家有关部门应着手制定有关政府电子化公共服务的标准与规范，保障政府电子化公共服务有序发展、顺利进行。

6.4.4.2 有序推进标准和规范的贯彻实施

政府电子化公共服务是一个长期、不断完善的发展过程，必将随着技术的进步、社会的发展和人民需求的上升向深层次、高水平发展,我国各级政府机构要从政府的角度抓好标准和规范的制定与落实工作,为政府电子化公共服务的健康、快速、有序的发展保驾护航。

当然,我们也应看到,政府电子化公共服务的发展是一个曲折而又漫长的过程,绝不可能一蹴而就。在这一过程中,我们既要加强理论研究,不断总结发展经验和教训,更要积极进取、大胆探索、勇于实践,逐步找到一条行之有效的政府电子化公共服务的发展道路。

6.5 本章小结

向社会提供高水平的公共服务既是政府所承担的基本职责,也是电子政务发展的核心任务。政府电子化公共服务涉及面广泛,表现形式丰富多样,需要从不同地区、不同部门的现实需要出发,科学规划政府电子化公共服务的发展模式和运营方式。在此基础上,充分利用信息通信技术实现政府公共服务的在线化、整合化和个性化,切实转变政府公共服务的方式,提升政府公共服务的能力和水平,最大限度地满足新形势下社会对政府公共服务的新要求,推动政府公共服务的转型升级,促进政府职能的科学转变,使电子政务真正成为打造"服务型政府"的有力抓手。

政府电子化公共服务的发展是一个艰巨而又曲折的过程,既要认识到发展的长期性和复杂性,又要对此充满信心,一步一个脚印向前推进,找到一条行之有效的政府电子化公共服务的发展道路。

第七章
政府电子化采购

政府采购是政府履行各项职能、开展各种政务活动的重要条件和保证,在政府工作中具有不可低估的地位和作用。在传统条件下,政府采购活动是通过纸面的形式和人工的方式实现的,不但效率低、成本高,而且人为的干扰因素也比较多,是政府腐败行为的"重灾区"。因此,改革政府采购模式、优化政府采购流程、提高政府采购效率、降低政府采购成本,已成为世界各国政府共同面临的任务。在我国,自从2003年1月1日《中华人民共和国政府采购法》(以下简称《政府采购法》)正式实施以来,政府采购活动正在向健康、有序、规范的方向发展。这一法律于2014年得到修订,与之相对应的《中华人民共和国政府采购法实施条例》于2015年3月1日开始正式施行,标志着我国政府采购活动进入了一个新的阶段。

伴随着电子商务与电子政务的快速发展,我国政府采购正在进入一个电子化采购的新时期。从国际政府采购的发展状况和我国政府采购的实践来看,电子化采购以其独特的优势和特点,代表着政府采购未来前进的方向和趋势,必须深入发展、快速推进。

7.1 政府采购概述

我国的政府采购活动虽早已有之,但有关"政府采购"的正式提法是在《政府采购法》出台后出现的。目前,政府采购的理论研究和实践应用已进入到一个新的层次。在讨论政府电子化采购之前,有必要对政府采购的一些基本问题作基本的了解。

7.1.1 政府采购的概念与特征

政府采购是各地、各级政府开展采购行为的一种活动,它不仅是指具体的采购过程,更是采购政策、采购程序、采购过程及采购管理的总称。

7.1.1.1 政府采购的概念

所谓采购,简单地说,是指购买主体以合同方式有偿取得货物、工程和服务的行为,包括购买、租赁、委托、雇用等。按照购买主体的不同,采购可以分成企业采购和政府采购等。企业采购(Enterprise Procurement)是企业生产经营活动的基本组成部分,是指企业为了进行正常的生产、服务和运营,而向外界购买产品和服务的行为,它作为企业生产和销售的中间环节,对企业的生产、销售以及企业最终利益的获得有着直接的影响。而政府采购（Government Procurement）与企业采购有着明显的不同，它是指政府采购主体[①]使用财政性资金采购依法制定的集中采购目录以内的或者采购限额标准以下的货物、工程和服务的行为。按照《政府采购法》的规定，这里所指的货物是指各种形态和种类的物品，包括原材料、燃料、设备和产品等；工程是指建设工程，包括建筑物和构筑物的新建、改建、扩建、装修、拆除和修缮等；服务是指除了货物和工程以外的其他政府采购对象。

政府采购可以分成集中采购与分散采购两种。集中采购是指采购单位对纳入集中采购目录的政府采购项目，必须委托集中采购机构进行代理的代理采购。分散采购是指采购单位对未纳入集中采购目录的政府采购项目自行组织的采购，或者委托集中采购机构在委托范围内进行的代理采购。

从国际范围来看，政府采购的范围呈现出不断扩大的趋势，已从传统的办公设备、交通工具、通信工具、机电器材和医疗物资等政府基本用品发展到道路、桥梁、机场、码头和港口等基础设施建设以及设计规划和宏观发展战略制定等研究项目。因此，政府的一些重要开支项目都将纳入政府采购的管理范围。根据国际经验，一个国家政府采购的平均规模约占本国GDP的10%左右，或为政府财政支出的30%左右。

7.1.1.2 政府采购的特征

与企业采购相比，政府采购具有以下六个方面的特点：

1. 采购活动的政策性

政府采购是以实现政府的公共政策作为基本出发点，因此，政府采购活动应充分体现政府的政策要求，如促进公平竞争、加快某一产业发展等，而不是以盈利为目标的商业活动。

2. 采购资金的公共性

与企业采购明显不同的是，政府采购资金为财政拨款和需要由财政偿还的公共借款，最终来源是纳税人的税收以及政府的公共服务收费。所以，政府采购必须对纳税人的贡献负责，并应接受纳税人的监督。

3. 采购过程的规范性、公开性、公平性和公正性

政府采购活动有严格的程序和规范，必须在采购全过程充分体现公开性、公平性和公正性的要求，使其真正成为"阳光下的交易"。

4. 采购对象的广泛性

政府采购的范围越来越广，可以包括政府支出的各个方面，而且政府采购对象的提供方既可以是国有企业，也可以是民营企业、外商投资企业，还可以是外国公司。

5. 采购结果的社会责任性

政府采购还承担着一定的社会责任，在满足某一阶段的社会需要的同时，还要促进经济社会的可持续发展，对保护环境、扩大就业、维护社会稳定、扶持不发达地区和少数民族地区、促进中小企业发展有利于改革开放等许多方面起着直接的导向作用。

---

① 在我国，政府采购的主体包括各级国家权力机关、行政机关、审判机关、检察机关、政党组织、政协组织、工青妇组织及文化、教育、科研、医疗、卫生以及体育等事业单位，但为了保证企业经营自主权以及国家安全和机密，国有及国有控股企业的采购、军事装备和军用物资采购不属于政府采购的范畴。

6. 采购来源的保护性

政府采购要考虑到保护本国的产业发展,优先采购本国的货物、工程和服务。在我国,《政府采购法》规定,政府采购应当采购本国货物、工程和服务,但有下列情形之一的除外:

(1) 需要采购的货物、工程或者服务在中国境内无法获取或者无法以合理的商业条件获取的;

(2) 为在中国境外使用而进行采购的;

(3) 其他法律、行政法规另有规定的。

7.1.2 政府采购的方式

根据国内外政府采购的实践,较为常用的政府采购方式主要有以下五种:

7.1.2.1 公开招标

公开招标(Open Tendering)是政府采购最常用的方式,是指政府采购部门通过报纸、电视、互联网等多种渠道公开发布招标通知,并按某种事先确定和公认的标准,邀请所有合格的供应商参加投标,并与中标者签订正式合同,实现货物、服务或工程交割的一种采购方式。公开招标对符合条件的供应商没有任何限制条件,充分体现了政府采购"公平竞争、优胜劣汰"的要求。这种方式既可以使优秀的供应商以自己有竞争力的产品和服务赢得中标的机会,又可以使政府采购部门以最合理的价格获得合适的商品、工程和服务,使买卖交易变得更为公正、透明,减少政府采购环节发生腐败的可能性。所以,公开招标是世界各国政府用得最多也是采购金额最高的一种政府采购方式。不过,公开招标方式也有一些局限性,如采购程序复杂、采购周期过长、采购方对供应商资信情况了解不足以及对采购垄断性的商品与服务无效等。

在我国,按照《政府采购法》的规定,对超过一定数额①的政府采购项目必须严格实行公开招标的方式进行,政府采购部门不得将应当以公开招标方式采购的货物或者服务化整为零或者以其他任何方式规避公开招标采购;如因特殊情况需要采用公开招标以外的采购方式的,应当在采购活动开始前获得设区的市、自治州以上人民政府采购监督管理部门的批准。

7.1.2.2 邀请招标

邀请招标(Invited Tendering)又称有限招标(Restricted Tendering)或选择性招标(Selective Tendering),是指政府采购部门事先对供应商的范围和数量进行限制,对选定的供应商发出投标邀请书,邀请他们参加招标竞争,与中标者签订政府采购合同,由政府采购部门和中标方共同履行合同的过程。由于这种招标方式不采用公开发布招标公告的形式,限制了招标范围,对招标方来说,在一定程度上可以节约招标费用,缩短招投标时间;对投标方来说,由于参与竞标的供应商的数量减少,一定程度上增加了中标的可能性,而且也可以使竞标的费用得到削减。所以,这种方式在世界各国也较为普遍,特别是

---

① 具体数额标准,属于中央预算的政府采购项目,由国务院规定;属于地方预算的政府采购项目,由省、自治区、直辖市人民政府规定。

欧盟国家用得比较多。

在我国,对那些具有特殊要求或者只能从有限范围的供应商处采购的,以及采用公开招标方式的费用占政府采购项目总价值的比例过大的商品、工程或服务,宜采用邀请招标方式进行。

7.1.2.3 竞争性谈判

竞争性谈判又称竞争性谈判招标(Competitive Negotiation Tendering)或限制性招标(Limited Tendering),是指政府采购部门事先选择一定数量符合条件的供应商,通过谈判的方式确定最终的供应商,与中标者签订政府采购合同,并由双方共同履行合同的过程。这种采购方式一般是在具有特殊要求的商品、工程或服务时采用,或者是在采用其他招标方式已经不可能等紧急情况下时适用。由于这种方式通过谈判确定,不能较好地体现政府采购的"公开、公平和公正"的要求,因此,国际上对这种采购方式都有较为严格的限制。如联合国贸易法委员会的《货物、工程和服务采购示范法》规定,应选择至少3家供应商进行谈判;招标人向某供应商发送的与谈判有关的任何规定、准则、文件或其他资料,应在平等基础上发送给正与该招标人举行谈判的所有其他供应商;招标人与某一供应商的谈判应保密进行,不得随意泄露相关的技术、价格或市场信息。

我国的《政府采购法》明确规定,只有符合下列情形之一的货物或者服务才可以采用竞争性谈判方式进行采购:

(1) 招标后没有供应商投标或者没有合格标的或者重新招标未能成立的;
(2) 技术复杂或者性质特殊,不能确定详细规格或者具体要求的;
(3) 采用招标所需时间不能满足用户紧急需要的;
(4) 不能事先计算出价格总额的。

7.1.2.4 单一来源采购

单一来源采购(Single Source Procurement)是指政府所采购的商品、工程与服务只能从一家供应商处获得,无法进行比较选择,由政府采购部门与单一来源的供应商签订并共同履行合同的过程。这种方式通常适用于来源单一或属专利、首次制造、合同追加、后续维修等特殊情况的采购。

我国的《政府采购法》规定,符合下列情形之一的货物或者服务,可以采用单一来源方式进行采购:

(1) 只能从唯一供应商处采购的;
(2) 发生了不可预见的紧急情况不能从其他供应商处采购的;
(3) 必须保证原有采购项目一致性或者服务配套的要求,需要继续从原供应商处添购,且添购资金总额不超过原合同采购金额10%的。

7.1.2.5 询价

询价采购(Shopping Procurement),类似于个人购物过程中的"货比三家",是指政府采购部门向一定数量(一般应在3家以上)有代表性的供应商发出询价邀请,由供应商按照要求提供相关报价清单,采购部门集中对各供应商进行评价比较,从中选出理想的供应商,并与其签订政府采购合同,实现货物、服务或工程交付的过程。这种方式灵活简便、费用少、时间短,主要适用于现货或价值较小的标准规格的商品采购以及小型简单的工程采购。

我国的《政府采购法》规定,政府采购的货物规格、标准统一、现货货源充足且价格变化幅度小的政府采购项目,可以采用询价方式进行采购。

以上五种政府采购方式中,公开招标和邀请招标属于招标采购,竞争性谈判、单一来源采购和询价属于非招标采购。

7.1.3 政府采购的程序

政府采购有相对固定和较为严格的程序,可以分成一般性程序和专门性程序两类:一般性程序是完成政府采购活动所要经历的基本程序;专门性程序则是各种具体采购方式的实施程序,包括公开招标程序、邀请招标程序、竞争性谈判程序、单一来源采购程序和询价程序。

7.1.3.1 一般性程序

一项完整的政府采购项目一般应包括以下程序:

1. 采购立项

需要采购的政府机构向主管部门申报采购计划,经政府预算管理部门调整后,由权力机关批准,从而完成采购立项工作,以保证政府采购资金的及时到位。

2. 确定采购方式

政府采购部门接到采购计划后,根据采购项目的性质、特点及时间要求等,依据《政府采购法》和《招标投标法》等规定选择合适的采购方式。

3. 组织实施

组织实施即按照选定的采购方式的要求具体组织实施采购计划,包括发布采购信息、组织招投标、与供应商谈判等,并最终确定中标的供应商,与其订立政府采购合同。

4. 履行政府采购合同

供应商根据政府采购合同的规定如期交付合同要求的商品、工程或服务,政府采购部门组织相关的人员按照合同要求对供应商提供的商品、工程或服务进行评估、检验和认定。

5. 资金结算

财政部门根据验收证明及政府采购合同的支付规定,办理采购款项的支付手续,将采购款项支付给供应商。

6. 效益评估

采购需求单位对采购项目进行验收后,还要对其使用情况和运行效果进行评估,并把结果反馈给政府采购部门,以便进一步对供应商进行评价。

7.1.3.2 公开招标的程序

公开招标的程序一般可以分为以下三个阶段:

1. 招标准备阶段

这一阶段的工作主要包括成立招标机构、编制招标文件、确定标底等。标底是招标单位事先确定的有关招标内容的预算价格,是审核投标人报价、评标和确定中标人的基本依据,投标人的报价应在标底的一个上下区间范围内,否则就不能成为合格的中标人。因此,标底在招标项目结束之前属于"绝密"资料,招标单位不得向任何无关人员泄密。

2. 招标实施阶段

这一阶段的工作包括发布招标公告,对所有的投标人进行投标资格审查,确定合格投标人,召开标前会议,开标、评标和定标等。

3. 招标结束阶段

这一阶段主要完成的工作包括签订合同、履行合同、招投标资料的整理和归档、进行资金结算、未尽事宜的处理等。

我国的《政府采购法》规定,货物和服务项目实行招标方式采购的,自招标文件开始发出之日起至投标人提交投标文件截止之日止,不得少于20日。

7.1.3.3 邀请招标的程序

邀请招标的程序与公开招标的程序基本相同,只不过《政府采购法》规定"货物或者服务项目采取邀请招标方式采购的,采购人应当从符合相应资格条件的供应商中,通过随机方式选择3家以上的供应商,并向其发出投标邀请书"。

无论是采用公开招标,还是邀请招标,当出现以下情形之一者应予以废标:

(1) 符合专业条件的供应商或者对招标文件作实质响应的供应商不足3家的;
(2) 出现影响采购公正的违法、违规行为的;
(3) 投标人的报价均超过了采购预算,采购人不能支付的;
(4) 因重大变故,采购任务取消的。

废标后,政府采购部门应当将废标理由及时通知所有的投标人。

废标后,除了采购任务取消情形以外,应当重新组织招标;需要采取其他方式采购的,应当在采购活动开始前获得设区的市、自治州以上人民政府采购监督管理部门或者政府有关部门批准。

7.1.3.4 竞争性谈判的程序

竞争性谈判的程序包括以下五个环节:

1. 成立谈判小组

谈判小组由采购人的代表和有关专家共3人以上的单数组成,其中专家的人数不得少于成员总数的2/3。

2. 制定谈判文件

谈判文件应当明确谈判程序、谈判内容、合同草案的条款以及评定成交的标准等事项。

3. 确定邀请参加谈判的供应商名单

谈判小组从符合相应资格条件的供应商名单中确定不少于3家的供应商参加谈判,并向其提供谈判文件。

4. 谈判

谈判小组的所有成员集中与单一供应商分别进行谈判。在谈判中,谈判的任何一方不得透露与谈判有关的其他供应商的技术资料、价格和其他信息。谈判文件有实质性变动的，谈判小组应当以书面形式通知所有参加谈判的供应商。

5. 确定成交供应商

谈判结束后，谈判小组应当要求所有参加谈判的供应商在规定时间内进行最后报价，采购人从谈判小组提出的成交候选人中根据符合采购需求、质量和服务相等且报价最低的原则确定成交供应商，并将结果通知所有参加谈判的未成交的供应商。

7.1.3.5 单一来源采购的程序

因为单一来源采购只能从一家供应商处获得商品、工程或服务，所以这种方式的采购程序要简单得多。政府采购部门只要在遵循政府采购基本原则的前提下，在保证采购项目质量和双方商定合理价格的基础上进行洽谈，签订采购相关合同，并履行各自的义务即可。

对于只能从唯一供应商处采购的单一来源采购可以考虑适当提高采购批量，以获得较高的价格折扣；对于发生了不可预见的紧急情况不能从其他供应商处采购的单一来源采购，应在保证应付急需的前提下尽量降低采购批量，以避免不必要的积压和损失；对于从原供应商处添购的单一来源采购，如果添购数额过大或者价格过高，有必要重新对原供应商做出评价，决定是否继续单一从该处进行采购。

7.1.3.6 询价的程序

询价的程序包括以下四个环节：

1. 成立询价小组

询价小组主要对采购项目的价格构成和评定成交的标准等事项作出规定，它由采购人的代表和有关专家共3人以上的单数组成，其中，专家的人数不得少于成员总数的2/3。

2. 确定被询价的供应商名单

询价小组根据采购需求，从符合相应资格条件的供应商名单中确定3家以上的供应商，并向其发出询价通知书让其报价。

3. 询价

询价小组要求被询价的供应商一次报出不得更改的价格。

4. 确定成交供应商

采购人根据符合采购需求、质量和服务相等且报价最低的原则确定成交供应商，并将结果通知所有被询价的未成交的供应商。

7.1.4 政府采购的原则

政府采购作为一项特殊的经济活动，在具体实施过程中必须坚持相应的基本原则。

7.1.4.1 公开透明、公正的原则

为了实现政府采购的预期目标，充分发挥政府采购在经济社会发展中的作用，首先应坚持"公开透明、公正"的原则。"公开透明"原则要求政府采购部门在组织采购活动时要按照法律规定，全面、完整、准确地通过各种渠道公布与采购活动相关的政策、程序以

及具体的需求信息,公开开标,公开中标结果,在政府采购的组织过程中,应自觉接受社会公众以及有关部门的监督,杜绝"暗箱操作"和舞弊行为的发生。"公正"原则要求政府采购部门必须对符合条件的供应商一视同仁,不能因所有制性质等原因加以限制,保证每家供应商享有同等的权利并履行相应的义务,对不遵守采购纪律、违反招投标规定的供应商要坚决予以抵制,从而保证政府采购活动的严肃性。

7.1.4.2 公平竞争的原则

"公平竞争"是保证政府采购活动顺利实施,实现政府采购目标的重要原则。因为政府采购的目的是要通过众多供应商之间最大程度的竞争保证政府采购部门采购到在质量、技术、价格等各方面都最为合理的商品、工程或服务。所以,为了更好地体现"公平竞争"原则,政府采购部门在组织政府采购活动时必须做到:尽量让所有符合条件并有兴趣参加的供应商都参与竞争,以形成公平竞争的采购环境;避免政府有关部门对采购活动的不当干预,依靠市场规则处理采购过程中出现的问题;对所有的供应商采用同等的资格审查和评标标准;保证所有参加竞标的供应商机会均等、待遇平等。

7.1.4.3 诚实信用,物有所值的原则

"诚实信用,物有所值"也是政府采购活动必须坚持的基本原则。"诚实信用"原则要求政府采购部门首先对自身的行为高度负责,比如采购信息的发布、供应商的评价等各个环节必须客观公正,不得出现任何形式的弄虚作假;其次要对参与采购活动的供应商高度负责,对供应商的资质、信誉等情况要进行全面细致的考察,及时取消不符合条件的供应商的资格。另外,政府采购部门还要对公众以及政府采购监督管理部门负责,自觉接受来自社会各界的监督。

"物有所值"原则是西方发达国家在政府采购活动中普遍坚持的通用原则,在我国也不例外。为了充分体现"物有所值"原则,政府采购部门一方面要确定科学合理的政府采购目标,提高政府采购资金的使用效率;另一方面应考虑使政府所采购的商品、工程或服务在有效使用周期内使用成本最小化和使用收益最大化。

7.1.4.4 适度保护的原则

作为发展中国家,我国在政府采购活动中适度保护本国经济社会的发展是符合国际惯例的。联合国贸易法委员会的《货物、工程和服务采购示范法》规定:"对于发展中国家因国际收支平衡、扶持主要依靠政府采购生存的企业等需要可以提供特殊与差别待遇""在某些情况下,为了保护本国某些关键性的经济部门,使本国的工业能力避免由于过多的外国竞争而受到损害,允许限制外国供应商的参与。"因此,我国的《政府采购法》规定,政府采购应当有助于实现国家的经济和社会发展政策目标,包括保护环境,扶持不发达地区和少数民族地区,促进中小企业发展等。

"适度保护"原则要求我国政府采购管理部门对"适度"有一个较为合理的把握,因为从长远来看,通过政府采购保护民族企业既会破坏市场经济的规则,又不符合世界贸易组织的发展要求。所以,保护只能是适度、暂时的,但在现阶段,对某些行业及其相关企业进行适度的保护又是必要的。

7.1.4.5 效率、廉政的原则

提高政府采购效率、促进廉政建设是政府采购的重要目标。因此，政府采购必须坚持"效率、廉政"的原则。"效率"原则要求政府采购部门做到：简化政府采购程序，便于各类供应商的参与；克服采购过程中的官僚作风，为供应商提供优质服务；缩短政府采购周期；降低供应商的参与成本；加强政府不同机构之间的协调配合等。

为了更好地体现政府采购的"廉政"原则，政府采购监督和管理部门一方面要求政府采购官员自觉树立清正廉洁、秉公办事的思想和作风，抵制采购过程中可能出现的各种不正当行为，维护政府的良好形象；另一方面，应从制度上保证对政府采购行为的监督，使政府采购的当事人成为"玻璃缸中的金鱼"，以减少腐败发生的可能性。当然，加强对政府采购腐败行为的处罚力度也是保证廉政原则得以体现的重要措施。

7.2 政府电子化采购基础

政府电子化采购既是G2B（政府与企业之间）电子政务的基本表现形式，也是B2G（企业与政府之间）电子商务的核心内容。因此，它的发展对政府和企业都具有十分重要的作用。最近几年，伴随着电子商务与电子政务的快速发展，政府电子化采购也正在全球范围内迅速推进。我国的很多政府机构也已开始了政府电子化采购的实践，并在一定程度上取得了比较满意的效果。

7.2.1 政府电子化采购的含义

"政府电子化采购"在英文中常称作"Government Electronic Public Procurement"，即"政府电子化公共采购"，在国内，还常被称作"政府网络化采购""政府网上采购"等，但它们的含义是基本相同的，都是指政府机构利用信息通信技术完成政府采购的相关过程，具体包括政府机构向政府采购中心通过网络提交采购需求，政府采购中心通过网络确认采购资金和采购方式，并在网上发布采购信息，接受供应商网上投标报价，以及在网上开标定标、网上公布采购结果和网上办理结算手续等一系列相关的活动和程序。

与传统的政府采购模式相比，政府电子化采购从采购需求的提出、采购资金的落实、采购方式的确定、采购信息的发布、采购招投标的组织、采购合同的签订、采购单证的传递、采购货款的支付和采购各方之间信息的交互等各个方面都是通过网络实现的，以网络为核心的信息通信技术在政府采购活动中的应用，不仅对降低政府采购成本、提高政府采购效率、增加政府采购的透明度等方面起到了直接的推动作用，而且更重要的是，它带来了政府采购方式的革命，对政府采购的理念、政府采购的实现模式、政府采购的管理以及政府采购的立法等都产生了不可低估的影响，并为政府采购的发展和演进指明了前进的方向。

7.2.2 政府电子化采购的流程

政府电子化采购是利用信息通信技术实现的，它与传统的政府采购的实现方式和业务流程有着极大的不同。尽管不同背景的政府机构在组织实施电子化采购时往往采用不同的解决方案，具体的采购流程也会有一定的差别，但在国内的政府电子化采购的实

践中,以下几个前后相继的环节具有比较强的代表性,能较好地完成政府电子化采购的全过程。

7.2.2.1 生成政府电子化采购单

采购需求单位利用网络向政府财政部门提出采购申请并报批采购资金,与此同时,利用政府采购中心授权使用的政府采购网站专用密码,负责填写《政府采购登记表》电子表单;政府财政部门负责将资金审批意见填到《政府采购登记表》电子表单;政府采购中心负责将采购方式填到《政府采购登记表》电子表单。以上各个步骤完成后,即可生成比较完整的政府电子化采购单,以进入政府采购信息正式对外发布的阶段。

7.2.2.2 发布采购需求信息

政府采购中心负责通过政府采购网站发布政府采购公告,是按照已经生成的政府电子化采购单进行发布的。网上政府采购公告包括采购项目序号、货物的名称、规格、技术要求、单位、数量、基本用途、产地、交货期、交货地点、投标截止时间、备注事项等重要内容。为了让更多的供应商参与竞标,政府采购中心除了在网上发布采购公告以外还可以采用电子邮件、手机短信等形式通知已经注册的供应商会员参与应标。

7.2.2.3 供应商应标

供应商会员获得政府采购需求信息后,即可通过供应商网上加密应标软件系统,按照采购公告的要求填写应标内容,其中包括采购序号、所投设备、推荐配置、报价、产地、交货期、交货地点、备注、供应商代码和密码等。

7.2.2.4 网上开标与定标

政府采购中心按照采购公告规定的时间,以专用密码登录网页,进行网上开标。并根据《政府采购法》和《招标投标法》等规定的定标原则,确定中标供应商和中标价格,并在规定的时间在网上公布中标结果。

7.2.2.5 签订政府采购合同

确定中标供应商后,政府采购中心发出中标通知书,采购需求单位与中标供应商依据中标结果和网上采购约定条款,签订书面的政府采购合同,报政府采购中心鉴证备案。

7.2.2.6 供应商供货

供应商凭经过政府采购中心鉴证后的政府采购合同向采购单位供货,并提供与之配套的售后服务,采购需求单位验收合格后出具验收报告。

7.2.2.7 货款结算、支付

采购需求单位验收合格后,政府采购中心依据相关手续向政府财政部门申请拨款,财政拨款到达政府采购资金专用账户后,政府采购中心凭供应商送达的政府采购合同、发票复印件、验收报告等材料,办理结算手续,并予以支付。支付可以直接通过政府网站提供的网上支付系统完成,也可以通过政府采购银行卡等方式实现。当然,在网上支付条件尚不成熟时,也可以采用传统的支票、汇票等方式实现。

以上所列七个步骤的政府电子化采购流程如图 7-1 表示。

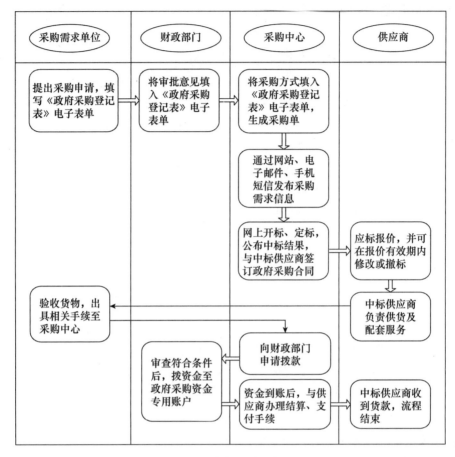

图 7-1 政府电子化采购流程

7.2.3 政府电子化采购的价值

与传统的政府采购方式相比,政府电子化采购在以下五个方面体现出其独有的价值。

7.2.3.1 降低政府采购成本

政府电子化采购在降低政府采购成本方面所起的作用是十分显著的,主要表现在四个方面:一是政府采购中心可以通过电子化采购系统对供应商进行全方位的选择,改变过去人工采购时供应商数量的局限性,可以在更大范围内选择报价和服务最优的供应商;二是采购过程的大部分工作可以通过网络进行,采购工作人员与供应商大部分面对面的接触将被网络化的信息传输所代替,可以大大节省差旅费用和通信费用的开支;三是采购过程的无纸化,不但节省了大量纸面单证的制作、印刷、保存的成本,而且可以减少单证处理人员的工作量,节省相应的开支;四是由于电子化采购使得供求双方直接接触,减少了中间环节的参与,会进一步降低采购成本。

7.2.3.2 提高政府采购效率

政府电子化采购在提高政府采购效率方面将会发挥出重要的作用,体现在以下六个方面:

（1）电子化采购使得以前漫长而艰难的信息收集、认证、商务谈判、资金结算等工作流程大大简化，采购人员可以在很短的时间内得到比以前更广泛、更全面、更准确的采购资料，采购工作的效率必将会大大提高。

（2）在电子化采购中，采购商与供应商以及采购公司内部烦琐的手续都将得到大幅简化，信息的传递会更加快捷且方便，物流配送可以由专门的第三方物流提供方来完成，这些都将有效提高采购的效率。

（3）借助网上的搜索引擎，采购信息几乎可在瞬间得到，过去要在较长时间才能生成的采购订单，在电子化采购中可以实时动态地生成，时间的节省使采购效率显著提升。

（4）在传统的采购过程中，由于大量的人工数据传输往往会出现一些人为错误，如装运日期、不同规格物资的数量等往往会出现差错，常会给采购工作带来不利影响，甚至造成采购工作的失败，产生不必要的经济损失。而政府电子化采购实现了采购信息的数字化、电子化，减少了重复录入的工作量，也使人工失误的可能性降到了最低限度，对提高采购效率很有帮助。

（5）对于那些极为分散、种类多而数量并不大的采购物资，通过电子化的方式实现集中、联合采购，对节约人力、物力很有好处。

（6）采购过程的自动化，在减少管理人员数量的同时，可以有效提高采购管理的效率。

7.2.3.3 优化政府采购管理

电子化采购对加强、优化政府采购管理的作用不可忽视，主要表现在以下三个方面：

1. 便于政府对采购业务进行集中管理

由于政府的采购工作牵涉众多的政府机构和人员，协调和沟通一直是一项困难的工作，需要耗费大量的时间与精力。而政府电子化采购使政府的采购职能通过网络实现，便于把分散于不同机构、不同地点、不同人员的采购行为集中统一在网上实现，这样既可以使政府机构通过集中采购降低采购成本，又可以使采购活动统一决策、协调运作。

2. 提高政府采购存货管理水平

政府电子化采购是一种"即时性"采购，从提出采购需求到采购物资的到位可以做到各个环节的紧密衔接，不会产生大的时间延误，这样可以使存货管理达到最优化的水平。

3. 有效分散政府采购风险

因为政府采购信息的公开化，政府采购部门可以掌握全国甚至全球范围内的供应商的数据，这就使得过去局限在一家或数家供应商的采购渠道得以拓宽，不必因为一家供应商的停产、减产等原因而承担较高的风险。

7.2.3.4 促进政府廉政建设

政府电子化采购的实施对规范政府的采购行为，促进政府廉政建设将起到有力的推动作用，使传统的政府采购活动逐步变成"阳光下的交易"，在保护国家利益不受损失的情况下，也会大大减少政府公务员在政府采购中非法获利的可能性。这主要是通过以下三个方面表现出来的：

一是政府电子化采购可以提高供应商的透明度。在实施电子化采购的条件下，供应商为了努力中标，会尽可能通过网络等途径提供详尽的信息，并会想方设法在服务、价格等多方面体现出自己的竞争优势，这样会更便于政府采购部门进行比较选择，使供应商形成比较好的优胜劣汰机制。

二是政府电子化采购可以提高采购对象的透明度。无论是商品、工程还是服务，在传统的条件下，政府采购部门一般都只能在少数几家供应商提供的样品、模型、性能数据等范围内进行，很难达到最优化决策，而电子化采购可以为政府采购部门提供数量众多的可选品种，不同采购对象的详细信息均可以通过互联网得到详细的展示，政府采购部门可以充分地进行比较、评判，有利于选择出最优化方案，做到"优中选优"。

三是政府电子化采购可以提高采购价格的透明度。采购价格一直是传统的政府采购活动中较为隐蔽的一个因素，因为采购信息的不完全，供应商的数量有限，再加上受地域的局限，采购价格往往只有采购当事人掌握，而且他们得到的价格信息也不一定是真正的市场公平价。而在电子化采购条件下，众多供应商在网络上"同台竞技"，那些虚报价格、在价格上面做文章的供应商自然会被淘汰出局。所以，政府电子化采购使采购价格尽量透明，只有那些货真价实的采购对象才能真正被政府机构所选中。由此可见，实施政府电子化采购从某种意义上可以看作是根治政府采购交易腐败行为的一剂良方，对促进政府的廉政建设意义非同小可。

7.2.3.5 改善经济发展环境

改善经济发展环境是我国各级政府机构共同面临的一项重要任务，它在促进地方经济发展、增进就业、繁荣市场等方面所起的作用是显而易见的。政府电子化采购在改善政府经济发展环境方面所起的作用表现在三个方面：一是有利于吸引境外投资。政府电子化采购有助于国内外投资者更好地了解当地的市场需求信息，以便开展进一步的经贸合作。二是有利于消除地方保护主义。政府电子化采购对消除长期以来形成的地方保护主义也会起到一定的作用，因为互联网突破了地域的限制，使采购活动更加透明、高效，让一些不具备条件、缺乏竞争力的供应商无法进入政府采购市场，对加强政府采购的监督、约束，减少采购过程中的不公平交易将会起到有益的作用。三是有助于形成公平竞争的市场环境。政府电子化采购让有眼光、求发展的投资者体验到当地政府规范管理、注重效率、强化服务的工作作风，大大增强了这些投资者的信心和决心，对形成公平竞争的市场环境，进一步理顺政企关系会有比较大的帮助。

从以上可以看出，实施政府电子化采购作用明显、意义重大，应成为各地、各级政府推动电子政务深入发展的突破口，为全方位发展电子政务打下坚实的基础。

7.2.4 政府电子化采购系统

政府电子化采购必须通过专门的电子化采购系统来实现，不同的政府机构由于实施电子化采购的目标和要求各不相同，电子化采购系统的组成也是有不少差异的。从一般意义上来看，政府电子化采购系统应至少包括采购中心内部办公自动化系统、电子支付系统、电子化采购招投标系统和政府采购网站系统四个子系统。

7.2.4.1 采购中心内部办公自动化系统

政府采购中心内部办公自动化系统是开展政府电子化采购的基础条件，它是通过将采购中心内部所有部门和工作人员的计算机组成局域网，针对政府采购的办事特点，运用各种办公自动化工具和平台软件，采用基于B/S(浏览器/服务器)体系结构和Internet/Intranet 信息服务模式的计算机综合应用系统,实现采购中心电子邮件、信息共享与检索、内部文字处理、公文流转、档案管理和行政事务处理等日常办公事务和决策支持服务的网络化、电子化、一体化,建立内部无纸化办公系统,提供办公信息的共享、交换、组织、传递、监控功能,形成协同工作的环境。

众所周知,政府采购中心是政府电子化采购的主要组织者和执行者,它的内部办公自动化应用水平对政府电子化采购的实施与发展有着直接的影响。因此,政府采购中心必须从自身做起,从系统建设、人员培训、实际应用等各方面着手,为政府电子化采购的深层次发展打下坚实的基础。

7.2.4.2 电子支付系统

电子支付系统是政府电子化采购系统的基本组成部分,主要用来实现采购过程中的货款支付等功能。目前,政府采购中的电子支付系统不少是通过政府的银行信用卡来实现的。第一,由银行根据进账单录入单位资金,确保银行不透支和单位资金的安全;第二,由政府采购中心根据进账单资金的用途,将单位资金分配到相应的采购项目资金账户,对每项采购确保资金优先到位;第三,对每张卡通过限额进行管理,不允许超限额使用,有效防范政府采购过程中资金透支的风险;第四,政府采购中心通过与中央服务器互联的前台计算机,几乎在实时的条件下即可掌握全市所有政府采购的发生时间、地点、金额、商品种类、交易金额、采购人等十分详尽的采购信息,并且可以实现自动扣账、记账,对加强政府采购的监控很有意义;第五,系统通过前台 POS 机与后台计算机联网来履行电子审批手续,在克服采购交易中现金支付的弊端、堵塞交易中可能出现的漏洞的同时,实现了对政府采购资金支付过程的实时记录,对提高支付效率、减少支付差错也十分有益。

7.2.4.3 电子化采购招投标系统

电子化招投标系统是政府电子化采购的核心系统,在政府电子化采购中有着十分重要的地位。这一系统的主要功能是对传统的招投标工作流程(邀标—招标—投标—开标—评标—决标等)进行电子化管理,并实现网络化在线运行。电子化采购招投标系统包括供应商信息库、专家信息库、采购对象信息库、招标立项、招标信息发布、评标管理以及项目档案管理等各个子系统,应能自动根据政府采购的五种方式(公开招标、邀请招标、竞争性谈判、单一来源采购、询价)的特点,实现招投标文件的制作、招标文件的发送、投标文件的接收、投标数据自动归类与列表等功能,并可以实现与政府采购中心内部办公系统的集成。该系统还应能按采购对象的不同随机挑选评标专家,而且评标专家可以从电脑中直接查阅投标文件,能对每个项目进行评价,并能作出简要的说明,推荐中标人。

7.2.4.4 政府采购网站系统

政府采购网站系统是实现政府电子化采购的基本载体,它的建设水平和功能设置对政府电子化采购工作有着重要的影响。一般来说,政府采购网站系统应包括以下内容和服务:

(1) 公布采购须知、供应商注册、网员单位条件及管理、招投标程序、定标原则、政策法规、意外情形的处理等基本信息;

(2) 网员单位登录密码及相关信息更改;

(3) 采购中心采购信息发布;

(4) 网员单位网上投标报价及修改或撤标;

(5) 采购中心组织网上开标;
(6) 采购中心公布采购结果;
(7) 网上采购应具备的其他模块和内容。

7.3 政府电子化采购管理

从技术实现的角度来看,政府电子化采购系统变得越来越成熟,无论是从系统的业务功能还是从安全性、可靠性等方面考虑都有了很大的进步。从政府电子化采购管理的角度来看,由于目前尚没有全国性的专门针对政府电子化采购的法律和法规,各地政府机构只能从本地的实际出发,结合当地政府电子化采购的实际需要,制定出一些管理办法和规范,以保障政府电子化采购的健康、有序进行。综合起来,从中央到地方针对政府电子化采购的管理办法主要有以下五个方面:

7.3.1 政府采购信息公告管理

政府采购信息是指政府采购法律法规、政府规定以及反映政府采购状况的资料和数据的总称。而政府采购信息公告则是指将应当公开的政府采购信息在报刊和网络等有关媒介上公开披露。中华人民共和国财政部出台的《政府采购信息公告管理办法》虽然没有对政府电子化采购的信息公告作专门的说明,但对政府采购信息公告的内容和范围作了一般性规定,这些规定同样适用于政府电子化采购。

7.3.1.1 政府采购一般性信息公告

以下政府采购信息应当在网上进行公告:
(1) 省级及省级以上人大、政府或财政部门制定颁布的政府采购法律法规和制度规定;
(2) 资格预审信息,包括财政部门预审或批准准入政府采购市场的业务代理机构名录和供应商名录;
(3) 政府采购目录;
(4) 公开招标信息;
(5) 中标信息;
(6) 违规通报;
(7) 投诉处理信息;
(8) 上述信息的变更;
(9) 按照规定应公告的其他信息。

7.3.1.2 资格预审信息公告

资格预审信息应当公告下列事项:
(1) 资格预审机关;
(2) 资格预审的对象、范围和标准;
(3) 资格预审所需的相关资料;
(4) 送审的时间、地点、联系方式。

7.3.1.3 公开招标信息公告

公开招标信息应当公告以下事项:

(1) 招标人或其委托的招标代理机构名称；
(2) 标的的名称、用途、数量、基本技术要求和交货日期；
(3) 开标的时间和地点；
(4) 获取招标文件的方法、投标截止日期；
(5) 对投标人的资格要求的评标方法；
(6) 投标语言；
(7) 联系人、地址、邮政编码、电话号码及传真号码；
(8) 其他必要载明的事项。

7.3.1.4 中标信息公告

中标信息应当公告下列事项：
(1) 招标人或其委托的招标代理机构名称；
(2) 标的名称、中标金额；
(3) 首次公告日期、媒介名称；
(4) 定标地点、日期；
(5) 中标人的名称、地址；
(6) 招标人或其委托的招标代理机构项目联系人、联系方式。

7.3.1.5 信息更正公告

信息更正公告包括以下内容：
(1) 招标人或其委托的招标代理机构名称；
(2) 标的名称；
(3) 首次公告日期、修订日期；
(4) 更正内容；
(5) 联系人、联系方式。

根据《政府采购信息公告管理办法》的规定，政府电子化采购的招标人必须保证信息公告内容真实，没有虚假、严重误导性陈述或重大遗漏。在网上发布的招标公告内容与招标人或其委托的招标代理机构提供的招标公告文本不一致，并造成不良影响的，应当及时纠正，重新发布。此外，该办法还规定，政府采购网站应当在收到信息公告文本之日起3个工作日内发布招标公告，并快捷地向订户或用户传递政府采购信息。

7.3.2 供应商网员管理

供应商要参与政府电子化采购活动首先必须在政府电子化采购系统注册成为政府采购中心的会员单位（以下简称供应商网员），纳入采购中心的统一管理。不同地区的政府机构对不同的政府采购对象都有不同的网员单位资格要求，但基本上是大同小异。成为供应商网员后，供应商就享有一定的权利与业务。

7.3.2.1 供应商网员资格要求

一般来说，供应商要申请成为政府电子化采购的网员单位，必须具备以下条件：
(1) 具有中国独立的法人资格；
(2) 有固定的营业场所；

(3) 注册资金达到一定的数额,财务状况良好;
(4) 有良好的售后服务和技术保障队伍;
(5) 具有良好的信誉,具备履行合同的能力和良好的履行合同的记录;
(6) 企业已上网,具备利用互联网管理招投标信息的能力。

具备上述条件的供应商可以向政府采购中心提出申请,经审查确认,并按照规定缴纳投标保证金后,即可成为供应商网员。凡获准网员单位的供应商,即由政府采购中心授予网上投标报价密钥,网员单位凭用户名和密钥即可参与政府电子化采购活动。

一般情况下,网员单位不受地域、企业性质和名额的限制,符合条件的供应商可以随时申请加入,网员单位也可以随时退出,并按照规定退还保证金。

7.3.2.2 供应商网员的权利

成为网员单位后,各供应商具有的权利有:
(1) 在投标截止期之前,对政府采购中心公布的采购信息有自由选择参加与否的权利;
(2) 对政府采购管理部门的处罚有申诉的权利;
(3) 举报政府采购活动中违纪、违规行为的权利;
(4) 在政府采购活动中自身合法权益受到损害时,有要求赔偿的权利;
(5) 随时退出网员单位的权利。

7.3.2.3 供应商网员的义务

成为网员单位后,各供应商一般应承担以下各项义务:
(1) 自觉遵守国家法律、行政法规,以及当地政府机构颁布的各项政府采购规章制度;
(2) 严格按照政府电子化采购的规程进行业务运作;
(3) 严格按照中标价签订并履行合同;
(4) 在政府采购活动中接受监察、政府采购管理部门监督和检查;
(5) 对自己在政府采购网上所传递信息的合法性、真实性、安全性负责;
(6) 负责对本单位基本信息的维护,凡涉及工商、税务、银行账户、业务资质等重要事项的变更,应自变更之日起在规定的时间内自行维护变更的信息,并向政府采购中心提供有效的书面材料以备核实;
(7) 涉及可能影响履约能力的重大事项,包括经营范围变化,重大投资行为,主要资产抵押、出售,信用、信贷等级变化,重大合同纠纷,重大诉讼等,应及时书面通知政府采购中心;
(8) 接受政府采购中心根据相关规定得出的关于本单位诚信度的评定。

7.3.2.4 供应商网员违规行为的认定

如果供应商网员出现以下情形,即被认定为违规行为,政府采购中心有权进行处罚:
(1) 提供虚假材料、骗取网员资格的;
(2) 参加网上投标,提供虚假数据和材料的;
(3) 采取不正当手段诋毁、排挤或串通其他供应商的;
(4) 中标后无正当理由不签订采购合同或者不履行合同的;
(5) 不能按照合同条款提供售后服务的;
(6) 拒绝接受政府采购中心的监督检查,并且不如实反映情况的;

(7) 不能按时交付货物、以次充好、哄抬价格或中标后提出额外的不合理条件和要求的;
(8) 向政府采购中心、采购单位行贿或提供其他不正当利益的;
(9) 通过非法手段窃取投标资料、传播病毒、破坏计算机网络系统安全的;
(10) 其他违反政府采购中心有关规定的情形。

对以上各项违规行为,各地政府机构都应该明确相应的处理和处罚办法。

7.3.3 定标管理

定标管理是政府电子化采购管理的重要内容,它是决定最终中标供应商的关键环节。定标工作由政府采购中心依据有关规定组成的定标小组负责。定标小组可以由采购单位代表、监督部门代表、有关专家评委、采购中心代表等有关人员组成。定标管理主要包括选择定标方法、确定定标原则以及对无效投标和采购的认定。

7.3.3.1 选择定标方法

政府电子化采购的定标方法主要有最低投标报价法和打分法两种。

1. 最低投标报价法

即在所有符合条件的投标人中,选择报价最低的投标人为中标人。这是一种简单、实用的定标方法,对一些标准化的商品,比如电脑设备、办公设备、机电产品等较为适用。

2. 打分法

即由定标小组根据价格、质量、信誉、服务、供货时间等因素确定评分标准,定标小组成员分别对每个满足招标文件要求的投标人进行评价、打分,给出每个投标人的分值,选择最高得分者为中标人。这种方法对工程、服务的招投标比较适合,特别是对那些技术要求复杂、交付期限较长、采购数额较大的项目更为适合。

定标方法的选择应从政府采购项目的实际情况出发,坚持公正合理、讲求效率的标准进行确定。

7.3.3.2 确定定标原则

不同的政府采购项目所依据的定标原则是不同的。基本的原则有:

(1) 在满足政府采购项目的技术规格、性能和售后服务的前提下,按照价格优先、信用优先、时间优先的顺序确定中标供应商,即最低价格者中标;当出现多个最低报价时,则投标供应商诚信度高者中标;当出现多个相同的最低报价和诚信度时,按照投标时间先后顺序定标;

(2) 当首选中标供应商不能履约时,政府采购中心可以选择与排列其后的第二位候选供应商签约,并依次类推;

(3) 供应商可以在规定的竞价起止时间内多次报价,价格和时间以其最后一次报价为准;

(4) 定标小组对网员单位的投标报价内容有疑问的,可以对该网员单位进行电话咨询,并应对咨询结果进行记录;

(5) 定标小组在定标过程中如有争议,应讨论解决,形成统一的意见;

(6) 如经讨论无法形成统一意见的,按照少数服从多数的原则处理。

7.3.3.3 无效投标的认定

当供应商投标出现以下情形时,应认定为无效投标:

(1) 供应商在投标截止时间内最后发送的电子邮件中供应商代码和密钥号不一致的;
(2) 投标书的内容不全或自相矛盾,足以影响投标的;
(3) 同一项目有多个投标报价,且未声明以哪一个为准的;
(4) 投标时间在规定的投标截止时间之后的;
(5) 投标内容与需求的品牌、配置有重大偏离,未能实质性响应需求的;
(6) 投标报价低于产品成本价或明显高于市场价的;
(7) 投标内容中对规格要求、分项报价等信息说明含混不清或者不予说明的;
(8) 其他不符合网上采购公告要求的情形。

7.3.3.4 无效采购的认定

当政府电子化采购组织实施的过程中出现以下情形时,可认定本次电子化采购无效:
(1) 在投标有效期内政府采购中心收到的有效报价不足 3 家时,可以改由其他方式采购;
(2) 当供应商报出的最低报价明显高于市场价时,政府采购中心可以放弃招投标方法,直接改由从市场采购;
(3) 出现其他导致电子化采购无效的情况。

7.3.4 对政府电子化采购的监督管理

对政府电子化采购的监督管理的主要内容包括:
(1) 参与政府电子化采购的各方应自觉接受监察部门、财政部门、审计部门、新闻媒体以及社会各界的监督;
(2) 政府采购中心应根据规定对供应商资格进行审查,对供应商参与政府电子化采购进行指导,并对供应商的信用情况作出评价;
(3) 政府采购监督管理部门应督促供应商和采购单位双方按照合同规定和招标通告上的条件要求履约,处理各项纠纷和作出处罚决定;
(4) 供应商对政府电子化采购活动有异议的,可以用书面形式向政府采购中心提出询问或质疑,政府采购中心应当在收到供应商的书面询问或质疑后一定期限内作出答复,并以书面形式通知质疑供应商;
(5) 如供应商异议成立,应当宣布原中标结果无效,并重新进行网上竞价采购,或改用其他方法进行采购;
(6) 当供需双方认为自己的合法权益受到损害时,可以向有关部门提出书面投诉,有关部门应依法及时作出处理,以保护供需双方的利益。

7.3.5 对意外情况的处理

政府电子化采购是通过网络进行的,由于众所周知的原因,不免出现一些意外情况,政府采购中心应对此有所防范,并能进行必要的应急处理。常见的意外情况主要有:
(1) 服务器发生故障而无法访问网页或无法进入网上采购系统;
(2) 网上采购系统的软件或网络数据库出现错误,导致供应商不能录入数据或政府采购中心无法调阅报价信息;

(3) 网上采购系统存在设计缺陷,留有安全漏洞,有潜在的泄密危险;
(4) 意外的病毒感染,导致网上采购系统瘫痪;
(5) 遭受人为的恶意攻击,致使数据篡改;
(6) 其他无法保证采购过程的公平、公正和信息安全的意外情况。

当出现上述情况而又无法妥善解决时,应认定正在进行的政府电子化采购活动无效。待故障排除并经过可靠的测试后,方可继续进行采购活动。对人为破坏造成的意外情况应依法进行处理,切实保护当事人的合法权益。

7.4 韩国政府电子化采购发展案例

韩国政府的公共采购服务项目——PPS(Public Procurement Service),作为韩国电子政务发展的重要内容,为全面推进韩国政府采购的能力和水平发挥出了重要的作用,是国际上较为成功的电子化采购的案例。

7.4.1 发展过程

韩国政府的公共采购业务主要由政府采购厅负责实施,政府采购厅属于副部级单位,共 900 多人,统一管理韩国公共采购事务。在 2002 年之前,韩国的招标、采购信息都在报纸上刊登,为了投标,众多企业不得不拜访分散在全国各地的采购机构,根据每个采购机构的相关要求进行登记,不断重复提供招标及合同所需要的书面材料。同时,他们还不得不花费大量的时间阅读政府的公报和报纸,以了解招标信息。除此之外,企业的业务管理人员还不得不当面去签订合同、处理资金支付等复杂问题,工作程序极为复杂,效率极为低下。2002 年 10 月,韩国政府开发了"韩国在线电子化采购系统"(Korea Online e-Procurement System,KONEPS),自此以后韩国政府开始在互联网上发布采购信息,并为公共采购确定了合法的流程。这一系统通过开发信息发布、电子信息交换、合同管理等子系统,不但实现了相关信息在互联网上的公开,而且在投标过程中,企业所有不涉及商业秘密的信息也在网上公开,投标保证金通过韩国在线电子化采购系统支付,审核过程公开,评标过程和结果公开,在线签订合同,网上进行投诉。受委托的银行在合同签订 24 个小时之后通过这一系统集中支付,另外企业还有权在网上进行投诉。这些措施保证了投标采购过程的公开、透明、高效,取得了显著的成效。

当全部的政府公共采购程序均通过这一系统在互联网上进行时,所有注册的供应商不仅可以在互联网上处理招投标和合同业务,而且还可以处理许多的企业事务,比如提交相关书面材料、不同的资质证书申请表等。同时,他们还可以在家里或在办公室处理相关业务,而不必前往政府采购厅办理相关事务。

韩国在线电子化政府采购系统与 53 个外围系统(如金融机构、行业协会等)相衔接,对采购项目提供一次性的审核或服务,保证了政府公共采购从发布采购公告、招投标,到签订合同、支付等各环节都通过系统自动完成。韩国在线电子化采购系统的自动处理程序和网上信息共享功能大大提高了政府公共采购的信息透明度,提高了企业交易的效率,减少了政府公共采购交易的成本,完全排除了人为因素,对全面提升韩国政府公共采购的能力和水平有着极其重要的意义。

7.4.2 电子化政府采购管理

韩国政府电子化采购有严格的管理体系,这是保证韩国在线电子化采购系统实际运行成效的关键所在。

7.4.2.1 组织体系

韩国政府公共采购的组织体系如图 7-2 表示。

图 7-2 韩国政府公共采购的组织体系

如图 7-2 所示,韩国政府公共采购的组织体系最高层级由执行官负责,直接领导的人员和部门包括副执行官、发言人、审计与检察官和总服务部等,下辖规划协调总部、国际货物局、建设工程局、电子采购服务局、采购服务局等 10 余个部门和业务主管,这是韩国政府开展公共采购业务的主体力量。

7.4.2.2 发展愿景与使命

韩国政府采购机构有着明确的发展愿景与使命(如图 7-3 表示)。

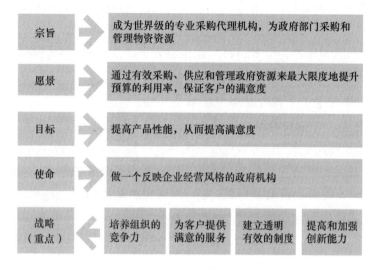

图 7-3 发展愿景与使命

7.4.2.3 公共采购服务的角色

公共采购服务所担当的角色主要包括以下五个方面:

(1) 为政府机构的国内外采购:更具体地说,PPS 年均购买和供应的商品达到 140 亿美元,这大约占公共总采购量的 46%。

(2) 承包政府的重大建设项目:其合同金额已达 140 亿美元,大约占整个公共工程的 39%。PPS 还要审查建设项目的设计,并为缺乏专业工程师的政府机构提供建设管理服务。

(3) 储备和供应原材料:公共采购服务会储备如铝、铜、铅、锌、锡以及建筑材料等主要原材料,这也使得他们能够影响商品的短期和长期的供给与需求,稳定消费价格,从而支持国民经济的稳步发展。

(4) 协调和审计政府的资产事务:PPS 处理政府资产管理的有关事宜,代表政府履行相关的职责。

(5) 管理和运作韩国在线电子化采购系统:韩国在线电子化采购系统组织邀请投标和政府机构向承包商付款的整个招标采购过程。

7.4.2.4 采购范围

依照韩国的规定,只有韩国中央政府、地方政府、国有企业等公共性质的机构、单位才能够作为采购方利用韩国在线电子化采购系统,而其他企业则只能以供货商的身份参与到投标专案中。韩国大约有3.5万个公共机构(采购方)和16万家企业(供货商)使用韩国在线电子化采购系统。

参与韩国在线电子化采购系统的项目类型有：

(1) 单个项目达到一定金额,必须实行集中采购的项目；

(2) 对于各公共机构共同需要的物品,如计算机、办公家具等,韩国在线电子化采购系统可以进行组合采购的项目；

(3) 无须通过政府采购厅的小金额采购也可以通过韩国在线电子化采购系统直接采购的项目。

根据相关规定,对于办公设备、软件、建筑材料等政府机构日常需要的商品,必须在韩国在线电子化采购系统的商品采购目录上直接购买。

7.4.2.5 在线电子采购的服务内容

PPS是韩国第一个和世界第四个采用电子投标系统的项目。其所有的采购程序都使用EDI(Electronic Data Interchange,电子数据交换),并实现了88%的交易电子化。自PPS的电子化采购系统投入运营以来,已有3万多家公共机构和10多万家供应商使用该系统。PPS负责运营电子商城、电子数据交换系统和网上购物商城。目前,超过2.4万家公共机构的商品采购请求,其中有92%的商品供应是通过电子商城实现的。全国范围的G2B目标是在所有的公共机构,例如政府部门,推行目前的PPS电子采购系统。

然而,目前仍然有很多工作需要进一步努力：

(1) 没有一个专门渠道来获取公共机构的采购信息；

(2) 各公共机构对企业的信息实行独立管理,没有实现资源共享；

(3) 无有效的商品分类系统的标准；

(4) 公共采购部门的在线数字化服务不足。

因各部门自身都开发了具有类似功能的电子投标系统而导致资源重复,使得国家预算浪费。为了解决上述问题,韩国政府决定建立全国统一的电子化采购系统——KONEPS,作为11项实现电子政务的议程之一,并授权PPS开发和运行该系统。

7.4.3 国内采购的实施

7.4.3.1 国内采购实施的概述

国内采购的首要目标是确保政府的需要,符合成本效益最优化,并帮助政府机构及时、有效地提供优质产品,从而提高政府机构的工作效率。韩国政府每年数十亿美元的采购支出为执行国家相关政策创造了机会。其采购部门也一直努力提高采购商品的质量,实现其采购程序上的社会经济目标。

7.4.3.2 国内采购流程

为政府采购使用的国内供给分为两大类：总金额合同和统一价格合同,采购程序如下：

1. 登记

所有通过参加 PPS 投标来供应商品和服务的投标人,必须在开标日期的一个工作日之前进行登记。未登记的投标人可能导致废标。

2. 采购流程

(1) 提出采购请求。

收到来自政府机构的采购请求后,PPS 审查其内容、类型和合同方式,然后启动采购进程。

(2) 编制招标文件。

PPS 通过全面和公开竞争投标的手段来采购商品和服务,除非另有法律法规中涉及政府人员编制和政府合同招标文件的问题,并将整套文件存放在 PPS 的信息中心,以供潜在投标人查阅。

(3) 发布投标公告。

招标书公布在政府采购的门户网站(http://www.g2b.go.kr/)或政府宪报,以便在投标过程中实行最大限度的可行性竞争。

(4) 签订投标协议。

按照招标文件的规定,投标人必须至少在投标日期的一个工作日之前与 PPS 签订一份金额不低于 5% 成交价的投标协议。若投标人未成功投标,PPS 将根据规定解除协议或者在其届满日期自动解除协议。

(5) 进行投标。

所有的投标文件必须在招标邀请规定的日期和时间内提交到 PPS,并使用 PPS 的投标表格,不接收逾期投标。

(6) 授予合同。

通过综合考虑价格、交货时间、数量、规格和对政府最有利的条款等因素,将合同授予给符合招标文件规定要求的价格最低、合格以及可靠的投标人。通过授予中标者书面合同使得合同生效。

(7) 建立履约保证金。

中标者必须建立一个金额不超过 10% 合同总额的履约保证金,在合同圆满完成时或届满之日,PPS 将自动释放履约保证金。

(8) 测试和检查。

测试和检查结果满意后,承包商按照合同要求将商品交付给最终用户。

(9) 付款。

最终用户机构在收到承包商的验收证书及检验随附证书后,直接付款给承包商。在某些特殊情况下,PPS 以最终用户机构的名义支付账款给承包商。

(10) 合同结束。

当所有的交付被接收、已支付承包商以及合同的其他条款已履行时,该合同终止。

图 7-4 为韩国公共采购服务项务国内采购的流程。

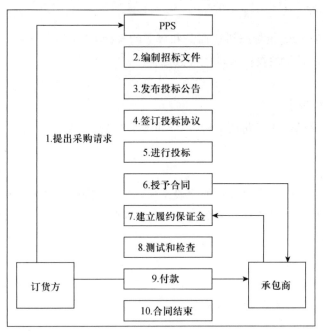

图 7-4 韩国公共采购服务项目国内采购的流程

7.4.4 国际采购的实施

7.4.4.1 国际采购的概述

国际采购是韩国政府举办包括外国供应商在内的国际竞争性招标,旨在购买具有相对优势地位的外国商品,主要的采购项目包括电脑、通信及广播系统、医疗设备、实验和检测设备,以及污水处理系统的设施等。

7.4.4.2 国际采购流程

为韩国政府采购使用的国际供给分为两大类:总金额合同和统一价格合同,本书以非存储物料为例,说明相应的采购程序如下:

1. 登记

所有通过 PPS 参加投标的投标人必须提前登记并递交投标书,然而,外国投标人被允许通过登记来订立合同。未登记的机构可能导致废标。

2. 采购流程

(1) 提出采购请求。

为了使用政府采购基金购买国外产品,政府机构必须向 PPS 提交一份采购请求。PPS 收到采购请求后,开始启动招标程序。

(2) 编制招标文件。

PPS 通过审查采购请求中的条款和规格要求,然后准备符合国际法律规章和商业惯例的招标文件,以最大限度地提高招标竞争。

(3) 发布投标公告。

投标公告会在政府宪报上公布,并邮寄给在韩国的主要国家的外交使团和 PPS 在美国、日本和英国的海外采购办事处。有意竞标者可以查阅或购买在PPS总部信息中心的招标文件。

（4）签订投标协议。

根据指定的采购预算和招标文件的条款，投标人或者其供应商必须至少在投标日期的一个工作日之前，与PPS或者招标文件中指定的银行签订一份金额不低于5%成交价的投标协议。如果投标未成功，PPS将根据规定将投标保证金释放或者在其届满日期时自动释放投标保证金。

（5）进行投标。

所有的投标文件必须在招标书规定的最后期限内提交到PPS，并使用招标文件中所规定的投标格式，不接收逾期投标。

（6）授予合同。

通过综合考虑价格、交货时间、数量、规格和对政府最有利的条款等因素，将合同授予价格最低、合格以及可靠的投标人。通过授予中标者书面合同使得合同生效。

一般来说，合同是根据离岸价格（Free On Board，FOB）和PPS的运输调度签订的。在买方的要求下，合同也可能按照成本加保险费加运费（Cost, Insurance and Freight, CIF）、到岸价（Cost and Freight，CFR）、完税后交货（Delivered Duty Paid，DDP）等标准签订。

（7）建立履约保证金。

如果PPS认为有必要进行独立审查，PPS将会派审查员以订货方的名义在交货前通过竞标的方式对履行合同的货物进行审查。

（8）测试和检查，颁发L/C。

一般来说，供应商希望能够得到通知行颁发的不可撤销信用证。最终用户（或在租赁合同下的租赁公司）通过颁发L/C的银行支付合同金额。

（9）与颁发银行建立L/C保证金。

在接收L/C时，承包商或供应商必须与PPS或者指定颁发L/C的银行建立一个履约保证金，金额不超过合同金额的10%。PPS将根据规定在合同圆满完成或者届满日期时释放履约保证金。

（10）履行合同。

收到L/C之后，供应商按照L/C和合同的规定履行合同义务。装运必须在L/C所规定的交货日期内进行，否则延迟装运要缴纳罚款违约金。如果承包商未能遵守合同，履约保证金将被没收，承包商须与PPS业务部门和其他政府部门进行业务审核。在交货期内如发生不交付，发现短缺、破损、不符合规格的商品等遗失或损坏商品事件时，PPS将采取一切必要行动来确保责任方对货物的更换、修复或者现金赔偿。

（11）商品发货付款。

当供应商完成提交货物，并提供所有必需的运输单后，由议付行根据L/C支付货款。

（12）运输单审查。

PPS会审查运输单的原件和不可转让的副本，任何差异可能导致PPS向供应商或其他相关方的索赔。

（13）终止合同。

PPS在接到最终用户的合同已经圆满完成的通知后，指示开证行关闭L/C并释放给供应商履约保证金。

图 7-5 为非存储物料的国际采购流程。

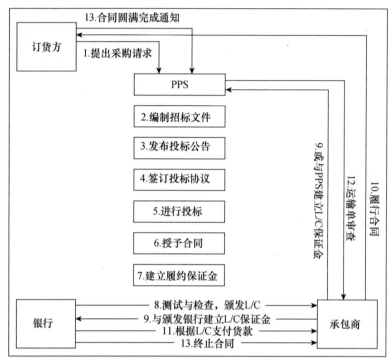

图 7-5　非存储物料的国际采购流程

7.4.5　案例评析

在全球各国电子政务绩效评估中,韩国的电子政务服务水平不仅处于全球领先地位,而且 PPS 的实施是突出的成功案例之一。

韩国电子化政府采购重点在组织管理体系建设、采购业务平台运营以及业务流程规范方面作了多方面的探索,实现了提高政府服务效率和透明度、降低交易成本、促进政府机构一体化服务等多重目标,取得了较为显著的政府电子化采购发展成效。韩国与我国文化相似,又同处东北亚地区,作为新兴工业化国家,其成功经验对正处于转型期的我国具有很好的借鉴意义。

7.5　本章小结

政府采购是保证政府运行和履行各项职能的基本条件,充分利用信息通信技术,加快推进政府电子化采购的发展和应用,是政府改革和发展的重要任务。

政府电子化采购的发展必须以《政府采购法》为基本依据,以提高效率、降低成本、精简流程以及营造公开、公平、公正的采购环境为基本目标,通过采购各环节全方位、多角度、深层次的信息通信技术的应用,实现传统采购向电子化采购的转型,为政府采购的改革和发展提供重要支撑。

第八章 电子税务

税收是国家为了实现其职能,向单位或个人强制、无偿、固定地取得财政收入的一种财政分配关系。税收收入既是国家财政收入的基本来源,也是促进国民经济和社会发展的根本保障。随着电子政务时代的到来,传统的税收征管模式不可避免地受到了前所未有的冲击,税务机关已无法一成不变地按照已有的税制和税收征管手段来履行自己的职责,必须加快传统税收征管向电子化转型的进程。

利用信息通信技术,促进电子税务的应用和发展,既是科技进步和社会发展的必然趋势,也是税务机关自身改革和进步的现实需要。电子税务对提升税收征管和服务水平,降低征纳税成本,改善税收环境,为纳税人和公众提供优质的税收服务,有着不可低估的作用。作为电子政务发展的重要组成部分,电子税务正在国际、国内快速推进,成为全球电子政务发展领域一个极为引人注目的发展领域。

8.1 电子税务基础

电子税务既是伴随着信息通信技术的发展而应运而生的一项新生事物,也是税收信息化发展到一定阶段的产物,同时还是经济繁荣与社会进步的必然结果。

8.1.1 电子税务的含义

电子税务,是税务系统电子政务的简称,是与电子政务相伴生的概念。在我国,关于电子税务的概念还没有一个统一的定义,通常我们所说的网络税务局、电子税务局、数字化税务局、税收信息化等提法,都从某个侧面反映了电子税务的含义和特征,因此都可以看作是电子税务的含义的某种表述,但是都不尽完整全面。我们认为,电子税务(e-Taxation)是指税务机关利用信息通信技术,通过互联网等实现税务机关组织结构、工作流程的优化重组和流程再造,以超越时间、空间和部门分割的限制,全方位地为纳税人提供优质、规范、透明的税收征管和税务服务。

作为电子政务的重要组成部分,电子税务至少包括了以下三个方面的含义:

(1) 电子税务必须借助于以互联网为主要表现形式的信息通信技术才能实现运作;

(2) 电子税务的业务处理涵盖了税务管理的全部业务,既包括对纳税人的管理,又包括对税务机关的管理;

（3）电子税务不是简单地将传统的税务管理事务原封不动地照搬到互联网上，而是要利用信息通信技术的优势，对传统的税务机构进行组织结构的重组，对传统的税收业务实行流程再造，以实现从传统的税务管理向现代税务管理的转型。

"电子税务"的提法与传统的"税务信息化"的提法既有区别，又有联系。电子税务侧重于税务职能的网络化、电子化和虚拟化，它的主要对象是面向各纳税主体和公众，它是在税务信息化建设的基础上实现税务机关之间及其与纳税人和公众之间的双向信息交互。而税务信息化主要是指税务机关利用信息通信技术实现与政府相关机构、机构内部以及与企业之间的信息沟通与交流，达到信息资源集中和共享，业务活动协调运作的目的。由此可以说，电子税务既是税务信息化的重要组成部分，又是税务信息化的高级表现形式；与此同时，电子税务的成功实施也必须依靠良好的税务信息化基础设施和人才作为支撑。由此可见，电子税务和税务信息化两者相辅相成，彼此相互作用、相互影响，共同推进税收事业向现代化的方向迈进。

8.1.2 电子税务的主要模式

电子税务主要包括 G2B、G2G、G2E 和 G2C 四种模式的电子政务活动，它的发展水平直接反映出电子政务的进程。

8.1.2.1 G2B 电子税务

G2B(Government to Business)电子税务，即税务机关对纳税人（企业）的电子业务处理，主要是指纳税人可以不受时间、地点、部门分割的限制，通过互联网非常方便、快捷地办理网上报税、政策咨询以及发票查询等相关的涉税事务。

8.1.2.2 G2G 电子税务

G2G(Government to Government)电子税务，即税务机关与政府其他部门的电子业务处理，主要是指税务机关通过网络与政府其他部门之间进行公文的流转与审批，比如办证、报告、请示、批复、公告和通报等，通过网络实现政府部门之间信息资源的共享，为纳税人提供一站式的优质服务。

8.1.2.3 G2E 电子税务

G2E(Government to Employee)电子税务，即税务机关与其内部职员的电子业务处理，主要是指税务机关通过内部网络来实现对行政管理所有业务的电子处理。税务机关通过这个内部办公业务网来进行公文流转和审批、档案管理、财务管理、人事管理、教育培训管理、后勤管理、图书资料管理、各类报表统计、各类信息的共享和交换、视频会议、电子邮件管理和 Web 服务等行政业务的处理。

8.1.2.4 G2C 电子税务

G2C(Government to Citizen)电子税务，即税务机关对社会公民的电子业务处理，主要是指税务机关通过税务网站等手段对社会公民进行税法知识宣传，增强公众的纳税意识，营造良好的纳税环境。

8.1.3 实施电子税务的意义

电子税务作为一种以互联网为依托的税务管理和税收服务的新形式，无疑将成为传

统税务管理工作发展的方向和趋势。在我国,实施电子税务具有十分重要的现实意义,主要表现在以下四个方面:

8.1.3.1 提高税收征管效率,降低税收征纳成本

实施电子税务最重要的意义在于电子税务能显著地提高税收征管的效率,降低税收征纳的成本,具体表现在以下四个方面:

一是电子税务突破了时间、空间与部门分割的限制,可以让纳税人随时随地通过互联网直接向税务机关申报、纳税,并可以通过网站获得税务机关的相应服务,既节省了报税、缴税的成本,又可以方便、快捷地办理涉税事务;

二是电子税务使得税款征收和税款划解从传统的手工化、纸面化操作向电子化、无纸化转变,由新颖的电子化票据代替传统的纸面实物票据,必然会降低税务机关的征税成本;

三是实施电子税务必然要求实现税务档案的电子化,电子化税务档案既能保证纳税档案的完整、系统,又能让税务人员按照其不同的需要极其方便地调阅相关资料,比如,可以按照纳税人的经济性质、不同的税种、业务特点等分别生成不同的税务档案,供调查、研究使用;

四是电子税务的实施,各种税收征管软件的运行必然会提高税收征管数据的质量,提高税收征管的科学性和规范性,从而对提高税收征管效率、降低征纳成本起到重要的推动作用。

8.1.3.2 有利于税务公开,更好地实现"依法治税"

实施电子税务对促进税务公开具有重要的意义。因为在实施电子税务的过程中,各级税务机关必然会利用互联网这一重要的信息发布工具向公众公开各种税收政策法规以及税务机关的职能、组织构成、办事章程等,公众可以通过网络了解各种涉税事宜,而且还可以通过网站公布的电话、电子邮件等形式监督、举报税务人员的作风和行为,使得传统的税务管理由原来的神秘、封闭变得更加透明、公开,减少人情办税、关系办税等行为的发生,使税务管理成为阳光下的公正的行为。

在推进"依法治税"方面,电子税务同样能起到应有的作用。一方面,纳税人可以通过互联网对自身的纳税义务有更全面、深入的了解,同时纳税义务人的生产经营活动也将进一步通过网络接受税务机关的监管,比如,纳税人在开户银行的资金流转情况就可以通过网络直接反映到税务机关,从而有利于约束、规范纳税人的行为;另一方面,税务执法人员在电子税务条件下既要受到同一层次的执法人员从不同的执法环节进行的制约,又要受到来自上级机关的监管,同时还要接受纳税人的监督,这就在很大程度上有利于规范税务执法人员的行为,使得"依法治税"落到实处。

8.1.3.3 有利于税务机关决策的科学化、民主化

税务机关是国民经济运行的重要职能部门,承担着大量的经济分析与决策任务。科学合理的经济决策必须以全面丰富的决策信息、先进的决策方法和必要的决策参与人共同参与为前提。电子税务对提高税务机关决策的科学化、民主化水平具有重要的意义:

第一,电子税务借助互联网的应用使税务机关获取信息资源的能力得到空前提高,使得决策信息更加全面、丰富;

第二,在决策方法方面,电子税务既可以通过计算机网络与数据库技术获得大量定量、系统的分析,又可以通过计算机网络与外部专家展开广泛的联系,使得头脑风暴法、特尔菲法等常用的决策方法可以通过互联网远程实现;

第三,互联网为税务机关加强与公众的交流提供了极为顺畅、便捷的通道,既有利于税务机关在决策时集思广益,听取公众的呼声,采纳来自社会各阶层的意见和建议,又有利于公众通过互联网监督税务机关的决策,减少税务机关决策的盲目性和随意性,使各项决策更符合实际工作的需要,更好地为经济发展和社会主义现代化建设服务。

8.1.3.4 电子税务有利于税收知识的普及和税收环境的改善

向公众普及税收知识,帮助纳税人树立纳税意识,改善收税环境一直是各级税务机关长期努力的目标。在传统的条件下,税务机关往往采用散发税务资料、办培训班、面对面宣传咨询等方式进行,但由于传播面小、成本高等原因,很难达到理想的效果。实施电子税务后,税务机关利用互联网进行税收知识的宣传普及具有信息量大、成本低、传播面广、时效性强等特点,更容易为纳税人所接受。

8.2 G2B 电子税务

税务机关对纳税人的电子业务处理是电子税务最重要的内容,它涵盖税收征收、管理、稽查和行政复议等税收业务的全过程。目前,被广泛应用的主要是电子报税、电子稽查和电子化服务。

8.2.1 电子报税

电子报税是 G2B 电子税务中最基本的应用,在电子税务发展中具有十分重要的作用。

8.2.1.1 电子报税的组成

电子报税包括电子申报和电子纳税两个部分。

1. 电子申报

电子申报指纳税人利用电脑、电话机等相应的报税工具,通过互联网、电话网、分组交换网等通信网络直接将申报资料传送至税务机关,以完成纳税申报的全过程。电子申报借助于先进的网络技术的应用,实现了纳税人与税务机关之间的电子信息交换。与传统的人工申报方式相比,电子申报最大的特点是实现了申报过程的无纸化和远程化。因此,电子申报在降低报税成本、提高报税效率、节省报税工作量等方面具有明显的优势。对纳税人来说,电子申报由于克服了时间与空间的限制,可以更方便、更灵活地完成税收申报工作;对税务机关来说,电子申报既可以减少税务申报数据录入所需的大量的人力和物力,还可以有效地减少由于重复录入等原因所造成的数据的差错率,提高税务信息的准确性。

2. 电子纳税

电子纳税是指纳税人、税务机关、银行和国库之间通过计算机网络,进行税款结算、划解的过程。在这一环节,税务机关根据纳税人电子申报所提交的纳税信息,直接从纳税人的开户银行账户或专门的税务账户划拨税款,以完成纳税人税款缴纳的工作。电子纳税依靠计算机网络实现了纳税人、税务机关、银行和国库之间的纳税信息的交换和资金的转移,使传统的纳税过程变得更加简单、高效,同时还实现了纳税过程的无纸化和远程化,大大加快了纳税票据的传递速度,缩短了税款在途滞留的环节和时间,从而确保国家税款及时足额地入库。

8.2.1.2 电子报税的主要方式

目前,用于电子报税的方式有多种。在我国,由于与电子税务相关的法律法规还很不完善的条件下,无论采用哪种方式,纳税人与税务机关、开户银行都必须签订三方协议,以明确各方的责任、权利与义务。

1. 互联网远程报税

互联网远程申报是指纳税人使用计算机通过互联网登录税务机关的网站,依托远程电子申报软件进行纳税申报,并实现税款自动划转入库,完成电子申报和电子缴税的整个过程。互联网远程报税以互联网为载体,使得纳税人可以将填报的相关纳税数据资料通过计算机网络快速地传递给税务机关,无须纳税人去税务机关窗口完成纳税申报。同时,大量的纳税申报数据可以与税务机关的电子管理档案系统实现无缝连接,实现对数据的存储与管理。这种报税方式对企业或个人来说所需的投入很小,因为它只需一台能上网的电脑和一根普通的电话线就可以了,而且愿意采用这种方式报税的单位与个人基本都有相应的设备,并能进行相应的操作。

互联网远程申报对那些规模较大、实力较强、报表数据较多,而且又具有良好的计算机应用基础的企业来说具有很大的方便性和经济性;对一些收入较高、工作繁忙,又常常深处外地的个人所得税纳税人必然是一种首选的报税方式。

2. 电话报税

电话报税是指纳税人利用电话,通过电信、银行和税务系统的网络进行纳税申报和缴纳税款的方式。与传统的人工接听电话处理报税事务不同的是,电话报税综合应用了信息通信技术、计算机网络技术和呼叫中心技术等,纳税人直接可以通过拨打电话即可自助完成报税事宜。

与互联网远程报税相比,电话报税具有设备投资小、操作简单、技术要求低等特点,所以这种方式特别适合于那些纳税人数量较多、纳税数额相对较少的"双定"(即定期、定额缴纳)纳税户,使他们可以足不出户地完成申报缴税义务,同时也可以减轻税务机关的前台工作压力,并节省征纳双方的纳税成本。

电话报税的缺点是交互性差,直观性不足,信息量也很小,缺乏税务人员与纳税人的直接交流等,所以在一定程度上影响了它的使用面。

3. 银行网络报税

银行网络报税,简单地说是指税务机关委托银行代收税款,纳税人通过银行直接办理申报纳税事项的过程。具体来说,银行网络报税是指银行与指定的代收税银行进行联网,实现数据共享,纳税人(主要指个体双定户[①])与指定银行签订委托扣款协议,充分利用银行计算机网络提供的通存通兑功能,在规定的纳税申报期前到该银行的任何一个营业网点存入不低于应纳税款的资金,由银行在每个法定申报纳税期的最后一日,按照税务

---

① 指符合规定的定期、定额纳税的个体经营户。

机关核定的应纳税额直接划转入库,完成纳税申报和缴纳税款事项。纳税人可以在每个纳税期满10日后,凭税务登记证副本到银行网点领取完税凭证,完成申报纳税全过程。

银行网络报税可以充分发挥银行网络的资源优势,对各方都具有实际意义。对银行来说,可以通过这种形式增加存贷业务的数量,提高自身的经营效益;对税务机关来说,通过银行网络征收税款,可以大大减少自身的工作量,提高税收征管的效率;对纳税人而言,通过银行报税,不仅可以节省到税务机关报税的时间和费用,而且还可以减少在银行反复存取现金的差错。对那些"个体双定户"来说,优势是显而易见的。

8.2.1.3 电子报税的主要特点

与传统的报税方式相比,电子报税具有以下一些特点:

1. 手续简便、自助性强

无论是互联网远程报税、电话报税,还是通过银行网络报税,都不需要传统的纸面完税凭证,也不需要多个环节的签字盖章,因此,手续大为简便,可以为纳税人节约一定的人力与物力。与此同时,由于在电子报税过程中,减少了人为的干预,纳税人的自助程度较高,可以在一定范围内选择合适的时间和地点来完成报税事务,给纳税人带来更多的灵活性和方便性。

2. 有利于税务机关提高管理与服务的水平

电子报税对降低税务机关的征收成本,提高征管效率具有重要的意义。纳税人通过电子化的手段提交纳税申报表,由税务机关根据纳税人提交的电子申报表进行审核,并通过网络实现与银行的数据交换,直接扣缴税款。这样,既可以有效地减少办税服务厅内业务人员的数量,又可以减少办税服务厅的场地和计算机设备的投入,减轻征收工作的压力,从而可以使税务机关有更多的人力和物力投入到改善对纳税人的服务上。与此同时,因为税务机关可以通过网络与相应的纳税人进行直接的联系,有利于税收政策和法规的宣传,以及为纳税人提供有针对性的税务服务,这样对提高税务机关的管理与服务水平大有好处。

3. 信息集成性强,有利于政府的监管与控制

作为政府重要的职能部门,税务机关与企业打交道的机会频繁,所获得的有关企业发展以及经济运行的信息也是最为丰富的。电子报税进一步密切了税务机关与企业之间的关系,特别是在信息交换方面将会有新的突破,既有利于政府对企业的监管与控制,也有利于政府的经济决策,同时也对企业获取政府的信息服务有很大的帮助。

8.2.2 电子稽查

根据《中华人民共和国宪法》(以下简称《宪法》)的规定,依法纳税是每个公民应尽的义务。任何形式的偷税、逃税、骗税、抗税的行为都是国家法律所不允许的。税务稽查是税务机关的重要工作内容,它是指税务机关依法对纳税人和扣缴义务人履行纳税义务、扣缴义务情况所进行的税务检查和处理活动的总称。在传统的方式下,它是根据纳税人的纳税申报表,发票领、用、存情况,各种财务账簿和报表等信息来确认稽查对象并实施稽查的。它的主要目的是要监督企业的经济行为,防止税款流失,保证国家税款及时足额收缴。随着网络技术的发展,互联网在税务稽查中的应用已逐渐受到我国众多税务机关的重视。目前,国内已经开始应用的电子稽查方式主要有以下四种:

8.2.2.1 查前准备

税务机关可以通过互联网获取纳税人所属行业信息、货物和服务的交易情况、银行资金流转情况、发票稽核情况及其关联企业情况等,以提高稽查的效率和准确性。比如,税务机关可以与网络银行资金结算中心、电子商务认证中心、工商行政管理部门以及公安等部门联网,共同构筑起电子化的稽查监控网络,对加强和改善稽查工作必将起到重要的推动作用。

8.2.2.2 邮件举报

税务稽查包括稽查选案、稽查实施、案件审理和稽查执行四个环节。稽查选案是整个稽查活动的起点,而群众举报又是稽查选案的重要依据。传统的税务举报方式主要有口头举报、信函举报、电话举报和传真举报等,这些举报方式都存在明显的不足。口头举报一般是由举报人直接到税务机关向有关工作人员当面举报,由于举报人的身份暴露,以及对举报处理结果没有把握,所以,举报人采用口头举报的方式不免会有较为严重的心理压力,从而影响了举报效果。实际上,真正到税务机关进行口头举报的比例也并不是很高。信函举报以前是较为常见的举报方式,近年来,一方面由于科技的进步和社会的发展,公众使用信函业务的数量在不断下降,从一定程度上影响了这种举报方式的比例;另一方面,由于信函举报必须以纸面文字作为凭据,而且很多的税务机关希望能留下举报人的真实身份,这样一来不少举报人心存疑虑,有点望而却步。再加上有些税务机关和税务人员处理不当,直接把举报信函转交给被举报人,使得举报人的利益大受损害。因此,信函举报的方式比前些年有明显的下降。电话举报相对来说比较容易一些,举报的方式也比较灵活,但电话举报受重视的程度要明显低于口头举报和信函举报,而且由于语言沟通以及书面记录等原因,电话举报的信息量和准确性也受到一定的限制。传真举报存在的问题与信函举报的问题基本相同,并且传真举报需要有专门的传真设备,从一定程度上影响了举报的参与面。

电子邮件作为一种全新的信息交流的方式,具有使用方便、价格低廉、传输快速、身份隐蔽等明显的特点,在用于税务案件举报方面具有极为明显的优势,因此,在全国不少的税务机关已经开始受理电子邮件的举报案件。近年来,不少有价值的举报线索都是通过电子邮件发现的。

与传统的举报方式相比,电子邮件举报具有成本低、速度快、信息量大等优点,既可以传输文字资料,又可以传输图像和声讯资料,使得举报内容更为翔实、可信。而且,电子邮件举报可以突破时间和空间的界限,举报人可以随时实地提供举报材料,税务机关也可全天候地接收举报信息,便于进行集中或专门处理。另外,电子邮件举报者的身份较为隐秘,一般不必担心身份暴露受到打击报复,而且因为举报人有自己专门的电子邮箱,便于税务机关与其进行直接、专门的联系,使双方的沟通更为顺畅和快捷。

对税务机关而言,接收电子邮件举报并不需要专门的软硬件设备,也不需要建设独立的税务网站,只要配备能上网的电脑并由专人管理就能进行举报受理了。

8.2.2.3 税务网站直接举报

与电子邮件既相类似又有不同的是另一种电子举报方式,即通过税务机关网站提供的网上举报窗口,直接向税务机关提供举报线索。这种举报方式也已在国内不少已经建立起了专门的税务网站的税务机关开始实行。

对税务机关和举报人来说,通过网站进行举报无疑具有极大的方便性和有利性。一方面表现在网上举报有统一的格式,便于税务机关进行统一管理和处理;另一方面,网上直接举报从一定程度上打消了举报人的心理负担,使他们有充分的理由相信税务机关不仅会严肃对待网上举报,而且会最大限度地保护举报人的利益。有的税务机关的网站还专门为网上举报人设计了举报结果查询的功能,举报人只要凭借税务机关提供的举报查询账号和密码,即可查询网上举报的处理结果。另外,举报人还可以直接得到税务机关提供的电子邮件回复。因此,只要举报信息真实可靠,举报人对举报结果的知情权是有充分保证的。

当然,对税务机关来说,要实现网上举报的前提条件是必须有专门的网站,而且要具备网上接收举报信息的功能。目前已经开通网上举报功能的税务机关还只是少数,大多数税务机关虽已经建有专门的网站,但还没有实现网上举报的功能。这一方面是因为观念的问题,很多税务机关的领导者和税务人员对网上举报的认识不够;另一方面是因为不少税务机关缺乏专门的技术人员来专门处理网上举报事务。这两个问题都需要各级税务机关认真对待、及时处理。

8.2.2.4 典型案件网上公示

税务稽查的根本目的并不在于发现越来越多的大案、要案,而是要使各类涉税案件尽量消灭在萌芽状态,以维护地方经济的繁荣和社会的稳定。不少税务违法案件的发生,当事人在最初的时候并没有意识到问题的严重性,甚至没有想到自己的所作所为已经触犯了法律,等到问题败露、事态发展到很严重时已经来不及了,只能追悔莫及。因此,税务机关充分利用互联网这个十分有效的信息发布工具,切实地为纳税人提供遵纪守法的指导,通过生动活泼的形式,对涉税典型案件进行分析解剖,帮助纳税人更好地把握哪些可为、哪些不可为,将会对地方经济发展和纳税人自身的利益带来极大的好处。在典型案件网上公示方面,可以说目前国内只有比较少的税务机关注意到,即使有的税务机关在自身的网站开设了这样的功能,但或由于缺乏相关内容,或由于案例缺乏典型意义,起不到真正的作用。

实际上,通过典型案例网上公示的方式对纳税人进行宣传教育,对税务机关来说是在不需要投入很大的人力、物力,特别是对已经建有网站的税务机关来说尤其如此,在某种意义上,只需要相关部门领导者的重视和支持就行了。但这种方式对纳税人的教育与指导作用是显而易见的,对预防税务案件的发生可以起到防微杜渐的作用。

当然,要使典型案例网上公示这种方式能最大限度地发挥自己的作用,需要注意两个问题:一是必须考虑案例的典型性,尽量应选择在当地发生的,有税务稽查人员实际参与的一些大案、要案,让纳税人尽可能从中吸取教训,避免类似行为的发生;二是应该有专业的、高水平的稽查人员对此案例进行点评,分析典型案例存在的根本问题,找出症结所在,使其他的纳税人从中得到启发、受到教益,从而自觉地抵制类似违法行为的发生。

8.2.3 电子化服务

为广大纳税人提供优质、高效的纳税服务一直是各级税务机关努力追求的目标。但在传统条件下,由于受到人力、财力、场地等方面的限制,税务机关向纳税人提供的服务无论是在服务品种,还是在服务水平以及方便性等方面都有很大的局限性,与纳税人的要求有很大的距离。利用互联网这一十分有效的信息交互工具,改善税务机关的服务必然是一个重要的思路。

8.2.3.1 专业网站服务

目前,国内地市级以上的税务机关基本都已经建立起了自己的专业网站,并把电子化服务作为网站基本的应用。比如,把税收政策法规、纳税资料、办税指南等内容发布在网站上,便于供纳税人随时随地方便地查询。也有的税务机关在网上开设了专门的咨询中心,接受纳税人的各种问询,并向他们提供专业、系统、有针对性的服务。有些税务机关的网站功能全面一些,还提供搜索引擎、资料下载、常见问题解答、网上发票查询、企业资信情况查询等服务,为纳税人提供更多的方便。

8.2.3.2 税务便利站

税务便利站是一种新颖的为纳税人服务的方式,它是指通过多媒体信息终端的方式在公共场所为纳税人提供信息服务的方式,目前已在国内开始应用。原深圳市地税局利用"e城便利站"这个广受市民欢迎的自助服务终端网络平台,推出了深圳地税"税务便利站"这个独特的服务项目。这一项目是由深圳市地税局充分利用社会公共信息资源,借助深受深圳市民欢迎的"e城便利站"这一"落地式""电子政务、商务平台"的网络资源优势实现的,"税务便利站"精心设计制作了"地税之窗",为广大市民提供自助式的地税业务和便民服务,服务内容包括:税务政策信息发布、查询;现场办理税务业务;税费自助缴纳;发票真伪查询等多种功能。在遍布全市的200多台"e城便利站"上,纳税人可以方便地查到有关税收的各种资讯,自助地进行税费缴纳,充分享受电子税务带来的极大便利。

8.2.3.3 手机短信发送

手机短信是目前广为应用的信息交流方式,税务机关也可以借助手机短信为纳税人和公众提供电子化服务。这种方法可以克服传统的书信、电话、广告甚至最新的电子邮件等方式存在的不同程度操作困难、费用高、范围窄、效果差的弊病。比如,某省的税务机关在这一方面有了比较成熟的应用。在税务系统内部,原省国税局依托省移动通信公司提供的内部信息的短信服务(如会议通知、日程安排、电子邮件到达等),可以迅速快捷地通知到所有相关人员;在为纳税人提供信息服务方面,原省国税局把与纳税人相关的各种新信息、新管理办法等直接通过短信的方式发送给纳税人。税收短信服务的具体做法是:通过自主应用系统或内部网站的页面,提交待发送短信的手机号码、短信内容,汇总至短信服务器,调用移动通信公司提供的API(即应用编程)接口,通过移动短信平台完成短信的发送。同时,各地市税务机关可以根据需要,通过建立短信应用系统,实现短信发布。图8-1为税务短信服务的网络拓扑图。

8.2.3.4 "12366"咨询服务平台

在2018年税务机构改革之前,在税务电子化服务方面,国家税务总局统筹规划的"12366"纳税服务热线也已在大多数地区开通。各地国税局和地税局统一呼叫中心代号,即:国税局为1,地税局为2,统一开通纳税服务热线"12366"。纳税人通过"12366"热线电话,既能查询、解答国税局的业务,也能查询、解答地税局方面的问题,极为方便和快捷。"12366"在纳税服务、法规咨询、申报纳税、税务公告、检举申诉、案件查处曝光及征询纳税人意见等方面发挥了积极作用。

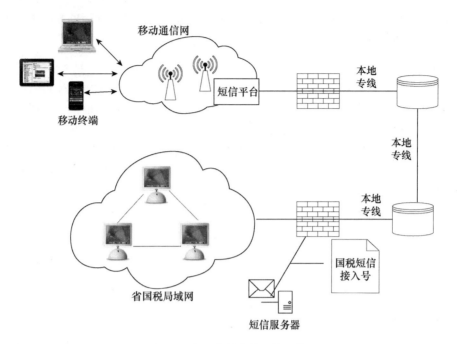

图 8-1 税务短信服务的网络拓扑图

原北京市地税局是全国首家开通省级税务热线电话——"12366"纳税服务热线的税务机关。该纳税服务热线以"12366"特服号码为载体,运用信息通信技术,为纳税人提供规范、热情、周到的综合服务系统。"12366"北京纳税服务热线提供纳税咨询服务、发票查询服务,受理涉税举报和违规投诉。"12366"北京纳税服务热线系统通过接收传真和留言功能提供 24 小时系统自动受理服务。此外,纳税人还可以随时通过系统的发送传真功能和播放录音功能获取自己所需要的税收资料。为向社会各界和广大纳税人提供高效、优质的服务,提高热线的接通率,"12366"北京纳税服务热线还专门设立了电话回拨制度,由专人负责根据通话记录对拨打多次未接通人工服务的电话主动回拨,提供咨询服务。

图 8-2 为"12366"北京纳税服务热线咨询受理功能的流程。

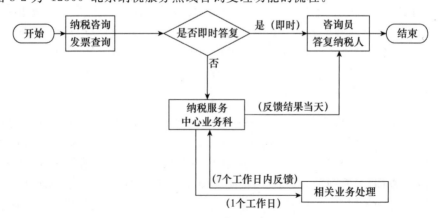

图 8-2 "12366"北京纳税服务热线咨询受理功能的流程

图 8-3 为"12366"北京纳税服务热线举报投诉的流程。

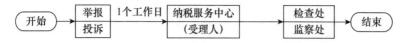

图 8-3 "12366"北京纳税服务热线举报投诉的流程

8.3 G2G 电子税务

G2G 电子税务即税务机关与政府其他机构之间的电子税务,它是电子税务的重要内容之一。《中华人民共和国税收征收管理法》(以下简称《税收征收管理法》)第 6 条指出,"国家有计划地用现代信息通信技术装备各级税务机关,加强税收征收管理信息系统的现代化建设,建立、健全税务机关与政府其他管理机关的信息共享制度"。法律的规定为税务机关与其他政府机构之间实施 G2G 电子税务提供了相应的保障。

8.3.1 G2G 电子税务概述

实施 G2G 电子税务不但有着特定的发展背景,而且还具有重要的实际意义。

8.3.1.1 G2G 电子税务的发展背景

税务、财政、国库、审计、工商、劳动保障、公安等政府机构作为国家重要的经济管理和监督机构,承担着为公众提供公共服务,支持经济发展的重任,各机构之间需要交换大量的信息:税务机关需要向财政、国库等机构提供工商税收收入报表、税收收入执行情况分析报告等信息;而税务机关需要从国库获得国库预算收入报表等信息,还需要向工商行政管理机关了解工商登记、营业执照颁发等信息,公安部门需要了解有关移送的涉税案件的案情等情况。但是,以往包括工商与税务等在内的政府机构之间,常常是各自为政,形成了数据部门化甚至数据利益化的不合理格局,使原本可以在更大范围内供其他机构共同使用的许多信息,都只能在极小的范围内使用,信息使用效率很低。造成这一局面的原因,一方面是因为体制的因素,另一方面也是信息化程度不高的表现。随着社会主义市场经济的不断发展,税收对国家宏观经济的调控作用越来越显著,税务机关对政府其他机构之间的联系也越来越紧密,需要交换的信息量也越来越大、越来越迫切,这客观上都需要借助电子税务来提高信息交换的数据共享的效率和质量。

目前,政府相关机构基本都建立有一套自己的信息管理系统,但是政府机构与机构之间的网络却往往是相互分离的,客观上存在着信息孤岛,当需要交换信息时只能通过文件硬拷贝、报盘、发送电子邮件等方式进行,而不是直接通过网络传输。而实行电子税务的目标,就是要通过网络提供一个服务平台,实现税务、财政、工商、社会保障、劳动、公安等相关业务系统之间的无缝对接,使相关信息在各机构之间充分共享,实现税收管理信息一体化,以信息一体化带动税收业务专业化,从而深化税收征管改革。

8.3.1.2 实施 G2G 电子税务的现实意义

实现 G2G 电子税务的现实意义表现在多个方面:一是可以有效地降低政务运作成本。随着政府信息化步伐的不断加快,各级政府机构对于各类信息数据的需求量越来越多,而要采集、归纳、整理起这些散布于各个机构、各个地区的信息数据,需要大量的人力、物力、精力,特别是各机构各自收集各自的、各自归纳各自的信息数据,这就更加大了政务成本。二是可以减少基层的工作量。由于政府机构相互之间不相往来、不通情况,因此每个政府机构、每个业务管理系统都对下发文提要求,对下统计要数据。而上面的"千根线",落到下面都是基层"一根线"。基层为了单独为各政府机构提供各种信息和数据,常常搞得疲于应付、不堪重负,实施 G2G 电子税务就是要改变这种信息不共享所导致的无序现象,减少基层的工作量。三是有利于确保信息数据的真实。毋庸置疑,信息数据的生命在于真实性。而在以往,由于各个机构收集信息数据的方式、渠道不统一,再加上其他种种原因,使不同机构就同一件事统计出的信息数据出入很大。而实施 G2G 电子税务后,信息数据采用科学标准统计,没有了机构化,更没有了利益化,从而使得数据的真实性大为提高。

G2G 电子税务的实质是基于 Web 的政务集成,其支撑平台是开放的、可扩展的、不断延伸的政务系统,可以根据工作需要源源不断地加入进来。就目前而言,G2G 电子税务应着重建立对财政、工商、社会保障、劳动、公安等机构之间的信息共享机制,图 8-4 为 G2G 电子税务的业务框架。

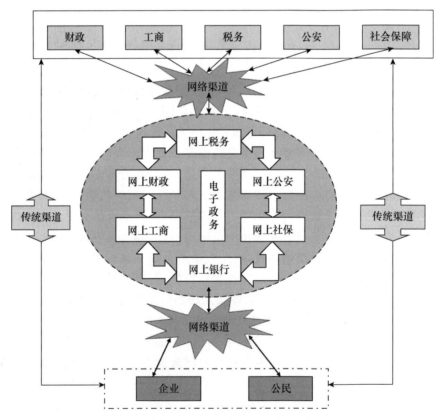

图 8-4　G2G 电子税务的业务框架

8.3.2　税务与工商之间的电子税务

我国的《税收征收管理法》第 15 条第 2 款规定:"工商行政管理机关应当将办理登记

注册、核发营业执照的情况,定期向税务机关通报",明确了税务机关与工商行政管理机关共享信息的必要性。该法第60条第2款还规定:"纳税人不办理税务登记的,由税务机关责令限期改正;逾期不改正的,经税务机关提请,由工商行政管理机关吊销其营业执照。"由此可见,工商行政管理机关要向税务机关传递信息,税务机关也要向工商行政管理机关传递信息,这种双向信息交换已由法律明确规定。与此同时,国家还要求工商行政管理机关和税务机关要"逐步确立信息化条件下的工商行政管理机关与税务机关的信息交换工作机制,工商行政管理机关与税务机关应通过计算机网络交换信息"。从中可以看出,实现税务与工商之间的G2G电子税务已经势在必行。

8.3.2.1 工商行政管理机关需要向税务机关交流传递的主要内容

工商行政管理机关需要向税务机关交流传递的主要内容包括:

(1) 工商设立登记信息,包括营业执照注册号、企业名称(个体工商户字号)、法定代表人(负责人或个体工商户业主)、住所(经营场所)、电话、企业类型、核准日期、登记机关名称等;

(2) 工商变更登记信息,包括变更内容、变更日期等;

(3) 工商注销登记信息,包括注销登记原因、注销登记日期等;

(4) 吊销营业执照信息,包括吊销原因、吊销日期等;

(5) 年检验照信息,包括未通过年检验照的信息、应办理年检验照而未办理年检验照的信息等;

(6) 其他需要交流传递的信息。

以上是现行法规规定工商行政管理机关必须向税务机关交流的信息,除此以外,还有许多信息虽然不是法定交流内容,但有利于提高税务机关的办税效率和服务质量,也应列入今后电子税务发展的内容中来。如工商行政管理机关可以向税务机关提供营业执照的电子版本,供税务机关复核使用。根据现行的《税务登记管理办法》规定,纳税人在申报办理税务登记时,应当根据不同情况向税务机关如实提供工商营业执照或其他核准执业证件。现在一般是由纳税人提供工商营业执照(副本)复印件交税务机关留存备查,实行电子税务后,税务机关可以直接登录电子税务平台到工商行政管理机关的数据库调用复核,而无须再由纳税人提供纸质复印件。

8.3.2.2 税务机关需要向工商行政管理机关交流传递的主要内容

税务机关需要向工商行政管理机关交流传递的主要内容包括:

(1) 注销税务登记信息,包括纳税人名称、纳税人的营业执照注册号、税务登记号、税务登记注销日期、税务登记注销机关等;

(2) 提请工商行政管理机关吊销营业执照信息,包括依法应该办理税务登记而拒不办理税务登记的信息等;

(3) 非正常户信息,包括纳税人名称、营业执照注册号、税务登记号、非正常户认定、解除时间等;

(4) 其他需要交流传递的信息。

以上信息也是税务机关向工商行政管理机关交流的法定信息。除此以外,随着电子税务的不断发展,也有不少信息可以通过电子税务平台向工商行政管理机关提供,以提高政府工作效率。比如,税务机关向工商行政管理机关提供办理临时税务登记证的纳税人名单,督促这部分纳税人按照规定办理工商设立登记。又如,税务机关将在税务检查中发现的纳税人违法经营信息及时提供给工商行政管理机关,由工商行政管理机关按照规定进行处理,共同维护社会主义市场经济秩序。

8.3.3 税务机关与其他政府机构之间的电子税务

除了税务机关与工商行政管理机关之间的电子税务活动以外,税务机关还与一些其他政府机构有着较多的业务联系,特别是与劳动保障部门、财政部门、公安部门等联系较为密切。

8.3.3.1 税务机关与劳动保障部门之间的电子税务

税务机关对部分工效挂钩企业征收企业所得税时需要做工资税前扣除,这一环节需要审核劳动保障部门的批复,还有关于再就业的税收优惠政策的执行也需要劳动保障部门共同配合。这些都可以通过税务机关与劳动保障部门之间的电子税务实现。

8.3.3.2 税务机关与财政部门之间的电子税务

税收收入是国家财政收入的基本来源,税务机关与财政部门之间的联系非常紧密。财政部门需要及时掌握税收收入计划的完成情况及税收收入的进度。以往这些工作都是通过税务机关向财政部门提供报表完成,或者听取通报的方式进行沟通,以后就可以通过税务机关与财政部门的电子税务平台获得实时的税收收入进度等信息,对提高财政管理水平大有帮助。

8.3.3.3 税务机关与公安部门之间的电子税务

我国的税务机关目前尚没有像国外那样建立起自己的税务警察体系,各地基本都是由公安部门派驻税务系统协同办案。公安驻税务办公室起到联系税务机关与公安部门的桥梁作用。今后,对重大案情需要取得公安部门配合的,可以直接在网上通报信息,最大限度地争取办案的时间。税务机关对公安部门办案的情况也可以根据自己的权限及时进行了解。另外,目前我国对个体工商户的税务登记号采用的是身份证号,个别不法分子利用假身份证进行登记作案,实行电子税务后,税务机关可以根据权限从公安部门的户籍资料中进行调用审核,这样对打击类似的违法行为十分有效。

8.4 G2E 电子税务

G2E 电子税务,即税务机关与其内部人员的电子业务处理,主要是指税务机关通过内部网络来实现对行政管理所有业务的电子处理。这方面的应用在最近几年的发展很快,国内不少税务机关也已开始多方面的应用,最主要的应用包括电子公文处理、电子执法监督和电子档案管理。

8.4.1 电子公文处理

税务公文涉及各级税务机关和每位税务人员,是 G2E 电子税务应用面最广的领域。通过网络实现公文的电子化传递、处理、归档、查询,实现无纸化办公,可以极大地提高税务机关的工作效率和管理水平。

8.4.1.1 电子公文处理系统的功能

电子公文处理一般应包括收文、发文、归档、查询等功能。收文处理主要包括收文登记、填写收文处理笺、文件正文及附件内容的输入、分发、拟办、批办等。收文登记是收文处理的最初环节,是对所收文件的自然特征及其处理情况登记在册,主要记载文件的来源、内容和去向,用以掌握文件收进后的运转过程。收文处理签是用于记载文件的特征、拟办意见及办文经过等。每个文件都对应一个收文处理签,由电子公文处理系统在第一次收文登记时自动产生,其中关于文件的信息是由电子公文处理系统根据收文登记的有关内容自动填入的。对于收文处理签的修改应限定于一定的人员,只有经过授权才可以打开收文处理签界面,修改或补充填写其中的内容。文件正文或附件的输入应考虑允许手工录入、扫描输入等多种方式进行。在设计电子公文处理系统时应充分考虑各级税务机关的需要设计收文登记簿、发文登记簿、内部文件登记簿、催查办登记簿等功能。发文处理的主要内容应包括拟稿、改稿、审核、审批、签发、会签处理、登记、编号、排版、校对等。电子公文的立卷归档应包括案卷目录、专题目录、自动组卷、案卷文件利用登记、案卷文件销毁记录等功能。文件的传递是电子公文处理的核心,既要能实现系统内部的文件传递,还要能实现跨系统的文件传递。远程收文由电子公文处理系统自动接收,无须人为干预,当系统监测到有远程收文时会自动将文件发送给作为远程文件接收站的部门信箱;远程发文就是将电子公文处理系统正式签发的文件以远程传递的方式发往其他的电子公文处理系统。

8.4.1.2 电子公文处理系统举例

国内不少的税务机关已使用国家税务总局的公文处理系统(Office Document Process System,ODPS)进行电子公文处理。该系统由国家税务总局和中国计算机软件技术与服务总公司共同开发,是税务系统使用面最广的软件之一。国家税务总局已初步实现了公文处理网上运行,实现了与国务院办公厅的远程公文和信息传递,实现了与全部省级税务机关的远程公文传递。

8.4.2 电子执法监督

税务机关属于执法部门,执法监督必不可少。以往的执法监督往往采取人盯人的做法,而且一般是事后监督。随着电子税务的逐步实施,各项税收业务都在网上运行,税务人员的所作所为也在网上反映,实行电子执法监督有了条件和可能。

8.4.2.1 电子执法监督的含义

电子执法监督以税务机关的工作运行轨迹为主线,围绕"应该做什么""怎么做""做了没有""做好了没有"和"做不好怎么办"五个方面的核心问题,把规范税收执法和执法监督的要求变成网络语言,全面覆盖到征收、管理、稽查、评估等各个岗位,税务人员只要打开电脑就知道哪些业务由本岗位受理或流经本岗位、这些业务的办理时限和标准以及发生执法过错应承担的责任。

8.4.2.2 实行电子执法监督的作用

实行电子执法监督,具有传统执法条件下不具有的作用,表现在以下三个方面:

1. 可以建立预警机制,实行源头防范

实行电子执法监督可以针对税收执法中可能存在的执法随意现象,加强事前防范,前移监控关口,以预防执法偏差为主,把问题消灭在萌芽状态,防止税务人员发生执法错误。对法律法规规定可以由执法人员自由裁量的,通过设置提示性指标,由电子执法监督系统提供帮助或建议值,税务人员在处理税收事务时,可以根据情况选择处理。如果税务人员不按照电子执法监督系统的建议处理,则由系统自动进行记录,并作为日常执法检查的对象,建立预警机制:一是时间预警,在每个工作流流转时,均附注工作期限,电子执法监督系统自动提示所剩工作时间,对其预警。二是标准预警,当操作信息达到系统参数值或符合一定条件时,电子执法监督系统进行提示。比如,在发票领用资格认定工作中,纳税人的发票使用量连续下降,电子执法监督系统则自动给出调整发票领购数量的提示。三是事件预警,当操作行为可能引发另一个执法事项时,电子执法监督系统进行提示。比如,认定或取消增值税一般纳税人资格后,电子执法监督系统自动提示要进行税种认定。

2. 建立控制机制,实行过程控制

实行电子执法监督可以根据过程控制原理和税收业务工作流运行的特点,寻找关键控点,对可量化的控点设置监控指标。对法律法规明确规定且系统可以强制控制的,通过设置强制性指标由电子执法监督系统进行控制,税务人员在处理税务事项时,只能按照法律法规的规定处理,对不符合规定的系统不予通过,实现由"人工管人"到"机器管人"的转变。此外,还可以实现工作流各环节之间的互控,即工作流各环节之间相互的关联控制,由下一环节对上一环节传来的工作流信息进行分析;当发现错误时,对不合格的工作流予以退回纠错,对不按照要求退回的承担连带责任,实现环节间的流转控制。

3. 建立纠错机制,实行纠追并举

完整的电子执法监督应包括纠错和追究机制,能将可能出现的税收执法过错固化在电子执法监督系统中,并且留有与外部审计、财政部门的接口,将外部审计、财政部门的检查中发现的责任问题一并纳入执法监督之中。对于已经发生的执法过错,电子执法监督系统能一目了然,避免了大事化小、小事化了。纠错机制应包括三个方面:一是应包括税务人员的自我纠错。税务人员在发现自己的操作错误后,应允许自行纠错,比如可以通过撤回工作流纠错。二是要包括组织纠错,主要是各级领导者或职能部门在审核、审批过程中能通过流程追踪,发现工作流中的错误信息,以启动工作流实施纠错。三是要包括系统纠错,即通过系统检测程序发现异常信息,向各有关责任部门发送待核查工作流,对异常信息进行核查、纠错。

8.4.3 电子档案管理

档案管理是税务工作的重要组成部分,传统的手工、纸面的档案管理正面临着电子档案管理的转型。因此,实施税务电子档案管理已变得势在必行。

8.4.3.1 税务电子档案管理的必要性

税务机关面对广大纳税人,每个征收期都要产生大量的档案资料。在传统条件下,通常的做法是由前台征收人员对纳税人的纸质申报资料进行收集、整理、装订,定期移交本机关的档案室。查阅征管档案时,如果该档案信息同时录入了税务机关的征收管理系统,则可以通过计算机调阅,但是要作为有关涉税案件的法律证据还是要找到记录该信息的纸质原件。如果该档案的具体内容未录入税务机关的有关信息系统,则要先通过档案登记底册查到案卷的卷宗号,然后根据卷宗号到档案室从海量的原始资料中查找。档案管理不仅费时费力,而且利用效率低下。税收档案由专职的档案部门管理,其他部门的人员要想查找档案都必须通过档案部门获得,除此别无他法。而档案往往只有一份,一个人占用了别的人只能排队等待,如果发生损毁则更是毫无办法。而实行电子档案管理则可以极大地提高工作效率,提高档案的利用质量。

实行电子档案管理,就是将税务机关的档案资料以一定的方式生成电子信息存储,相关人员根据各自的权限通过网络调阅。实行电子档案管理,档案信息存储在网络上,传统的档案库房不复存在,各级税务机关的专职档案人员也可以大幅度地减少,因此极大地节省了税收成本。在档案利用方面的优势则更加明显,相关人员在自己的授权范围内可以随时随地上网调用,并可以直接进行有关信息的下载、处理,而无须到传统的档案室借阅、复制、核对,这样省时省力、便捷高效。

8.4.3.2 税务电子档案的录入

实行电子档案管理,首先要解决档案信息的录入问题。面对海量的税收征管资料,仍然由税务人员人工录入显然已不符合信息时代发展的要求。目前,有些税务机关尝试利用扫描技术进行纳税申报表、财务会计报表的数字化处理,已取得一定的成效。比如,东软开发研制的已在北京、山东等地使用的"东软税务表格录入及税务档案管理解决方案"已作了这方面的成功探索。该系统主要由东芝 OCR[①] 扫描仪、柯达高速扫描仪及基于网络环境的计算机环境和各种大容量存储设备构成,具有以下三个方面强大的档案管理功能:

1. 基于 OCR 数据自动录入系统的档案管理

对于适合采用 OCR 进行申报数据自动录入的税务机关来说,其原始表格的档案化管理特别重要,如果只是采用原始表格进行档案管理的话,是无法应付以后的档案查找要求的。OCR 自动录入系统提供了对 OCR 扫描后的数据的电子化档案管理功能,建立了索引数据和电子档案,以方便今后的查询统计工作。如果原始表格录入前端采用 OCR 数据自动录入系统,那么在实现 OCR 数据自动录入的同时就添加了档案索引信息,无须任何人工干预,自动建立索引数据和电子档案。

2. 基于高速扫描仪的档案管理功能

对于各种需要进行档案管理的以纸为介质的资料,OCR 数据自动录入系统提供了快速扫描功能,通过该系统的扫描录入档案方式,可以快速地扫描各种档案并录入索引数据。为了提高创建索引的速度,该系统可以把以前输入的任何一个字段的内容保留下来,这样可以把不需要修改的,或是只要进行简单的修改的字段信息保留下来,最大限度地提高了录入速度。同时,所有的操作都可以由键盘代替鼠标操作,大大提高操作员的操作效率。

---

① Optical Character Recognition(光学字符识别)的缩写,是指将文字材料通过扫描仪输入作为计算机图像文件,通过软件识别为中文或英文字符,然后进行文字处理。目前,OCR 技术在印刷文字的识别方面有比较广泛的应用。

3. 基于各种文件的档案管理功能

对于各种需要进行档案管理的基于电子文件的档案,OCR 数据自动录入系统提供了快速建档的方法,用户可以一次加入一个或多个基于电子文件的档案。

8.4.3.3 税务电子档案的管理

实行电子档案管理后要注意对档案的使用权限进行适当的控制,注意为纳税人保密。根据《税收征收管理法》第 8 条第 2 款的规定,"纳税人、扣缴义务人有权要求税务机关为纳税人、扣缴义务人的情况保密。税务机关应当依法为纳税人、扣缴义务人的情况保密"。因此,对于哪些信息可以向社会公开、哪些信息只能由税务机关掌握,税务机关应作明确的界定。

关于电子档案的法律地位确认问题,在目前尚无相关的法律规定的情况下,一般都是两条腿走路,一方面通过网络快速地获得信息,另一方面还要通过传统渠道取得相关部门的纸质文书作为依据。比如,在税务机关查办税收案件时,通过"金税工程"的协查系统,发现了虚开增值税专用发票的犯罪嫌疑人后,还要由犯罪嫌疑人的所属管辖区域的税务机关出具纸质的证明文件才能正式定案。实行电子档案管理,在条件成熟后应确立电子档案的法律地位,最大限度地提高电子档案的应用效率。

8.5 国际电子税务发展

从全球范围来看,基于互联网的电子税务出现的时间并不长,但世界各国政府对此都十分重视。在此,选取有代表性的几个国家和地区,介绍它们各自的做法。

8.5.1 德国的电子税务发展

德国目前已经将税收征管的各个环节,从税源认定、纳税申报、税务代理、税务审核、纳税通知到税款缴纳、税务检查都纳入到计算机网络进行集成处理。纳税人可以通过互联网便捷地办理各项涉税事宜,税务机关及其税务人员也可以通过互联网实现信息存储、信息交流、税源控管、税款征收、档案管理等各种税收管理事务。

8.5.1.1 为相关单位和个人建立纳税编码和税卡

在德国,任何单位或个人在向政府有关部门申请登记开业的同时,必须向税务机关提供包括企业雇佣人员、营业规模、银行账户、家庭情况等有关纳税方面的资料,税务部门将这些资料输入电脑作为征税的基础信息并为纳税人编发纳税编码。公民在就业前,需要向税务机关申领税卡,税务机关将税卡上的基础信息输入电脑,作为征收个人所得税的基本档案。

德国这种为所有开展生产经营活动或取得收入的单位和个人建立起来的纳税编码和税卡在实际工作中的作用很大。纳税人通过纳税编码向税务机关申报纳税和缴纳税款,雇主按纳税编码代扣代缴雇员的所得税,这样税务机关就可以按纳税编码通过计算机网络汇总纳税人从不同地区、不同岗位取得的各种收入,将之与纳税人的申报情况相核对,从而确认纳税人是否完全缴纳了应纳税款。德国联邦政府规定,任何雇主不得雇佣没有税卡的雇员。可见,税务机关发给纳税人的税卡既是公民纳税的必要条件,也是合法就业的前提条件。

8.5.1.2 专职机构和人员为纳税人代理纳税申报

德国的税法规定,每个企业都必须聘请会计师进行查账,出具审计证明。由于德国税制较为复杂,除了极少数纳税人自行上门申报或邮寄申报以外,一般企业都要委托税务代理人即执业会计(税务)师进行代理纳税申报。会计(税务)师主要通过会计(税务)师数据处理中心为纳税人提供服务。

成立于1966年的德国会计(税务)师数据处理中心的总部设在纽伦堡,16个州均有其分支机构并实行电脑联网。该中心目前已成功地与税务信息处理中心实现联网,每月通过计算机处理大约800万件的个人所得税纳税申报。通过会计(税务)师数据处理中心集中办税,不但提高了纳税人和税务机关的工作效率,而且有效地保证了征纳双方的诚信度。

8.5.1.3 实行电子申报审核、征收和缴库

德国按州设立税务信息处理中心,各中心负责处理本地区各个税务机关的有关涉税数据,包括纳税人的所有征管资料及数据传递,同时负责打印纳税通知书及税票,发放给纳税人。州以下按市、县设立税务服务信息站,受理、审核纳税申报并征收税款。州税务信息处理中心和地方服务信息站通过网络传输信息,从而实现了从纳税申报到税款入库的全过程计算机控制。

8.5.2 美国的电子税务发展

美国的税务信息化一直走在国际前列,早在20世纪50年代末,美国国内收入署已开始使用计算机处理税收业务,在电子税务发展方面同样在国际上处于先进行列。

8.5.2.1 科学规划,合理投入

1986年,美国国内收入署开始规划税收服务现代化(Tax Service Modernization,TSM),大规模调整完善税务处理系统,实行电子税务。1989年,美国国内收入署制定税务现代化规划蓝皮书,提出将集中数据处理的大型机转换为分布数据库的分布式系统。

20世纪90年代,美国国内收入署每年投入上亿美元将原有的批处理系统改造为实时处理系统,并投资13亿美元建立文档处理系统、税收搜索信息系统、公司会计处理系统,用于辅助税务调查和审计,提高税务效率,减少错漏申报。

8.5.2.2 组织变革和业务重组相配套

1998年,美国国会批准了美国国内收入署改组革新法案。为实现保障纳税人的权利,提供优质服务、高效公平税收的战略目标,美国国内收入署实施了一系列的组织变革和业务重组,改分区域进行税收管理的框架组织结构为直接面向纳税人的税收管理框架组织结构。1998年12月10日,美国国内收入署与十几家公司签订新系统的建设合同,按15年规划,预算耗资100亿美元,旨在建立一个面向纳税人的高效公平的综合信息管理系统。其中,10个核心信息管理子系统分别是纳税人服务系统、电子申报系统、大型数据库管理系统、图像识别处理系统、小企业征管系统、大中企业征管系统、综合电子服务系统、综合人力资源管理系统、税收统计信息系统、综合财务管理系统。

8.5.2.3 加强合作,注重服务

1999年,美国国内收入署向美国国会财政委员会汇报时称,在推动美国国内收入署现代化和完成国会要求在2007年年底前实现80%个人电子纳税目标等方面,信息通信技术将起关键作用,但是美国国内收入署需要解决资金、技术和培训问题。同年12月,美国国会批准从5.06亿美元信息通信技术资金账户中支出3500万美元给美国国内收入署进行技术更新。之后,美国国内收入署与计算机科学技术公司以及一组技术专家和咨询顾问签订了一个协议,以此来管理和协调对美国国内收入署核心业务系统的信息化建设。2001年,为进一步推动信息化建设步伐,美国国内收入署聘请了有着信息通信技术背景的专家担任副署长兼首席信息官,主管信息化建设。随后,美国国内收入署与以计算机科学技术公司为首的8家公司签订了合同,分别负责不同系统的开发,使美国的电子税务系统处在国际领先行列。

比如,美国国内收入署还加强自己的网站建设,增加了更为丰富的网页内容,以提高信息服务的质量。另外,美国国内收入署在网上提供了十多年的税表、文献;提供了在线表格,供纳税人直接下载使用;提供纳税人经常性问题及解答,给纳税人以指导;充分发挥电子邮件的作用,给纳税人提供新闻信息。

8.5.3 英国的电子税务发展

英国的电子税务发展起步也比较早,应用的效果同样比较出色。

8.5.3.1 数据集中起步,逐步推进电子化应用

英国的税务局在20世纪80年代末开始建立集中式的信息管理系统,到90年代中期,随着网络技术的发展,开始进行电子申报纳税系统的开发和应用。个人自1996—1997年度开始,公司自1997年7月开始,实行由纳税人自行计算自己的应纳税额后,英国的税务局就开始使用地方数据采集系统(Local Data Assessment,LDA)用于自行计征数据采集。税务代理机构则使用电子账务服务(Electronic Lodgment Service,ELS)为其客户进行电子申报。后来,英国的税务局又开发了"事后检查程序",根据纳税人申报的情况,选定申报纳税异常的纳税人作为重点稽查对象,进行申报纳税检查。

8.5.3.2 分阶段实施,重视税务网站的作用

英国的电子申报纳税系统分两个阶段运行:第一阶段于1996年4月启动,按个人所得税的要求,实现了年收入申报表的电子化;第二阶段于1999年4月启动,通过安全网关实现雇主薪金系统与税务局个人所得税系统直接连接,提交申报表并取得相应的信息。2000年4月,英国的税务局推出其余各类纳税申报表的电子申报服务。

英国的税务局的主页包括税法公告、供下载的税法宣传小册子、个人与公司申报纳税指南、申报纳税技术、常见问题回答、税务局年报、税务局计划等内容。纳税人可以从网页上取得有关资料和表格,也可以通过电子邮件与税务局、税务代理机构联系获得帮助。

8.5.4 新加坡的电子税务发展

新加坡作为一个城市化国家,在电子政务发展方面在国际上颇有知名度,电子税务

当然也不例外。

8.5.4.1 涉税资料集中管理

新加坡的税务局于1980年开始建立税收征管计算机系统。该系统是一个由一台大型计算机和800台终端组成的,与其他部门实现互联网或信息交换的集中式计算机网络系统。全国纳税人的资料采集通过键盘、光学设备识别、移动硬盘多种方式完成。税务局收到纳税人的申报表后审核录入主资料库中,计算机自动按相应的税率对每张申报表进行纳税计算,并实现了计算机辅助评税功能。

8.5.4.2 电子档案领先应用

在税收征管资料应用方面,税务局可以联机查询各种纳税人的当前资料和历史资料,税收法令条例,各种税收数据的分类、汇总、统计和报表输出。图像识别系统对申报表的处理能力扩大到每年1000万张,除了进行硬盘备份以外,还按年度将纳税人的申报材料进行缩微处理,一方面进行电子档案管理,另一方面在必要时作为法律认可的证据。

8.5.4.3 政府之间电子税务应用项目丰富

在互联网应用方面,1997年新加坡的税务局在互联网上设立了网站,作为新加坡政府电子政务核心计划中的重要项目,税务局为纳税人提供网上报税服务。税务局的计算机系统通过网络与财政部、贸工部、法院、发展部等部门联网,与银行、公司注册局、车辆注册局、公积金局、建屋局等主要信息来源单位实现了电子信息交换。

8.5.5 新西兰的电子税务发展

新西兰政府十分重视电子税务的发展,并在呼叫中心应用方面取得了很大的成功。

8.5.5.1 确立明确的电子税务发展目标

为了促进电子税务的快速发展,新西兰的税务局比较早地确定了三个方面的电子税务的目标:一是规范和简化征税程序;二是完善纳税环境,提高税务机关为纳税人服务的能力,方便纳税人依法纳税;三是提高税务机关为纳税人服务的能力。

这三个方面的目标虽然简单,但具有很强的操作性,并为电子税务的发展指明了前进的方向。

8.5.5.2 建设呼叫中心,为纳税人提供全方位服务

早在1998年,新西兰的税务机关就在全国建立起由5个地区呼叫中心组成的税务呼叫中心服务体系。税务呼叫中心服务体系建立的目的在于简化税收征收方式,形成统一的纳税环境,提高税务机关的工作效率。税务呼叫中心目前已成为新西兰的税务局为纳税人服务的主渠道。

新西兰的税务呼叫中心系统以计算机应用为依托,由1个计算机网络、2个数据库(一个为政策法规库、一个为纳税信息库)、5个地区呼叫中心组成。税务呼叫中心的管理中心、计划部和运行管理部的职责如下:

(1)税务呼叫中心管理中心,负责提供准确的预测、工作计划和技术解决方案,以确保全国5个地区呼叫中心为公众和纳税人提供最充分和有效的服务。

(2)税务呼叫中心计划部,负责:预测全国税务呼叫电话数量增减情况;制定年度业

务计划;电讯业务管理;呼叫中心项目开发;呼叫中心运行情况检查和分析;呼叫中心人员管理。

(3) 税务呼叫中心运行管理部,负责:信息收集和传递;用户投诉管理;与 IBM 公司合作进行合同管理;呼叫中心问题解决方案设计;呼叫中心项目开发;业务系统完善和更新;软件维护;员工培训。

新西兰的税务呼叫中心的技术系统由三个部分组成:第一部分为服务前台,即税务呼叫中心工作人员的计算机终端;第二部分为电话接入系统;第三部分为呼叫中心内部网络系统,包括知识数据库和语音服务支持系统。呼叫中心计算机的内网与税务局的税收征管数据库相连接,可以通过税收征管数据库查询全国各地纳税人的税收缴纳情况,以确保在最短的时间内对客户的呼叫做出回应。

呼叫中心作为电子税务应用的重要组成部分,在新西兰的电子税务发展中起着举足轻重的作用。

8.6 我国的电子税务发展

电子税务在我国的发展时间并不长,但随着经济和税收的快速发展,以及信息通信技术的日新月异,电子税务在电子政务的整体发展进程中正健康、稳步地向前推进。

8.6.1 我国电子税务发展的进程

从 20 世纪 90 年代中期至今,我国电子政务的发展已经走过了 20 多个年头,已取得了可喜的进展。我国电子税务的发展大致可以分为以下四个阶段:

8.6.1.1 起步与准备阶段

1994 年,国家税务总局启动建设增值税专用发票交叉稽核系统,即"金税工程"一期,标志着我国电子税务建设正式起航。1995 年,国家税务总局在制定的税收征管改革方案中明确指出:以纳税申报为基础,以计算机网络为依托,实现"集中征收,重点稽查,优化服务,精简高效"的目标,逐步建立起适应社会主义市场经济发展要求的税收征管新体制。实际上,这一方案中已经蕴含了实施电子税务的设想。

1999 年,国家税务总局制定了"面向 21 世纪税务改革与发展行动计划",把"发展电子报税"作为 21 世纪初税务改革的核心内容之一。电子报税是电子税务的核心内容,发展电子报税为电子税务的具体实施做好了相应的准备。

8.6.1.2 实施应用阶段

进入 21 世纪后,我国的电子税务发展进入具体的实施应用阶段,发展的速度也开始明显加快。2001 年 5 月 1 日施行的《税收征收管理法》第一次将发展电子税务方面的内容写进了法律。《税收征收管理法》第 6 条第 1 款规定,"国家有计划地用现代信息通信技术装备各级税务机关,加强税收征收管理信息系统的现代化建设,建立、健全税务机关与政府其他管理机关的信息共享制度"。与此同时,2001 年开始正式实施"金税工程"二期,从开票、认证、报税到稽核、稽查等环节进行全面监控,主要监控对象仍是增值税专用发票。

2002年,中共中央办公厅转发的《国家信息化领导小组关于我国电子政务建设指导意见》中决定"把电子政务建设作为今后一个时期我国信息化工作的重点",并把税务机关的"金税工程"列为全国12个建设和完善的重点业务系统。同年8月召开的全国税务系统信息化建设工作会议又指出,税务机关必须按照"统一规划,分步实施,重点突破,整体推进"的工作思路,加快改革步伐,大力推进电子税务建设,推动税收管理现代化,电子税务进入了快速发展阶段。

8.6.1.3 深入发展阶段

2004年4月,国家税务总局召开电子税务建设会议,将电子税务建设的总体目标概括为"一个平台,两级处理,三个覆盖,四个系统"。"一个平台"即建立一个包含网络硬件和基础软件的统一技术基础平台;"两级处理"即依托统一的技术基础平台,根据总局和省局管理上对数据的不同要求,逐步实现税务系统的数据信息在总局和省局集中处理;"三个覆盖"即应用内容逐步覆盖所有的税种,覆盖所有的工作环节,覆盖各级国税、地税机关,并与有关部门联网;"四个系统"即通过业务的重组、优化和规范,逐步形成一个以征管业务为主,包括行政管理、外部信息和决策支持在内的信息管理应用系统。强调建立和完善上述系统,应坚持"统筹规划,统一标准,突出重点,分步实施,整合资源,讲究实效,加强管理,保证安全"原则。

8.6.1.4 全面融合阶段

2005年开始,为实现"业务一体化,技术一体化,系统一体化",国家税务总局决定实施"金税工程"三期建设。2008年9月24日,国家发展改革委正式批准初步设计方案和中央投资概算,标志着"金税工程"三期建设同时启动,同时意味着电子税务发展开始进入全面融合阶段。

"金税工程"三期建设确定了"一个平台,两级处理,三个覆盖,四类系统"的工作目标,是在2004年所提出的"电子税务"发展目标的具体化,提出将建成一个年事务处理量超过100亿笔、覆盖税务机关内部用户超过80万人、管理过亿纳税人的现代化税收管理信息化系统。

"一个平台":建立一个包含网络硬件和基础软件的统一的技术基础平台。实现覆盖国家税务总局,国税、地税各级机关以及与其他政府机构的网络互联;逐步建成基于互联网的纳税服务平台。

"两级处理":依托统一的技术基础平台,建立国家税务总局、省局两级数据处理中心和以省局为主、国家税务总局为辅的数据处理机制,逐步实现税务系统的数据信息在国家税务总局和省局集中处理,实现涉税电子数据在国家税务总局、省局两级的集中存储、集中处理和集中管理,使业务流程更加简化,管理和监控更加严密,纳税服务更加简便,系统维护更加便捷,系统运行更加安全。支持数据总体分析,实现宏观分析与微观分析相结合、全局分析与局部透视相结合,全面提升数据综合利用水平,提高决策支持能力。

"三个覆盖":应用信息系统逐步覆盖所有的税种,覆盖税务管理的重要工作环节,覆盖各级国税、地税机关,并与有关部门联网。

"四类系统":通过业务的重组、优化和规范,逐步形成一个以征收管理和外部信息为主,包括行政管理和决策支持等辅助业务在内的四个信息管理应用系统,分别是:

(1) 以税收业务为主要处理对象的征收管理系统；
(2) 以外部信息交换和为纳税人服务为主要处理对象的外部信息系统；
(3) 以税务系统内部行政管理事务为处理对象的行政管理系统；
(4) 面向各级税务机关税收经济分析、监控和预测的决策支持系统。

总体来说，在我国发展电子税务是不可阻挡的时代潮流，在过去几年各地税务机关都在这方面进行了有益的探索。从全国范围来看，目前已建成了以增值税专用发票为主体的"金税工程"、以 CTAIS(China Taxation Administration Information System，中国税收征管信息系统)为主体的税收征管信息系统、以 ODPS(Office Document Process System，办公公文处理系统)为主体的行政管理系统等项目正在税收领域发挥着越来越重要的作用，电子税务的作用也变得越来越明显。

8.6.2 电子税务发展中面临的主要问题

在我们欣喜地看到电子税务在我国取得快速发展的同时，也不应忽视存在的一些问题和困难，主要表现在以下五个方面：

8.6.2.1 对电子税务的认识还不够到位

目前，包括税务机关在内的各级政府机构的领导以及政府工作人员对电子税务的认识离电子税务的发展要求还存在着不小的差距。对于"什么是电子税务""电子税务到底重要不重要""如何来实施电子税务"等这些看似简单的问题认识模糊，更难形成共识。究其原因：一是不少税务人员对发展电子税务缺少必要的认识，认为电子税务很高深，还不具备实施的条件；二是认为电子税务就是用计算机处理税收业务，就是税收信息化，没什么可以发展的，缺乏对电子税务的深入认识和长远规划；三是认为电子税务就是建立网站，将信息在网上发布和通过网络进行数据通信就以为达到要求了；四是认为电子税务无所不能，只要建成了电子税务，所有的涉税业务就都可以通过计算机网络来处理了，而忽略了制度建设等方面配套措施的跟上；五是在发展电子税务的过程中，遇到过困难和挫折，于是认为没有必要"人脑受控于电脑"，对电子税务采取消极应付的态度。毫无疑问，认识是行动的先导，认识不统一，思想观念上转变不过来，实施过程中就必然会遇到各种各样的困难和阻力。

8.6.2.2 缺乏整体规划，信息资源浪费严重

长期以来，我国税务管理系统由于缺乏整体规划，造成税务机关之间信息沟通不足，存在较为普遍的信息孤岛现象，信息资源浪费严重。电子税务是税务系统的一场改革，从某种意义上来说也是一场革命。因为电子税务就是运用现代信息通信技术，将税务机关的管理服务职能经过精简、优化组合，重组到网络上实现，它打破了时间、空间及部门分隔的制约，必然触及机构职能的重组和权力格局的分配。而税务机关历来都是金字塔式的组织结构，存在利益部门化、信息孤岛和数字鸿沟等现象。目前，税务系统内部的各个职能部门都在开发自己的应用软件，仅国家税务总局组织开发的软件就有数十个。至于全国各地的税务机关重复开发的现象则更为严重，大多数省份都自行开发了税收征管软件，这些自行开发的软件自成体系、互不共享，资源浪费十分严重，离电子税务的目标和要求反而越来越远。

8.6.2.3 存在较为明显的"重电子,轻税务"的倾向

在电子税务发展初期,往往是重开发而轻税务需求的系统性和完整性。开发时缺乏充分的论证,技术开发对现有税收业务采取"照猫画虎"的方式,软件系统成为现有税收业务的翻版工程,而没有实现对现有业务流程的重组,甚至都不能协调不同业务口径、业务流程之间的数据混乱和边界交叉,其直接结果是导致软件的不断频繁升级、修修补补,甚至进入所谓的"IT 黑洞",不但不能带来效率的提高和服务的改进,反而成为劳民伤财的"花架子"工程。尽管电子税务的发展已经历了较长的时间,但"重电子,轻税务"的现象还较大程度存在。

8.6.2.4 技术方面标准不统一,扩展性差

目前,已经开发使用的电子税务应用软件采用的技术标准各不相同,整合性不强,扩展性较差。比如,已普遍推广使用的"金税工程"和 CTAIS 系统(China Taxation Administration Information System,中国税收征管信息系统)都是全国统一的应用软件,可是仍然存在着无法兼容的问题。"金税工程"软件是在 Oracle 基础上开发的,CTAIS 是基于 SYBASE 数据库基础上开发的,两套系统不兼容,数据库不统一,且被要求分装于不同的设备中,这就出现了税务机关两套软件双轨运行,造成多项工作的重复操作,相关数据信息的多头来源,既浪费了人力、财力,也给广大纳税人带来了极大的不便。这样的教训,不可不谓之深刻。

8.6.2.5 安全问题不容忽视

由于安全问题涉及很深的技术层面,有的人对安全问题产生了过分的担心。当然,解决安全问题需要比较高的投入,一是建设过程中的投入,二是使用过程中的投入。不过,也有人过分强调信息的安全而忽略了信息的公开和应用问题。为了信息的安全而不公开,无异于"因噎废食",而且,信息不公开,既有违电子税务的初衷,也不符合 WTO 的基本要求。

除了以上五个方面的问题以外,还有地区间发展不平衡问题、人才问题、体制问题、业务人员培训问题等,这些都必须很好地加以解决,否则将阻碍电子税务的健康发展。

8.6.3 加快电子税务建设的对策措施

电子税务是一项庞大的系统工程,涉及机构变革、技术应用、业务整合等各个方面,必须运用软件工程学的原理和方法进行规划建设。从具体的发展措施来看,可以从以下六个方面入手:

8.6.3.1 提高认识,促进发展

加快电子税务的发展,首先要解决认识问题,尤其要取得各级领导层的高度重视。从电子税务的发展进程来看,"金税工程"之所以能取得较好成效,一个主要原因就是因为"金税工程"是"一把手"工程。目前,税务机关尚未形成一种有利于电子税务发展的组织文化氛围,因此,在推进电子税务的发展中会遇到各种各样的阻力,特别是当电子税务的发展触及某些部门或某些人员的既得利益时,这种阻力会非常大。其他部门的电子政务建设实践表明,发展电子政务的最大阻力往往来自内部。产生这种情况的主要原因是政府机构的领导者和工作人员担心受到所谓的"技术打击"或"权力打击":"技术打击"是

由于自己对新技术不熟悉,害怕因不能正确应用新系统而降低自己威信而造成的;害怕"权力打击",或者是因为怕实行电子税务后引起工作流程的变化而失去目前体制中既得的权力,或者是担心实行电子税务给自己或本部门带来更多的工作。

诸如此类的原因都可能形成阻碍电子税务发展的阻力,从而影响电子税务的健康发展。因此,加快电子税务发展首先要解决认识问题尤其是领导层的认识问题。

8.6.3.2 重视统一规划,协调行动

《中华人民共和国税收征收管理法实施细则》第4条第1款规定:"国家税务总局负责制定全国税务系统信息化建设的总体规划、技术标准、技术方案与实施办法;各级税务机关应当按照国家税务总局的总体规划、技术标准、技术方案与实施办法,做好本地区税务系统信息化建设的具体工作。"国家税务总局要顺应时势,制定出适应时代发展需求的发展规划,使各地、各部门的电子税务建设有章可循。国家税务总局在制订这个总体方案时,应注意处理好前瞻性和可行性的关系,既要高起点规划,又要有实践基础。各地税务机关在总体方案的要求下,科学建立各级税务机关行政管理、税收业务、决策支持等一体化信息系统,形成标准一体化、网络一体化、硬件一体化和应用一体化的建设体系。

8.6.3.3 高度重视业务和技术的融合

加快电子税务的发展,必须高度重视业务和技术的融合,要强调"用电子,重业务",而不能"重电子,轻业务"。发展电子税务的目的是实现税务管理服务的现代化,电子是手段,业务是目的。因此,税务机关要善于利用信息通信技术,注重税务的改造结果。根据电子税务数字化、网络化的要求,对现有税收业务进行重组和再造,以税收业务为导向,做到信息流和业务流紧密联系,使电子税务真正落到实处。

8.6.3.4 加快电子税务专业人才的培养

电子税务的发展离不开高素质的电子税务专业人才,因此税务机关必须十分重视人才的培养问题。电子税务应当属于高科技的范畴,不仅需要组织大量的高精尖的信息通信技术人才攻关,而且还需要全体税务人员具有良好的信息通信技术素质。而我国目前的税务人员队伍现状与之相较尚有不少距离。大量引进人才毕竟很不现实,只有在适当引进部分高端人才的基础上,全体税务人员不断学习、提高才是真正的出路。另外,企业人员素质以及全社会人员的素质也需相应提高,主要通过培训、交流、学习等方式予以实现。

8.6.3.5 要想方设法解决电子税务的投入问题

实施电子税务需要大量的投入,充足的资金来源是一个十分重要的因素。对欠发达地区而言,这个问题较为突出。据不完全统计,原南京市国税局近年来在税务信息化方面的投入已超过5000万元,而正在建设的国家"金税工程"三期计划5年内投资逾60亿元。巨大的资金投入需要各级税务机关想方设法、多管齐下地来筹集。

8.6.3.6 必须科学合理地解决安全问题

税务机关的职能进入互联网,如果安全问题没有保证,电子税务就不能健康发展。税务机关在实施电子税务的进程中务必对安全问题给予高度的重视,提高系统的防护、预警、监测、应急、恢复和反击能力,确保计算机网络信息系统存储、传输、处理过程信息

的保密性、完整性、可用性、可靠性和不可抵赖性,确保对授权合法用户的服务和限制非授权用户的使用。

在实施电子税务的过程中,不断地解决上述问题以及新出现的问题,电子税务将迎来未来的长足发展。

8.7 本章小结

税务是政府的基本而又重要的职能,提高效率、降低成本、改善服务、精简流程是各地、各级税务机关共同追求的目标。加快电子税务的发展和应用,是实现这一目标的必然选择。

电子税务的发展是一个长期而又复杂的过程,国际、国内已在这方面做出了比较多的探索。在新的历史条件下,电子税务既面临着强大而又迫切的发展需求,又面临着技术、管理、安全等多方面的挑战,由于我国各地电子税务的发展基础和应用需求差距巨大,因此各地要因地制宜,从实际情况出发,逐步探索出一条行之有效的发展道路。

第九章

典型政府部门电子政务发展

电子政务既是一项几乎与所有的政府机构以及政府工作人员都有着密切联系的系统工程,又是一个长期持续的、不断深入并且逐步完善的过程。随着信息通信技术在政府公共管理和公共服务中应用的逐步普及,国际、国内越来越多的政府机构都把推进电子政务的应用与发展作为自身的一项重要使命。在我国,各地、各级政府正在掀起加快电子政务发展的热潮,但由于不同的政府具有各自不同的特点和对电子政务需求的差异,在发展电子政务时,各地、各级政府不可能、也没有必要"齐步走",而应该从各自的实际需要出发,牢牢把握"以公众利益为中心"的发展理念,踏踏实实地利用信息通信技术来改善政府的管理与服务,积极探索,锐意进取,以期能找到一条切实可行的电子政务发展道路。

电子政务的发展领域极其广泛,无法在本书中一一进行论述。除了在前面已经作了专门讨论的"政府电子化公共服务""政府电子化采购"和"电子税务"三章以外,本章选取了"工商行政管理""教育""农业"和"审计"等典型政府机构,对这些机构的电子政务发展状况作一基本的分析,以期能对不同政府机构电子政务的发展有更加全面和深入的把握。

9.1 工商行政管理电子政务

我国的工商行政管理机关是政府主管市场经济秩序的综合经济监督机构,承担着确认市场经营主体资格、保护消费者合法权益和打击不正当竞争等多方面的重要职能,它的管理水平和服务能力的高低对国民经济的发展和社会的进步起着不可低估的作用。加快电子政务的应用已成为我国各地、各级工商行政管理机关在新形势下面临的一项重要任务,并且随着电子政务发展的不断深入,传统的政府工商行政管理工作必将在手段、内容、程序、方法和观念等方面产生重大而又深远的影响。

9.1.1 工商行政管理电子政务应用

根据政府工商行政管理职能自身的特性以及国内部分省市工商行政管理机关的实践,目前电子政务的应用主要有以下七个方面:

9.1.1.1 电子化政策、法规与咨询服务

利用互联网向社会提供有关工商行政管理的政策、法规和咨询服务是工商行政管理电子政务最基本,也是比较容易实现的功能。这项服务主要包括以下一些内容:

(1) 最新工商行政法规发布;

(2) 工商行政法规网上查询;

(3) 常用法规汇编;

(4) 工商办事指南;

(5) 工商新闻;

(6) 市场与经济信息;

(7) 商品与服务供求及价格信息;

(8) 本地企业推介;

(9) 工商行政管理业务咨询;

(10) 常见问题解答等。

电子化工商行政管理政策、法规与咨询服务要求政府工商行政管理机关从服务对象的需求出发,充分利用互联网这一先进的信息传播工具,为公众提供高容量、高质量、高水平的信息服务。电子化工商行政管理政策、法规与咨询服务对政府工商行政管理机关来说,既可以大大节省政策、法规与咨询服务的工作量,又可以提高政策、法规宣传和咨询服务的水平,真正达到事半功倍的效果。而对广大经营者和消费者来说,因为有了专门获取工商行政管理政策、法规和咨询服务的网络渠道,可以随时随地通过访问相关网站获取相应的信息服务,不仅可以获得比过去更为全面、丰富的政策、法规信息,提高遵纪守法的自觉性,而且更为灵活方便,并能有效地节省相应的时间和费用。

9.1.1.2 网上注册登记管理与服务

作为政府专门管理工商企业经营行为的职能部门,全国各级工商行政管理机关承担着一系列有关工商经济活动注册登记的任务。利用互联网实现注册登记的管理与服务,既可以大大提高注册登记的效率,又可以帮助经营者节省大量的时间和费用,优势十分明显。

目前,在网上注册登记中的应用较为成熟的业务有:

(1) 企业、商标等名称的预注册;

(2) 企业、商标等名称的网上登记;

(3) 注册、登记相关规定;

(4) 注册、变更表格下载;

(5) 注册、登记表格填写说明;

(6) 最新注册企业公告与检索;

(7) 最新注册商标公告与检索;

(8) 地方企业分类名录;

(9) 地方商标注册名录;

(10) 商标信息联网查询;

(11) 注册商标保护政策、法规;

(12)商标纠纷典型案例解析等。

9.1.1.3 网上年检

对辖区企业和市场进行年检是各级工商行政管理机关承担的一项专门性工作,传统方式的年检不但牵涉到工商行政管理机关大量的人力和物力,而且还要求被检单位投入较大的时间和精力。网上年检则借助信息通信技术的应用,可以直接在网上办理与年检相关的各项工作,可以显著提高年检的效率,缩短年检的时间,节省年检的费用,对年检双方都能产生理想的收益。典型的网上年检的流程如图9-1所示。

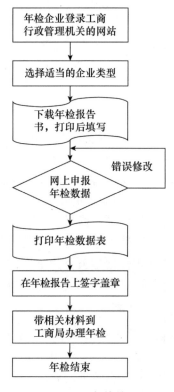

图 9-1 网上年检的流程

从多年来开办网上年检的工商行政管理机关的实践看,网上年检虽然还不一定能通过互联网完成全部工作,但年检企业只要一次性填妥相关表格,并把相关数据输入工商行政管理机关网站的数据库,再备齐营业执照正、副本及资产负债表、损益表等材料,只要去一次工商行政管理机关就可以办理完年检手续,与传统的年检方式相比,效率得到了大幅度的提升。

9.1.1.4 企业经营行为网上监督

监督企业的经营行为,创造和维护良好的市场经营秩序是各级工商行政管理机关的基本职责。在传统的条件下,由于缺乏有效的监督工具,对企业的经营行为不能实行有效的监督,增加了经济活动的风险。比如,企业之间首次开展交易活动,要了解对方的诚信情况,因为没有专门的信息渠道,往往无法获得准确的信息,判断的难度很大。有了电子政务平台后,工商行政管理机关可以对当地企业的经营行为实行有效的监督,保障重合同、守信誉企业的利益,对那些不讲信誉、没有诚信的企业进行网上曝光,责令它们及时进行整改,对那些屡教不改、不法经营的企业及时进行处罚,直至注销。

对企业的经营行为进行网上监督的具体做法主要有:(1)在网上设立本地企业"红黑榜",对那些信誉良好、守法经营的企业进行大力宣传,帮助这些企业进一步拓展业务,对那些不讲信誉的企业在网上公布名单,督促其改正;(2)把逐次评出的"重合同,守信誉"企业和名优商标及时在网上公布,一方面可以扩大这些企业和商标的影响,另一方面也能更好地接受公众的监督;(3)设立"网上投诉台",接受社会各界对企业经营行为的投诉,工商行政管理机关把相关的调查处理结果及时在网上公布,努力创造公开、公正、公平的市场经营环境;(4)对典型案例进行网上剖析,帮助企业识别经营活动中的各种陷阱,避免各种经营风险,同时引导企业守法经营、讲究信誉,追求长期可持续发展。

9.1.1.5 网上维权服务

打击假冒伪劣,维护广大消费者的合法权益是我国各级工商行政管理机关担负的义不容辞的责任。在社会主义市场经济体制的建设过程中,一些不法企业利欲熏心,置国家的法律、公众的切身利益于不顾,生产假冒伪劣的商品坑害消费者,既破坏了市场经济的秩序,又给国家和人民群众带来了难以估量的损失。

互联网在打击假冒伪劣、保护消费者的合法权益方面同样可以发挥不可低估的作用,具体的应用主要有:(1)在网上设立"假冒伪劣曝光台",公布生产假冒伪劣商品企业的名单,让那些习惯于坑蒙拐骗的不法分子无处藏身;(2)公布假冒伪劣商品的特征与识别方法,帮助消费者更好地防范假冒伪劣商品的侵害;(3)设立"网上举报台",接受公众对假冒伪劣商品的举报,并把举报的处理结果向社会公开,这样既可以对制假、造假者造成一定的震慑,还可以调动公众参与打假的积极性;(4)利用互联网发布打假、维权的典型案例,通过典型案例的公示,让制假、造假者认识到自身行为的严重后果,同时又让公众从中得到教育,提高打假、维权的宣传效果。

9.1.1.6 网上并联审批

按照传统的做法,企业到工商行政管理机关办理相关业务手续时,必须先经过其他政府机构的审批,这就是所谓的"前置审批"。比如,企业向工商行政管理机关申请营业执照,在提交申请表后,必须到公安局、卫生局、文化局和消防局等政府机构办理审批、盖章,过去申请人只能一个部门、一个部门地跑,手续十分烦琐,周期也极为漫长,既影响了政府的形象,又给经营者造成了很大的损失,这种典型的政府官僚行为已经到了不得不改革的时候了。利用互联网整合政府职能,简化政府办事程序具有很大的优势,它可以把传统的"前置审批"改革成通过互联网进行的"网上并联审批"。网上并联审批对简化审批手续、节省审批时间有十分明显的效果。

网上并联审批的具体做法是:申请人把相关申请提交给工商行政管理机关后,由工商行政管理机关通过互联网把申请人的信息发送给不同的政府机构,相关的政府机构把申请批复的信息通过互联网反馈给工商行政管理机关,再由工商行政管理机关给出最终的审批结果。"统一受理,转告相关,互联审批,限时完成"是网上并联审批最基本的特点,根据北京市工商行政管理局的实践,原来需要申请人来回在不同的政府机构奔波,耗时数月的"串联式人工审批",现在申请人只要与工商行政管理局一个部门打交道,而且最多只要几天时间就可以办理完毕相关手续。网上并联审批的推行不但为广大经营者带来了极大的方便,而且也为政府职能的改革与创新提供了新的思路。

9.1.1.7 电子营业执照管理

众所周知,为符合条件的经营主体颁发营业执照是工商行政管理机关的基本职能。传统的营业执照都是纸质的,由于纸质的营业执照具有容易伪造、携带不便、更改困难等缺点,已经明显暴露出它的不足,特别是随着企业电子商务发展的不断深入,企业经营者需要通过互联网确认各自的身份,同时电子合同、电子签名的出现使得纸质的营业执照显得无能为力。技术的进步、经济的发展要求工商行政管理机关改革传统纸质的营业执照,逐步使用电子营业执照。

简单地说,电子营业执照是通过加密的电子芯片实现的,可以直接插在计算机的USB接口上,通过互联网访问工商行政管理机关的加密数据库即可进行身份核实。交易双方只要都拥有电子营业执照,就可以通过访问工商行政管理机关的电子身份执照的数据库核实对方的身份,诸如企业性质、注册资本、经营范围和资信状况等信息均可一览无余地展示给对方。电子营业执照的用途十分广泛,比如通过它在网上进行电子签名,就可以方便地签订电子合同。又如,企业通过它进行纳税、到银行办理贷款等,企业的相关信息既全面又准确,对业务处理有很大的帮助。再如,电子营业执照可以彻底解决传统纸质执照的易伪造、不便携带、不易更改等难题,使无照经营、假冒执照、逾期年检等"老大难"问题得到轻而易举的解决。

电子营业执照的推行将会给传统的工商行政管理工作带来一场不小的革命:第一,工商行政管理的范围将从传统的对有形市场的管理逐步过渡到对有形市场和无形市场(网络交易)相结合的、全方位的监管;第二,电子营业执照管理将使工商行政管理机关的电子政务与企业的电子商务"无缝"地对接起来,对发展电子商务和电子政务有着积极而又深远的意义;第三,电子营业执照管理将会有力地推动传统的工商行政管理工作向电子化、网络化转型,进一步提高工商行政管理的水平,更好地发挥工商行政管理机关在经济建设和社会发展中的作用。

9.1.2 工商行政管理电子政务发展

国家工商行政管理总局对电子政务的发展极为重视,并专门立项建设"红盾工程",要求按照"需求导向,推进应用;统筹规划,分步实施;因地制宜,突出重点;统一标准,协同建设;资源共享,安全保密"的基本原则,深入推进工商行政管理电子政务建设。

9.1.2.1 工商行政管理电子政务的基本目标

工商行政管理电子政务的基本目标是:到2020年年末,基本建立结构科学、层级衔接、互联互通、资源共享、运转高效、全国统一的工商信息化体系,形成以规划设计、标准规范、应用系统、数据资源、服务门户、支撑平台、信息安全、制度保障为主构成的有机整体,不断增强工商信息化发展能力,不断提升信息化应用水平,不断优化信息化发展环境,构建"大监管共治,大系统融合,大数据慧治,大服务惠民,大平台支撑"的工商信息化创新格局。

9.1.2.2 工商行政管理电子政务建设的主要任务

我国工商行政管理电子政务建设的主要任务是:建立统一开放的市场监管联动平

台,推动形成统一的市场监管体系;建设统一的业务应用系统,提升工商行政管理现代化水平;建立统一的工商大数据体系,提高对市场主体整体服务和监管能力;推进统一的政务服务,创新"互联网+工商"的服务模式;建立统一的工商信息化基础支撑平台,为工商行政管理机关履职尽责和改革发展提供技术保障。

9.1.2.3 工商行政管理电子政务建设的发展方向

我国工商行政管理电子政务未来的发展方向是要最终形成"大监管共治,大系统融合,大数据慧治,大服务惠民,大平台支撑"的工商信息化创新发展格局。

（1）大监管共治:以国家企业信用信息公示系统为重要支撑,推动深化商事制度改革和市场监管综合执法信息化全面开展,强化事中、事后监管,实现由政府机构单独管理向"企业自治,行业自律,政府监管和社会监督"的社会共治格局转变。

（2）大系统融合:以深入推进全国一体化业务应用系统建设为抓手,全面提升工商信息化大系统"整合、融合、一体化"水平,进一步增强工商信息化纵横互联的整体效能,有效支撑工商和市场监管体制机制改革创新。

（3）大数据慧治:以国家法人单位基础信息库为基础,建立"多元化采集,主题化汇聚,知识化分析,个性化服务,开放化利用"的工商大数据资源体系,提升工商行政管理机关智慧化治理能力。

（4）大服务惠民:以人民为中心,推进"互联网+政务服务",建设统一规范的网上工商政务服务平台,开展行政权力公开透明网上运行,确保全面依法行政,形成与市场主体、社会公众丰富多样、方便快捷的服务交互新机制。

（5）大平台支撑:坚持统一工商信息化标准,建设统一的工商政务云平台,优化互联互通的工商网络系统,力争网络覆盖率达100%,进一步健全网络信息安全保障体系,形成资源共享、安全可控的工商信息化基础支撑大平台。

9.1.3 上海工商行政电子政务发展案例

上海市工商行政管理局作为全国最大经济中心的经济和市场秩序的"守护神",切实对电子政务的发展与应用进行了探索,充分发挥了电子政务在提升工商服务能级中的作用,取得了良好的发展成效。上海市工商行政管理局电子政务建设和应用的重点包括法人信息共享与应用系统、企业信用信息公示系统和公共信用信息服务平台。

9.1.3.1 法人信息共享与应用系统

法人信息共享与应用系统(以下简称法人库)是政府机构信息汇聚、共享、交换的基础平台,是机构数据共享的通道,并承担着与法人基础数据有关的关联比对和普遍共享利用的功能。2009年,上海在"市企业基础信息共享与应用系统"的基础上,启动建设法人库,作为全市法人数据归集共享的基础平台。这个系统有两个特征:一是汇聚的法人信息全面;二是实现了机构之间信息实时共享。法人库在事中、事后监管中的作用突出体现在三个方面:一是信息比对;二是日常协同监管;三是联动惩戒。经过多年的发展,目前该系统已成为上海市工商行政管理局开展事前、事后监管的基本依据。

9.1.3.2 企业信用信息公示系统

企业信用信息公示系统的定位是关于企业在经营过程中登记、备案、股权处置、获得许可或受到处罚信息的公开披露系统。它的作用是通过信息公示、社会监督等手段,促进企业诚信自律,保障市场公平竞争,维护市场秩序。

这个系统主要有两大特征:一是企业信息的来源渠道更加广泛;二是向社会开放公示。企业信用信息公示系统在事中、事后监管中的作用突出体现在三个方面:一是创新市场监管模式,提高监管效率;二是有利于社会监督,增强了信用约束;三是推进部门协同,加大失信惩戒力度。

9.1.3.3　公共信用信息服务平台

公共信用信息服务平台的定位是形成个人或法人社会征信报告的服务平台,面向社会征信服务机构及征信当事人本人提供专业服务,着重发挥信息归集查询、信息联动监管、信用监测预警、信用市场培育等作用。

该平台按照"一个平台,多方授权,服务多方"的总体思路和"公共、公益、公开、共享、便捷"的原则于2013年启动建设。建立这个平台,有利于打破信息孤岛,让分散的信用信息跨部门流动,"串珠成链",从而全面展现个人或企业的信用状况。目前,公共信用信息服务平台在拓展和深化数据归集的同时,工作重心已逐步转移到应用推进方面。

9.1.3.4　案例评析

上海市工商行政管理局充分认识到全面深化改革背景下加快工商电子政务建设的重要性和紧迫性,积极推动信息通信技术与工商行政管理业务融合,不断提升电子政务发展水平。该局坚持立足工商行政管理机关、面向社会,把为政府有关机构、主体和社会公众提供高效便捷的服务作为电子政务发展的出发点和落脚点,加大业务应用系统和信息资源整合力度,充分发挥信息化应用成效作用,为工商行政管理机关转变政府职能、改善政府服务提供了强有力的保障。

9.2　教育电子政务

我国教育电子政务是随着教育信息化的发展而逐渐起步的,已经历了较长时期的快速发展,取得了丰硕的成果,基础教育、职业教育、高等教育和继续教育等领域结合各自的需求,在扩大资源覆盖面、促进教育公平和提高教育教学质量等方面涌现出一批电子政务发展的应用典型,电子政务的成效正在不断显现出来。

9.2.1　教育电子政务建设的指导思想、发展原则与发展目标

教育电子政务是国家电子政务建设的重要组成部分,是教育信息化建设的主要内容之一,是实现教育管理现代化的重要手段。教育电子政务的建设与发展,既要明确相应的指导思想和发展原则,又要确立相应的发展目标。

9.2.1.1　教育电子政务的指导思想

我国教育电子政务的指导思想是:坚持"四个全面"战略布局,牢固树立和贯彻落实创新、协调、绿色、开放、共享的发展理念,以"构建网络化、数字化、个性化、终身化的教育体系,建设'人人皆学,处处能学,时时可学'的学习型社会,培养大批创新人才"为发展方向,按照"服务全局,融合创新,深化应用,完善机制"的原则,稳步推进教育信息化各项工

作,更好地服务立德树人,更好地支撑教育改革和发展,更好地推动教育思想和理念的转变,更好地服务师生信息素养的提升,更好地促进学生的全面发展,推动形成基于信息技术的新型教育教学模式与教育服务供给方式,提升教育治理体系和治理能力现代化水平,形成与教育现代化发展目标相适应的教育信息化体系,充分发挥信息技术对教育的革命性影响作用。

9.2.1.2 教育电子政务的发展原则

1. 服务全局

要更加贴近教育改革发展中的重大现实问题,融入教育改革发展的核心领域,为教育改革发展增添动力与手段,构建教育信息化发展新格局,使教学更加个性化、管理更加精细化、决策更加科学化。

2. 融合创新

通过深化信息技术与教育教学、教育管理的融合,强化教育信息化对教学改革的引领支撑;聚焦教育改革发展过程中困扰教学、管理的核心问题和难点问题,以创新促发展,推动教育服务供给方式、教学和管理模式的变革。

3. 深化应用

进一步深化应用驱动的基本导向,通过应用带动环境营造、支撑核心业务,围绕应用目标开展培训与绩效评价,依托教育信息化加快构建以学习者为中心的教学和学习方式。

4. 完善机制

进一步理顺教育信息化统筹部门、支撑机构和教育业务部门的关系,理顺教育部门和其他企事业机构的关系,形成统筹推进教育电子政务的合力;处理好政府与市场之间的关系,切实转变政府职能,探索建立市场作用和政府作用有机统一、相互补充、相互协调、相互促进的教育信息化工作新局面。

9.2.1.3 教育电子政务的发展目标

到2020年,基本建成"人人皆学,处处能学,时时可学"以及与国家教育现代化发展目标相适应的教育信息化体系;基本实现教育信息化对学生全面发展的促进作用、对深化教育领域综合改革的支撑作用和对教育创新发展、均衡发展、优质发展的提升作用;基本形成具有国际先进水平、信息技术与教育融合创新发展的中国特色教育信息化发展路子。

9.2.2 教育电子政务的主要任务

我国教育电子政务的发展主要面临着以下八个方面的任务:

9.2.2.1 全面提升教育信息化基础支撑能力

加快推进"宽带网络校校通",结合国家"宽带中国"建设,采取多种形式,基本实现各级各类学校宽带网络的全面覆盖,具备条件的教学点实现宽带网络接入;有效提升各类学校和教学点出口带宽,大力推进"无线校园"建设,将学校网络教学环境和备课环境建设纳入义务教育学校建设标准;基本建成数字教育资源公共服务体系,为学习者享有优质数字教育资源提供方便快捷的服务;大力推进"网络学习空间人人通",网络学习空间应用普及化，基本形成与学习型社会建设需求相适应的信息化支撑服务体系。

9.2.2.2 大幅提升信息化服务教育教学与管理的能力

积极利用云计算、大数据等新技术，创新资源平台、管理平台的建设、应用模式；做好资源平台建设规划论证，充分利用现有通信基础设施，加快推进区域平台建设和与国家教育资源平台的协同服务；鼓励企业根据国家规定与学校需求建设资源平台，提供优质服务。"十三五"末，要形成覆盖全国、多级分布、互联互通的数字教育资源云服务体系，为学习者享有优质数字教育资源提供方便快捷的服务，提升教育信息化支撑教育教学的水平。

9.2.2.3 优先提升教育信息化促进教育公平、提高教育质量的能力

积极推动"专递课堂"建设，巩固深化"教学点数字教育资源全覆盖"项目成果，进一步提高教学点开课率，提高教学点、薄弱校教学质量；推广"一校带多点，一校带多校"的教学和教研组织模式。

大力推进"名师课堂"建设，充分发挥名师的示范、辐射和指导作用，以"名师工作室"等形式组织特级教师、教学名师与一定数量的教师结成网络研修共同体，提升广大教师的教学能力和水平，推动形成"课堂用，经常用，普遍用"的信息化教学新常态。

创新推进"名校网络课堂"建设，鼓励、要求名校利用"名校网络课堂"带动一定数量的周边学校，使名校优质教育资源在更广范围内得到共享，让更多的学生享受到高质量的教育。

9.2.2.4 有效提升数字教育资源服务水平与能力

继续开展"一师一优课，一课一名师"等信息化教学推广活动，激发广大教师的教育智慧，不断生成和共享优质资源；加快制定数字教育资源相关标准规范，完善多机制、多途径整合优质数字教育资源的制度；通过多种方式大力培育数字教育资源服务市场，将数字教育资源的选择权真正交给广大师生；鼓励企业积极提供云端支持、动态更新的适应混合学习、泛在学习等学习方式的新型数字教育资源及服务。

9.2.2.5 从服务课堂学习拓展为支撑网络化的泛在学习

要积极利用成熟技术和平台，统筹推进实名制网络学习空间的建设与应用，要融合网络学习空间创新教学模式、学习模式、教研模式和教育资源的共建共享模式；鼓励教师应用网络学习空间开展备课授课、家校互动、网络研修、指导学生学习等活动；鼓励学生应用网络学习空间进行预习、作业、自测、拓展阅读、网络选修课等学习活动，养成自主管理、自主学习、自主服务的良好习惯；鼓励家长应用网络学习空间与学校、教师便捷沟通、互动，关注学生学习成长过程，有效引导学生科学使用空间；实现学生学习过程、实践经历记录的网络学习空间呈现；依托网络学习空间逐步实现对学生日常学习情况的大数据采集和分析，优化教学模式。

9.2.2.6 从服务教育教学拓展为服务育人全过程

依托信息技术营造信息化教学环境，促进教学理念、教学模式和教学内容改革，推进信息技术在日常教学中的深入、广泛应用，适应信息时代对培养高素质人才的需求；着力提升学生的信息素养、创新意识和创新能力，养成数字化学习习惯，促进学生的全面发

展;要建立健全教师信息技术应用能力标准,将信息化教学能力培养纳入师范生培养课程体系。

9.2.2.7 从服务教育管理拓展为全面提升教育治理能力

建成覆盖各级教育行政部门、全国各级各类学校和相关教育机构的国家教育管理信息化体系,实现教育基础数据的"伴随式收集"和全国互通共享;要推动管理信息化与教育教学创新的深度融合,在提高教育管理效能的基础上,实现决策支持科学化、管理过程精细化、教学分析即时化;利用信息化实现政府机构、学校、家长和社会广泛连接与信息快速互通,形成一个有效的教育治理体系,让教育发展的成果更多更公平惠及全体人民。

9.2.2.8 从服务教育自身拓展为服务国家经济社会发展

服务国家重大需求,在"一带一路"、"互联网+"、大数据、信息惠民、智慧城市、精准扶贫等国家重大战略中发挥作用,提供广覆盖、多层次、高品质的公共服务,优化社会资源配置、创新公共服务供给模式、提升均等化普惠化水平,培育新型业态和新的经济增长点;加强国际交流与合作,扩大国际视野,拓展国际空间;贯彻落实国家网络安全战略部署和法律法规,加强网络安全相关学科建设、人才培养和技术创新,做好教育系统网络安全工作,服务国家安全战略。

9.3 农业电子政务

中国是世界农业大国,农业是国民经济的基础产业,也是我国国民经济产业链条中最薄弱的环节。"农业、农村、农民"(简称"三农")问题是一个既关系到我国的经济繁荣,又关系到社会稳定的重大议题,党和政府对这一问题一直予以高度的重视。作为农业信息化的基本内容,发展农业电子政务对推动我国农业和农村现代化建设、增加农民收入、改善农民生活将会起到积极的作用,加快农业电子政务深层次发展已成为各地、各级政府共同面临的任务。20多年来,"金农工程"作为国家信息化和电子政务发展规划的重要组成部分之一,在全国范围内取得了很大的进展,为农业现代化建设做出了重要的贡献。近年来,农业部(现为农业农村部)将发展电子政务作为推进全国农业农村信息化建设以及"互联网+"现代农业发展的重要内容,已取得了一定的成效。

9.3.1 "金农工程"建设

在我国,农业电子政务是以"金农工程"为主线展开的。"金农工程"是在1994年12月召开的"国家经济信息化联席会议"第三次会议上提出的,目的是加速和推进农业和农村信息化,建立农业综合管理和服务信息系统。

9.3.1.1 建设任务

"金农工程"为农业电子政务建设提出了比较明确的任务,主要包括四个方面:一是网络的控制管理和信息交换服务,包括与其他涉农系统的信息交换与共享;二是建立和维护国家级农业数据库群及其应用系统;三是协调制定统一的信息采集、发布的标准规范,对区域中心、行业中心实施技术指导和管理;四是组织农业现代化信息服务及促进各类计算机应用系统,比如专家系统、地理信息系统、卫星遥感信息系统的开发和应用。

"金农工程"系统结构的基础是国家重点农业县、大中型农产品市场、主要的农业科研教育单位和各农业专业学会、协会。

9.3.1.2 建设原则

"金农工程"的建设原则是：

（1）统一规划，加强领导；

（2）需求主导，面向应用；

（3）整合资源，信息共享；

（4）充分利用现有资源，防止重复建设；

（5）网络建设与常规媒体应用相结合，讲求实效。

根据这一原则，"金农工程"由原农业部统一规划、指导，中央与地方分别投资实施。我国农业电子政务的建设原则与"金农工程"的建设原则基本是一致的。

9.3.1.3 建设内容

"金农工程"作为国家电子政务重点建设的12个系统之一，是由国家发展改革委审批的基本建设项目。

"金农工程"一期项目的建设内容简称"三、二、一"，具体包括：构建三大应用系统，即建设农业监测预警系统、农产品和生产资料市场监管信息系统、农村市场与科技信息服务系统；开发两类信息资源，即国内与国际农业信息资源；强化一个信息服务网络，即建设延伸到县、乡的全国农村信息服务网络。

农业农村部本级的建设内容就是要做大一个国家农业数据中心；做强一个国家综合农业门户网站；完善一个农业电子政务支撑平台；建设农业监测预警系统、农产品和生产资料市场监管信息系统、农村市场与科技信息服务系统，简称"1113"。

9.3.2 信息化发展规划对农业电子政务的部署

"十二五"时期，农业部编制了第一个全国农业农村信息化发展五年规划，成立了农业部农业信息化领导小组，全面加强农业农村信息化工作的统筹协调和组织领导，推动信息技术向农业农村渗透融合。"'十三五'全国农业农村信息化发展规划"也已正式发布，对农业电子政务的发展也作出了相应部署。

9.3.2.1 发展原则

农业农村信息化发展规划所明确的发展原则，对农业电子政务的发展同样适用，具体包括以下四个方面：

1. 坚持服务"三农"

紧紧围绕农民群众的期待和需求，瞄准农业农村经济发展的薄弱环节和突出制约，把现代信息技术贯穿于农业现代化建设的全过程，充分发挥互联网在繁荣农村经济和助推脱贫攻坚中的作用，加快缩小城乡数字鸿沟，促进农民收入持续增长。

2. 坚持统筹推进

遵循农业农村信息化发展规律，增强工作推进的系统性、整体性，加强顶层设计，统筹各级农业部门，统筹农业各行业各领域，统筹发挥市场和政府作用，统筹发展与安全，立足当前、着眼长远，上下联动、各方协同，因地制宜、先易后难，确保农业农村信息化全面协调可持续发展。

3. 坚持创新应用

创新引领,把信息技术创新摆在农业农村信息化发展的核心位置,协同推进原始创新、集成创新和引进消化吸收再创新,全面提升创新能力。把农民用得上、用得起、用得好、能致富作为衡量标准,大胆探索创新应用机制和模式,务求信息技术推广应用取得实效。

4. 坚持共建共享

以共享促共建,先内部后外部,推动建立信息系统互联互通、业务工作协作协同、数据资源开放共享的格局。增强互联网思维,坚持政府主导、市场主体、农民主人,充分调动社会各界共同参与的积极性,推动建立多方共赢的可持续商业化运行机制。

9.3.2.2 发展目标

农业农村信息化发展规划中与农业电子政务发展相关的目标主要包括以下两个方面:

1. 管理数据化水平大幅提升

农业农村大数据建设取得重大进展,全球农业数据调查分析系统初步建成,国家农业数据中心完成云化升级。"互联网+"政务服务建设任务全面完成,农业行政审批、农产品种养殖监管和农资市场监管、土地确权和流转管理、渔政管理等信息化水平明显提升,国家农产品质量安全追溯管理信息平台建成运行。

2. 服务在线化水平大幅提升

农业农村信息化服务加快普及,信息进村入户工程及12316"三农"综合信息服务基本覆盖全国所有的行政村,农民手机应用技能大幅提升,农业新媒体建设取得积极进展。

9.3.2.3 主要任务

农业农村信息化发展规划把"推动农业政务信息化提档升级"作为其中主要任务之一加以推进,以深化农业农村大数据创新应用,全面提高科学决策、市场监管、政务服务水平。该主要任务分解为以下四项具体任务加以落实。

1. 大力推进政务信息资源共享开放

完善政务信息资源标准体系,推进政务信息资源全面、高效和集约采集,推动业务资源、互联网资源、空间地理信息、遥感影像数据等有效整合与共享,形成农业政务信息资源"一张图"。制定农业政务信息资源共享管理办法和数据共享开放目录,建设政务信息资源共享开放服务平台。推进部省农业数据中心云化升级,提高计算资源、存储资源、应用支撑平台等利用效率。推动形成跨部门、跨区域农业政务信息资源共享共用格局,有序推动数据资源社会开放,逐步实现农业农村历史资料数据化、数据采集自动化、数据使用智能化、数据共享便捷化。

2. 加快推动农业农村大数据发展

加强农业农村大数据建设,完善村、县相关数据采集、传输、共享基础设施,建立农业农村数据采集、运算、应用、服务体系,统筹国内、国际农业数据资源,强化农业资源要素数据的集聚利用。加快完善农业数据监测、分析、发布、服务制度,建立健全农业数据标准体系,提升农业数据信息支撑宏观管理、引导市场、指导生产的能力。推进各地区、各行业、各领域涉农数据资源的开放共享,加强数据资源挖掘应用。

3. 强化农业政务重要信息系统深化应用

建设智能化、可视化政务综合管理(应急指挥)大厅,升级完善全国农业视频会议系统,满足政务综合管理、日常监管、应急处置和决策指挥需要。顺应移动互联网发展趋势,在确保保密和安全的前提下,加快研发运行移动办公系统,深化农业行业统计监测、监管评估、信息管理、预警防控、指挥调度、行政审批、行政执法等重要电子政务业务系统建设,提高农业行政管理效能。建设高效、集约、统一的农业门户网站与新媒体平台、"三农"舆情监测和"三农"综合信息服务系统,提升对外宣传、舆论引导和政务服务能力。构建农业电子政务一体化运维管理体系,实现运维管理由被动向主动转变,确保安全稳定运行、持续可靠服务。

4. 加强网络安全保障能力建设

加快构建农业系统关键信息基础设施安全保障体系,完善网络和信息安全保障管理制度,建立信息安全通报机制,推动信息系统和网络接口整合。加强信息系统等级保护定级、测评和整改,强化重要信息系统和数据资源安全保护。实行数据资源分类分级管理,提高网络信息安全保障能力,实现数据资源安全、高效和可信应用。强化网络信息安全设备和安全产品配备,完善身份鉴别、访问控制、安全审计、边界防护及信息流转控制等安全防护手段,建设信任服务、安全管理和运行监管等系统,科学布局灾备中心。增强网络安全防御能力,全天候全方位感知网络安全态势,确保网络环境安全和网络秩序良好,坚决防止重大网络安全事件的发生。

9.3.2.4 重点工程建设

农业农村信息化发展规划专门确定了"农业政务信息化深化工程",具体内容如下:

1. 夯实基础,促进应用

加强农业部门政务信息系统互联互通和农业数据共享开放建设,加快推进农产品优势区生产监测、农业生产调度、农机作业调度、农机安全监理、重大农作物病虫害和植物疫情防控、农药监管、种子监管、种质资源监测、耕地质量调查监测、动物疫病监测预警、防疫检疫、兽药监管、远程诊疗、渔政执法监管和资源监测、渔政指挥调度、农产品市场价格监管、农产品质量安全监管、农资打假执法监管、农产品加工业运行监测、农业面源污染监管、农村集体"三资"监督管理、农村土地确权登记、农村产权流转交易管理、农民承担劳务及费用监管、新型农业经营主体发展动态监测、新型农业经营主体生产经营直报、农业信用体系建设、网上审批等业务系统建设和共享。

2. 加快推进农业行政审批信息等资源共享

建设农业门户网站群和网站智能监测与绩效管理系统、农业网络音视频资源管理系统、新媒体移动门户。建设农业应急管理综合指挥大厅,升级完善全国农业视频会议系统。

3. 构建全国统一的农业执法信息平台

构建统一的农业电子政务综合运维管理平台。加强网络安全防护能力建设,完善网络安全设备、防护系统与防护策略,开展信息系统等级保护定级、备案、测评、整改工作。

9.4 审计电子政务

在我国,审计被认为是"国民经济运行的卫士,领导决策和民众的眼睛"。加强审计监督,对促进依法行政,维护社会主义市场经济秩序,推进政府廉政建设,保障国民经济持续健康发展有着特别重要的意义。加快审计信息化的发展步伐,促进审计电子政务的有序发展,是在新的历史时期做好审计工作的重要内容。国家审计署于1998年正式提出审计信息化建设的意见,并开始筹备审计信息化和审计电子政务的核心工程——金审工程。2002年4月,"金审工程"成为按照国家基本建设程序批复的第一个国家电子政务建设项目正式开始启动。经过10多年的建设,审计电子政务发展已取得了重要的进展,在经济发展和社会进步中所发挥的作用也正在凸现。

9.4.1 审计电子政务的目标

"金审工程"确定电子政务建设的总体目标是:建成对财政、银行、税务、海关等部门和重点国有企事业单位的财务信息系统及相关电子数据进行密切跟踪,对财政收支或者财务收支的真实、合法和效益实施有效审计监督的信息化系统。逐步实现审计监督的三个"转变",即从单一的事后审计转变为事后审计与事中审计相结合,从单一的静态审计转变为静态审计与动态审计相结合,从单一的现场审计转变为现场审计与远程审计相结合。增强审计机关在计算机环境下查错纠弊、规范管理、揭露腐败、打击犯罪的能力,维护经济秩序,促进廉洁高效政府的建设,更好地履行审计机关的法定监督职责。

9.4.2 "金审工程"一期确定的电子政务建设任务

根据"金审工程"一期的规划,审计电子政务的建设任务分成以下六个方面:

9.4.2.1 应用系统

根据审计业务和管理的需要,确定了审计管理和审计实施两大系统。

1. 审计管理系统

审计管理系统是审计机关管理审计业务和行政办公的信息系统,具有对审计业务支撑、审计办公管理、领导决策支持、审计信息共享等管理内容和技术功能,以审计计划项目信息为先导,对审计项目实施信息、结果反馈、业务指导、公文流转、审计决策等各环节进行全面管理和技术支持,形成审计业务、管理、决策的一体化。

2. 审计实施系统

审计实施系统是审计机关利用计算机技术开展审计项目的信息系统。根据审计实施方式的不同,审计实施系统规划为现场审计实施系统和联网审计实施系统两大部分。现场审计实施系统是审计人员实施就地审计方式的信息系统:其业务功能为可以提供对财政、行政事业、固定资产投资、农业与资源环保、社会保障、外资运用、金融、企业和领导干部经济责任等审计项目的专业审计功能技术支持和扩展;其技术功能为具有数据采集、数据转换、审计抽样、审计分析、审计取证、审计工作底稿编制、审计报告和统计汇总、审计项目质量控制、审计信息交互共享等技术功能的支持和扩展。

现场审计实施系统基于对各行业审计数据采集转换的向导和模板,基于审计准则和专业审计指南的向导模板,基于审计师经验的总结提炼并编制成系统可以识别和执行的计算机审计方法,基于审计抽样理论和实务向导,基于审计中间表和审计分析模型等构建技术的支持,并辅之相应的专业审计功能,实现对各专业审计项目的业务支持和知识共享。

联网审计实施系统是审计机关实施联网审计的信息系统,是对需要经常性审计且关系国计民生的重要部门和行业实施"预算跟踪＋联网核查"模式的计算机审计。联网审计以确定的采集周期在线获取对方系统中审计所需数据,进行实时的审计处理,及时发现问题并及时反馈,督促被审计单位及时规范管理,采用动态、远程审计的方式,达到事中审计的效果和效益,并对积累的历史数据进行趋势分析和预测评价,提出审计评价意见和审计建议。

9.4.2.2 信息资源

为了满足审计业务和管理尤其是联网审计实施的需要,规划建设审计署数据中心,建立审计信息资源目录体系、信息交换标准体系,加强审计业务和管理的信息资源建设。

9.4.2.3 网络系统

按照国家电子政务网络规划的要求,规划了审计内网、审计专网和审计机关门户网。完成了国家审计署特派办局域网改造,实现了审计署机关与派出审计局的城域连接、与京外特派办和部分省级审计机关的广域连接,与国务院办公厅、中办机要局的密级网络通信系统连接。

9.4.2.4 安全系统

根据国家保密和国家电子政务安全规划的要求,结合审计系统的实际,确定审计内网为运行涉及国家秘密和机密信息,审计专网为运行审计工作内部信息,审计机关门户网为运行公开披露信息。规划建设中央审计机关和省级地方审计机关的审计内网和审计专网,地市级和县级审计机关的审计专网。

9.4.2.5 运行服务体系

建立"金审工程"运行维护服务体系,建立"金审工程"服务网站和呼叫中心,受理各级审计机关的运行服务需求。

9.4.2.6 人员培训

建立全国审计系统的计算机基础知识初级培训、计算机中级水平培训。

9.4.3 "金审工程"二期的电子政务建设

"金审工程"二期是在一期建设的基础上进一步推进的,目前正在进行之中。

9.4.3.1 "金审工程"二期电子政务的建设目标

"金审工程"二期确定的电子政务建设任务是:完成"审计管理系统""审计实施系统"的开发工作并全面投入使用;基本建成基础性审计资源数据库;初步建成审计署与各特派办、审计署与各省级审计机关、省级审计机关与市(地)审计机关之间的信息网络平台;基本形成适应信息化条件下开展工作的审计队伍;逐步完善审计信息化的标准、规范。

9.4.3.2 "金审工程"二期电子政务的建设任务

根据"金审工程"二期所确定的建设目标,相应的电子政务建设任务包括以下六个方面:

(1) 强力推行计算机技术在审计业务和管理中的应用;
(2) 加快联网审计步伐;
(3) 加快审计数据库建设,促进信息共享;
(4) 建成符合国家电子政务建设要求的网络基础设施;
(5) 培养适应信息化条件下开展审计工作的审计队伍;
(6) 建立健全审计信息化标准、规范。

9.4.4 审计电子政务促进措施

审计电子政务的推进是一个渐进的过程,国家审计署将采取相应的措施,组织、领导和协调实施过程中的各种矛盾和问题,措施主要有以下五个方面:

9.4.4.1 统筹规划,协调发展

国家审计署将加强对审计系统信息化建设的规划、管理、组织和协调,加快"金审工程"二期的建设,积极做好建设和运用的统筹协调、开发和提高的统筹协调、计算机技术部门和审计业务部门的统筹协调等多方面的协调工作。

9.4.4.2 统一认识,加强领导

审计电子政务建设是一项涉及思想观念转变、工作方式转变、队伍结构转变的深刻革命,需要全体审计人员特别是各级审计机关的领导干部不断提高认识,转变思想,坚定信心,主动适应形势发展的需要。

9.4.4.3 加快完善审计电子政务的基础设施建设

尽快完成审计信息化办公系统建设,逐步与相关部门开展网络信息交流,推进审计数据库建设,基本建成审计对象、审计法规、审计专家等数据库和共享作业平台。

9.4.4.4 积极探索,实现审计方式创新

积极推行计算机辅助审计,探索计算机系统审计,逐步实现对财政、金融等重点部门及重要骨干企业的联网审计。大力推广和完善审计抽样、内控测评、风险评估等审计方法,积极研究探索适合我国审计工作的先进方法,不断提高审计工作的管理水平、效率和质量。

9.4.4.5 加大培训力度,完善队伍结构

审计电子政务的发展对审计人员的素质和知识结构提出了新的要求,必须通过全面系统的培训,逐步提高审计人员的能力和水平,以应对审计电子政务发展带来的挑战。与此同时,全国审计系统要通过加强合作与交流、加大考核力度、优化用人机制等多种方式,进一步完善审计队伍结构,提高审计人员的整体素质,有效保障审计电子政务的快速发展。

审计电子政务的发展任重而道远,需要科学规划、有机协调,有计划、有步骤地推进,争取能在比较短的时间内有比较大的突破,为我国的审计事业发展做出应有的贡献。

9.4.5 审计电子政务的建设成效

从1999年至今,"金审工程"的建设走过了10多年的发展历程,所取得的建设成效极为显著。

9.4.5.1 "金审工程"一期所取得的建设成效

"金审工程"一期所取得的建设成效表现在以下三个方面:

第一,网络建设取得初步成果。建成了国家审计署特派办的局域网;完成了署机关办公大楼与派出审计局、在京事业单位联通的宽带城域网等网络建设任务。

第二,应用系统建设初具规模。整合开发了审计管理和审计实施两大分系统;建成了被审计单位资料库、审计专家经验库、审计文献资料库等三大数据库,并已开展了联网审计的试点工作。

第三,计算机审计条件日渐成熟。计算机审计安全系统和机房系统(硬件设备)的硬件环境已基本具备,计算机在审计工作中已开始被广泛应用。

9.4.5.2 "金审工程"二期所取得的建设成效

在一期工程的基础上实施的二期工程,目前已取得了较为丰硕的成果,最突出的成效是实现了五个方面的转变:

一是从信息化支撑的角度,初步实现了从提高审计效率到提升审计效能的转变;

二是从单一部门审计到跨部门、跨行业关联审计的转变;

三是从传统审计方式到现代审计方式的转变;

四是从关注财政财务收支审计到关注国家经济安全审计的转变;

五是从查处违纪违规问题到督促规范管理的转变。

在我国,以"金审工程"为代表的审计电子政务涉及国家财政审计、金融审计、企业审计、社会保险审计等10多类核心业务、188万个审计对象。面对如此庞大的系统,所面临的挑战必然是极为严峻的,审计电子政务在保障审计项目的领导能力、统筹协调能力、管理能力和资源整合能力等方面无疑发挥出了无可撼动的作用。

9.4.6 审计电子政务的未来发展

国家审计署发布的《"十三五"国家审计工作发展规划》对审计电子政务的未来发展做出了相应的部署,提出要以提升审计能力和审计效率为目标,加大数据集中力度,完善国家审计数据中心,形成全国统一的审计信息系统。加大数据分析力度,拓展大数据技术运用,大幅提高运用信息化技术发现问题、评价判断、宏观分析的能力,形成"国家审计云"。相应的对策措施包括以下四个方面:

9.4.6.1 加大数据集中和整合力度

建立健全数据采集与管理的制度规范和工作机制,到2020年实现对经济社会各类主要信息数据的全归集。完善审计业务电子数据管理办法。建立完善国家审计数据中心和省级审计数据分中心,大力推进各类数据的整合和标准化,地方审计机关收集的审计相关电子数据信息,按照国家审计署规定的标准、方式、要求统一集中管理,逐步实现各级审计机关之间、审计机关与审计现场之间的信息共享,提升数据利用价值。建立审计数据灾备中心。

9.4.6.2 加强大数据技术运用

积极应用云计算、数据挖掘、智能分析等新兴技术，提高审计效率。探索多维度、智能化数据分析方法。加强对各领域、各层级、各系统间数据的关联分析，增强判断评价宏观经济、感知经济风险等方面能力。大力推进联网审计。

9.4.6.3 加强信息化建设项目审计

围绕国家大数据战略和"互联网＋"行动，以提高财政资金使用效益和维护国家信息安全为重点，加大对政府机构、国有企事业单位信息化建设项目及信息系统审计力度，促进国家大数据战略的顺利实施。

9.4.6.4 完成"金审工程"三期建设

制定统筹推进全国审计信息化建设指导意见。到2020年，基本建成数字化审计指挥平台、大数据综合分析平台、审计综合作业平台、模拟仿真实验室和综合服务支撑系统。加快推进审计机关公文处理、档案管理等各项工作的信息化，逐步实现审计计划编制、资源配置、组织管理、质量控制、成果利用等全过程的数字化。基本建成一体化信息综合服务支撑保障体系。实现审计机关设备和系统软件全部国产化。

9.5 本章小结

电子政务作为政府改革与发展的基本方向，已成为我国各地、各级政府所共同面临的任务。在过去20年上下的发展历程中，我国各级政府机构锐意进取、大胆创新，逐步走出一条适合中国国情的电子政务发展道路，为我国政府改革和经济社会的发展做出了应有的贡献。

目前，应用电子政务取得明显成效的机构还很多，尤其是全国各地有很多成功的案例和相关的发展经验，需要我们在更大的范围和更高的层次予以研究和探索。

第十章

移动政务

自 21 世纪初以来,移动通信技术以超乎想象的速度在全球范围内得到迅速的推广和普及,与互联网一起成为信息通信技术发展中最为引人注目的亮点。随着移动用户数量的不断上升,移动通信技术发展的快速演进,移动通信正成为当今世界人们进行信息交流和感情沟通的主流方式。覆盖面广、操作简便、携带方便及流动性强的移动通信业务,为世界各国、各地区的各级政府开展面向个人和企业的电子政务活动创造了极为有利的条件。随着移动通信技术和互联网技术的深度融合,基于移动通信技术的移动政务正成为全球电子政务发展热潮中的一朵绚丽的奇葩,在赢得快速发展的同时,也为电子政务的深层次发展注入了新的活力。在我国,在实现"移动用户数世界第一"和"移动用户数超过固定用户数"两个历史性的突破后,我国的移动通信事业正进入蓬勃发展期。开发面向电子政务的各类应用,同样是移动通信业务发展的重要内容,很大程度上代表着电子政务发展和演进的方向。

10.1 移动政务概述

移动政务是建立在移动通信技术的发展与应用基础之上的,所以要把握移动政务的发展,必须对其相关的技术有一个基本的了解。从全球范围来看,移动通信用户和互联网用户在近 10 年来虽都有快速的增长,但相比较而言,移动通信用户比互联网用户要多得多。在国内的情况也是如此,由于移动业务具有投入相对较小、操作简单、携带方便、移动性强等优势,用户的增长十分迅速,目前的用户总数相当于互联网用户的数倍。广泛的用户基础,为政府有效开展移动政务提供了坚实的基础。所以,近年来,"移动政务"这一新生事物伴随着电子政务的快速发展而不断受到广泛的关注,国际、国内移动政务的发展热潮正在全面掀起。

10.1.1 对"移动通信"的理解

"移动"(Mobile)的概念是相对于"固定"(Fixed)而言的,在通信领域,"移动电话"与"固定电话"的差别是显而易见的。从表面上看,我们所讨论的"移动"似乎与"无线"(Wireless)是同一个概念,换句话说,"移动通信"看起来与"无线通信"没有区别。但在我们讨论移动政务的时候,这里的"移动"和"无线"还是有重要的不同。"无线"往往是指利用无线方式传递信号,并通过无线设备进行接收和处理的过程;而"移动"不仅要求通信设备具有"移动性",而且还要求能够接入无线网络。因此,"移动通信"是指任何时间和任何地点的通信,并且是既不需要传统的线缆传输信号,又不需要把通信设备转移到无线网络的一种先进的通信方式。从这个意义上来理解,"无线"通信应看成"移动"通信的一个子集。与发明于 1876 年的固定电话相比,移动通信的历史显然要短得多,但移动通信的发展速度却要比固定通信要快很多,一方面是因为技术的推动,另一方面是由于需求的拉动,"一推一拉",相互促进,使得移动通信业务发展一日千里、势不可挡。从技术的角度来看,移动通信从 1G 开始,经历了 2G、2.5G、3G、4G 等几个阶段,目前正在向 5G 迈进。

移动通信技术演进的最根本的标志是带宽的提升以及通信质量的改善,随着 5G 移动通信时代的到来,网络带宽将达到 10G/s 的量级,长期制约移动状态下数据传输的带宽瓶颈将迎刃而解。

10.1.2 移动政务的概念

"移动政务"的概念源于英文"Mobile e-Government",全称为"移动电子政务",英文简写为"m-Government",简称为"移动政务"。它是随着移动通信的快速普及和电子政务的迅速发展而应运而生的。简言之,移动政务是指政府机构利用移动通信技术,通过移动通信网和互联网的整合应用,实现政府管理及其政府服务的电子化和移动化。

移动政务是电子政务的一种新的表现形式,将为政府开展电子政务活动带来更大的便利和价值。对广大公民和企业来说,除了可以应用最为普通的移动电话获得政府服务以外,还可以通过笔记本电脑、个人数据助理(Personal Digital Assistant,PDA)以及其他手持设备获得各种支持与服务。移动政务活动与传统的移动通话业务最明显的差别表现在两个方面:一是移动政务业务传递的主要是数据而非语音,而且数据信息既可以是政府向公众发布的一般性的政府信息,也可以是政府与企业之间各种类型的商业信息;二是信息传递的载体也突破了传统的移动通信网的概念,通过移动互联网等方式实现了移动通信网和互联网的有机融合。

10.1.3 移动政务的主要模式

移动政务根据自身的业务特点和服务对象,可以分成以下三种主要模式:

10.1.3.1 mG2E 移动政务模式

mG2E 移动政务模式主要是指政府机构与政府公务员之间利用无线信息通信技术开展电子政务活动。其最主要的表现形式是政府移动办公。政府公务员把自己的笔记本电脑、手机、PDA 等办公工具通过 WLAN、WAP、蓝牙等方式接入政府机构的局域网或者互联网,开展不同形式的移动办公活动,以提高政府办公的效率,加强政府机构内部的信息资源共享,促进政府机构与机构之间、公务员与公务员之间的交流和合作。

图 10-1 为 mG2E 移动政务模式的一种表现形式,在如图 10-1 所示的体系结构中,政府公务员把自己的 PDA、智能手机和笔记本电脑利用移动通信网络接入互联网,再通过编码穿过防火墙,进入到政府内部局域网,以实现政府移动办公的目的。

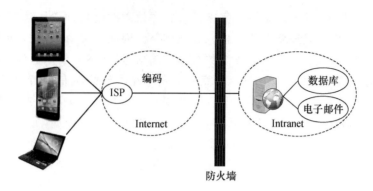

图 10-1 mG2E 移动政务模式

10.1.3.2 mG2B 移动政务模式

mG2B 移动政务模式是指政府和企业之间利用移动通信方式开展 G2B 电子政务活动。这方面的应用比较多的有：政府相关机构向企业发布有关政策、法规信息，税务机关向企业传递有关纳税的数据或信息，企业通过这种方式参与政府采购活动，企业向税务机关申报纳税数据等。这种模式对中小型企业，特别是个人业主制企业有很大的吸引力，因为通过手机等通信工具就可以直接与政府有关机构打交道，并可以获得政府相应的服务与支持，不失为一种投资少、效率高并且使用简便的模式。

10.1.3.3 mG2C 移动政务模式

mG2C 移动政务模式是指政府有关机构利用移动化的方式向公众提供全方位的政府服务和支持。由于移动通信是一种主要面向个人的通信服务，公众个人是移动通信服务的主体，因此，政府机构可以充分利用无线信息通信技术，直接面向公众个人提供个性化、多样化和经常化的政府服务。从国际发展经验来看，mG2C 移动政务模式是比较容易实现，也是应用效果比较好、波及面比较广的移动政务模式，从最简单政府信息的移动发布到移动互联网等技术的应用，都将给政府服务公众的方式和方法，以及政府与公众的关系带来不可低估的影响。可以预见，随着 5G 时代的到来，mG2C 移动政务模式将会迎来蓬勃的发展，为移动通信业务自身的发展，以及对政府服务方式的改进和服务水平的提高产生革命性的影响。

10.1.4 移动政务的主要优势

利用无线信息通信技术的移动政务，由于得益于移动系统相对于固定网络而言比较低的运营成本、独特的短信服务以及具有无线接入互联网等特性，与传统的电子政务活动相比具有不可多得的优势。随着全球范围内移动用户数量的进一步上升、技术的进一步优化和升级，加上互联网用户的快速上升，移动政务的发展已经进入了快车道。分析移动政务与传统电子政务的优劣，可以看出它在以下六个方面具有比较明显的优势：

10.1.4.1 移动性

由于移动政务是通过具有高度移动性的便携式设备来提供的，因此，具有极强的移动性，特别是利用手机、平板电脑等方式来获取政府的信息和相关服务，可以不受空间地理位置的限制,也不受有线网络的制约,可以为公众带来极大的便利。这一点对一些交通不便、信息不畅的边远偏僻地区的公众来说有着特别重要的意义。因为移动信号的覆盖相对来说要容易得多,在投入上也会更经济一些。因此,移动政务的出现,对提高政府的有效性和覆盖面有着极为明显的作用。

10.1.4.2 方便性

对移动政务的直接使用者来说,应用和操作的方便性是吸引其兴趣的重要原因,这一点也是促进移动政务迅速推广普及的有利因素。移动手机、PDA等手持工具操作键盘简洁,操作指令简单,无论男女老少及其文化水平高低,都能很快学会。相比较学习电脑操作来说,学习移动政务的应用操作要简单、方便得多。

10.1.4.3 直接性

移动通信终端都是由移动用户个人直接持有的,因此移动政务比传统政务活动具有更强的针对性和直接性,可以针对公众个人的需求提供更加直接和有效的服务。在传统的政府管理体制下,由于管理环节众多、管理层次繁杂、官僚主义盛行,无论是公众需要得到政府的服务,还是政府希望为公众提供服务,都存在着这样或那样的障碍。移动政务为政府与其服务对象之间架起了更加直接、高效的联系桥梁,使政府的服务能力、服务质量和服务水平进入一个更高的层次。

10.1.4.4 安全性

与传统的电子政务活动相比,由于移动政务的实现工具——移动终端直接掌握在用户的手中,并通过移动SIM卡等方式实现个性化的管理,还可以用加设密码、设置权限等办法禁止非法操作和越权访问等,对提高系统的安全性和可靠性大有裨益。

10.1.4.5 可靠性

移动终端相对于普通电脑设备来说,在硬件和软件方面都具有比较高的可靠性。在硬件方面,移动终端的集成性和通用性都比较高,硬件重置的成本也相对较低;在软件方面,移动政务系统所需要的软件比普通电脑要少得多,对升级和维护的要求也要低很多。所以,移动政务的可靠性是有比较大的保障的。

10.1.4.6 经济性

开展移动政务业务无论是对政府部门还是对政府服务对象,费用的经济性也是一个较为有利的条件。在政府的移动办公业务中,各类无线通信技术的应用不但有效解决了政府办公的移动性和灵活性问题,而且在费用投入上比固定网络建设也要经济不少。对公众来说,移动政务在某种意义上可以看作是移动通信的增值业务,不仅不需要对通信设备作额外的投资,而且在使用资费上也不需要很大的投入,比较容易为用户所接受。

10.2 移动政务主要应用

从技术和用户的角度来分析,移动政务发展的时机已经日渐成熟,但从总体来说,移动政务在国内外还只是处在发展较为初级的状态,其中一个较为重要的原因是应用系统的开发滞后,应用项目较为匮乏。从国际先进经验来看,移动政务除了实现政府机构内部的移动办公(mG2E)以外,面向公众的应用可以从政府信息移动式发布、政府服务移动式提供以及政府移动式民主三个方面进行分析。

10.2.1 政府信息移动式发布

政府信息的电子化发布在电子政务活动中具有基础性的地位,是电子政务活动的起点。通过互联网站点发布政府信息是政府信息发布方式的一次意义重大的革命,但也有一定的局限性,表现在四个方面:一是政府信息接收必须通过上网才能实现,不具备上网条件或缺乏上网知识的公众就无法全面、及时获得;二是政府信息发布的针对性相对较差,因为网站信息的发布由于技术条件等方面的限制,一般很难考虑到公众对政府信息的个性化和专业化的要求,在某种程度上还不能突破"端菜上桌,有什么吃什么"的传统思维;三是从政府信息受众的构成来看,网络用户的数量显然要比移动用户少,从政府信息传播面和影响力来考虑,移动通信用户可以说是政府信息发布的一个十分重要的潜在"客户群";四是从移动性、方便性、直接性、安全性、可靠性和经济性等方面来考虑,网络站点发布方式比移动通信发布方式要逊色不少。

政府信息移动发布方式是指政府机构利用无线信息通信技术,借助移动方式向公众传递各类政府信息,实现政府信息的移动式发布。政府利用移动式发布的信息可以分成两类:第一类是一般信息或通告,这类信息对公民、企业或政府都无法律约束,最适合通过移动的方式直接向移动用户提供;第二类则是由政府向企业或个人提供的重要信息或受法律约束的信息,这类信息需要通过加密、订制等方式发布,比如涉税信息、政府招投标信息等。

10.2.2 政府服务移动式提供

政府利用无线信息通信技术,借助移动通信网络为公众提供各种类型的政府服务,既是政府开展电子政务活动的一个新阶段,也是移动政务应用的重要组成部分。可以通过移动式提供的政府服务的种类很多,结合移动业务的特点和电子政务的要求,主要的政府服务包括以下五个方面:

10.2.2.1 移动身份认证服务

无论是在传统的条件下,还是在互联网上,要证实一个人的身份都不是一件容易的事情。在网下,识别身份证件的真假对一般人来说都较为困难,而且在真实身份证的有效期内,由于生理特征的变化,"人"和"证"也很难对到一起;在网上,由于参与各方互不见面,彼此之间如果没有一定的交流和合作基础,是很难证实对方的身份的,虽然数字证书等形式在一定程度上有助于网络身份的认定,但对普通公众来说,还是一件较为困难的事情。

利用移动方式进行身份认证是指在移动通信的 SIM 卡与政府管理的相应的公民信息建立起一定的关联,当公民需要提供身份认证时可以直接通过移动通信终端接入政府的公民信息数据库,并从中获得相应的个人身份信息,以表明自己的身份。比如,公民需要要证明自身的自然状况时,可以通过移动终端接入公安户籍管理部门的数据库,在移动终端提供即时的身份信息。又如,公民需要证明自身的学历层次,即可通过移动终端接入教育部门的数据库,调取与自己相关的学历证明文件。在网上的身份认证中,同样可以通过 SIM 卡加网上密钥等方式来证实自己的身份。比如,在个人参与网上交易事务时,可以通过向移动通信运营商申请的用户名和密码(这一用户名由移动通信运营商建立起与真实手机用户之间的关联)登录,由移动通信运营商和政府相关机构联合提供网上用户身份的认证。

移动身份认证具有移动性强、操作简便、适用面广等特点,必将会在今后得到更多的推广和应用。

10.2.2.2 移动支付服务

移动支付是以利用移动终端作为支付工具,实现资金支付的一系列活动。从发展经验来看,移动支付作为一种新型的支付方式,具有比较明显的优势,特别是在小额现金支付方面有着极为广泛的应用。移动支付所具有的特征有:

(1) 移动性强,可随时随地通过移动终端实现支付;

(2) 手续简单,无须签名(包括数字签名);

(3) 支付过程可实时完成,并即时获得付费记录;

(4) 账户管理方便,直接可以通过移动终端完成账户设置、密码修改、余额查询等操作。

移动支付在政府服务中的应用已较为普遍,国际上积累了不少应用案例。瑞典推出的"可视化移动停车"管理系统,就是由瑞典政府和移动运营商共同推出的成功的移动支付的例子,瑞典的汽车驾驶员(或者汽车驾驶员的雇员)是"可视化移动停车"管理系统的注册用户。每当他们需要到停车场停车,利用移动电话即可进行停车计时,停车结束后,移动电话即能显示整个停车过程的详细信息,包括停车时间和具体费用,并能立即实现移动支付,随后停车管理单直接通过手机短信和手机邮件发送。有了这一系统后,汽车驾驶员既不用担心因为计时不准确而多花费用,也不用担心因为交费不及时而被罚款。换句话说,有了移动支付系统后,所有的停车事务均能轻轻松松"一机搞定"。

由于手机的 SIM 卡附载有各种相关的个人信息,以一定程度上具有银行卡的功能,特别是不少的移动运营商推出了"预付费"的业务,预存的资金就相当于用户存在手机银行的存款,银行卡必须通过人工和网上银行等方式进行支付,而手机银行则可以由用户直接通过手机自助操作完成。所以,移动支付系统可以看作是用户随身携带的"电子钱包",为其带来极大的便利。政府在移动支付系统中扮演的角色是多方面的:第一,移动支付业务作为非银行金融业务,没有政府的许可是不能实现的;第二,公众与政府之间的部分资金往来,比如个人所得税的缴纳即可由移动支付方式实现;第三,政府收费信息或服务项目可以直接通过移动支付方式完成;第四,为移动支付业务提供法律和政策的保障,及时化解移动支付业务发展中出现的各种矛盾和纠纷。

10.2.2.3 移动医疗服务

提高公众的医疗保障,促进医疗事业健康发展,既是各级政府所要承担的重要的政府职能,也是社会进步和发展的重要体现。利用移动通信方式为公众提供移动医疗服务是政府改进医疗服务、提高医疗保障水平的一种新的方式。从国外政府移动医疗服务的发展情况来看,移动医疗服务的应用主要包括以下五个方面:

(1) 政府利用移动政务平台,向公众发布一般性的医疗信息,包括卫生常识、医疗保

健知识等,推广和普及医疗新技术、新知识;

(2) 政府可以利用移动通信的用户信息建立起公共医疗信息数据库,为公众提供个性化、专业化和经常化的医疗保健服务,提高公众享受政府医疗服务的层次和水平;

(3) 在一些突发性的医疗事件出现后,政府公共卫生部门可以利用移动医疗电子政务系统向公众发布正确的信息,提供各种有效的应对措施,澄清各种传言,消除公众对突发事件的恐慌心理;

(4) 移动医疗救援服务在不少的国家已开始应用,比如公众在野外发病遇险,即可通过移动终端向政府的医疗救援部门发出求助,并把自身的病史、血型、症状等相关信息及时从政府医疗管理信息库中调出,便于救援部门及时处理;

(5) 利用移动终端开展远程诊疗和护理服务也是可行的,比如通过移动通信方式传输病人的相关图片和资料供医疗专家远程诊断,或通过手机对一些住在家庭病床的病人进行远程护理,这些不仅是简单可行,而且是有很大的实际价值的。

移动医疗服务作为政府开展医疗服务活动的一种新形式,还处在刚刚起步阶段,但可以肯定,这种模式也是有比较强的生命力的。

10.2.2.4 移动教育服务

政府既是公共教育资源的主要拥有者,也是公共教育服务的组织者和领导者,最大限度地发挥公共教育资源的价值,使其更高水平、更有效率地为社会服务是各级政府机构的重要使命。移动教育服务是指政府机构利用移动通信技术提高教育管理水平、改善教育质量、促进教育资源共享等一系列的活动和过程。

从国外的一些情况来看,移动教育服务的主要应用有以下四个方面:

(1) 为学校教职工配备移动通信设施,方便他们在线获得各种教育资源,共享优秀的教育成果,并为教师之间开展交流与合作提供方便。

(2) 为家长参与学校事务,方便教师与家长之间的联系。比如,当出现学生未按时到校上课时,教师即可通过学校的移动短信系统把相关情况发送到家长的移动终端上。又如,学生在学校的表现同样可以通过图片、文字等形式与家长进行交流沟通。

(3) 对学生来说,通过移动方式进行学习也是一件乐趣无穷的事,学生可以从移动终端上获得精彩纷呈的教学课件,可以在手机上提交作业,还可以通过手机与任课老师进行交流,甚至直接通过移动终端建立起在线的交流论坛等,这些都会对培养学生的学习兴趣、提高学习效果有所帮助。

(4) 移动教育服务使得教育过程变得更加灵活,方式变得更加多样。比如,通过移动终端可以让千里之外的学生同样可以参与课堂教学,实现师生之间远程、实时的互动。另外,移动教育还使得"教室"装进了口袋,可以随用户的需要随意"开课"。

移动教育服务的应用还相对比较少,但随着移动通信用户数量的不断上升,4G、5G等技术的推进,这方面的应用也会越来越多、越来越成熟。

10.2.2.5 移动定位服务

移动定位服务是移动通信的重要增值业务之一,可以帮助个人和集团客户随时随地获得基于位置查询的各种服务与信息,在未来有着十分广阔的应用前景。移动通信运营商可以利用自己的移动网络资源,结合短信服务系统、GPS(Global Positioning System,

全球定位系统)和地理信息系统(GIS)服务,与内容和业务提供商合作,可以为个人和集团客户提供丰富多彩的移动定位应用服务。

在早期的网络里虽然也可以采用定位精度较高的定位技术,但是由于受到网络传输速度的限制,定位业务在提供方式上也会受到局限。比如,对速度较快的车辆来说,虽可以采用高精度的定位技术对用户驾乘的车辆进行定位,但是要想把导航信息传达给用户就只能通过文本信息或是实时的语音信息来实现了。4G、5G 网络的最大特点是可以提供高速的无线数据下载功能,这就为移动定位业务提供了更加广泛的发挥空间。在高速无线网络的支持下,移动通信运营商可以利用高精度的定位技术开发出更加丰富多彩的、能为用户生活带来便利的移动定位业务。目前,移动定位业务的具体应用可大致分为公共安全业务、跟踪业务、基于位置的个性化信息服务、导航服务以及基于位置的计费业务等。

在移动政务活动中,移动定位服务有多方面的应用,在政府内部的应用有:

(1)在政府移动办公中,政府工作人员之间可以利用移动定位服务系统明确各自所在的确切位置,方便交流与联络;

(2)在对一些突发事件的应急处理中,政府工作人员可以通过移动定位服务系统调度和指挥相关的人员与装备,以最快的速度、最优的线路进行最有效的部署;

(3)在公安、消防以及交通管理事务中,移动定位服务有着举足轻重的作用。

在为公众提供移动定位方面,主要有:

(1)为公众提供一般性的定位服务,比如电子地图,可以通过移动终端的显示屏详尽地显示出各种地理位置信息。

(2)在为公众提供救援服务方面,移动定位服务的作用十分明显。比如,在受到人身攻击或急病突发时刻,报警变得十分困难,这时利用移动定位业务,手机的持有者只要按几个按钮,警务中心和急救中心可以在几秒钟内便可以知道报警人的位置并提供及时的救援。

(3)政府机构可以为公众提供全方位的移动定位服务。比如,当用户在陌生地区想知道距离最近的商店、银行、书店、医院时,只需在移动终端上稍做操作,即可在手机显示屏上出现所需的位置信息,而且当用户随时随地想购买自己喜欢的商品时,移动定位服务系统与信息数据库结合可以引导用户进行购买。

政府移动定位服务是一个全新的领域,对移动运营商和政府机构来说都有着重要的意义。在我国,这方面的应用基本还较少,需要花大力气推进。

10.2.3 政府移动式民主

利用电子化手段推进政府民主是发展电子政务的重要目的,也是开展移动政务的重要任务。在传统的条件下,公众由于缺乏可靠的参与手段,往往很难有效地行使自己的民主权利,政府决策部门也只能从一大群所谓的政府顾问那里获得有关决策的信息,但这样的信息在一定程度上带有比较明显的倾向性,与广大公众的实际意愿还有不小的差距。有了电子政务后,公众可以通过互联网发表自己的政见,提高公众参政议政的效率和水平,但由于缺乏有效的身份认证手段,在行使表决权等重要的民主权利时还存在不小的困难。移动政务由于具备移动身份认证和移动互联网两者结合的优势,在促进政府民主方面有着较为明显的优势。

简单地说,政府移动式民主是指政府利用无线信息通信技术,借助移动通信网络为公众提供行使民主权利的手段和方法,促进公众更有效地进行参政议政,发挥其在参与政府事务中的积极性、主动性和创造性。对公众来说,政府移动式民主最大的价值体现在两个方面:一是公众可以通过移动终端直接向政府和官员表达他们的意见和愿望,行使自己的民主权利,这种方式较传统方式和网络参与方式不仅更方便、更有效,而且参与面也相对较高;二是公众可以方便地被告知他们选出的代表是如何对某些特殊问题进行决策的。例如,被选出的代表通过移动通信网络可以不断地向公众发送关于某一事项决策过程的文本信息,便于公众自始至终地进行监督。这样不仅扩大了民主程序,而且还提高了公众代表的工作效率,对更好地发扬政府民主有着重要的推进作用。

利用移动电话直接进行移动式投票(m-Voting)是政府移动式民主中最主要的应用,这种方式操作简单、费用低廉,组织起来相对比较容易,比较容易为广大公众认同,在国际上也有不少成功的应用。除此以外,利用移动方式对政府的相关决议进行民主评议也是政府移动式民主的重要表现形式,这种被称作移动评议(m-Appraising)的方式与在匿名的电脑空间里进行的评议方式不同,参与评议者很少会发表不负责任的言论,而是更愿意提供有价值的意见。如果移动通信工具能支持比较长的文本,还具有其他的诸如电子邮件等功能,那么评议的效果也会越好。

政府在推进移动式民主的过程中,必须认识到对公众隐私权的保护十分重要,否则就很难取得公众的信任,也不可能使政府移动式民主达到预期的目标。

10.3　移动政务发展展望

众所周知,移动政务的发展与移动通信技术的进步息息相关。从今后的发展来看,移动政务面临着新的挑战,同时也会呈现出新的趋势。

10.3.1　移动政务面临的挑战

尽管移动政务是由传统电子政务引申而来的,但是移动政务在流程的优化、信息资源的共享以及标准法规等方面依旧面临着传统电子政务未能解决的难题。此外,当前基于手机的移动政务还面临着亟待解决的问题:

(1) 无线网络和移动终端的安全性问题(尤为突出的就是对用户个人隐私的保护);
(2) 技术成熟度问题;
(3) 移动互联网接入的成本问题;
(4) 无线宽带互联网的应用开发滞后问题;
(5) 短信号码的安全性、权威性和规范性问题等。

由此可见,移动政务的发展不可能是一帆风顺的,在前进的道路上必然要克服多方面的问题和困难,还要去面对在发展过程中新出现的各种挑战。

10.3.2　移动政务的未来发展

移动通信技术的日新月异,电子政务发展的一日千里,为移动政务的深层次、高水平和多角度发展打下了坚实的基础。尽管目前国际、国内移动政务的发展还只是初露端倪,但这种势头已经不可阻挡,技术的推动和社会需求的拉动,两种力量交相辉映,为移动政务的发展注入了强大的活力。从未来的发展趋势看,移动政务将会呈现以下五个方面的趋势:

10.3.2.1 将与传统电子政务活动并驾齐驱

移动政务是基于互联网的传统电子政务活动的一种新的表现形式,也是电子政务发展到一定阶段的产物。在今后很长的一段时间内,移动政务将会和传统电子政务活动并驾齐驱、协同发展。由于移动政务可以更好地发挥移动通信用户数量多、分布面广的优势,因此,在G2C的电子政务发展领域内将会发挥更大的作用。另外,在政府与雇员之间G2E等移动办公领域,移动政务的应用将会越来越普遍,特别是5G等技术的应用将会使政府移动式办公变得更加重要,所体现的价值也会越来越明显。

在未来政府机构电子政务的发展规划中,移动政务的发展同样应被看作是基本的组成部分,使其能成为传递政府服务、发扬政府民主、加强公众参与的一种重要的手段,以期最大限度地为公众造福,为改善政府管理与服务出力。

10.3.2.2 应用项目将更加丰富多彩

从目前国际、国内移动政务的发展现状来看,应用项目缺乏是一个普遍存在的问题:一方面是因为受到现有移动通信技术的带宽、速度、容量方面的限制,使得一些有价值的政府服务还无法通过移动方式获得;另一方面是由于移动政务还处于发展的初期,一些相应的应用系统还没有得到有效的开发。在我国,除了已有一些政府机构开通了移动短信应用以外,其他的应用基本还是空白。这种状况既让我们认识到了差距,又让我们看到了其中极大的机会和潜力。

移动政务的应用涉及政府管理和服务的各个方面,它的应用与开发是一个渐进的过程,随着政府职能的不断转变,政府服务的不断优化,电子政务发展的不断深入,移动政务的发展将会日趋成熟,相关的应用项目会变得更加丰富多彩,对公众的吸引力也会越来越高,实际价值也会越来越大。

10.3.2.3 政企部门之间的合作将日渐加强

移动政务虽是由政府机构作为业务提供主体来开展的,但除了部分移动办公等少数业务以外,大部分业务都需要通过移动运营商的移动通信网络来实现。在国际上,移动运营商大都是私营的,因此公私部门之间的紧密合作对保障移动政务的实施有着重要的作用。在我国,移动运营商是政府占主导地位的企业,从一定程度上有利于政府与移动运营商的紧密合作。

因为移动政务的大部分业务需要通过政府、公众和移动运营商三者之间的共同参与才能运作,而且包括公众的隐私、重要的专用信息需要在移动通信网络传递,所以,政府和移动运营商都有责任和业务保障公众的隐私信息不被泄露,确保系统的安全、稳定与可靠,要共同保证公众接入移动政务系统的方便性、政府服务的可获得性。

政府与企业的合作还包括政府和移动运营商之外的企业展开广泛的合作,比如与移动终端设备制造商一起共同开发适合移动政务需要的通信终端,与软件开发商共同开发专门的移动政务应用系统等。在最近几年,以微信为代表的移动应用正如火如荼地推进,应用的成效正在不断显现。可以肯定,随着一些互联网企业的强势加入,移动政务的发展和应用必将进入一个更高的层次和水平。

10.3.2.4 公众参与面会越来越广

从目前国内的情况来看,公众对移动政务活动的了解还很有限,能够参与的项目微乎其微,所以,一方面要加快移动政务应用项目的开发和建设,另一方面也要通过有效的宣传和推广,鼓励公众关心、支持和参与移动政务活动。

从国外的发展经验来看,那些与公众息息相关、实用性强、操作简便的移动政务项目最受公众的欢迎。所以,在移动政务应用项目的开发过程中,必须牢牢坚持"以民为本,服务为先"的原则,为公众提供真正有价值的服务。

从移动通信用户群体的数量来看,对移动政务的潜在需求是十分可观的,只要科学开发、正确引导、用心服务,公众对移动政务的认同程度会越来越高,参与面当然也会越来越广。

10.3.2.5 政府服务个性化和专业化的水平会越来越高

为公众提供个性化、专业化的政府服务是政府开展电子政务活动的重要目标,实施移动政务为更好地实现这一目标提供了更有利的条件。因为移动通信本身是一种个性化程度很高的通信方式,这一有利条件对提高政府服务公众的水平极有帮助。在专业化方面,因为有大数据和云计算等相关技术条件的支持,可以比传统电子政务实现方式更具有水准,更能符合公众对政府服务的特殊要求。

政府服务个性化和专业化水平的提高是一个渐进的过程,需要在实践中不断摸索和提高。随着移动政务服务能力和服务水平的提升,公众支持和参与移动政务活动的热情也会随之上升,移动政务的发展必将会渐入佳境。

10.4 爱沙尼亚移动政务发展案例

爱沙尼亚共和国是东欧波罗的海三国之一,该国于1991年在立陶宛宣布独立以后跟随独立,首都为塔林。爱沙尼亚西向波罗的海,北向芬兰湾,南面和东面分别同拉脱维亚和俄罗斯接壤,全国的国土面积为4.52万平方千米,人口为130余万,是一个低人口密度的小国家。爱沙尼亚奉行自由经济政策,大力推行私有化,实行零关税和自由贸易政策,经济总体保持良好的发展势头,人均GDP处于较高水平。近年来,爱沙尼亚十分重视电子政务的发展与应用,并依托良好的移动通信发展优势,积极拓展移动政务的发展,取得了比较大的进展,积累了很多有价值的发展经验,对世界各国具有很好的借鉴意义。

10.4.1 发展背景

爱沙尼亚的移动通信市场是东欧最具渗透力的市场之一,有着超过100%的移动电话普及率。爱沙尼亚采用了短信工具作为提供从政府机构到市民的沟通渠道的一种强大和方便的方法,受到了广大公众的欢迎。国际著名的咨询公司毕马威在对爱沙尼亚进行调查后得出结论,爱沙尼亚不但拥有中东欧地区最为先进的移动支付体系,而且在移动身份认证等方面有了全面的应用,移动政务发展的总体水平位居世界发展的前列。爱沙尼亚移动政务发展所取得的成就,一方面是该国政府竭力推进移动通信技术发展和应用的结果,另一方面也是该国中央政府、地方政府和私营企业建立起紧密合作关系的结果。

10.4.2 典型应用

爱沙尼亚把通过移动通信改善政府的管理和服务作为一项重要的手段,经过较长时间积极有效的探索,成功开发了一批有重要借鉴意义的典型项目,值得我们学习和研究。

10.4.2.1 M-Tartu 项目

塔尔图(Tartu)是爱沙尼亚第二大城市,位于东部埃马约吉河畔。塔尔图也是重要的大学城,爱沙尼亚最古老和最著名的大学——塔尔图大学即位于该市,休闲幽静的城市气氛俨然巨大的校园。

"M-Tartu"是塔尔图市政府重点推进的移动政务项目,其目的是通过在城市生活的各种领域引入、试点和执行新的移动解决方案,以使得塔尔图人的生活更美好。相关的应用涵盖从公共交通和邻里互助到教育和医疗保健等各个方面。

"M-Tartu"项目是在塔尔图市政府的主导下,通过各基层政府机构的广泛参与,并经过当地的大学、国际公司、公共机构以及其他欧洲的移动城市的广泛参与下共同实施的。图 10-2 为"M-Tartu"项目的 Logo。

图 10-2 "M-Tartu"项目的 Logo

10.4.2.2 移动-ID 服务

"移动-ID 服务"(Mobile-ID Service)是爱沙尼亚的移动运营商 EMT 和认证中心 AS Sertifitseerimiskeskus 合作发起的。要使用移动 ID 服务,用户要订阅并和参与电信服务的供应商签订移动 ID 服务协议,并更换手机的 SIM 卡。拥有附加功能的 SIM 卡在兼容互联网识别和使用数字签名技术需要的同时,也兼容常规的 PIN 码和 PUK 码,这种一卡多用的设计很有效地解决了不同用途的身份认证问题。

ID 卡和手机都是大部分人在任何时间都拥有的便携设备,所以拥有这些设备,使用电子服务的风险可以在很大程度上得以降低,在移动政务的发展领域有着广泛的应用前景。

10.4.2.3 ID 票/移动交通票务

爱沙尼亚的首都塔林和塔尔图市很早开始在公共交通领域开发电子支付系统,这是一个基于所谓的 IDEE 卡的试点项目,这一项目早已经在塔尔图市使用。

爱沙尼亚的 3 个移动运营商——EMT、Tele2 和 Elisa 全部参与了用于公共交通的基于电子票务系统的 ID 卡工程,使爱沙尼亚成为首个可以通过固定电话购买电子票的国家。为了促进和使得移动支付服务更方便用户享用,这 3 家移动运营商推出了一个共享的标记,并使用同一个接入号——1312。

移动运营商之间的协议,反映了新的经营思想,也使得首次技术合作达到客户级的水平。

10.4.2.4 考试结果短信发送

在爱沙尼亚第一个十分成功的移动政务项目是利用手机短信为参加考试的各类学生提供最后的考试结果的告知。学生如果要想在第一时间通过手机看到自己的成绩,只需登录特定的服务门户,激活相应的服务,并输入成绩能够被接收到的手机号码即能实现。这一服务的身份认证则通过 ID 卡、移动 ID 或者互联网银行密码实现。该服务自推出至今,备受用户的欢迎。目前,爱沙尼亚大部分参加重大考试的学生都订阅了这项服务,获得了服务商和考生的"双赢"。

10.4.2.5 移动停车

停车收费是一项非常普遍且颇费人力和物力的业务,在手机全面普及的今天,如果能够利用移动通信方式来实现的话,必然会取得多方面的成效。目前,爱沙尼亚的塔林、塔尔图、派尔努、维尔扬迪和库雷萨雷共 5 个城市已经全面实现了利用手机支付停车费的业务,既方便快捷又便于管理,受到了汽车驾驶员的普遍欢迎。

移动停车业务是利用手机进行停车计费,实际停车时间通过手机短信发送,并通过手机账单进行停车费用的支付,不但能做到准确无误,而且还能满足个性化的服务需求。

10.4.2.6 数据交换层 X-Road 项目

起初的时候,X-Road 项目是一个为便于查询不同的数据库提供相应的环境而开发的。现在,许多为使用来自不同数据库的数据电子化服务的标准化工具——得到了开发,这些服务使得读写数据、开发基于数据的业务逻辑成为可能。X-Road 项目能够实现任何通用数据的处理操作,从这一原则出发,针对 X-Road 项目的一些扩展得到了开发:数据库写操作、信息系统间巨大数据集的传输、不同的数据表中数据的连续查询操作、通过网站门户提供服务的可能性等。

目前,X-Road 项目在爱沙尼亚全国范围内得到了较为广泛的应用,企业和公共机构的大量数据库都加入到这一系统,以便更好地为公众提供服务。

10.4.2.7 移动邻里观察

移动邻里观察(M-Neighborhood Watch)项目启动后,出租车和公共汽车的驾驶员、安保公司以及其他积极主动的公众参与到使塔尔图更安全的活动中来,参与者通过短信获得具体需要观察的事务,比如失踪人员、被偷盗的汽车等,这些都需要精心观察。这些信息统一由警务控制中心发布,塔尔图市所有的出租车和公交车司机以及相关的安保公司均涵盖其中,实际发展成效极为显著,特别是在寻找失踪人员方面的效果非常突出。

10.4.2.8 移动图书馆

移动图书馆(M-Library)项目由塔尔图市图书馆负责实施,主要通过移动通信向正在等待中的读者发送相应的通知。如果一位读者想要借的书或想要看的电影目前还没有,那么他可以注册以及在可以借用时接收到短信。移动图书馆就是一个利用简单的移动解决方案即能够为参与其中的每个人节约时间和资源的很好的例证。在移动图书馆服务推出之前,人们去图书馆时并不知道自己想要的图书此刻是否在图书馆,他们不得不随机地一遍遍拜访或致电图书管理员去了解图书的状态,图书管理员也要花时间去查询和答复。有了移动图书馆系统后,所有这些浪费时间的不必要的过程得到了大大的降低。

10.4.2.9 移动教师

移动教师(M-Teacher)项目主要是利用移动通信手段更好地促进学校和家长之间的沟通。在爱沙尼亚,实施了 M-Teacher 项目以后,学校和家长有机会通过移动通信改善沟通,移动解决方案给学校提供了一个基于网络的短信发送界面,每位教师都可以在他们的地址簿里存储必要的联络人(主要是家长,也有学生),并且在需要时向他们发送信息。信息可以被送往一组预定义的或单一的联络人,信息的内容并不受限制,所以教师有机会在不同的场合发送信息。比如,教师病了,课程可能需要重新安排等。

经过数年的发展后,M-Teacher 项目的业务功能正日趋成熟,所发挥的成效也愈加显著。对于教师的调查的反馈证明,这一项目的实施使得教师的工作变得更加容易,提高了教师和学生家长之间的交流频率和沟通效果。家长们说,自从加入到移动教师项目,他们感觉更加参与进了孩子们的生活,并且在短期内了解了自己的孩子在学校正在做的事。

10.4.2.10 移动警察

移动警察(M-Police)项目主要是利用移动通信手段为警察及其相关人员提供方便、快捷的信息共享通道。移动警察是一种极其有效的工具,它可以在第一时间联系到除了警察以外的其他相关人员,包括街道管理人员、政府公务员及其他相关人员等。这一项目在寻找失散人员、寻找目击证人、城市大面积破坏性事故的救援等方面有着广泛的应用。

10.4.2.11 T-数字

T-数字是由 Regio 公司创造的一项服务,它允许人们通过移动电话接收塔尔图市旅游景点的信息:一个人拨打某个号码,然后就能获得关于景点的音频剪辑。今天,在塔尔图市有数百个关于不同旅游景点的音视频剪辑。不同景点的代码能够在旅游资讯站分发的城市地图上、塔尔图网站上找到,在某些情况下,他们也可以从景点旁边的标志上找到。一旦出现地图上不能找到的情况,旅游者可以发送短信到"17120",即可得到所需要的信息支持。

10.4.2.12 移动 ID 和投票

互联网上的投票是民主的体现,但如何有效地监管是一个现实难题,而通过手机投票则能够较好地解决这一问题。移动投票在爱沙尼亚议会选举中已有了较长的历史,目前已成为主要的投票方式。爱沙尼亚的实践证明,移动投票既是可行的,也是有充分的安全保障的。因为当公民个人的密钥被存储在他们的 ID 卡和相关证书里,并且投票的时候通过他的数字签名得到确认,这样就能妥善解决投票者的身份认证和信息安全问题。在爱沙尼亚，移动 ID 和爱沙尼亚的 ID 卡是基于同样的技术，又因为发行的移动 ID 卡完全符合爱沙尼亚数字签名行为和欧盟关于社会电子签名框架的指令，因此在移动投票方面有着不可多得的用武之地。

10.4.2.13 案例评析

爱沙尼亚是一个名不见经传的欧洲小国，人口少、地盘也不大，在移动政务发展方面本来也没见有多少的作为，但在移动政务的发展和应用方面却进行得风生水起、有声有色。爱沙尼亚的发展经验告诉我们，移动政务既有着广阔的发展空间，又有着强烈的发展需求，需要我们审时度势地去把握机会，开创全新的发展局面。学习和借鉴爱沙尼亚的发展经验和做法，结合我国的实际国情，紧密围绕用户的需求，大力推进移动政务应用项目的开发和应用，是我国当前和今后比较长的历史时期内经济和政治发展中的一件大事。

10.5 新加坡移动政务发展案例

有着"狮城"之称的新加坡是一个城市国家，由 60 多个小岛组成，面积 700 多平方千米，人口接近 500 多万。作为经济和科技发展处在亚洲前列的新兴国家，较长时间以来，新加坡十分重视信息化在引领国家经济社会发展中的作用，特别是在电子政务发展领域取得了较为显著的成效。在移动政务发展方面，新加坡积极发挥移动通信基础稳固、普及率高的优势，大力开发各类应用项目，取得了多方面的成就。

10.5.1 发展背景

新加坡原本是一个英属海上贸易站，既没有自己的工业，也没有充分的生活保障能力，连饮用水都要靠马来西亚供应。在短短的数十年间，新加坡从农耕渔业时代华丽转身，直接跻身拥有世界先进工业基地和金融中心的国际化大都市。支撑新加坡经济腾飞的要素不一而足，而大力推进信息通信产业的发展、积极促进信息通信技术在经济社会发展中的应用，是一项十分重要又极为有效的举措。经过多年的持续快速发展，今天的新加坡已经当之无愧地成为全球信息化发展领先的国家之一。

在无线宽带网络方面，新加坡政府根据"无线新加坡"项目的部署，把新加坡分成东、西、北、中四大区块，同时，新加坡资讯通信发展局与无线服务供应商合作，在各区块的主要范围内铺设无线网络接收点。经过多年的建设，新加坡建成了世界一流的无线宽带城市。在此基础上，新加坡政府大力开发移动政务的应用，取得了显著的成效。

10.5.2 应用项目

新加坡发展移动政务的目的是为了让公众和企业享受更加便捷和人性化的服务，扩大政府的服务范围，丰富政府服务的内容。在过去多年的探索中，新加坡移动政务的发展项目层出不穷，本书选择部分案例予以说明。

10.5.2.1 "70999"短信应急服务

"70999"短信应急服务是新加坡警方专为听力和语言障碍者设计的，"70999"类似于

"999"警察紧急热线的短信服务,用户只要将自己的手机号码和相关信息发送至预先注册的服务号码上,系统就会通过短信的方式对残障人士遭遇的紧急情况提供及时的应急支持。

这一项目是新加坡警方和新加坡国家福利理事会以及相关志愿者福利团体合作发起推出的,由于有听觉和语言障碍的人不能使用"999"热线,无法通过电话求救,所以新加坡警方为这一特殊群体量身定做了这项新的短信求救服务。目前,新加坡聋哑协会、新加坡视障儿童学校等多个福利团体属下的聋哑和失聪者已经开始使用这项紧急短信服务,广大用户对此项服务十分赞赏,认为政府为聋哑和失聪者提供了一项既富人性化,又能解决实际问题的服务,是一项实实在在的民生工程。

10.5.2.2 One SMS 服务

One SMS 服务是让用户通过发送短信至专门的政府服务系统(短信接收号为 74688 或 SGOVT),即可进入政府的交互式目录,然后根据需要选择相应的服务代码,从而获得相应的政府服务支持。这项服务通过政府机构共用的短信平台提供,这样大大地简化了短信移动政府服务的资源分配和系统部署,新加坡全部 3 家移动运营商的用户均可使用。

One SMS 平台用于提供各种提醒和通知服务,其中包括:公路税费续缴、城市重建局季度泊车费用短信通知;尚未解决的违例泊车通知;中央公积金电子收支预约提醒;中央公积金账户月存款额和使用情况通知以及新公共住房项目销售发布情况的提醒等。

除了能够从政府的许多机构接受"74688"的信息服务以外,公众还能够发送短信到"74688",通过在线的方式来获取政府的信息和服务。例如,向国家环境保护局请求获知遭受登革热疾病感染的地区,以及报告卫生状况不好的公共厕所等,随后即可获得政府机构完整的联系信息,包括政府机构的电话号码甚至是工作人员的办公号码。图 10-3 为用户通过短信登录 One SMS 平台的界面。

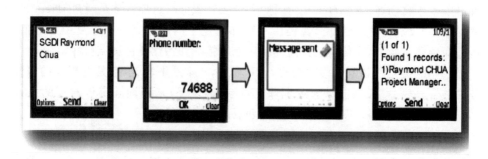

图 10-3 用户通过短信登录 One SMS 平台的界面

在部署完成 One SMS 计划后,新加坡政府还向国内所有的机构发放类似公民身份证号码的"唯一识别码"(Unique Establishment Identifier,UEI),以简化这些机构办理相关政府事务时的手续。

10.5.2.3 移动旅游服务

新加坡是世界著名的旅游目的地,迷人的风光和旖旎的海岛风情吸引着全球众多的游客。但是由于语言和环境的陌生,很多游客对新加坡的交通状况、旅游景点、购物中心等情况不能及时的了解,不得不花费过多的时间和精力在查找和询问相关问题上,使得旅游的安排大受影响,实际的旅游效果也会大打折扣。

为了解决这一问题,新加坡政府向所有的游客推出了名为"数码服务台"的移动旅游信息服务,每位来新加坡旅游的游客都可以从"数码服务台"的网站上将 APP 下载到本人的手机上,然后接入遍布新加坡各地的无线网络 Wireless@SG(WiFi 网络),只要在线输入个人的喜好和所在地点的信息,即能获得相关的交通、饭店、商店和景点等各方面的信息,消除了在新加坡出行的各种烦恼。此外,"数码服务台"还同时提供最新零售促销和活动进展等实时信息,而且还可以让游客进入在线社区浏览、发表评论及发布照片等。

"数码服务台"充分应用了新加坡的超高速有线网络和无处不在的无线网络,有效提升了游客在新加坡的旅游体验,为游客灵活安排旅游活动、及时了解旅游信息、按需获得相关服务提供了方便。不难看出,"数码服务台"的实施对促进新加坡旅游业的服务水平、提高游客的满意度,进而全面提升新加坡旅游业的国际竞争力有着不可低估的作用。

10.5.2.4 集成诊所管理系统

在医疗保健方面,新加坡政府建立起了基于移动终端作为识别手段的"综合诊所管理系统"(Integrated Clinic Management System)。通过这一系统,用户只要利用手机作为身份识别的载体,即可实现数百家诊所的医疗检验数据的共享,这样既可以提高医疗诊断的效率,又可以有效降低患者的开支,对促进医疗信息资源的共享有着重要的作用。

此外,新加坡的相关医院已成功实现了电子护理笔记系统,这些医院的护士可以使用无线射频识别(RFID)技术确认患者服用的药物,并可以通过手机短信传递重要的药疗化验报告结果,在协助医生时读取准确的患者信息,从而为患者提供更好的治疗。

10.5.2.5 iHealth 服务

为了充分利用移动通信技术改善健康医疗服务,提高医疗保障水平,新加坡政府专门推出了基于移动通信的 iHealth(又称"爱健康")服务。这项服务是通过 iHealth.Sg 的软件程序来实现的,这一软件全面提供了新加坡范围内的所有医疗康复中心的情况,包括传染病预防诊断所,在传染病预防诊断所能够检测并治疗各种类流行性疾病等。

iHealth.Sg 是一款基于移动端的 APP 程序,从本质上来说,它是对现存的医疗电子服务的整合,以方便公众能够通过全球定位系统(GPS)来查询并定位附近的医疗设施点,并且还能够从网络来察看医院等候区现场的实时图像。

10.5.2.6 面向战备军人的电子呼叫服务

战备军人的管理是政府管理工作的重要内容,移动通信技术在提升这一方面同样可以大显身手。新加坡政府为此专门推出了面向战备军人的电子呼叫(eCall)服务。通过这一系统,战备军人能够利用手机接收关于他们征集、调任等通知的短信,而不是传统的通过纸质印刷品等邮寄的方式来发送通知。这一转变有效地降低了新加坡国防部队的印刷成本和邮寄成本,缩短了征调等通知的传送时间,对提高战备军人的管理效率和管理水平作用十分明显。

10.5.2.7 国家移动统计服务

新加坡统计局在新加坡国家经济社会的发展过程中扮演了极为重要的角色:一方

面,它承担着收集、整理、分类和汇编新加坡经济社会各种统计数据的职责;另一方面,它通过对经济社会数据的比较和分析,及时把握国家的宏观经济走势和各行业部门的微观经济发展状况,为政府政策的制定提供第一手详细材料和参考意见。但在过去,国家统计局的数据通常是汇编成年鉴的形式予以发布,这必然会给需要及时消息的人造成不便。

为了解决这一难题,新加坡国家统计局开通了国家移动统计服务平台。有了这一平台后,用户只要通过手机即可获得相关的信息和服务。用户登录这一平台后按照需要选择相关的信息,比如选择"最新的新加坡经济和社会重要指标数据",就可获知GDP的总额、居民价格指数、零售业和餐饮行业指数、批发贸易指数、业务收益指数和国内供应价格指数等各种数据。用户还可以通过手机终端进一步细化选择,比如查询季度和月度数据等。

新加坡国家统计局国家移动统计服务平台的开通,第一时间为公众提供了权威、可靠的统计信息发布渠道,有效满足了公众对国家统计信息的需求,不但大大提高了公众参政、议政的热情,而且对他们更好地做出各种决策起到了积极的作用。

10.5.3 应用成效

移动政务在新加坡的发展取得了多方面的成效,对改善政府管理、提升政府服务能力发挥出了积极而又重要的作用。具体而言,新加坡移动政务的应用成效表现在以下三个方面:

10.5.3.1 为公众提供了多方面的便利

对公众而言,移动政务所带来的最大的价值是实实在在地从中获得各种便利。以中央公积金的查询为例,以往公众要查询中央公积金的状况,必须在工作日到中央公积金管理中心去查询,需要排队等候,费时费力可想而知。如今,公众可以利用手中的手机来查询,并且可以在手机上办理相关的业务,方便、快捷自不待言。又如,以往企业要办理商务执照年审、核查、许可等手续,必须要到相关管理部门去办理,如果提供的材料不完整可能会被退回,不但程序烦琐,而且要花费大量的人力和物力。而如今,企业需要办理这些业务,政府管理部门会通过通信手段主动提醒企业,企业只需通过移动传送渠道传送必备的材料即可通过审核。

总体而言,移动政务项目的开发和应用,无论是给广大公众还是企业,都带来了实实在在的便利,各方都能从中受益。

10.5.3.2 政府服务效能得到有效提升

移动政务的发展给新加坡政府自身也带来了实质性的价值,其中之一便是政府效能的显著提升。比如,以往在新加坡境内发生各类紧急事件时,新加坡政府必须通过广播电视媒体等渠道发布相关信息,针对性不强,实际的效果不佳。而有了移动政务信息发布平台后,新加坡政府可以在第一时间有针对性地向特定人群的手机发送相关信息,并可以开展必要的互动活动。不仅如此,新加坡政府还对整个政府机构的移动政务的服务进行了整合,以往新加坡警察局、市政建设局、卫生部、国防部等国家政府行政部门按照各自的职能独立行事,公众和企业如果要办理一些政务业务必须在这些机构之间来回穿梭。而现如今,通过移动政务资源的整合,公众只需通过自己的手机就可以直接进入新加坡政府移动政务门户办理所有相关的业务。毫无疑问,以上这些措施极大地提高了政府的服务效能。

10.5.3.3 更低的交易成本

移动政务的开展使得公众获得了实惠,大大降低了公众的交易成本。比如,以往机动车车主违反交通法规,需要到银行去交罚单,考虑到其他的成本,每次的缴费成本平均约为8新元。而如今新加坡陆路交通管理局通过移动政务可以让机动车车主直接通过自己的手机进行罚单的支付,不仅省去了往返的时间,而且相关的交易费用也得以大幅度降低。

享受到移动政务更低成本的还有政府本身,以往政府在管理和服务时会有大量的文本文件需要复印、发送,于此产生了数量惊人的人力成本和时间成本。而如今移动政府可以使得新加坡政府完全减少了这部分的开支。

10.5.4 新加坡移动政务发展的经验总结

新加坡移动政务的发展在比较短的时间内取得了较为显著的成效,总结其经验,主要可以概括为以下四个方面:

10.5.4.1 政府主导,企业参与

移动政务的主体理所当然是政府,但是仅仅依靠政府的力量也是不够的,必须坚持"政府主导,企业参与"这一基本原则。在这一点上,新加坡政府做出了很好的探索。在政府主导方面,新加坡政府充分发挥信息与通信发展局的作用,由其统筹移动政务的发展和建设,并由其协调政府与相关企业的关系,解决建设和发展过程中存在的各种问题。因此,没有信息与通信发展局这一机构的组织、协调和大力度推进,新加坡移动政务的发展是肯定没有今天的成就的。

与此同时,企业的参与对新加坡电子政务的发展同样功不可没。除了新加坡本土的移动通信服务商以外,新加坡政府还充分调动国内外相关服务企业参与移动政务发展的积极性、主动性和创造性,并通过构筑有效的政企合作关系,为移动政务的发展提供技术和服务等方面的保障。

10.5.4.2 坚持以公众的需求为中心

新加坡移动政务的发展自始至终坚持以公众的需求为中心,切实有效地解决公众面临的实际困难。以广受聋哑和失聪者等残障人士欢迎的"70999"短信应急服务为例,由于该项业务以特定的弱势群体为服务对象,满足了他们特殊的信息通信服务需求,起到了非常有效的作用。又如,中央公积金的手机查询、交通罚单的手机支付等无一不是从方便公众、服务公众的需要出发的,也正因为如此,新加坡的移动政务发展有着非常坚实的用户基础,发展成效自然能得到充分的保障。

10.5.4.3 整合资源,优化服务

移动政务的发展牵涉面十分广泛,而资源的整合又极为重要。为此,新加坡政府在新加坡信息与通信发展局的统一组织下,对政府各机构的相关职能和服务进行了有效的整合,使其能更好地体现出政府服务的整合优势。

政府在提供移动政务服务的过程中,必然会遇到政府服务能力与公众服务需求之间的差异问题。面对这一问题,新加坡政府一方面通过加强与公众的互动更好地把握公众对政府服务的需求,另一方面通过设立相关的评价体系来改进服务,以确保自身服务能力的不断提升。

10.5.4.4　加强管理,完善规范

移动政务的发展既是政府管理和服务的延伸,又是政府与公众新的合作关系的构建,必然牵涉到如何科学和规范的管理问题。新加坡政府从加强管理入手,积极推进制度规范的建设。近年来,新加坡政府对移动政务相关问题进行了立法规范,通过法律手为移动政务的发展提供了法律依据,特别是在保护公众的隐私权和企业的信息安全方面进行了很有效的实践的探索,为移动政务的健康、快速发展提供了十分可靠的保障。

10.5.5　案例评析

新加坡是一个经济发达的城市型国家,移动通信发展有着良好的发展基础,在开展移动政务方面有着得天独厚的优势。新加坡政府审时度势,紧紧把握这一重要的发展机遇,在较短的时间内取得了移动政务发展的重要突破,其发展成果令人称道,发展经验值得学习借鉴。

10.6　"FrontlineSMS"及其在医疗管理中的应用案例

以前,在一些地域广袤、交通信息设施十分落后的非洲国家要收集一些来自乡间的信息,比如疾病信息,经常是派调查员下乡挨家挨户地去探访或是派发调查问卷,而后逐一回收。这种传统的信息收集和处理的方式往往是付出了很高的成本,但公众的参与度不高,实际的调查效果难尽如人意。在信息通信技术日益发达的今天,有没有办法改善这一现状呢?特别是在疾病控制这一难题上有没有大的突破呢?一位名叫肯·班克斯(Ken Banks)的程序员写出了一个名为"FrontlineSMS"的移动通信应用程序,该程序可以使得人们通过简单的手机短信即可实现这一目标。经过多年的应用和逐步完善,目前这一系统在马拉维等非洲国家得到了普遍的应用,在疾病控制等方面取得了较为显著的成效,为落后地区利用移动通信技术改善政府的管理和服务提供了不可多得的生动案例。

10.6.1　发展背景

简单地说,"FrontlineSMS"可以实现一台手机/电脑向多台手机发送信息的功能。肯·班克斯早年在南非的克鲁格国家公园工作,由于工作原因他需要跟当地的公众进行沟通,而那时候手机也开始进入公众的生活。克鲁格国家公园希望通过手机来与当地人保持联系,但肯·班克斯经过一番努力却发现有基于手机的工具能够帮助他方便地联系到当地人,于是就自己抽空写了这个名为"FrontlineSMS"的程序。一开始这一工具是为了群发信息而设计的,后来有人说希望有信息收集的功能,于是他在后续的版本中扩充了这方面的功能。用户可以首先在自己的电脑上设置好表格,然后通过"FrontlineSMS"系统发送到相关对象的手机,表格可以跟发送短信一样直接在手机上填写和提交,这样就为公益机构和调查者进行分散的数据收集提供了极大的便利。后来,肯·班克斯在英国剑桥开始了这一新系统的应用,并在当地相关机构提供的资金的支持下,这一系统得到了进一步的完善,应用的范围也得到了拓展。

10.6.2 系统结构

"FrontlineSMS"可以在网上免费下载,它可以将一台笔记本电脑和一台移动电话或一台调制解调器/数据卡变成一个双向的消息中心。组织机构在他们的电脑上安装好这个程序之后,就可以把他们需要联系的人加进来(比如病人、农民或其他利益群体),而后给这些人群发信息,并且可以直接通过手机短信收到他们的回复,无须互联网即可使用。因为不需要互联网做依托,"FrontlineSMS"在很多地方都是有效的。"FrontlineSMS"是一个双向系统,它既可以用来发送有关于健康、安全警报、工作机会或职位空缺、市场价格等信息,又可以通过问卷调查、选举、投票等方式接收信息。图 10-4 为"FrontlineSMS"系统工作示意图。

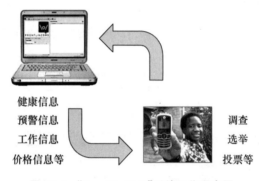

图 10-4 "FrontlineSMS"系统工作示意图

一个典型的"FrontlineSMS"系统,相关的设备包括笔记本电脑、电缆和移动电话,一张 SIM 卡与一个确定的手机连接形成了一个平台,备有手机的用户可以向或从这个平台发送和接收信息。该系统与我们平常所见的短信平台系统很类似,它们之间最大的不同在于普通的短信平台系统是基于通信运营商直接提供的短信端口与互联网连接实现的短信发送及接收,而"FrontlineSMS"系统无须连接互联网即可实现信息的接收或发送,这也是"FrontlineSMS"系统的一大优势。在非洲等互联网基础设施极为薄弱、用户普及度很低的国家或地区,这一系统可以发挥显著的作用。图 10-5 为"FrontlineSMS"的系统组成。

图 10-5 "FrontlineSMS"的系统组成

"FrontlineSMS"系统开发成功后,在非洲多个国家得到了应用,特别是在医疗领域取得了显著的成效,成为移动医疗服务的一种新的形式。

在一些农村和不发达国家,向地域分散的公众提供医疗服务是一个难度极大的问题。基础设施匮乏阻碍了这些地区的医疗卫生工作者向乡村地区提供有效率的医疗保健服务。据世界卫生组织估计,全世界至少缺少440万名的医疗工作者。比如,在马拉维,在一个100英里范围的地区仅有2名医疗工作者为超过25万的人口提供医疗服务,当地的交通距离及较差的交通通达能力对这个状况来说更是雪上加霜。"FrontlineSMS"系统提供了群发短信技术设计,该技术特别考虑到了与非政府部门之间的短信群发,这为非洲国家提供移动医疗服务创造了契机。虽然其他的移动通信群发短信系统早已出现,但这些系统几乎都需要依托可靠的互联网连接,这显然不是大多数发展中国家的选择。相反,"FrontlineSMS"系统并不需要互联网连接,它通过手机和调制解调器就能与计算机连接,并且可以在任何GSM网络中工作。值得庆幸的是,经过较长时期的发展,非洲国家的移动通信网络的覆盖范围已较为广泛,移动通信的用户已达数亿人,这对促进"FrontlineSMS"系统在医疗管理中的应用提供了极为难得的条件。

10.6.3 "FrontlineSMS"在马拉维医疗管理中的应用

10.6.3.1 "FrontlineSMS"的应用过程

马拉维是一个非洲国家,其中90%的人口居住在尚未开发的农村地区,是联合国宣布的世界最不发达国家之一。在马拉维的圣·盖伯瑞尔医院,一个包括家庭治疗护士在内的有75位社区医疗工作者组成的小组负责"FrontlineSMS"系统的运行,其中每位成员都配有一部全天候使用的手机,医院本身也配备了一台连接移动通信网络的笔记本电脑来运行"FrontlineSMS"软件,并负责相关业务的管理。

作为一个面向移动通信用户的应用系统,圣·盖伯瑞尔医院的"FrontlineSMS"医疗系统有自己明显的特色和创新之处:一是具有简洁、便捷的操作界面(如图10-6所示);二是专业化的病员管理(如图10-7所示);三是简单方便的业务管理。

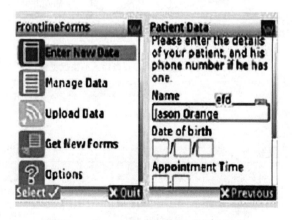

图10-6 "FrontlineSMS"系统的操作界面

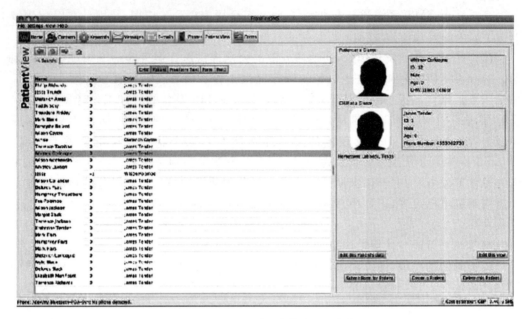

图 10-7 "FrontlineSMS"系统的病员信息管理界面

病人追踪是圣·盖伯瑞尔医院"FrontlineSMS"系统最为成功的应用之一,图 10-8 是病人追踪的流程。

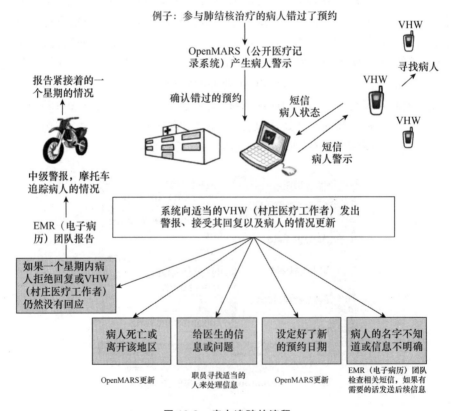

图 10-8 病人追踪的流程

10.6.3.2 "FrontlineSMS"系统的信息管理

"FrontlineSMS"系统接收的信息被分成 9 种类型并根据内容被记录下来,分别是:症状报告;药品供给请求;病人报告(包括连续的更新)和转诊病人;死亡通知;帮助请求;电话问题;会议;对额外信息的请求及其他。在这一系统试运行的第一个季度期间,信息中心总共收到了 1330 条信息,其中的大多数是病人对肺结核治疗或抗逆转录病毒疗法的连续报告(30.83%),对额外信息的请求及症状报告也是常见的,分别是 16.47% 和 14.96%。关于手机的技术问题的信息比较少,仅为 2.11%。在那些归类为"其他"的信息中(13%),绝大多数是确认信息或转送信息。这个信息类型统计映射出了对于各种不同类型事件所需的交流的频繁性,为进一步满足用户需求提供了很好的依据。社区医疗工作者在其访谈过程中说,系统应用之前他骑摩托车随机地从一个村庄行驶到另一个村庄看是否有需要他的地方,而在应用这一系统之后,他可以详细地回复发送来的请求精确治疗或药品供给的信息,这对更有效、更富针对性地开展工作起到了极为重要的作用。

10.6.3.3 应用成效

"FrontlineSMS"系统在马拉维圣·盖伯瑞尔医院的应用取得了多方面的成效,主要体现在以下三个方面:

一是降低了运行成本。在 6 个月的试运行期内,家庭治疗护士和肺结核协调者报告分别约节省了 1000 美元和 2000 美元的燃油费。这个过程中节省的燃油费大大超过了"FrontlineSMS"系统的运行成本。在整个试行期间发送了 2945 条信息,总计约 250 美元。在此期间,没有出现手机被偷或需要替换的情形,尽管报告有 75 部手机有一段时间停止了工作,但短期内得到了恢复。因为并没有资金投入到手机的维修和更换,医院的净节省大约为 2750 美元。

二是工作时间大幅下降。21 位结核病监控和协调访谈员在报告中说,试运行之前每个月有 25 份报告被分别送到医院。而试运行期间,这些协调者通过短信总共收到 400 份连续的报告,平均每个月 66.67 份。因为没有报告是通过手工提交的,以 6 个小时的平均往返时间计算,他们节省了接近 900 个小时的在途时间。在过去,结核病监控和协调访谈员报告说每周为了连续的监控要拜访 17 位病人,这需要总共 3 次每次接近 9 个小时的短途旅行。在应用这一系统后,这些监控任务外派给了地方社区医疗工作者,为他们节省了总共 648 个小时的交通时间。最后,因为使用短信网络来实施分类系统为家庭治疗护士节省了约 500 个小时。在结核病监控和协调访谈员与肺结核治疗部门之间,总共节省了 2000 余个工作小时。

三是病人登记的增加。肺结核在这个地区的流行远远超过了医院能够提供的治疗能力,所以在过去肺结核登记因为受医院人力、物力的限制得不到全面的展开。有了"FrontlineSMS"系统后,结核病监控和协调访谈员可以将监控工作外派给社区医疗工作者。每位结核病监控和协调访谈员在系统应用前只能为 100 位病人提供照顾,而有了这一系统后,增加的空余时间可以使他能够照料另外的数百位病人,使医院的肺结核治疗项目的规模真正增加了数倍。

10.6.3.4 案例评析

移动通信在全球的快速普及,为人类的进步和发展创造了新的机会。在一些经济落后、教育科技基础薄弱的国家和地区,尤其是在互联网尚无法普及的区域,如何利用移动通信技术提供高水平的政府服务,是一个需要深入思考的问题。"FrontlineSMS"系统的开发成功并投入应用,让我们看到了基于移动通信技术的移动政务在欠发达地区的经济社会发展中的非凡潜力,"FrontlineSMS"系统在马拉维等国家的移动医疗中的成功应用为我们提高医疗服务水平提供了一剂可资参考的良方。

作为世界第一人口大国,医疗资源紧缺是长期困扰我国医疗事业发展的一个难题,尤其是我国广大的中西部地区,利用移动通信技术提供移动医疗服务既有十分迫切的应用需求,又有着极其可观的市场需求,政府主管部门、通信运营商和医疗服务机构必须共同努力,为开创我国移动医疗的新局面做出应有的贡献。

10.7 本章小结

移动通信作为当今世界影响最为广泛、发展最为迅速、普及最为全面的信息通信技术之一,已成为促进人类社会经济发展、社会繁荣和科技进步的强大动力。充分利用移动通信技术大力发展移动政务,正成为世界各国政府和相关企业的重要使命。

从未来的发展趋势来看,移动政务作为电子政务发展的重点和热点,必将会得到政府相关部门和有关企业的高度重视,国际的发展经验也在警示我们,移动政务发展必须充分体现"以民为本"的发展理念,强调政府和公民、政府与企业新型关系的构筑,而不能偏离方向、误入歧途。毋庸置疑,作为世界第一移动通信大国,我国的移动政务发展有着光明和灿烂的前途,只要目标明确、道路正确,就一定能赢得无比美好的未来。

第十一章

政府信息公开和信息资源整合

根据《中华人民共和国政府信息公开条例》(以下简称《政府信息公开条例》)的定义,政府信息是指行政机关在履行职责过程中制作或者获取的,以一定形式记录、保存的信息。政府信息是电子政务活动的血液,政府信息资源是电子政务发展过程中十分重要的战略性资源。发展电子政务,一方面要大力推动政府信息资源的开发和利用,使其成为促进经济发展和社会进步的重要力量;另一方面,电子政务的健康、有序、快速的发展离不开政府信息公开和信息资源整合这两个关键性的支撑条件。如果没有政府信息公开为前提,信息资源整合为手段,政府电子政务的发展显然会事倍功半。反过来,电子政务的发展如果不能有效推进政府信息公开和信息资源整合,也必然会偏离正确的方向,注定不会成功。所以,政府信息公开和信息资源整合与电子政务的发展是相辅相成、相互促进的。

从国际发展进展来看,发达国家的政府机构在政府信息公开和信息资源整合方面显然已经先行一步,我国国内与国际发展的差距还较为明显。在电子政务的发展进程中,我国各地、各级政府必须以此为契机,采取切实有效的措施,既要使政府信息公开取得实质性的进展,又要使政府信息资源整合取得突破性的成效。

11.1 政府信息公开概述

政府信息公开既是政治文明、社会进步和政府民主的重要体现,也是经济发展和社会进步的迫切需求,同时也是电子政务发展的基本任务。

11.1.1 政府信息公开的含义

"信息"是一个较为抽象的概念,正如控制论的创始人维纳所言,信息就是信息,它既不是物质也不是能量。从认识主体的角度来看,信息应看成是认识主体所感知或所表述的事物运动及其变化方式的形式、内容和效用。政府信息作为信息的一种具体表现形式,必须符合三个方面的条件:一是由政府机构所掌握或控制;二是与经济发展、社会管理和公共服务紧密相关;三是通过特定载体所呈现。在传统的条件下,政府信息主要以纸质载体信息为主,目前政府机构以光盘、移动硬盘、U 盘及其他电子存储材料等载体记录的政府信息越来越普遍,特别是适合电脑和网络存储的载体已变得越来越重要,政府信息载体的形式也变得更为多样化了。

所谓政府信息公开,是指各级政府及其工作部门、派出机构以及其他依法行使行政职权的组织,在行使国家行政管理职权的过程中,按照规定的标准、程序、形式和时限,主动将本单位办理的政务和社会事务活动事项,利用信息载体向公众或依申请而向特定的个人或组织予以公开,允许用户通过查询、阅览、复制、下载、摘录、收听和观看等方式,依法利用其所控制的信息,并接受公民、法人和其他组织参与民主管理和监督的一种信息管理制度。

对此,政府信息公开可以从广义与狭义两个方面来理解:广义上的政府信息公开包括政务公开和信息公开两个方面的内容;狭义上的政府信息公开即指政务公开。政务公开主要是指行政机关公开其执法依据、执法程序和执法结果等行政事务,属于办事制度层面的公开。广义上的政府信息公开的内涵和外延要比政务公开广泛得多,它除了要求政府公开自身的事务信息以外,还要求政府公开其所掌握的其他各方面的信息。

政府信息公开是公民、法人和其他组织获得知情权,从而更好地参政议政的一种有效途径,它可以让公众更好地了解政府的相关决策和履职情况,进一步加强对政府行为的监督,保证其在法治的范围内高效运作,履行其应尽的义务和职责。

11.1.2 政府信息公开的意义

政府信息公开作为政府履行相应职责的重要内容,对提高政府的管理水平和服务能力都有着十分重要的意义。

11.1.2.1 促进依法执政,推动权力阳光运行

无论是不法分子的欺诈,还是一些政府官员的贪污腐败,很大程度上都源于信息的不对称。政府信息公开有益于提升政府机构各项政策的执行效果,在一定程度上可以抑制"上有政策,下有对策"的行为,促进各级政府机构行为的规范化。政府信息的充分公开,可以减少政府与公众信息的不对称,提升公众对政府机构的监督能力,解决信息不对称导致的各种欺诈行为,是推进反腐倡廉工作的重要措施。

11.1.2.2 提升政府公信力,促进政府与公众合作

随着互联网等信息工具的普及与应用,公众的信息来源渠道日益丰富,社会的流言、噪声及一些政府官员违纪现象的出现使政府的威信受到很大的威胁,在面临着新的复杂的形势下,政府唯有坦诚地面对公众才能提升自己的威信。在此基础上,政府与企业建立共识可以提升经济活动的效用,从而降低政府的行政成本,更好地造福于社会。事实证明,那些吸引投资多、经济发展好的地区常常是政府信息公开做得好的地区,也是政府最讲信用的地区。因此,推动政府信息公开是改善投资环境、促进经济社会健康快速发展的利器。

11.1.2.3 改变经济增长方式,促进和谐社会建设

过去的发展经验告诉我们,依靠大量消耗自然资源的粗放型经济增长模式已走到尽头,中国的经济已经发展到必须推行以人为本政策的阶段,知识经济已经成为经济进一步发展的必经之路。加快经济增长方式转变,是我国今后比较长的历史时期经济发展的战略选择。积极推动政府信息公开,是充分发挥政府信息资源价值,促进其在经济增长方式转变中的发挥重要作用的有效举措。与此同时,社会的和谐稳定同样需要政府在信息公开方面能起到主力军的作用,通过加强信息公开,可以让公众拥有充分的知情权,最大限度地理解和支持政府的工作,从而会更有效地促进和谐社会的建设。

11.1.3 政府信息公开的内容和范围

不同的政府机构由于自身的级别和地位的差异,以及所处的历史阶段的不同,政府

信息公开的内容和范围是不一样的。一般来说,政府信息公开以及免于公开的内容主要包括以下七个方面:

11.1.3.1 政府管理规范和发展计划

政府管理规范是各级政府机构履行政府职责的基本依据,也是接受公众监督的必备要件;政府发展计划事关国家、地区、部门的发展大局,与经济社会的发展关系紧密。所以,公开政府管理规范和发展计划是政府信息公开中首先必须做到的,公开的具体内容包括:

(1) 政府规章、各级人民政府及其职能部门以及依法行使行政管理职能的组织制定的规范性文件;

(2) 本行政区域经济社会发展规划、计划及其进展和完成情况;

(3) 本行政区域经批准的城市总体规划、分区规划以及土地利用总体规划等规划。

11.1.3.2 与公众关系密切的重大事项

政府控制的很多信息与公众的关系密切,这些信息是公众十分关注,也是应该让公众知情的。这类信息主要有:

(1) 影响公众人身和财产安全的疫情、灾情或者突发事件的预报、发生及处理情况;

(2) 扶贫、优抚、教育、社会保障、劳动就业等方面的标准、条件及实施情况;

(3) 土地供应情况、房地产交易情况;

(4) 土地征用、房屋拆迁的批准文件、补偿标准、安置方案等情况;

(5) 经济适用住房的建设和分配、廉租房的建设和申请情况;

(6) 政府承诺办理的事项及其完成情况等。

11.1.3.3 公共资金使用和监督事项

政府公共资金的使用和监督也是公众十分关心的,因为政府动用纳税人的税收贡献,有责任、有义务管好、用好这些公共资金,最大限度地为公众造福。有关公共资金使用和监督事项的信息包括:

(1) 重大城市基础建设项目的公开招标、中标情况及工程进展情况;

(2) 政府集中采购项目的目录、政府采购限额标准、采购结果及监督情况;

(3) 重要专项基金、资金的使用情况;

(4) 政府财政年度预算、决算和实际支出以及审计情况等。

11.1.3.4 政府机构和人事信息

政府机构和人事信息也是公众十分关心的,一方面它关系到政府的公正与透明,牵涉到是否便于公众监督;另一方面,这些信息对公众来说也是极为重要的,因为广大公众需要与众多的政府机构打交道,对它们有所了解是必不可少的。这类信息主要有:

(1) 各级人民政府及其职能部门以及依法行使行政管理职能组织的机构设置、办公地址、联系方式等;

(2) 各级人民政府及其职能部门以及依法行使行政管理职能组织的职能、设定依据、办事条件、办事程序、办事期限、监督救济途径等情况;

(3) 各级人民政府及其职能部门以及依法行使行政管理职能组织工作人员的姓名、职责分工、联系方式;

(4) 领导成员的履历、工作分工和调整变化情况;

(5) 公务员招考、录用以及公开选任干部的条件、程序、结果等情况;

(6) 政府机构改革及人员变动等情况。

11.1.3.5 公用事业相关信息

公用事业与公众的工作、生活的关系十分密切，也是广受社会关注的一项工作。政府是公用事业的主要提供者，必须自觉地接受公众的监督。公用事业相关信息主要由公用事业的实施单位向社会公开以下一些办事信息：(1) 服务内容；(2) 收费标准；(3) 办事程序；(4) 办事纪律；(5) 服务承诺；(6) 投诉监督办法以及处理结果等。

11.1.3.6 乡镇政务公开信息

乡镇是政府基层组织，肩负着农村、农业、农民"三农"建设和管理的重任。乡镇政务信息公开是一项任务艰巨又意义重大的工作。乡镇政务公开的信息主要有：

(1) 乡镇人民政府行政管理、经济管理活动相关的信息，包括乡镇人民政府的年度工作目标及执行情况，乡镇年度财政预算及执行情况，上级政府下拨的专项经费及其使用情况，乡镇的债权债务情况，乡镇集体企业及其他经济实体承（发）包、租赁、拍卖等情况，乡镇工程项目招投标及社会公益事业建设情况等；

(2) 与村务公开相对应的事项，包括乡、村税负的收缴情况，计划生育情况，征用土地及土地补偿费、安置补助费的发放、使用情况，宅基地审批情况，救灾救济救助款物发放、优待抚恤情况，水电费的收缴情况等；

(3) 乡镇基层站所公开的事项，包括工作职责、办事依据、办事条件、办事程序、办事纪律、办事期限、监督办法和办事结果，收费、罚款标准和收缴情况等。

11.1.3.7 免于公开的政府信息

对有些特殊的政府信息，政府可免于公开，主要有以下一些情形：

(1) 涉及国家秘密的；

(2) 涉及商业秘密或者公开可能导致商业秘密泄露的；

(3) 涉及个人隐私的；

(4) 正在调查、讨论、处理过程中的；

(5) 与行政执法有关，公开后可能会影响检查、调查、取证等执法活动或者会威胁个人生命安全的；

(6) 公开可能造成社会重大负面影响的；

(7) 法律法规规定免予公开的其他情形。

11.1.4 政府信息公开的原则

政府信息公开是政府履行自身职责时必须实现的目标，在具体的实施过程中，必须坚持以下六个方面的原则：

11.1.4.1 公开原则

政府信息公开首先必须坚持公开原则，换句话说，政府信息以公开为原则，不公开为例外。公开原则是政府信息公开制度中基本性的原则，它要求政府工作人员和公众对政府信息公开制度确立起全新的认识，改变落后的思维方式与工作模式，彻底摒弃传统的政府以垄断或控制信息为惯例，以"不公开"为基本原则的做法，让政府信息真正走向公开，避免政府工作人员以各种理由和借口对政府信息进行封锁，从而架空政府信息公开制度。公开原则是基础性的，也是与传统的原则和政府的惯常做法大相径庭的，必须花大力气予以贯彻实施。

11.1.4.2 权利原则

政府信息公开不能仅仅把它看作是政府机构的一种办事制度,而应把它看作是公众的一种权利。如果信息公开仅仅只是一种办事制度,就意味着政府信息可以公开,也可以不公开,随意性比较大,在实施中缺乏相应的保障与制约。把政府信息公开作为一种赋予公众的基本权利,必然可以有效地保障公众的信息获取权。在具体实施的过程中,各级政府及其职能部门以及依法行使行政职权的组织作为政府信息公开的义务人,应当依法履行公开政府信息的义务;而公民、法人和其他组织是政府信息公开的权利人,可以依法享有获取政府信息的权利。任何个人和组织不得以任何形式非法阻挠权利人依法获取政府信息或者限制权利人依法获取政府信息的权利。可以肯定,把政府信息公开作为公众的一种权利来处理,必然会大大加快政府信息公开的进程。

11.1.4.3 利益均衡原则

根据《宪法》的规定,任何公民享有《宪法》和法律规定的权利,同时必须履行《宪法》和法律规定的义务。这一点在政府信息公开过程中也必须得到充分的体现,权利人在获得政府信息公开的基本权利的同时,同样必须承担相应的业务,最主要的是既不能侵犯他人的隐私、商业秘密、国家秘密或其他社会公共利益,也不得损害国家、社会、集体的利益和其他公民合法的自由和权利。利益均衡原则对保证公众更有效地行使知情权,明确权利与义务的对等关系有着重要的意义。

11.1.4.4 公益原则

政府机构利用自己手中所拥有的信息对信息需求者进行吃、拿、卡、要,或者通过各种间接方式谋取不当利益,在我国各地、各级政府均有发生。这种长期形成的信息寻租现象对政府信息公开极为不利,如果继续放任政府机构凭借自身拥有的信息牟利,或者变相抬高公众获得信息的成本,都会影响信息公开制度的推行,而且也会加重公众获取政府信息的负担。所以,明确政府信息公开的公益原则是十分必要的,对杜绝政府相关部门利用信息牟利具有很强的制约作用,也有效地保障了公众的权利。

当然,非盈利原则并不是什么费用都不能收,为了保障公平,减轻政府机构的负担,也为了杜绝各种不合理的申请行为,政府信息权利人必须承担检索、复制与寄送信息的成本等必需的费用。

11.1.4.5 自由使用原则

自由使用原则是指政府信息公开的权利人获得政府信息后,可以以市场化的方式对政府信息进行再加工或其他形式的商业开发,政府机构不得禁止或者进行任何形式的限制,也不得主张政府信息的版权保护或类似保护。

自由使用原则可以有效地调动民间对政府信息开发的积极性,促进政府信息的多层次开发和应用,对更有效地发挥政府信息的价值和作用很有意义,同时还可以加强政府机构的服务意识,降低公众获得政府信息的成本,对加快信息服务业的发展也不无帮助。

11.1.4.6 救济原则

政府信息公开制度中的救济原则是指当政府信息公开的权利人认为其知情权或第三人认为其隐私权或商业秘密受到侵犯时,可以根据相应的规定申请行政复议、提出申诉或者提起行政诉讼。救济原则是为了体现"没有救济就没有权利"的思想,使政府信息公开的权利人与第三人可以依法维护自己的知情权与其他权利。

在我国过去的相应立法中,对公众知情权的保护没有明确的规定,公众对知情权的保护意识也相对较弱。救济原则为公众行使政府信息公开的知情权提供了有力的行政和司法实施保障。

11.1.5 政府信息公开的程序

政府信息公开有一套相对严格的程序,目前比较通行的程序包括以下七个环节:

11.1.5.1 申请

公民、法人和其他组织需要获得政府信息时,可以采用信函、传真和电子邮件等形式向掌握该信息的政府机构提出申请。申请应当包括下列内容:

(1) 公民、法人和其他组织的姓名或者名称、身份证明、联系方式等;
(2) 所需政府信息的内容描述。

政府机构可以向申请人提供申请书的格式文本,但格式文本中不得包含与申请政府信息公开事项没有直接关系的内容。

11.1.5.2 答复

政府机构收到申请后,应当当场登记,并根据下列情况及时给予书面答复:

(1) 属于公开范围的,应当告知申请人可以获得该政府信息的方式和途径;
(2) 属于免予公开范围的,应当告知申请人不予公开;
(3) 不属于受理机关掌握范围的,应当告知申请人,能够确定该信息掌握机关的,应当告知申请人其联系方式;
(4) 申请公开的政府信息不存在的,应当告知申请人;
(5) 申请公开的内容不明确的,应当告知申请人更改、补充申请。

11.1.5.3 公开

对符合要求的政府信息,政府机构应按照相应的规定在特定的时间内以特定的方式予以提供。如果要求提供的政府信息含有免予公开的内容,但能够区分处理的,政府机构应当提供可以公开的内容。

如果要求提供的政府信息可能影响第三方权益的,除了第三方已经书面向政府机构承诺同意公开的以外,政府机构应当书面征询第三方的意见。第三方在要求的期限内未作答复的,应视作不同意提供。

11.1.5.4 自身信息获取和更正的程序

公民、法人和其他组织要求政府机构向其提供注册登记、税费缴纳、社会保障等方面与自身相关的政府信息时,应当持有效身份证件,当面向政府机构提交书面申请。书面申请应当包括对所需政府信息的内容描述,并签名或者盖章。政府机构应当创造条件,通过采用网上认定身份的新技术,方便公民、法人和其他组织通过互联网向政府机构提交申请。

公民、法人和其他组织发现与自身相关的政府信息记录不准确、不完整、不适时或者不相关的,有权要求有关政府机构及时予以更改。受理的政府机构无权更改的,应当转送有权处理的政府机构处理,并告知申请人。

11.1.5.5 禁止行为

政府机构答复申请人不予公开、不予提供的政府信息,不得再以有偿服务或者变相有偿服务的形式提供,不得通过与政府机构有隶属关系或者业务指导等关系的企事业单位、中介组织以有偿或者变相有偿的形式向公民、法人和其他组织提供。

11.1.5.6 公开的期限

对公民、法人和其他组织的申请,除了可以当场予以答复的以外,政府机构一般应当自登记之日起15个工作日内做出书面答复。

政府机构依规定向申请人提供政府信息,应当在申请人办妥申请手续后当场提供;不能当场提供的,一般应当在申请人办妥手续后10个工作日内提供。

如果因正当理由不能在规定的期限内作出答复或者提供信息的,经政府机构信息公开机构负责人的同意,可以将答复或者提供信息的期限适当延长,并书面告知申请人,延长期限最长一般不超过15个工作日。

如果政府机构依据规定答复不予提供或者不予更改的,应当说明救济途径。

11.1.5.7 政府信息公开的常规程序

政府信息公开有相对较为完整的一套体系,常规的公开程序如图11-1所示。

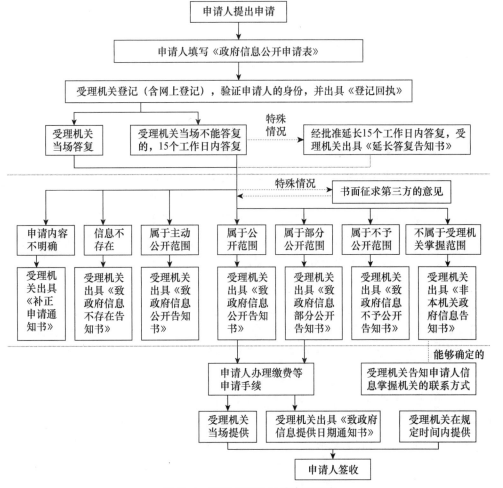

图11-1 政府信息公开的常规程序

11.1.6 政府信息公开的方式

政府信息公开的方式应根据申请人的要求,结合政府机构的实际而定,目前主要有以下十种:

11.1.6.1 依申请提供的形式

政府机构依申请提供政府信息,有条件的可以安排适当的时间和场所,供申请人当场阅读或者自行抄录。应申请人的要求,政府机构可以提供打印、复制等服务。

申请人在申请中选择以邮寄、递送、传真、电子邮件等形式获取政府信息复制件的,政府机构应当以该申请要求的形式提供。因技术原因无法满足的,政府机构可以选择以符合该政府信息特点的形式提供。

11.1.6.2 主动公开的形式

对应当主动公开的政府信息,政府机构应当采取符合该信息特点的以下一种或者几种形式及时予以公开:

(1) 政府公报或者其他报纸、杂志;
(2) 互联网上的政府网站;
(3) 政府新闻发布会以及广播、电视等公共媒体;
(4) 在政府机构主要办公地点等地设立的公共查阅室、资料索取点、政府信息公告栏、电子屏幕等场所或者设施;
(5) 其他便于公众及时准确获得信息的形式。

政府机构主动公开的政府信息,应当向公众免费提供。

11.1.6.3 政府信息公开指南与政府信息目录

各政府机构应当编制本机构属于应当主动公开范围的政府信息目录,政府信息目录应当记录政府信息的名称、基本内容的简单描述及其产生日期。

有条件的政府机构,可以逐步编制本机构属于依申请公开的政府信息目录。

各政府机构应当适时更新本机构的政府信息公开指南和主动公开范围的政府信息目录,并通过政府网站等途径公开以供查阅。

11.1.6.4 规章和规范性文件的公开

市政府规章和规范性文件,应当自发布之日起 30 日内在互联网上的政府网站上公开,同时在市政府公报上公开,并可以增加采取其他的公开形式。其他政府机构的规范性文件,应当自发布之日起 30 日内在互联网上的政府网站上公开,同时可以增加采取其他的公开形式。

11.1.6.5 政府公报的发放和查阅

政府公报应当及时发放至指定的书报亭、书店、邮局等免费发放点,方便公众获取。

政府公报应当备置相关政府办公地点的适当场所、档案馆、公共图书馆等区域,方便公众免费查阅。

11.1.6.6 政府新闻发言人制度

政府建立和完善政府新闻发言人制度,代表本级政府向社会发布政府信息,政府各相关部门根据实际需要建立本部门的新闻发言人制度。

11.1.6.7 公共查阅场所的设置

根据提供政府信息查阅服务的需要,有条件的政府机构应当设置公共查阅室或者公共查阅点,配备相应的设施,方便公众对相关政府信息的检索、查询、复制。

11.1.6.8 收费

政府机构依申请向公民、法人和其他组织提供政府信息,可以收取实际发生的检索、复制、邮寄、递送等成本费用。收费标准由财政和价格主管部门统一制定,收取的费用全部上缴财政。符合相应条件者,可以减免费用。

11.1.6.9 指引

各政府机构应当将本机构负责政府信息公开事务的机构的名称、办公地址、办公时间、联系电话、传真号码、电子邮箱地址向社会公开,方便公民、法人和其他组织就政府信息公开事宜提出咨询。

11.1.6.10 帮助

对阅读有困难的残疾人、文盲申请人,政府机构应当提供必要的帮助。

11.1.7 政府信息公开的监督与救济

对政府信息公开进行有效的监督与必要的救济是必不可少的,各地、各级政府在实现政府信息公开的过程中,应对此问题予以足够的重视。根据国内一些地区关于政府信息公开的规定,政府信息公开的监督与救济一般是通过以下五种方式实现的:

11.1.7.1 年度报告

政府信息公开主管机关应当在每年初一定时间内(一般在第一季度)公布本政府信息公开年度报告,年度报告应当包括下列内容:

(1) 政府机关主动公开政府信息的情况;

(2) 公民、法人和其他组织申请公开政府信息的情况统计;

(3) 政府机关同意公开、部分公开和免予公开的分类情况统计;

(4) 就政府信息公开提出复议、诉讼和申诉的情况统计及其处理结果;

(5) 存在的主要问题以及改进的方案;

(6) 其他应当报告的重要事项。

相关政府机关的公开义务人应于每年年底前对上年度本机关政府信息公开工作情况进行总结,并向政府信息公开主管部门提供书面总结报告。

11.1.7.2 直接监督

各级人民政府信息公开主管机关应主要通过下列方式对政府信息公开行为进行直接监督:

(1) 对公开义务人的政府信息公开情况进行定期或不定期检查;

(2) 各公开义务人内部开展评议活动,听取其工作人员对政府信息公开工作的意见;

(3) 通过举办民主议政日活动等渠道,广泛倾听社会各界的意见;

(4) 设立政府信息公开投诉电话和信箱,及时查处违法或失当行为,并向投诉人通报处理情况。

11.1.7.3 法律责任

政府机关违反政府信息公开的规定,有下列情形之一的,由主管机关责令其改正。情节严重的,由监察部门或者主管行政机关对直接负责的主管人员和其他责任人员依法给予行政处分:

(1) 不履行主动公开义务、不及时更新主动公开内容的;
(2) 公开的政府信息内容不完整、不真实的;
(3) 不提供或者不及时更新本机关的办事指南、政府信息目录的;
(4) 对符合法定条件的申请人,隐瞒或者不提供应当公开的政府信息的;
(5) 未履行告知义务导致第三方的合法权益受损害的;
(6) 不依法更正有关申请人本人信息的;
(7) 对已经决定不予公开的政府信息以有偿或变相有偿的形式向公开权利人提供的;
(8) 违反规定收费的。

11.1.7.4 救济

公民、法人和其他组织认为政府机关不依法履行政府信息公开义务的,可以向监察机关或者上级政府机关举报,接受举报的机关应当予以调查处理。

公民、法人和其他组织认为政府机关违反规定的具体行政行为,侵犯其合法权益的,可以依法申请行政复议,对行政复议决定不服的,可以依法提起行政诉讼;公民、法人和其他组织也可以依法直接向人民法院提起行政诉讼。

11.1.7.5 赔偿

政府机关违反规定,隐匿或提供虚假的政府信息,或者泄露商业秘密、个人隐私,给申请人或者第三方造成经济损失的,申请人或者第三方可以依法请求赔偿,政府相关机关应当依法承担赔偿责任。

11.2 政府信息公开的主要任务

为全面推进政府信息公开的深入发展,中共中央办公厅、国务院办公厅联合印发了《关于全面推进政务公开工作的意见》,明确公开内容要覆盖权力运行全流程、政务服务全过程,公开制度化、标准化、信息化水平显著提升,公众参与度高,用政府更加公开透明赢得人民群众更多理解、信任和支持。这一意见确定了政府信息公开的重点任务包括以下四个方面:

11.2.1 推进政务阳光透明

推进政务阳光透明是促进政府信息公开的重点内容,具体包括以下六个方面的具体任务:

11.2.1.1 推进决策公开

把公众参与、专家论证、风险评估、合法性审查、集体讨论决定确定为重大行政决策法定程序。实行重大决策预公开制度,涉及群众切身利益、需要社会广泛知晓的重要改革方案、重大政策措施、重点工程项目,除依法应当保密的外,在决策前应向社会公布决策草案、决策依据,通过听证座谈、调查研究、咨询协商、媒体沟通等方式广泛听取公众意见,以适当方式公布意见收集和采纳情况。探索利益相关方、公众、专家、媒体等列席政府有关会议制度,增强决策透明度。决策做出后,按照规定及时公开议定事项和相关文件。

11.2.1.2 推进执行公开

主动公开重点改革任务、重要政策、重大工程项目的执行措施、实施步骤、责任分工、监督方式,根据工作进展公布取得成效、后续举措,听取公众意见建议,加强和改进工作,确保执行到位。各级政府及其工作部门都要做好督查和审计发现问题及整改落实情况的公开,对不作为、慢作为、乱作为问责情况也要向社会公开,增强抓落实的执行力。

11.2.1.3 推进管理公开

全面推行权力清单、责任清单、负面清单公开工作,建立健全清单动态调整公开机制。推行行政执法公示制度,各级政府要根据各自的事权和职能,按照突出重点、依法有序、准确便民的原则,推动执法部门公开职责权限、执法依据、裁量基准、执法流程、执法结果、救济途径等,规范行政裁量,促进执法公平公正。推进监管情况公开,重点公开安全生产、生态环境、卫生防疫、食品药品、保障性住房、质量价格、国土资源、社会信用、交通运输、旅游市场、国有企业运营、公共资源交易等监管信息。公开民生资金等分配使用情况,重点围绕实施精准扶贫、精准脱贫,加大扶贫对象、扶贫资金分配、扶贫资金使用等信息公开力度,接受社会监督。

11.2.1.4 推进服务公开

把实体政务服务中心与网上办事大厅结合起来,推动政务服务向网上办理延伸。各地区各部门要全面公开服务事项,编制发布办事指南,简化优化办事流程,让群众不跑冤枉路,办事更明白、更舒心。公布行政审批中介服务事项清单,公开项目名称、设置依据、服务时限。推行政府购买公共服务、政府和社会资本合作(PPP)提供公共服务的公开。大力推进公共企事业单位办事公开,行业主管部门要加强分类指导,组织编制公开服务事项目录,制定完善具体办法,切实承担组织协调、监督指导职责。通过最大限度方便企业和群众办事,打通政府联系服务群众的"最后一公里"。

11.2.1.5 推进结果公开

各级行政机关都要主动公开重大决策、重要政策落实情况,加大对党中央、国务院决策部署贯彻落实结果的公开力度。推进发展规划、政府工作报告、政府决定事项落实情况的公开,重点公开发展目标、改革任务、民生举措等方面事项。建立健全重大决策跟踪反馈和评估制度,注重运用第三方评估、专业机构鉴定、社情民意调查等多种方式,科学评价政策落实效果,增强结果公开的可信度,以工作实绩取信于民。

11.2.1.6 推进重点领域信息公开

着力推进财政预决算、公共资源配置、重大建设项目批准和实施、社会公益事业建设等领域的政府信息公开,有关部门要制定实施办法,明确具体要求。各级行政机关对涉及公民、法人或其他组织权利和义务的规范性文件,都要按照政府信息公开要求和程序予以公布。规范性文件清理结果要向社会公开。加强突发事件、公共安全、重大疫情等信息发布,负责处置的地方和部门是信息发布第一责任人,要快速反应、及时发声,根据处置进展动态发布信息。

11.2.2 扩大政务开放参与

扩大政务开放参与是政府信息公开的重要目标,具体包括以下五项任务:

11.2.2.1 推进政府数据开放

按照促进大数据发展行动纲要的要求,实施政府数据资源清单管理,加快建设国家政府数据统一开放平台,制定开放目录和数据采集标准,稳步推进政府数据共享开放。优先推动民生保障、公共服务和市场监管等领域的政府数据向社会有序开放。制定实施稳步推进公共信息资源开放的政策意见。支持鼓励社会力量充分开发和利用政府数据资源,推动开展众创、众包、众扶、众筹,为大众创业、万众创新提供条件。

11.2.2.2 加强政策解读

将政策解读与政策制定工作同步考虑,同步安排。各地区各部门要发挥政策参与制定者,掌握相关政策、熟悉有关领域业务的专家学者和新闻媒体的作用,注重运用数字化、图表图解、音频视频等方式,提高政策解读的针对性、科学性、权威性。对涉及面广、社会关注度高、实施难度大、专业性强的政策法规,要通过新闻发布、政策吹风、接受访谈、发表文章等方式做好解读,深入浅出地讲解政策背景、目标和要点。各省(自治区、直辖市)政府和国务院各部门要充分利用新闻发布会和政策吹风会进行政策解读,领导干部要带头宣讲政策,特别是遇有重大突发事件、重要社会关切等,主要负责人要带头接受媒体采访,表明立场态度,发出权威声音,当好"第一新闻发言人"。新闻媒体、新闻网站、研究机构要做好党中央、国务院重大政策解读工作。

11.2.2.3 扩大公众参与

通过政务公开让公众更大程度参与政策制定、执行和监督,汇众智、定政策、抓落实,不断完善政策,改进工作。研究探索不同层级、不同领域公众参与的事项种类和方式,搭建政民互动平台,问政于民、问需于民、问计于民,增进公众对政府工作的认同和支持。充分利用互联网优势,积极探索公众参与新模式,提高政府公共政策制定、公共管理、公共服务的响应速度。

11.2.2.4 回应社会关切

建立健全政务舆情收集、研判、处置和回应机制,加强重大政务舆情回应督办工作,开展效果评估。对涉及本地区本部门的重要政务舆情、媒体关切、突发事件等热点问题,要按程序及时发布权威信息,讲清事实真相、政策措施以及处置结果等,认真回应关切。依法依规明确回应主体,落实责任,确保在应对重大突发事件及社会热点事件时不失声、不缺位。

11.2.2.5 发挥媒体作用

把新闻媒体作为党和政府联系群众的桥梁纽带,运用主要新闻媒体及时发布信息,解读政策,引领社会舆论。安排中央和地方媒体、新闻网站负责人参与重要活动,了解重大决策;畅通采访渠道,积极为媒体采访提供便利。同时也要发挥新闻网站、商业网站以及微博微信、移动客户端等新媒体的网络传播力和社会影响力,提高宣传引导的针对性和有效性。

11.2.3 提升政务公开能力

提升政务公开能力是各地、各级政府共同奋斗的目标,需要围绕以下三个方面的任务予以推进:

11.2.3.1 完善制度规范

建立健全政务公开制度,注重将政务公开实践成果上升为制度规范,对不适应形势要求的规定及时予以调整清理。修订《政府信息公开条例》,完善主动公开、依申请公开信息等规定。建立公开促进依法行政的机制,推动相关部门解决行政行为不规范等问题。建立健全政务公开内容、流程、平台、时限等相关标准。推进政务服务中心标准化建设,统一名称标识、进驻部门、办理事项、管理服务等。制定政府网站发展指引,明确功能定位、栏目设置、内容保障等要求。

11.2.3.2 建立政务公开负面清单

各省(自治区、直辖市)政府和国务院各部门要依法积极稳妥制定政务公开负面清单,细化明确不予公开范围,对公开后危及国家安全、经济安全、公共安全、社会稳定等方面的事项纳入负面清单管理,及时进行调整更新。负面清单要详细具体,便于检查监督,负面清单外的事项原则上都要依法依规予以公开。健全公开前保密审查机制,规范保密审查程序,妥善处理好政务公开与保守秘密的关系,对依法应当保密的,要切实做好保密工作。

11.2.3.3 提高信息化水平

积极运用大数据、云计算、移动互联网等信息技术,提升政务公开信息化、集中化水平。加快推进"互联网+政务",构建基于互联网的一体化政务服务体系,通过信息共享、互联互通、业务协同,实行审批和服务事项在线咨询、网上办理、电子监察,做到利企便民。推动信用信息互联共享,促进"信用中国"建设。充分利用政务微博微信、政务客户端等新平台,扩大信息传播,开展在线服务,增强用户体验。

11.2.3.4 加强政府门户网站建设

强化政府门户网站信息公开第一平台作用,整合政府网站信息资源,加强各级政府网站之间协调联动,强化与中央和地方主要新闻媒体、主要新闻网站、重点商业网站的联动,充分运用新媒体手段拓宽信息传播渠道,完善功能,健全制度,加强内容和技术保障,将政府网站打造成更加全面的信息公开平台、更加权威的政策发布解读和舆论引导平台、更加及时的回应关切和便民服务平台。

11.2.3.5 抓好教育培训

各级政府要把政务公开列入公务员培训科目,依托各级党校、行政学院、干部学院等干部教育培训机构,加强对行政机关工作人员特别是领导干部的培训,增强公开意识,提高发布信息、解读政策、回应关切的能力。制订业务培训计划,精心安排培训科目和内容,分级分层组织实施,力争3年内将全国从事政务公开工作人员轮训一遍,支持政务公开工作人员接受相关继续教育。教育主管部门要鼓励高等学校开设政务公开课程,培养政务公开方面的专门人才。

11.2.4 强化保障措施

强化保障措施是促进政府信息公开的重要支撑条件,具体的任务包括以下两个方面:

11.2.4.1 加强组织领导

各级党委和政府要高度重视政务公开工作。各级政府要在党委统一领导下,牵头做好政务公开工作,确定一位政府领导分管,建立健全协调机制,明确责任分工,切实抓好工作落实。各级政府及其工作部门办公厅(室)是政务公开工作的主管部门,具体负责组织协调、指导推进、监督检查本地区本系统的政务公开工作,要整合政务公开方面的力量和资源,加强与新闻媒体、新闻网站等的沟通协调,做好统筹指导;进一步理顺机制,明确工作机构,配齐配强专职工作人员。有条件的应把政务公开、政务服务、政府数据开放、公共资源交易监督管理等工作统筹考虑、协同推进。要加强政务公开工作经费保障,为工作顺利开展创造条件。鼓励通过引进社会资源、购买服务等方式,提升政务公开专业化水平。

11.2.4.2 加强考核监督

把政务公开工作纳入绩效考核体系,加大分值权重。鼓励支持第三方机构对政务公开质量和效果进行独立公正的评估。指导新闻媒体和政府网站做好发布政府信息、解读政策、回应关切的工作。充分发挥人大代表、政协委员、民主党派、人民团体、社会公众、新闻媒体对政务公开工作的监督作用。强化激励和问责,对政务公开工作落实好的,按照有关规定予以表彰;对公开工作落实不到位的,予以通报批评;对违反政务公开有关规定、不履行公开义务或公开不应当公开事项,并造成严重影响的,依法依规严肃追究责任。

11.3 政府信息公开的重点内容

根据《关于全面推进政务公开工作的意见》和《政府信息公开条例》的相关要求,国务院结合形势发展的需要,逐年出台《年度政务公开工作要点》,《2016年政务公开工作要点》可以较为全面地把握当前政府信息公开的重点内容,本书以此为例对此进行分析说明。

11.3.1 深化改革的重点公开内容

深化改革的重点公开内容包括以下三个方面:

11.3.1.1 进一步推进权力清单和责任清单公开

要在全面公开省级政府工作部门权力清单和责任清单的基础上,大力推动市县两级政府工作部门全面公开权力清单和责任清单,并通过政府门户网站集中展示,及时动态更新,方便公众获取和监督。做好国务院部门取消、下放、保留行政审批、职业资格等事项的公开工作,重点公开保留的中央指定地方实施的行政许可事项清单,以及清理规范后保留为国务院部门行政审批受理条件的中介服务事项清单。

11.3.1.2 推进市场监管公开透明

围绕加强事中、事后监管,依法公开随机抽查事项清单,明确抽查依据、主体、内容、方式等,及时公布抽查结果和查处情况,实行"阳光执法"。重点推进保障性住房、产品质量、旅游市场、知识产权、安全生产等方面的监管执法信息公开,公开监管执法的依据、内容、标准、程序和结果。加快推进国家企业信用信息公示系统建设,有关行业主管部门应将对企业做出的行政许可准予、变更、延续、撤销,以及行政处罚、抽查检查和企业严重违法失信等信息通过该系统进行归集并公示。积极做好各级政府网站与"信用中国"网站的连接工作,推动信用信息互联共享。

11.3.1.3 推进政务服务公开

制定出台加快推进"互联网+政务服务"工作的指导意见,推动政务服务事项办理由实体政务大厅向网上办事大厅延伸,逐步实现服务事项在线咨询、网上办理、电子监察。推进公共企事业单位办事公开,国务院相关行业主管部门年内要制定完善具体办法,组织编制公共服务事项目录,公开服务指南,方便企业和群众办事。推进面向转移落户人员的服务公开,及时公开户口迁移政策,明确户口迁移程序和具体要求;公开居住证申领条件及程序、居住证持有人享有的基本公共服务和便利等信息。

11.3.2 经济发展重点公开内容

经济发展重点公开的内容包括以下六个方面的内容:

11.3.2.1 进一步推进经济社会政策公开透明

以稳定市场预期为目标,加大稳增长、促改革、调结构、惠民生、防风险等方面的政策公开力度,及时公布支持"双创"、培育发展新动能、改造提升传统动能、深挖内需潜力、优化产业结构、扩大对外开放等方面的政策措施,扩大传播范围,提高知晓度。对公开的重大政策,要分专题进行梳理、汇总,通过在政府网站开设专栏、设立微博微信专题、出版政策及解读汇编等方式集中发布,增强政策公开的系统性、针对性、可读性。

11.3.2.2 推进市场准入负面清单公开

做好市场准入负面清单试点情况的公开工作,公开市场准入负面清单试点内容,明确政府发挥作用的职责边界,落实市场主体自主权。试点过程中,市场准入负面清单的调整事项、依据和结果应及时向社会公开,方便公众查阅。负面清单调整时,要健全公众参与、专家论证和政府决定相结合的决策机制。

11.3.2.3 推进政府投资的重大建设项目信息公开

围绕铁路、国家高速公路、水利、市政等基础设施,以及教育、卫生、文化事业建设、易地扶贫搬迁等工程,做好审批、核准、备案、实施等信息的公开,加大在线监测、项目稽查、执法检查等执法信息的公开力度,以公开促进公共产品供给质量提升。做好重大建设项目批准和实施信息公开的试点工作,加快研究起草相关指导意见,明确公开的范围、程序、标准等。推动政府和社会资本合作(PPP)项目的信息公开,公开政府和社会资本参与方式、项目合同和回报机制、项目实施情况等内容,激发社会资本的参与热情。

11.3.2.4　推进公共资源配置领域信息公开

研究起草推进公共资源配置领域信息公开的意见。推动各级公共资源交易平台透明运行,依法公开交易公告、资格审查信息、成交信息、履约信息以及有关变更信息等,实现公共资源配置全流程公开和信息资源共享。建设国家公共资源交易服务平台,推动公共资源交易信息在全国范围内互联互通。

11.3.2.5　推进减税降费信息公开

加大对支持小微企业、促进就业创业、兼并重组等方面的税收优惠和减免政策公开力度,充分发挥新媒体的主动推送功能,提高政策知晓度和传播率。实行收费目录清单管理,公布行政事业性收费、政府性基金以及实施政府定价或指导价的经营服务性收费目录清单,明确项目名称、设立依据、标准等,公开对清单之外乱收费、乱摊派等行为的查处结果。具体执收单位要在收费场所公示收费文件依据、主体、项目、范围、标准、对象等,主动接受社会监督。

11.3.2.6　推进国有企业运营监管信息公开

依法依规公开国有资本整体运营情况、企业国有资产保值增值及经营业绩考核有关情况、国有资产监管制度和监督检查情况等。推动国有企业改制重组、产权交易、增资扩股等方面的信息公开和结果公示。及时公开中央企业改革重组、公司治理及管理架构、财务状况、重要人事变动、企业负责人薪酬等信息。研究制定国有企业信息公开有关制度,启动公开试点工作。

11.3.3　民生改善重点公开内容

民生改善重点公开内容主要包括以下六个方面的内容:

11.3.3.1　推进扶贫工作信息公开

围绕实施精准扶贫、精准脱贫,加大扶贫政策、扶贫成效、贫困退出、扶贫资金、项目安排等信息公开力度。各地区要公开年度减贫责任书、建档立卡贫困人口脱贫计划、精准扶贫专项行动和专项工程信息及落实情况。贫困地区要建立扶贫公告公示制度,确保扶贫对象看得到、看得懂、能监督。指导督促相关社会组织全面及时公开扶贫捐赠信息,提高社会扶贫公信力和美誉度。

11.3.3.2　推进社会救助信息公开

细化公开内容,进一步增强城乡低保、特困人员救助供养、医疗救助、临时救助等信息公开的针对性和有效性,提高公开信息的到达率。低保和特困人员救助方面,重点公开城乡低保对象人数、特困人员人数、低保标准、补助水平、资金支出等情况;医疗救助方面,重点公开救助对象的人次数、资金支出等情况;临时救助方面,重点公开救助对象的户次数、救助水平、资金支出等情况。做好减灾救灾信息公开,定期发布全国核定灾情、救灾工作进展、救灾资金物资调拨使用等情况。

11.3.3.3 推进就业创业信息公开

加大促进就业创业政策、措施的公开力度,推动公开相关补贴申领条件、申领程序等信息,并做好集中展示。加强面向农村劳动力、就业困难人员、高校毕业生等就业专项活动的公开工作。及时公开就业供求信息,进一步做好国有企事业单位人员招录信息和人力资源市场供求信息的发布工作,扩大就业信息服务的受众面。

11.3.3.4 推进棚户区改造、农村危房改造和保障性住房信息公开

做好棚户区改造政策及相关任务完成情况信息公开工作,主动发布和准确解读政策措施,积极引导棚户区居民参与改造,为棚改工作营造良好社会氛围。强化农村危房改造政策、对象认定过程、补助资金分配、改造结果公开,提高工作的精准化水平。深入推进保障性住房分配和退出信息公开,定期公开住房公积金年度报告。

11.3.3.5 推进环境保护信息公开

加大全国重点区域及主要城市空气质量预测预报信息公开力度,细化公开空气质量预报、城市空气质量指数范围、空气质量级别及首要污染物、对人体健康的影响和建议措施等内容。推动集中式生活饮用水水源水质监测信息公开,自2016年起地级以上城市人民政府每季度应向社会公开饮用水水源、供水厂出水、用户水龙头水质等饮水安全状况。推进重点排污单位依法向社会公开其产生的主要污染物名称、排放方式、排放浓度和总量、超标排放情况,以及污染防治设施的建设和运行情况。督导检查建设单位公开环评信息。

11.3.3.6 推进教育、卫生和食品药品安全信息公开

做好国家教育督导报告、义务教育均衡发展督导评估反馈意见、全面改善贫困地区义务教育薄弱学校基本办学条件工作进展和实施成效等公开工作。推进义务教育划片工作程序、内容、结果,随迁子女入学办法、入学流程、证件要求和办理方式公开,接受社会监督。推动地方高校财务信息公开。推动医疗机构院务公开,健全公开目录。做好涉及新食品原料、食品添加剂、食品安全标准以及食品安全风险评估结果等公开工作,继续加强对食品安全标准的宣传和解读。加强法定传染病疫情及防控信息的公开。做好食品药品监管信息、抽检抽验信息的公开工作,及时发布处罚信息、消费警示信息和产生重大影响的典型案件信息,积极回应社会关切。

11.3.4 政府建设重点公开内容

政府建设重点公开的内容主要包括以下三个方面的内容:

11.3.4.1 积极推进决策公开

探索建立利益相关方、公众、专家、媒体等列席政府有关会议制度。各级行政机关特别是市县两级政府要积极实行重大决策预公开,扩大公众参与,对社会关注度高的决策事项,除依法应当保密的外,在决策前应向社会公开相关信息,并及时反馈意见采纳情况。推行医疗卫生、资源开发、环境保护、社会保障等重大民生决策事项民意调查制度。

11.3.4.2 推进政策执行和落实情况公开

围绕政府工作报告、发展规划提出的重要事项,特别是党中央、国务院部署的改革任

务、民生举措,细化公开执行措施、实施步骤、责任分工、监督方式等,实事求是公布进展和完成情况。进一步加大对督查发现问题及整改落实、奖惩情况的公开力度。深化审计结果公告及整改情况的公开,以公开推动审计查处问题的整改,促进重大政策措施有效落实。

11.3.4.3 深入推进预决算公开

在做好各级政府预决算公开工作的同时,重点推进省、市、县三级使用财政资金的部门和单位预决算公开,公开内容应包括本单位职责、机构设置、一般公共预算收支、政府性基金预算收支、机关运行经费等情况。除涉密信息外,部门预决算支出应当公开到功能分类项级科目,一般公共预算基本支出细化公开到经济分类款级科目。县、乡级部门和单位要重点公开教育、医疗卫生、社会保障和就业、住房保障、涉农补贴等民生支出情况,包括项目名称、预算规模、补助标准、发放程序、资金分配结果等。

11.4　政府信息资源整合概述

众所周知,政府信息资源是一个国家和地区国民经济社会发展的重要战略资源,谁拥有了丰富的信息资源,谁在信息资源开发和利用方面占据优势,谁就能在激烈的国际、国内竞争中获得主动权,把握新的发展机遇。随着经济全球化和信息网络化的深层次发展,国家与国家之间、地区与地区之间围绕信息资源展开的竞争将会更趋白热化,信息资源在经济社会发展中所起的作用也将会越来越显著。在电子政务发展过程中,政府信息资源作为一种基础性的资源将发挥关键性的作用。但在我国,由于长期以来受计划经济体制的影响,政府信息资源分散建设、各自为战的现象十分明显,形成了至今还较为严重的信息孤岛的局面,与电子政务的发展要求格格不入。因此,实现政府信息资源的整合已成为电子政务发展道路上不可逾越的一个步骤,各地、各级政府都应对此有一个全面正确的认识。

11.4.1　政府信息资源及其整合的概念

政府信息资源是一种重要的国家资源,具有全社会所有的公共属性,是经济学意义上的"公共财物"。如何最大限度地开发和利用政府信息资源的价值,是每级政府机构和每个政府部门都应该重点考虑的问题。

11.4.1.1 政府信息资源的组成与分布

信息资源,狭义的理解是指信息内容本身,广义的理解是指人类社会信息活动中积累起来的信息、信息生产者、信息技术等信息活动要素的集合。因此,狭义的政府信息资源是指政府活动中经过加工处理后形成的大量的、有序化的有用信息集。广义的政府信息资源是指政府信息和它的生产者以及信息技术的集合。也就是说,广义的政府信息资源一般由三个部分构成:一是政府活动中经过加工处理有序化并大量积累后的有用信息的集合;二是为某种目的而生产有用信息的信息生产者的集合;三是加工、处理和传递政府信息的信息技术的集合。

一般来说,政府信息资源主要包括三个方面:一是政府机构为履行管理国家行政事务的职责而采集、加工、使用的信息资源;二是政府机构在业务过程中产生和生成的信息资源;三是由政府投资建设的信息资源以及由政府机构直接管理的信息资源。从大的范围来看,政府信息资源分为三级:社会公开类、依法专用类和部门共享类。社会公开类信息资源应当向社会公开;依法专用类信息资源依据法律法规由一个部门专用;部门共享类信息资源根据各政府机构工作的需要只能在政府机构之间进行共享。在不断推行"政府信息公开为原则,不公开为例外"的背景下,社会公开类信息资源所占的比例会越来越大,依法专用类信息资源所占的比例会越来越小。

从国际、国内的普遍情况来看,政府不仅是社会信息资源的最大拥有者,而且还承担着政府信息收集、生产、发布和运营的任务。但在以往由于缺乏系统规范的管理,加上技术手段的落后,大量有效的信息资源分布在基层单位、分中心和决策中心等不同的层级,因为信息资源分布分散,加上标准不统一、数据不兼容等原因,政府信息资源不能得到应有的开发和利用,造成了巨大的浪费。因此,在电子政务发展过程中,加快各类政府信息资源的有效整合已经成为经济社会发展的迫切需求,建立政府信息资源采集、处理、交换、共享、运营和服务的机制与规程,实现分布在各级政府机构和社会组织的信息资源有效采集、交换、共享和应用,既是电子政务发展的重要条件,也是电子政务发展必须突破的重大任务。

11.4.1.2 政府信息资源整合的概念与层次

简单地说,政府信息资源整合(Integration)是指在电子政务的实施过程中,利用信息通信技术对分散在不同层次和机构的政府信息资源进行有机的集成,实现相互渗透、高度协同和有效控制,从而最大限度地开发和利用政府信息资源价值的过程。随着电子政务发展的不断深入,政府信息资源整合的问题开始变得越来越突出,已经到了非重视不可的地步了。

政府信息资源整合从低级到高级进行划分,可以分成以下四个层次:

(1)基础政府信息资源的整合:主要针对人口基础信息资源、法人单位基础信息资源以及空间地理基础信息资源进行有效整合,建立起科学、完善、高效、共享的基础政府信息资源。

(2)基本单位政府信息资源的整合:主要对政府管辖范围的基本单位的信息资源进行全面调查,建立起丰富、共享和准确的基本单位信息资源库。

(3)重点业务系统的政府信息资源整合:对需要由多个政府部门共同参与、面对相同的服务对象的重点业务系统进行有效整合,使政府的业务流程变得高效、顺畅和快捷。

(4) 全方位的政府信息资源整合:对涉及一个地区、甚至一个国家全方位的信息资源实现整合,以有效解决信息资源种类繁多、信息量庞杂无序的问题。

政府信息资源整合是一个复杂的系统工程,既要应用到各种先进的技术,又要协调好各种政府资源,同时还要处理好各种复杂的关系。因此,政府信息资源整合是一个渐进的过程,需要不断总结经验,大胆地进行探索和实践。

11.4.2 政府信息资源整合的动因

在电子政务深入推进的过程中,之所以要对政府信息资源进行大规模的整合,是因为出于以下三个方面的动因:

11.4.2.1 改变政府信息资源和信息系统分散混乱的状态

我国政府信息化经过多年的发展,已开发出了众多的计算机信息系统和数据库系统,并积累了大量的基础信息资源。然而,丰富的政府信息资源由于建设时期不同、开发部门不同、使用设备不同、技术发展阶段不同和应用能力水平不同等多种原因,存储管理极为分散的问题,造成了过量的数据冗余和数据不一致性,使得信息资源难于查询访问,政府决策部门、企业经营者和公民个人等都无法获得有效的信息资源支持。目前,各类信息使用者要了解所辖不同部门的信息,必须在错综复杂的信息"迷宫"中穿梭,效率极为低下。

在电子政务发展过程中,不下决心对目前存在的政府信息资源和信息系统分散混乱状态作根本性的改进,必然会进入到一个更高"层次"的混乱状态,与电子政务发展的目标和方向背道而驰。

11.4.2.2 切实提高政府信息资源开发和利用程度

由于受到管理体制和技术水平等多方面的限制,当前正在应用的一些信息系统集成度低、互联性差、信息管理分散,数据的完整性、准确性、及时性等方面都存在着比较大的差距。目前,国内虽已有不少政府机构已经建立起了内部网,并已联入到互联网,但多年来分散开发或引进的政府信息系统,形成了一个又一个的信息孤岛,甚至是信息"荒岛",缺乏共享的、网络化的、可用度高的信息资源体系,既与经济社会信息化的发展趋势不相吻合,也与电子政务发展的要求不相一致。

整合政府信息资源就是要从切实提高政府信息资源开发和利用的目标出发,把一个又一个信息孤岛、信息"荒岛"联起来,成为信息之"湖"、信息之"河"、信息之"海",使政府信息资源真正成为全社会的宝贵资源。

11.4.2.3 提高政府决策能力与水平

众所周知,整合政府信息资源很大程度上是要提高原来分散的信息资源在政府决策中的价值和作用,提高政府决策的科学性、系统性和及时性,使政府的决策能力和水平有一个根本性的提高。但是,目前政府信息资源的共享程度总体来说还达不到信息需求者对政府信息资源的整体开发和利用的要求,政府信息资源简单应用的多,能支持管理和决策的应用还不多,能利用网络开展政府决策的应用还非常少,虽然分散的各类信息系统中蕴藏着大量有价值的信息资源,但是因为没有通过有效工具充分地进行挖掘和利用,信息资源的增值作用还没有在政府管理决策过程中充分发挥,对提高政府的决策能力和水平极为不利。

11.4.3 政府信息资源整合的基本原则

政府信息资源的整合是一个艰巨复杂而又长期的过程,在具体的实施过程中必须坚持一些基本的原则,这些原则主要有以下四个方面:

11.4.3.1 以民为本,服务为先

政府信息资源整合的根本目的是为了最大限度地发挥政府信息资源的价值,使其更好地为公众服务,为经济建设和社会发展服务。所以,在政府信息资源整合的过程中,必须充分考虑到政府信息资源的需求,做到以民为本、以客为尊、服务为先。

只有牢牢坚持"以民为本,服务为先"的原则,才能明确政府信息资源整合的目标和方向,才能使政府信息资源的整合与电子政务的发展协调一致,发挥出更大的价值。

11.4.3.2 面向需求,应用主导

电子政务发展过程中,政府信息资源的开发、利用及其整合均必须面向客户、面向需求,要尊重公众的意愿,最大限度地为公众服务。政府相关机构应制定相应的技术标准、业务流程等标准和规范,具体的产品、采取的技术等均应按照公众的需求进行开发,充分满足公众对政府信息资源应用的需要。

与此同时,政府信息资源的整合既要有发展的眼光,适应不断发展和优化的政府业务流程的需要,又要结合当前和未来的实际需求,重视政府信息资源的实际应用。

11.4.3.3 信息共享,安全可靠

政府信息资源只有充分的共享,才能真正发挥其价值。所以,政府信息资源整合很重要的条件就是要做到"互联互通",消除各种形式的技术和人为的障碍,实现政府信息资源充分的共享。

由于政府信息资源整合涉及各地、各级政府机构、企事业单位以及公民个人,因此对安全性、可靠性、稳定性的要求很高,必须对身份认证、加密和安全管理体系、安全标准等各个方面进行统一规范,做到信息共享的同时,能充分地保障安全可靠。

11.4.3.4 统筹规划,可持续发展

政府信息资源整合是一项全局性、综合性的工程,各地、各级政府应具有全局观念,从整体利益出发,进行全面深入的分析和设计,做到统筹规划、统一协调、科学发展。

政府信息资源整合还要从信息通信技术发展与信息资源整合的未来需求出发,前瞻性地判断技术进步的方向和应用需求的演进,走可持续发展道路。

11.4.4 我国政府信息资源整合存在的问题

我国政府信息资源整合在最近几年已开始逐步提上议事日程,成为电子政务发展过程中一项重要而又艰巨的任务。从目前国内政府信息资源整合的现状来看,存在的问题主要表现在以下四个方面:

11.4.4.1 缺乏统一的组织领导,信息资源的日常管理不到位

我国政府信息化经过多年的发展已经取得了不小的进展,在经济与社会信息化的发展中正在发挥越来越重要的作用。但我国政府信息化的发展一定程度上处于自发的状态,信息资源和应用系统的开发缺少统一的规范和要求,而且,不少政府机构和政府部门投入了数额可观的资金建立起了各种形式的信息资源以及专门的政府网站后,由于日常管理不到位,导致信息资源处于"休克"状态,不能真正发挥其应有的作用。目前,国内有数量众多的政府网站由于缺乏必要的维护与管理,形成了一个又一个"空站"和"死站",实在是令人痛心。

由于缺乏统一的组织领导,加上日常管理与维护没有跟上,全国各地、各级政府所拥有的政府信息资源在某种程度上还处于无序的状态,对进一步开发、利用极为不利。

11.4.4.2 信息资源规划滞后,标准和规范不到位

从目前我国各地、各级政府信息化发展状况来看,规划滞后、标准和规范不到位等现

象比较明显。在全国大部分省、地级政府机关都已建立起了局域网,但由于规划和标准等方面的原因,信息孤岛现象还在比较大的程度上存在,有的甚至在同一个政府机构内部不同的部门之间还存在着信息不联通的现象,既降低了政府工作的效率,又给公众带来了很多不便。

在电子政务发展过程中,从加强统一规划、促进标准和规范建设出发,自觉利用现代信息通信技术,改变政府信息资源各自为政、分散管理的混乱局面,使政府信息资源建设进入到一个新的阶段和层次。

11.4.4.3　信息资源开发和利用程度低,开放和共享机制欠缺

目前,从全国范围来看,政府信息资源开发和利用是信息化建设中相对薄弱的环节,大量的信息资源分布在有关政府职能部门,由于缺乏统一的开发和整合,相应的价值远未得到相应的开发。全国有不少地区的政府机关已建起了办公网络,实现了公文流转、电子邮件等办公自动化的功能,有的政府机关还开通了视频会议系统、点对点通信等功能,但总体来说,应用水平还不高,实际应用效果也不佳。而且,由于不少机关网络之间尚未实现互联互通,没有建设统一的信息交换平台和管理中心,政府机关信息资源无法实现共享,造成了政府信息资源的孤立与分散。

另外,由于信息资源开发缺乏统一管理,没有相应的职能部门承担政府机关信息资源数据库的开发、建设和维护工作,因此,无法向社会提供权威、专业的信息资源支持与服务,必然会影响信息资源实际作用的发挥。

11.4.4.4　对政府信息资源整合认识不足,存在比较明显的误区

随着电子政务发展的不断深化,越来越多的政府机构对政府信息资源的整合问题开始引起了一定的重视,有的也已经采取了相应的措施来处理这一问题。但到目前为止,国内政府机构能对政府信息资源整合问题有正确认识和清晰思路的还不多,存在着各种形式的误区,主要表现在三个方面:(1)重硬件轻软件。不少政府机构的领导简单地认为,政府信息资源只要提升硬件装备就能解决问题,因此在电脑设施、网络建设方面舍得投入,而在软件建设方面明显表现出重视不够、投入不足的情况,使政府信息资源整合陷入困难境地。(2)重新建轻整合。一般来说,新建要比整合容易,因为在一张白纸上画画可以有更多的发挥余地,而整合则是在已有的基础上的调整与优化,所受的限制和遇到的困难都比较多,所以不少政府机构产生了"与其整合,不如新建"的想法,影响了整合工作的推进。(3)重电子轻政务。目前,很多的政府机构在实施电子政务过程中,片面地认为电子政务是一个技术问题,只要重视信息通信技术的应用就行了,而在很大程度上忽视了政务流程的改造以及业务流程的优化,这一点在整合政府信息资源时也有所体现,从而使政府信息资源整合一定程度上陷入"技术主导"的尴尬局面。

由此可见,要提高政府信息资源整合的效果和水平,必须从转变观念、提高认识、消除误区入手,积极研究和探索政府信息资源整合的措施和途径,使政府信息资源整合取得理想的效果。

11.5　政府信息资源整合的主要对策

政府信息资源整合是与电子政务的发展相辅相成、相互促进的,需要各地、各级政府

高度重视、快速推进。政府信息资源整合的主要思路可以从以下七个方面展开：

11.5.1 创造有利于政府信息资源整合的环境

政府信息资源整合已成为一项重要而又紧迫的任务，各地、各级政府必须对此有正确的认识，尽快转变"信息资源不需整合""信息资源整合为时尚早"等错误思想，要抓住时机、把握机遇，力争在比较短的时间内取得比较理想的成效。

创造有利于信息资源整合的良好环境，首先要求各级政府机构转变观念、提高认识，把政府信息资源整合工作看作是事关大局，与政府、与公众关系密切的重要任务来抓，务求实效，只有这样才能使政府信息资源整合工作落到实处。因为政府信息资源整合必然会牵涉到政府各相关部门的既得利益，如果没有主要领导者的支持和参与，信息资源的整合势必会流于形式，成为"半拉子工程"，根本不可能有实际效果。其次，政府信息资源整合要求广大政府公务员真正树立起"执政为民"的思想，认识到信息资源整合是提高政府管理和服务能力的方法和途径，代表政府改革和发展的基本方向，必须积极行动，协调配合，为创造良好的政府信息资源整合的环境尽心尽力。最后，要求政府各相关机构进行"系统思考"，克服本位主义，从整体利益出发，顾全大局，使政府信息资源整合取得最大的整体效益。

11.5.2 制定切实可行的信息资源整合规划

从政府信息资源整合的国际经验来看，制定一个科学合理、切实可行的政府信息资源整合规划是必需的，是保证政府信息资源整合有序发展、稳步推进的重要保证。如果没有相应的发展规划作为保障，政府信息资源的整合必然会出现标准不统一、数据不兼容、形成新的信息孤岛等一系列问题，既会给政府工作带来新的混乱，又会严重损害政府在公众中的形象。所以，各地、各级政府在政府信息资源整合过程中，必须尽力避免这种现象的产生。

政府信息资源整合规划必须做到三点：一是要以"以需求为导向，以应用促发展，统一规划，有序推进，协同发展，注重实效，资源共享，安全保密"作为基本指导思想，要有计划、有步骤地建设和整合统一的电子政务网络平台；二是要重点选择工商行政管理、税务、公安以及社会保障等与人民生活和经济社会发展密切相关，而且信息资源密集程度比较高的政府机构作为信息资源整合的重点领域，不断总结经验，逐步改进提高；三是要把"通过电子政务的应用与发展，建成网络环境下的一体化电子政府，为社会提供高效率、高水平和低成本的一站式服务"作为政府信息资源整合的中长期目标，并能把这一目标落实到不同的政府机构和政府部门，细化到相应的工作环节中去。

11.5.3 逐步完善政府信息资源基础数据库

国内外政府信息化发展的经验告诉我们，信息资源建设的基本思路就是要抓好基础工作，抓全局性、战略性的重点数据库建设。基础工作主要是目录体系和交换体系的建设，逐步解决信息资源是什么、有什么、在哪里、谁能得到、以什么方式得到等信息资源开发和利用最基本的问题，它实质上是信息资源的导航系统；重点数据库主要包括人口、法人单位、自然资源和空间地理以及宏观经济等四个基础数据库。政府信息资源的整合同样必须从最基础的环节入手,通过政府投资,形成共享的数据资源基础,以点带面,点面结合,为信息资源的开发和利用创造条件。

人口基础信息数据库建设和整合的重点是对公安户籍信息、人口普查信息、公务员信息、社会保障信息和人事关系信息等各种信息资源进行相应的完善和规范,逐步构建起逻辑统一、物理分布的可共享人口基础信息库。在此基础上,可以利用电子政务智能卡技术来实现人口基础信息资源的整合,最大限度地开发和利用人口基础信息数据库的价值。

法人单位基础信息库建设和整合的重点是对分散在各地市的质监局、工商局、编办、民政局社团办、税务机关的企业法人信息、政府机关法人信息、事业单位法人信息、社会团体法人信息等信息资源进行统一规范和集成,逐步构建起全面、准确、动态更新的法人单位基础信息库。

自然资源和空间地理基础信息库建设和整合的重点是对各地基础地理信息资源、遥感资源、全球定位信息资源进行规范完善和集成,使其更好地为政府决策和经济发展服务。

宏观经济基础信息库建设和整合的重点是要根据经济社会的发展要求和趋势,前瞻性地制定建设规划和实施方案,有计划、有步骤地构建起标准统一、科学规范,并能与国际接轨的宏观经济基础信息库。

人口、法人单位、自然资源和空间地理以及宏观经济基础数据库的建设是一项长期而又复杂的过程,需要社会各界通力合作,稳步推进。

11.5.4 加快建设面向公众的政府信息门户

各地、各级政府建设面向公众的政府信息门户是一项必须超前规划、加紧落实、分步实施的重要任务。政府信息门户既是为各种信息资源交流传递和充分共享提供高效、便捷服务的基本载体,也是为各种信息资源进入用户,最终创造应有价值的重要途径。政府信息门户应具有对各种网络实现互联互通的开放性、亲善性和兼容性,它将致力于为信息资源的开发、利用、交换、集散、共享、服务和管理提供一个综合性的平台,起到整合信息资源、创造信息资源价值的作用,为全社会开发、利用各类信息资源建立起一个中心和枢纽,以发挥其在信息资源整合中的主导作用。

从社会对政府信息门户的需求来看,是十分巨大和迫切的,因为各级政府机构几乎所有的业务应用系统和各项跨部门的重大应用系统的建设都要涉及并强烈需要通过这种方式获得相关的人口基本信息、法人基本信息、基础地理信息、市政管网信息、法律法规信息、公共设施信息等基础性、战略性政务信息资源;各类企事业单位、有意在各地投资发展的国内外客商都非常希望通过这样一种官方的、权威的、全面的、丰富的、及时的信息服务渠道来获取各种信息服务的支持。但目前国内从中央到地方有影响、运行效果比较好的政府信息门户还非常少,与经济社会迅猛发展所需要的信息资源服务还存在极大的差距。

建设面向公众的政府信息门户,必须注意的问题有:(1)要从实际出发,统筹规划,注重功能的完善和发挥,必须避免建成华而不实的"花架子"工程、有名无实的形象工程。(2)要从技术和资金等各个方面为信息服务平台的运行提供切实保证,在技术上要兼顾通用性与先进性的要求,要注重实用、适用、好用;在资金方面要保证各级政府部门有相应的投入,作为政府信息服务的基础性工程来实施,不能简单考虑投资回报,而应把注重社会效益放在首位。(3)必须切实体现为公众服务的理念和思想,以"公众是否需要""人民群众是否满意"作为衡量信息服务平台成效的基本标准。(4)要重视应用先进的管理模式,在专业人才的配备、管理办法、管理手段、运行机制、规章制度等各方面要有所创新,力争有新的突破。(5)要做到开放性、基础性和规范性的有机统一[①]。

11.5.5 促进政府与社会信息资源的全面整合

从信息资源的表现形式来看,大致可以分成政府信息资源、企业信息资源、社会信息资源和社会服务信息资源这样四种最基本、也是最重要的类型。政府信息资源由于数量丰富、垄断性强、牵涉面广等原因而占有绝对比重。因而,政府信息资源本身就是信息资源整合的重点与难点。企业信息资源是全社会经济活动的战略资源,是经济社会发展的重要推动力,但由于其部分地具有专用性、秘密性等特点,长期以来不能有效地应用于政府决策和其他相关的经济活动,以致不能充分发挥其应有的作用,产生其应有的价值。社会信息资源包含的内容同样十分广泛,包括科技、教育、文化、医疗、旅游等各个方面的信息资源,与经济社会的发展以及广大人民群众的切身利益有着极其紧密的联系。但由于这类信息资源分布在各行各业,缺乏统一的标准与规范,致使此类信息的需求者无法及时、准确、有效地获得相关的信息服务和支持,从而大大影响了社会信息资源价值和效果的体现。社会服务信息资源主要是指与人民群众个人密切相关的各类信息服务资源,比如各种形式的中介服务、就业指导、娱乐休闲、日常消费等,都是公民个人关注和需要获得的信息服务资源。社会服务信息资源由于受多种因素的影响,至今也没有形成完善与规范的信息服务机制,也是需要在电子政务发展过程中必须突破的领域。

由此可见,政府信息资源的整合不仅仅局限在政府本身,更不是在政府内部,实际上是一个政府信息资源与其他各种类型的信息资源全面融合、协调发展的动态过程。当然这个过程同样是艰巨而又复杂的,也必将是一个漫长的过程。首先必须制定科学、完备的标准规范体系和政策法规,因为这是政府信息资源与社会信息资源实现全面整合的一项重要保障措施。标准规范体系是针对整合过程中涉及的各项内容,建立详细、可行的参照标准,制定建设、运行的指导规范,并通过统一的培训普及,保证整合过程的技术路线、建设规程的一致性;政策法规体系是从立法和行政命令的高度,针对整合过程中的重大要素进行强制性的明确规范和约束,以保证政府信息资源和社会信息资源整合过程规范、有序进行。目前,我国有关这方面的标准规范体系和政策法规还极不完善,亟待组织人员认真研究,尽快把这一"课"补起来。

---

① 开放性主要体现为"四无关",即与部门业务和应用无关、与计算机操作系统无关、与数据库管理系统无关、与网络系统无关,最大限度地保证社会各界的参与和应用;基础性指政府信息门户提供对各类信息资源的开发和利用都具有支撑作用的基础信息和基础服务;而规范性则是指政府信息门户提供统一的框架、协议、标准和规范。

11.5.6 推动信息资源的商业化开发和利用

长期以来,由于政府垄断了全社会主要的信息资源,导致信息资源开发和利用的程度明显滞后,与经济和社会信息化的发展要求存在着极大的差异。造成这种局面的其中一个重要原因是信息资源商业化开发和利用的程度不高,没有充分利用市场机制来发挥信息资源应用的价值。所以,政府信息资源的整合必须重视信息资源的商业化开发和利用。

推动信息资源的商业化开发和利用,必须充分调动社会各方面的积极性,鼓励、吸收外资和民间资本参与信息资源开发建设,支持发展信息内容提供商和专业从事信息资源开发与服务的企业的成长与发展。与此同时,信息资源的商业化开发和利用必须坚持以市场为导向,以应用为驱动,紧扣经济社会发展的实际,优先开发满足多样化、多层次需求的信息内容和服务,并要充分利用面向公众的政府信息门户,加快政府信息资源、企业信息资源、社会信息资源和社会服务信息资源的全面整合,大力发展政务信息、社会信用信息和宏观经济信息等各类专业数据库建设,促进各种信息资源的深度开发和广泛利用。

与此同时,还要把建立符合市场经济规律的运行机制作为信息资源的商业化开发和利用的发展方向,为信息资源开发和利用的市场化、应用服务的产业化、实现手段的现代化提供切实的保障。

11.5.7 引导公众合理应用和消费信息资源

政府信息资源整合的一个十分重要的目的是要为广大人民群众提供全方位、高水平、多层次的信息服务与支持。要实现这一宏伟的目标,各地、各级政府必须花大力气促进社会公共领域和家庭的信息化建设,积极引导社会公众合理地应用和消费各类信息资源,使信息资源最大限度地发挥其在人民群众的生活、工作、学习和娱乐等各个方面的作用。

对各地、各级政府来说,推动当地社区与家庭的信息化建设将是一件长远而又有意义的任务,各地要大力展开建设面向家庭和居民的社区信息服务系统,逐步推出以信息为媒介的家庭劳务、医疗、教育、购物、交通、就业、培训、文化娱乐、健康保健、婚育指导、退休人员和外来暂住人员管理等方面的互动信息服务,推动社区服务向网络化方向深入发展,加速社区管理信息化的推进步伐,使社区信息系统成为沟通政府和居民的桥梁。与此同时,还要积极开展信息化社区的评价工作,鼓励网络接入服务提供商、房地产开发商和物业服务企业投资社区信息化的建设,提高社区安全管理和服务水平,为丰富居民的精神文化生活创造条件。

随着经济社会的快速发展,人民群众对信息资源消费的需求在不断上升,对信息服务的要求也在不断提高,各地、各级政府要把切切实实为人民群众提供优良的信息服务作为一项重要的职责,深入细致地做好适合人民群众需要的信息资源采集、加工、发布、个性化设计等工作,使信息资源切实地为人民群众服务。与此同时,为保证信息资源最大限度地为更多的人民群众服务,还应积极探索利用公共信息亭、电话服务中心、社区信息服务中心等多种形式,以人民群众所喜闻乐见的方式提供给不同的受众,更快、更好、更有针对性地满足人民群众的信息服务需求。

11.6 本章小结

公开透明是法治政府的基本特征,全面推进政府信息公开,让权力在阳光下运行,对于发展社会主义民主政治,提升国家治理能力,增强政府公信力和执行力,保障人民群众的知情权、参与权、表达权、监督权具有十分重要意义。经过多年不懈的努力,我国政府信息公开取得了卓有成效的成就,但与人民群众的期待相比,与建设法治政府的要求相比,仍存在公开理念不到位、制度规范不完善、工作力度不够强、公开实效不理想等问题。针对存在的问题,需要综合应用技术、管理、法制等手段予以全面推进。

政府信息资源整合既是政府信息公开的重要条件,也是政府自身改革和发展的必然要求。毋庸置疑,政府信息资源整合既是一项牵涉面广、实施难度大、影响因素多的系统工程,也是一个长期、复杂的过程,而且还是电子政务发展过程中的一出"重头戏"。我们既要清醒地看到发展过程中存在的错综复杂的困难,又要从经济社会发展的大局看待政府信息资源整合的重要性和必要性,只要目标明确、措施得力,就必然会取得显著的整合效果。

第十二章

电子政务背景下政府转型与流程重组

毋庸置疑,电子政务的发展是一场意义深远的革命,必将对政府的管理思想、管理体制、管理模式以及管理文化等各个方面产生前所未有的冲击。随着电子政务发展的逐步深入,深层次的政府变革在所难免,只有可持续、协调、全面的政府改革与电子政务的发展相适应,才能使电子政务的发展取得更大的成效,才能对经济社会发展的贡献得到进一步的彰显。与此同时,电子政务的健康、有序、快速的推进必将促使政府改革全方位、深层次和多角度的发展。因此,电子政务发展与政府改革是紧密相关的,两者相辅相成、互为因果,共同促进政府的转型和发展。

12.1 电子政务发展对政府带来的影响

电子政务从表面上来看,只是政府利用信息通信技术履行政府职能,实现卓越的政府管理和政府服务,但从深层次来看,电子政务的发展对政府的各个方面都会产生不可低估的影响,特别是对政府官僚体制、政府金字塔型的组织结构以及政府行政文化带来了巨大的冲击,而且这种影响既是长期的,也是不可逆转的。

12.1.1 电子政务对政府科层制体制的影响

科层制是指权力依职能和职位分工和分层,以规则为管理主体的管理方式和组织体系。它是近代社会生产力飞速发展、社会分工越来越细、组织规模不断扩大的产物。科层制体制的特点表现在五个方面:一是依靠正式的规章约束所有组织成员的行为;二是通过明确分工确定每个部门的职责、权限和任务,做到不同部门之间各负其责、各司其职;三是按照垂直的权力分解体系,通过层层授权,明确规定特定管理人员的权力和职责;四是按照严格的规则处理政府事务,不允许私人关系在政府事务中存在并发挥作用;五是通过正式和规范的程序考核和任命政府组织成员,由政府提供较为固定的待遇和晋升机会。这种形成于工业社会的管理体制,从一定程度上可以消除政府管理中的不稳定因素,保障了政府权力的有效运用,但在很大程度上忽视了组织成员的个性特征,抹杀了政府工作人员个人的积极性、主动性和创造性,是形成墨守成规、繁文缛节官僚主义的温床,与电子政务的发展要求和方向格格不入,甚至背道而驰。

在我国,各地、各级政府由于曾长期受官僚制体制的束缚,形成了较为严重的官僚主义现象,具体表现为"官僚思想泛滥,官僚作风严重,官僚行为盛行",使得政府的效率低下,活力和战斗力丧失,政府的行为越来越脱离公众对政府的期望,以致各种复杂的矛盾交织在一起,从很大程度上影响了政府作用的发挥。尽管经过多年的改革和发展,这种局面有了较大的改变,但总体还存在着较多的问题,与公众的要求和政府自身发展的需求仍存在着比较大的差距。

电子政务的发展,一方面要求改变这种科层制的组织结构,因为官僚化的体制使公众感到压抑,限制了人们的梦想,使政府工作人员颠倒了主次轻重,使整个政府面向内部,在一定程度上处于自我陶醉状态;另一方面,电子政务对抵制官僚主义也是极具摧毁力的,因为在电子政务条件下,政府的内部运作可以通过网络做到公开化、公正化、公平化,尽而铲除官僚生存的土壤。与此同时,在政府的外部,电子政务要求破除官僚主义对决策的垄断权,更多地实行分权,将权力由政府还给社会,这样就使得官僚主义生存的外部环境得到改变,可以在一定程度上遏制官僚主义的滋生蔓延。

12.1.2 电子政务对政府金字塔型的组织结构的影响

与科层制的政府管理体制相对应的是,政府的组织结构表现为金字塔型(Pyramidal Mode)。金字塔型的组织结构从最高管理层到最基层的管理人员之间形成了一个等级森严的金字塔型的组织体系,政府部门的最高领导层处在金字塔的顶端,人数最少,主要承担"发号施令"的任务;处于中间的主管人员人数比较多,是金字塔的中间阶层,起着"上传下达"的作用;而处在金字塔底层的是数量众多的负责具体事务的政府工作人员,他们基本上是充当执行任务的角色。金字塔型的组织结构从政府职能的履行和政府职能的发挥方面存在着比较明显的缺陷,具体表现在以下五个方面:

12.1.2.1 政府内部信息沟通缺乏效率

因为在金字塔型的组织结构中,信息获得量的多少是与权力的大小相对应的,权力越大的人,越是最先、最多地掌握信息;地位越高的人,越是没有人敢对他提出反对意见。在这样的政府运作体系下,政府信息的传递需要在等级森严的体系中穿行——层层汇报、层层批示、层层负责,必然导致信息沟通缺乏效率,机会在无休止的"研究、审批"中不知不觉地流失,而且所谓的"上级指示"也常常因为不知实情而造成"瞎指挥"。

12.1.2.2 无法适应外部环境的变化

金字塔型的组织结构是严格依靠规章制度办事的组织,通过制定新的或者修改旧的规章制度:一方面以此来阻止外界环境对组织成员的影响;另一方面试图对外界环境进行控制,使其符合政府组织发展的需要。这种以"确定性对付不确定性"的办法在信息传递不受时空限制、经济社会环境瞬息万变的条件下,显然是无法适应外部环境的变化的。

12.1.2.3 导致政府跨部门之间合作的低效率

在机构重叠、职能交叉的政府组织结构中,由于不能做到信息和资源的共享,必然造成协调和合作的困难。因此,不仅在同一区域的横向各部门之间的合作存在障碍,而且不同区域跨部门的协调更是困难重重,非常不利于政府职能的有效运作。

12.1.2.4 束缚人的主动性和创造性

金字塔型的组织结构是以"管"人为中心设计的,它通过各种各样的规章制度约束人的行为,并且垂直型的层次结构割裂了部门之间和职能之间的联系、交流与学习,造就的是一种封闭式的,充斥着互不信任、互相贬低的组织文化,对发挥政府工作人员的主动性和创造性极为不利。

12.1.2.5 政府管理成本会长期居高不下

由于金字塔型的组织结构是建立在严密的分工与协作基础之上的,在分工越来越细、越来越强调专业化的情况下,政府机构之间的协作变得十分复杂,必然导致管理环节增多、管理成本上升和政府效率降低。而且,由于在政府的决策层和作业层之间存在着数量庞大的中间管理层,就从一定程度上消耗或占用大量的政府资源,进一步增加了政府的管理成本。由此可见,金字塔型的组织结构是电子政务发展道路上的拦路虎。当然,电子政务的发展对清除这一障碍将起到重要的作用,对加快金字塔型的组织结构向扁平型的组织结构转变意义重大。

12.1.3 电子政务对政府行政文化的影响

政府行政文化是指政府机构在一定的政治、经济和文化环境下开展行政活动所必须具备的行政精神、行政价值和行政心理的总和,也是政府机构及其工作人员应该具备和遵守的理想信念、价值观念、道德标准、行为模式、工作态度、生活方式及人际关系等各种准则与规范的总称。政府行政文化虽然以一种无形的表现形式存在,但它对政府机构和政府工作人员的影响是极其明显的,从某种程度上可以看成是组织活力和生命力的体现。

在传统条件下,政府的行政文化由于受政府体制、组织结构、管理模式、技术条件等多方面的影响,常常体现为消极被动、刻板教条、缺乏活力的特征。电子政务的发展必然会对传统的政府行政文化中的行政意识、行政价值、行政心理和行政观念等深层次的表现带来革命性的冲击,使得行政文化得到真正的激活,焕发出蓬勃的生命力和战斗力,既为电子政务的健康、快速发展鸣锣开道,也为政府改革的深层次推进注入活力。

12.2 电子政务对政府提出的新要求

电子政务的发展对政府机构的组织与运行提出了一些新的要求,或者说,进一步提升了这些方面的要求,需要政府机构自觉地为实现这些要求去努力。

12.2.1 追求精简高效

电子政务的重要价值体现在政府机构管理和服务效率的显著提高,这一方面得益于电子政务本身的优势,另一方面则来自于政府机构自身的改革,是通过政府机构进一步的精简和政府职能进一步的优化表现出来的。在电子政务条件下,信息通信技术使得政府信息的发布、公众与政府之间的联系、政务活动的处理等各个方面都变得更为直接、方便与快捷,传统的文山会海、公文履行逐渐被数字化、电子化、虚拟化的"信息流"所代替,政府机构的工作效率、水平和质量将会得到显著改善,政府的行政成本也会得到大幅度下降。

当然,电子政务的实施,首先要求政府机构的数量要精简,人员要精干,不能人浮于事,效率低下;其次是要求政府机构的职能分工明确,尽量避免机构重叠而造成相互推诿、扯皮等现象;最后是要求政府机构的业务处理流程科学合理,减少不必要的中间环节和层次,使政府的政务活动更加顺畅、快捷。

12.2.2　走向透明和开放

走向透明和开放是实施电子政务的重要目标,也是当前我国各地、各级政府加快与国际接轨的基本选择。对政府机构而言,走向透明和开放必须做到三个方面:一要坚持市场开放,要求政府机构在政策上做到高度透明,不能继续采用以配额和许可证等方式的"数量限制"来保护国内市场;二要促进公平竞争,要求政府公平税负,平等对待内外资企业,做到对待内外资企业的政策上透明、公开;三要法律透明,要求我国政府制定的各项法律、规章、政策、制度、措施都必须及时公布,并保持稳定性和预见性,并在执法中做到公开、公正、统一、合理。

12.2.3　注重服务

"重管理,轻服务"是我国各级政府机构长期存在的一种现象,这种现象对改进政府工作作风、提高政府管理水平是极为不利的,它过分地强化了政府的权威,削弱了政府的服务职能,而且为政府的腐败和不公正行为提供了可能。因此,政府机构从"重管理,轻服务"向"既管理更重服务"转变已成为我国政府改革的一个重要内容。

实施电子政务对提高政府服务的能力和水平是极为有利的,具体表现在两个方面:从为企业服务的角度,电子政务既可以借助 G2B 电子政务的应用为企业提供政策、法律法规的咨询服务,也可以为企业的经贸活动、技术改造等提供业务指导和牵线搭桥;从为公民服务的角度,电子政务可以为公众提供诸如教育、就业、医疗、社会保障等多方面的服务。所以,电子政务既促进了政府机构服务水平的提高,同时也要求政府机构不断扩大服务的范围和力度,而且政府服务成本的降低、效率的提升在很大程度上需要通过电子政务来实现。因此,利用电子化手段,提高政府机构服务的能力和水平,是电子政务努力实现的目标。

12.2.4　推动创新

在当前,对我国各级政府机构来说,所遇到的新问题、新现象层出不穷,所碰到的困难也极为复杂,必须通过创新的思路和方法去分析解决各种实际问题,消除各种可能出现的矛盾和冲击。实施电子政务必然要求政府机构突破常规、开拓创新,创造政府工作的新局面。

发展电子政务给政府机构的工作带来了许多前所未有的挑战,必然会遇到各种现实的或潜在的阻力,唯有通过体制创新、管理创新、行政文化创新等多种创新理论的应用与发展,才能使电子政务发展进入一个新境界。因此,电子政务既呼唤创新,又反过来推动创新,丰富政府创新的内容和形式,同样使政府创新进入到一个全新的阶段。

12.3　适应电子政务发展的政府转型

电子政务对传统的政府的组织形式和业务实现方式带来了严峻的挑战,传统的政府机构面临着多方面的转型,我们必须深入研究、大胆探索。

12.3.1 革新政府理念

政府转型首先应从革新政府理念入手,也就是要尽快摒弃那些在计划经济条件下形成的、被实践证明是和政府改革与前进的方向不一致的、传统的政府理念,树立起有活力、能与电子政务发展相协调的政府理念。

12.3.1.1 真正确立"以民为本"的理念

我国是人民民主专政的国家,人民群众当家做主,政府公务人员毫无疑问是"人民的公仆"。但由于我国长期受计划经济体制影响的特殊国情,再加上金字塔型的政府管理体制过于强调领导者的权威,使得政府公务人员忽视了"以公民为中心"的理念的塑造。因此,在我国各地、各级政府中还存在着一定程度的官僚主义作风。在实际工作中,不少政府机构和政府官员没有真正把"全心全意为人民服务"的宗旨贯彻到自己的行动中去,反而凭借人民群众给予的权力凌驾于人民群众之上,表现出一种盛气凌人、高人一等的姿态。人民群众对此极为反感,对政府的信任度和满意度也大受影响。从未来发展趋势来看,坚持服务为本、公众驱动、公众取向,力求提高公共管理的服务质量和公众满意水平,已成为普遍的共识。因此,必须真正确立起"以民为本"的思想,牢固树立起"以人民群众利益为中心"的管理理念与服务理念,使政府公共管理和公共服务的水平得到根本性的提高。

12.3.1.2 树立"有效政府"的理念

按照世界银行提供的发展报告称,政府的核心使命是建立法律基础、维持有效的宏观经济环境、投资于社会服务和基础设施、保护环境、促进就业等。政府要集中力量"掌舵",将政府职能与非政府职能分离,寻求更有效率的政府治理。"有效政府"则要求政府一方面要重视自身在当代社会中的重要功能,坚持"有所为,有所不为";另一方面还强调政府必须既有高效率,又有高效力,避免陷入难以自拔的官僚体制困境之中。

在电子政务发展过程中,必须改变政府传统的做法,牢固树立起"有效政府"的理念。各地、各级政府必须改变长期形成的"大包大揽"的粗放型的政府管理方式,坚持"要么不管,要么管好"的原则,把提高政府的管理效率和效力放在首位,逐步做到政府与市场分开、政府与企业分开、政府职能与社会职能分开,使政府的管理效能有质的提高。

12.3.1.3 从"允许管理"向"禁止管理"转变

政府通过颁布政策、法规等形式规定企业、个人以及其他社会组织允许开展哪些活动与行为一直是我国各级政府惯常的做法,这种方式被称作"允许管理"方式。由于受政府决策信息与决策水平的限制,"允许管理"方式必然存在着较大的局限性,比如对决策的预见性不够、政府管理的范围太广等,而且这种管理方式会在很大程度上影响社会公众和各类组织的积极性、主动性和创造性,使社会缺乏活力,同时对经济繁荣与社会发展也起了一定的阻碍作用。

与"允许管理"规定"只有政府允许的才能做"所不同的是,"禁止管理"则是由政府"明确禁止哪些活动和行为是禁止的,除此之外都是允许的"。这种管理方式较好地克服了政府在决策过程中信息不足、预见性有限的缺点,在可以坚持基本原则的前提下,鼓励企业、个人及其他社会组织突破思路、大胆创新,最大限度地发挥各自的能动性,为经济建设和社会稳定、繁荣服务。

12.3.1.4 从"全能政府"向"有限政府"转变

在计划经济时期,我国各级政府机构都是以"全能政府"的形态出现的,政府的职能无处不及、无所不包,成了一个无所不能的"全能冠军"。这种做法和定位是极为有害的,表现在:政府对经济的管理上,政府统购统销,垄断了全部经济资源的调配,使全国的企业变成了受政府统一管理的生产车间,企业的经营管理自主权和公众的选择权无从谈起;在社会管理和公共服务方面,我国各级政府机构承担了大量"管不了、管不好和不该管"的事务,无限制地侵入和管束到社会生活的各个方面,几乎不存在政府不可以统治和管理的领域。在这种"全能政府"理念的驱使下,企业、公众以及其他各种社会组织对政府产生了强烈的"依附心",尤其是广大国有企业事实上成了政府的附属物,基本没有自主经营、自我约束、自负盈亏、自我发展的压力与动力,这在很大程度上削弱了我国经济社会发展的能力。

"有限政府"的概念是与"全能政府"相对而言的,它是指在规模、职能、权力和行为方式等各方面都受到法律明确规定和社会有效制约的政府。"有限政府"就是要使政府机构必须有明确的定位,彻底改变传统的"全能政府"无所不包的做法,把自己的职能转变到宏观调控、市场监督、公共服务、社会管理以及环境保护等方面上来。而且,"有限政府"的权力和职责受到法律的严格限制,政府机构的职能和政府公务人员的行为都有具体的边界,一旦超越就要受到法律的约束。从"全能政府"向"有限政府"转变已成为世界各国政府改革的共同选择,更是我国政府在电子政务发展转型过程中面临的紧迫任务。

从深层次进行分析,确立"有限政府"的理念对加快我国政府转型有着极为重要的战略意义,具体包括五个方面原因:第一,"有限政府"有助于政府集中精力处理"应该管,管得了,管得好"的事务,使政府的效能得到最大限度地体现;第二,"有限政府"推动政府与企业分开、政府与市场分开、政府职能与社会职能分开,使政府的管理职能得到理性的回归;第三,"有限政府"要求政府意志服从社会意志,政府的行为符合法律规范,改变传统的"权大于法"的观念与做法;第四,"有限政府"意味着政府必须依法行政,对那些属于政府管辖、由政府负责的事务必须依据法律赋予的权力予以处理与解决;第五,"有限政府"改变了企业、公民、其他社会组织对政府的"依附"关系,它们同受法律的保护,各自享有不同的权利与义务,共同成为法治社会的一分子。

12.3.2 摒弃传统的政府审批制度

"政府审批"曾经是我国在计划经济体制下政府工作的核心内容,大到楼堂馆所的建设,小到油条、馒头价格的制定,无一不需得到政府的同意、许可。长期以来,"政府审批"作为政府权力和地位的根本性标志,占据着政府工作极大的比重。公众对"审批经济""图章经济"大行其道、超常发展感到苦不堪言,因为它所带来的危害是十分明显的:第一,它大大降低了经济社会发展的效率,严重影响了社会主义市场经济的发展进程;第二,政府审批是导致政府腐败的温床,因为政府审批的存在使得政府相关部门和政府官员的意志对资源的分配起到了直接的决定作用,所以大量的企业以及其他组织甚至个人为了各自的经济利益,不惜动用各种力量"赢得"政府的支持和首肯,造成了各种形式的腐败现象,且屡禁不止;第三,政府审批遏制了公众的创新精神和创造活力,因为政府审批在很大程度上会破坏市场的公平性,对激发公众的创新精神和创造活力有害无益;第四,它破坏了资源的优化配置,扰乱了社会主义市场经济建设的秩序,因为政府审批强调利用政府的"特权"来配置资源,与市场经济通过市场配置资源的要求是背道而驰的。尽管《中华人民共和国行政许可法》对改革政府审批的体制产生了积极的影响,但政府审批长期形成的陈规陋习是很难在短期内彻底消除的。

电子政务的发展对促进我国政府审批体制的改革将会起到重要的推动作用,主要表现在四个方面:第一,政府的审批职能将逐步通过网络来实现,信息通信技术的应用在一定程度上会减弱人为因素对审批过程的影响;第二,网上审批将使得审批更加规范、透明,并且更能够接受社会的监督,以此减少黑幕交易、"暗箱操作"发生的可能;第三,电子政务的实施必将大大减少审批的中间环节,提高审批的效率;第四,与审批相关的监督将会得到进一步加强,审批结果的网上公示、审批环节舞弊行为的网上举报都会提高审批的公正性和公开性。

12.3.3 有效转变政府职能

精简政府机构,转变政府职能一直是我国政府改革的主旋律,但由于政府职能定位不明确以及其他多方面的原因,政府机构的改革进入了"精简—膨胀—再精简—再膨胀"的一个怪圈,虽已取得了一定的进展,但成效并不显著,与世界发达国家的政府改革相比,存在着一定的差距。而电子政务的发展一方面为政府职能转变提供了有效的途径,另一方面也对政府职能转变提出了新的要求。

我国各地、各级政府在有效转变政府职能方面所面临的任务和目标是十分艰巨的,主要包括六个方面:一是改变长期形成的包罗万象的管理格局,建立起不断满足公众公共需要的"公共管理"机制;二是严格按照市场经济规律的要求制定各项方针、政策,变原来的直接管理经济的方式为间接管理,为经济社会的繁荣发展创造优良、平等的竞争环境;三是要进一步撤并带有计划经济痕迹的行政管理机构,逐步建立起高效、精简的政府机构;四是要能够真正将政府的基本职能调整为市场体系的完善与培育、基础设施建设、社会公共管理与公共服务等那些必须依靠政府而且也只能依靠政府实现的职能上来;五是要通过实行政企分开、政府与社会分离等途径,实现从计划调节到市场调节的转变,从微观管理到宏观管理的转变,从直接管理到间接管理的转变;六是要压缩专业经济管理部门,充实加强政府综合协调职能部门,并建立健全经济调节、监督部门,逐步确立起"统筹规划,政策引导,信息服务,组织协调,监督检查"作为新的历史条件下的政府职能。

在电子政务发展过程中,有效转变政府的职能具有十分重要的意义,表现在三个方面:第一,电子政务与我国政府职能转变的目标和方向是一致的,都是为了提高政府的管理水平和管理效率,更快、更好地与国际接轨;第二,电子政务发展与政府职能转变是相互影响、相互促进的,如果不能成功地实现政府职能转变,电子政务发展也很难取得实质性的进展;第三,电子政府的组织结构与传统的政府有着根本性的区别,就是原来大量存在的政府机构的中间层将会逐渐消失,因为原来的中间层所起的上传下达的作用将逐步由网络来实现,而要做到这一点必须通过有计划、有步骤的政府职能转变和机构精简来实现。因此,有效转变政府职能是实现电子政务的重要条件,也是其中的核心环节之一。

12.3.4 拓展政府民主

拓展政府民主既是我国社会主义民主政治建设的需要,也是电子政务发展的目标和任务。在实施电子政务促进政府转型的过程中,利用信息通信技术拓展政府民主应从以下三个方面展开:

12.3.4.1 不断强化公众参与意识

公众的参与程度是评价政府民主水平的重要指标,也是一个国家政治文明的重要体现。由于长期受计划经济体制的影响,我国广大公众参与政府管理事务的热情总的还不够高,而且参与的效果也不甚理想,公众对政府决策的关心、支持程度比较低,很大程度上影响了人民群众对政府行为的监督,为政府的盲目决策和腐败行为的发生提供了一定的存在空间。因此,利用电子化手段,加强社会公众参与政府管理,发挥社会各界在政府民主决策、民主管理与民主监督中的作用,具有十分重要的意义。

加强公众参与应从强化公众的参与意识入手,政府相关机构必须改进工作作风,转变粗放型的管理方式,把公众的利益放在首位,同时要充分发挥人民群众的主人翁精神,调动他们参与政府管理的积极性和主动性,努力提高公众的参与意识和民主意识,使公众把参与政府管理作为一项自觉的行动,从而提高政府决策的民主化、科学化水平。

12.3.4.2 充分发挥互联网在拓展政府民主中的作用

在互联网出现之前,公众参与政务活动存在着这样或那样的困难,尽管各地、各级政府开设有诸如"信访办"等机构专门受理人民群众的各种意见、建议,解决各种问题和困难,但由于受时间、空间的限制,以及"信访办"自身协调能力的局限性,在解决人民群众的实际困难以及在为人民群众参政、议政服务方面所发挥的作用是很有限的。而电子政务的发展为公众参与政府管理提供了一条便捷、顺畅的通道,公众可以随时随地通过互联网向政府有关部门反映问题、提出建议,而且公众的意见可以直接传递给政府相关当事人。这样必然使得公众参与政务活动的热情大大提高,效果也将会明显改善。

网络手段虽然为公众参与政府事务提供了极为有利的条件,但到目前为止,真正能利用网络为公众参与政府管理提供有效渠道的政府机构还不是很多,原因主要有两个方面:一方面,目前已经建成政府网站并已开始有效运行的政府机构还不多;另一方面,那些已经开通政府网站并开设有政府信箱的政府机构由于受到技术、人员等限制,利用互联网与公众沟通的效果也不够显著。因此,对我国各级政府机构来说,充分发挥互联网在拓展政府民主中的作用具有十分重要的意义。

12.3.4.3 高度重视政府与公众的双向互动

在一般人的印象中,从互联网中得到的有关人民群众的意见没有通过传统的方式取得的重要,因此,不少政府机构和政府公务人员对此缺乏足够的重视,仅仅把公众的网络化参与手段作为一种摆设,这种认识和做法是很不正确的。因为通过互联网向政府机构反映各种问题不仅非常简单便捷,而且费用也较为低廉,所以对调动公众的参与热情是有很大作用的。相反,如果政府领导者片面地认为来自网络的意见不可信,或者认为网络会对政府的权威构成挑战,这样会最终导致网络通道形同虚设,从而必然会影响电子化民主的发展进程。

充分利用互联网这一有效的参与工具,最大限度地实现政府与公众之间的双向互动是拓展政府民主的重要内容。政府既要鼓励公众利用互联网参与政府事务的热情,又要用实际行动,以积极主动、认真负责的态度,为开展政府与公众之间高效的双向互动铺平道路。

12.3.5 创建"学习型政府"

"学习型组织"的概念是由美国著名学者彼得·圣吉提出来的。他认为,学习型组织是指通过形成促使整个组织员工不断学习的组织气氛,充分发挥员工的创造能力,以创建一种有机的、高度结合的、扁平化的、充满人性的、能持续发展的组织。随着知识经济社会的到来,有关学习型组织的概念得到了全世界学术界、企业界和政府机构的高度重视。对政府机构来说,创建"学习型政府"也已成了一项重要的任务,特别是在电子政务的发展过程中,更需要政府加强学习,增强适应能力。

创建"学习型政府"主要应从以下五个方面入手:

(1) 不断超越自我:自我超越的修炼是创造"学习型政府"的精神基础,目的是要促使政府员工加深对自己个人真正愿望的理解,使自己能更好地集中精力,培养耐心,并客观地观察现实,为实现自己的目标而尽心尽力。

(2) 改善心智模式:即极力改变政府领导者和员工已经根深蒂固于心中的并影响着他们了解世界、采取行动的假设、成见和印象,以适应外界环境的急剧变化。改善心智模式要求政府工作人员充分认识到,只有先转变观念,才能适应新的变化。

(3) 塑造共同愿景:即通过为政府组织中的所有成员塑造共同的愿望和对未来的共同景象,激发员工为共同的目标而群策群力。塑造共同愿景能帮助不同的政府机构和人员形成强烈的归属感和整体感,使不同政府部门和人员的活动得到充分的融合。

(4) 团队学习:这是指组织成员在集体环境中相互学习、相互依存、相互帮助,发挥出色的整体效果。团队学习最主要的目的是让政府员工个人能在群体环境中更快、更好地成长。

(5) 系统思考:系统思考是指让政府员工看见相互联系而非单一的事件,看见渐渐变化的形态非瞬间即逝的一幕。换句话说,系统思考要求政府员工从全局而非局部、从全面而非片面地看待周围事物,使其整体、协调地发展。

建设"学习型政府"应与电子政务的发展紧密结合起来,探索利用信息通信技术改善学习的方式与效果,使政府公共管理和公共服务的新知识、新内容通过网络得到更快捷、更广泛的传播与共享,形成良好的学习机制,培养政府员工的学习自觉性,使政府管理与政府服务的水平提升到一个新的层次。

12.3.6 深入推进政府制度创新

政府制度是关于政府的组织、运行与管理等一系列行为的规范和模式。政府制度创新是指政府机构为了适应经济社会发展的需要以及外部环境的变化,对政府相关制度进行必要的变革,以进一步推动生产力向前发展。在电子政务发展过程中,政府制度创新应从政府领导制度创新、公共服务制度创新和政府管理制度三个方面展开。

12.3.6.1 政府领导制度创新

"电子政务发展政府领导先行"已成为一条重要的原则,为国际、国内电子政务发展的实践所证实。因此,电子政务发展中的政府创新应从政府领导制度入手。领导制度创新主要包括以下四个方面的内容:

(1) 树立"与时俱进"的领导思想:各级领导者确立起适应时代发展要求的新的领导思想,实现从本土化领导向国际化领导、从工业化领导向信息化领导、从管理型领导向服务型领导以及从"人治化"领导向"法治化"领导的观念转变。

(2) 行政领导体制创新:要从适应经济社会发展要求的大局出发,对行政领导体制中的行为准则、管理规范以及基本原则进行大胆探索、勇于创新,并以制度的形式加以明确,以保证依法行政、科学行政落到实处。

(3) 领导决策机制创新:决策是领导的基本职能,要探索利用信息通信技术提高决策科学性与民主性的途径,使领导者的决策能力有实质性的提高。

(4) 领导者素质提升:领导者的选拔应着重考虑候选人的文化素质、技术素质、政治素质、思想品德、领导经验、组织能力、远见卓识、协调指挥能力等。从领导群体来看,领导层的年龄结构、知识结构、专业结构、性别结构及协调配合的能力也必须进行深入考虑,以保证领导群体的凝聚力和战斗力。

12.3.6.2 公共服务制度创新

诺贝尔经济学奖获得者约瑟夫·斯蒂格利茨曾提出,政府是一种自然垄断性组织,垄断条件下任何组织都可能导致低效率。因此,只有引入创新、激励和竞争精神,才能提高效率。对我国各级政府而言,在公共服务领域引入竞争机制尤为重要,因为推动政府公共服务的市场化改革,鼓励和促进社会资金进入公共服务领域,既可以减轻政府的财政负担,提高政府公共服务的效率与水平,同时还可以充分利用公众的闲散资金,对增加社会就业、提高公共服务的水平大有帮助。

政府公共服务制度创新:第一,应从观念上有一个大的转变,把市场竞争机制引入政府公共服务,并为公共服务提供良好的竞争环境;第二,应对政府基本职能、行政管理范围、行政管理方式、公共服务定价方式等进行根本性的改革,将公共服务产品的生产与消费引入良性循环;第三,公共服务制度创新应与电子政务的发展以及政府各个方面的改革进程相适应,使其得到有序、快速的发展。

12.3.6.3 政府管理制度创新

在电子政务发展过程中,政府机构要根据管理的基本原则,结合自身的特点,对原有的一些内部制度进行必要的创新,主要包括以下三个方面:

1. 政府信息管理制度创新

政府信息管理是开展电子政务工作的基本内容。因此,信息管理制度的创新显得十分必要。电子政务最为直接的体现便是计算机软硬件技术在政府管理中的广泛应用,制定和完善相关的信息管理制度是电子政务的必然要求。信息管理制度创新包括制定计算机软硬件的培训制度、采购制度、使用制度和维护制度,并制定相应的处罚措施和激励政策以保证相应制度的贯彻执行。对电子政务的各项管理制度,包括权限管理制度、安全管理制度、保密制度和维护制度等应给予应有的重视,尤其是涉及政府秘密和公众隐私等重要信息要予以特别关注。

2. 政府激励制度创新

由于电子政务的实施是一项复杂和艰巨的系统工程,需要全体公务人员的积极支持和密切配合,特别是需要广大技术人员和管理人员的积极响应。因此,如何对政府激励制度进行创新也是影响电子政务能否成功的重要条件。在实施电子政务过程中,政府机构必须采用有效的激励措施,鼓励相关人员积极参与电子政务建设。在权益分配上,要充分考虑到对做出较大贡献的公务人员进行必要的物质奖励与精神奖励,让全体公务人员为推进电子政务进程而竭尽全力。

3. 提高政府公务人员素质制度创新

电子政务的发展必然要求政府公务人员具有较高的技术素质和管理素质,而提高政府公务人员的素质不是一朝一夕能做到的,只有鼓励公务人员通过持续不断的学习,才能适应新的需要。政府机构必须为公务人员的学习提供良好的条件,形成优良的学习氛围,鼓励公务人员在学习中成长、进步、发展,使政府公务人员的整体素质得到持续性、稳定性和根本性的提高。

12.4 电子政务与政府流程重组

电子政务的深入推进必须与政府转型结合起来,只有两者同步展开,协调进行,才能使电子政务与政府转型达到理想的效果。政府业务流程重组既是政府转型的重要内容,也是电子政务发展进程中不可逾越的环节。

12.4.1 业务流程重组与政府流程重组的概念

业务流程重组与政府流程重组的概念相类似,学习和研究政府流程重组必须从了解针对企业的业务流程重组入手。

12.4.1.1 业务流程重组的概念

政府流程重组(Government Process Reengineering,GPR)的概念来自于企业的业务流程重组(Business Process Reengineering,BPR),后者是在 1993 年由美国麻省理工学院的教授迈克·哈默和 CSC Index 公司的首席执行官詹姆斯·钱皮在二人合著的一本书《重组公司——企业革命的宣言》中提出的。后来该书被翻译成十几种文字在世界各国传播,被奉为企业流程重组的"圣经"。所谓流程,是指一个或一系列连续有规律的行动,这些行动以确定的方式发生和执行,导致特定结果的实现。流程包括以下四个方面的要素:

(1) 活动。流程就是由多个不同的活动组成的,活动是流程的最基本要素,流程正是不同活动发展过程的体现。

(2) 活动的实现手段。活动总是与一定的实现手段联系在一起的,采用不同的工具使得活动变得简单或者复杂。

(3) 活动之间的逻辑关系。活动之间的关系不外乎三种,即串行关系、并行关系和反馈关系[①]。

(4) 活动的主体。活动总是由其承担者来完成的。根据迈克·哈默与詹姆斯·钱皮的定义,"业务流程重组就是对企业的业务流程(Process)进行根本性(Fundamental)的再思考和彻底性(Radical)的重新设计,从而获得在时间、质量、成本和服务等方面的业绩戏剧性(Dramatic)的提高"。

12.4.1.2 政府流程重组的概念与内涵

从企业业务流程重组的定义可以看出,政府流程重组就是利用信息通信技术,对政府的流程进行根本性的再思考和彻底性的重新设计,从而使政府的行政效率、政府公共管理和公共服务的质量、政府运作成本和政府服务的能力与水平等方面的业绩有根本性的提高。

政府流程重组的概念实际上包含三个方面的内涵:第一,政府的政务活动必须专注于业务流程。在传统的政府管理中,业务流程常常被政府内部各组织分割成不同的环节而变得支离破碎,而业务流程重组要求政府机构打破职能型组织模式,建立以业务流程为核心的组织模式,使政务活动的处理更加顺畅、快捷。第二,政府机构必须对传统的政务处理流程进行根本性的再思考。业务流程重组必须彻底摒弃过去已有的条条框框,不能被旧有的运作模式所束缚,要从根本性的问题进行思考。第三,要对传统的业务流程进行彻底的重新设计。彻底性意味着业务流程不是对原有流程的简单改良或者调整修补,而是要从源头入手,抛弃所有的不合要求的做法,从根本上重新设计新的流程。

12.4.2 政府流程重组的原则

政府流程重组既是政府自身改革与发展的需要,也是电子政务发展过程中必须进行的一项重要工作,在具体实施的过程中,应坚持以下四个方面的原则:

12.4.2.1 政府业务流程的设计必须以服务对象为中心

政府的服务对象包括公民个人、企事业单位、社会团体以及政府公务人员等在内的所有接受政府管理、享用政府服务的个人与组织,在设计政府业务流程时必须彻底改变传统的以自身需要为出发点的设计思路。

12.4.2.2 政府组织的设计必须以流程为中心

传统的政府组织结构是以职能为中心进行设计的,不同的机构具有不同的职能,彼此"井水不犯河水",从而把流程人为地割裂开来,使流程"消失"在具有不同职能的机构和人员之中。业务流程重组就是要使传统的面向职能管理的组织设计转变成面向业务流程管理的设计,使牵涉到业务流程运作的相关职能部门组合起来,铲除不必要的职能部门,为业务流程的高效运作扫清道路。

12.4.2.3 要用系统的观点注重整体流程最优化

业务流程重组必须从系统的角度出发,以整体流程最优化(而不是局部最优)为目

[①] 串行关系是指活动之间按照时间顺序先后发生,前一活动发生并将结果传输给下一活动后,下一活动才发生。并行关系是指各个活动同时、独立地进行,最后将各自的结果归总,得到一个共同的输出。反馈关系是指活动之间的相互依赖,前一活动的结果是后一活动的开始,而后一活动的结果又是前一活动的开始,活动之间相互控制,作用于同一个结果。

标,设计和优化流程中的各项活动,尽可能减少无效的活动,使重组后的流程能发挥最大的作用。

12.4.2.4 充分发挥个人和团队相结合的作用

业务流程重组要求在每个业务流程处理过程中最大限度地发挥每个人的工作潜能与责任心,让那些需要得到流程产出结果的人自己去执行流程,充分发挥每个政府工作人员的主观能动性和创造性,减少审批、等待时间,消除不必要的环节。与此同时,加强团队合作也是业务流程重组的基本原则,在政府业务处理的过程中必须高度重视团队的作用,加强来自不同机构的团队成员的合作,保证政府业务流程高效、有序、顺畅地执行。

12.4.3 政府流程重组的实施

在电子政务发展过程中,政府流程重组应该是同步展开的,具体的实施步骤包括组建流程重组的实施团队、分析特定流程、确定流程重组的实施方案、重组流程、对新流程进行评估以及执行和改进等六个步骤。

12.4.3.1 组建流程重组的实施团队

由于政府流程重组牵涉面很广,对政府各个机构和工作人员的冲击大,必然会遭遇各方面的抵触情绪,再加上政府工作人员固有的惰性,开始之初难度必然相当大。因此,政府流程重组必须有强有力的领导保障和组织保障,保证流程重组的健康、有序地推进。一般来说,在国内组织和实施政府流程重组,应组建政府流程重组领导小组和实施项目组两级机构。

政府流程重组领导小组一般由实施流程重组的政府机构高层领导、电子政务技术专家和实施顾问等组成,分析政府流程重组的需求,制定政府流程重组的目标和总体战略,监督和控制流程重组的进度,对流程重组实施方案进行评估,协调流程重组过程中的关系,调整和配置与流程重组相关的资源等。实施项目组一般由技术人员、业务人员、流程上下流客户代表等人员组成,是在政府流程重组领导小组的领导下,对需要进行重组的流程进行有计划、有步骤的组织实施,以期达到预期的目标和要求。

流程重组的领导者必须要有激情,对流程重组要有强烈的认同感,要有较强的沟通和组织协调能力。因为政府流程重组是一种自上而下的行为,必须要有主要领导者身体力行、亲自推动,为流程重组的实施排除各种障碍,才能为流程重组创造理想的条件,才能够充分调动和发挥政府工作人员在政府流程重组中的积极性、主动性和创造性。

政府流程重组的实施项目组应多吸收具有各方面专业知识的复合型人才,因为流程重组既是一项复杂的技术工作,又是要求很高的业务集成和整合工作,需要高素质、高层次、懂技术、会管理、精通业务的专业人员来参与。另外,参与流程重组实施的成员应具有良好的团队协作精神,因为流程重组是一项复杂的系统工程,这不是一个人或几个人各自为政就能达到预期目标的,要求发扬团队精神,群策群力,充分利用集体智慧,朝一个共同的目标前进,才能达到真正的目的。

12.4.3.2 分析特定流程

组建好了流程重组的实施团队之后,接下来就要进入实质性的工作阶段。重组流程需要了解现有流程,通过对现有流程的识别绘制出流程图,为流程重组提供依据。识别流程要改变过去以不同的职能描述工作的做法,把关注的焦点放在流程上,把与某一任务有关的各项活动和它们之间的关系描述出来,绘制成流程图,有了流程图就可以直观地认识流程、分析流程并可以对流程进行再设计了。

分析特定流程必须搞清政府流程的本来面目,准确分析流程的任务、目标、前后关系、现状等问题。毫无疑问,对特定流程的分析越透彻,重组实施的效果就会越好。

12.4.3.3 确定流程重组的实施方案

流程重组实施方案的确定是一项复杂的工作,也是直接关系到重组效果的一个重要环节。在确定实施方案的过程中,应该注意的问题主要有:第一,应把效率低下、实施效果差的流程作为重组实施的重点。这些流程或由于无效和重复活动多,降低了政府工作的效率;或由于过多的附加活动破坏了流程的连续性,造成流程人为的中断;或由于非流程内部人士过多参与,干扰了流程的有效运行,必须在实施方案中予以重点考虑。第二,必须把公众的利益放在流程重组的重要位置,因为流程重组的基本目的是为了提高政府服务的效率和质量,从而有效改善政府服务公众的能力和水平,如果偏离了公众的需要,流程重组会难免误入歧途。第三,必须考虑流程重组的可行性,包括流程重组成本的高低,技术方案的可行性,实施团队能力的大小,流程的牵涉面以及实施周期的可行性等各个方面。

流程重组实施方案并不是唯一的,需要在重组和实施过程中不断优化和改进,使其逐步完善,更加符合实际需要。

12.4.3.4 重组流程

重组流程可以分为以下三步走:

第一步,识别流程中的关键因素。所谓流程关键因素,是指在构成流程的诸多要素中起着决定性影响的环节。它决定或主导着流程的运行状态,找到了流程中的关键因素是进行流程重组的突破口所在。

第二步,分析待重组流程的问题所在。流程存在的问题多种多样,比如管理成本高、流程周期太长、前后衔接不畅等。找出了病因,然后对症下药。流程处理时间过长的,看看主要滞留在哪个环节,有没有必要存在?管理成本高的,就要找出造成成本过高的原因。对流程存在的问题明确后,就可以通过合并、分解或删除等方法使得流程中的非价值增值部分减少到最低限度。

第三步,全面考虑流程的整体效果。流程重组不能简单地理解为对现有流程的简化,还应考虑流程运行的整体效果,把流程牵涉到的内部与外部相关的部门和人员作为一个整体来考虑,以保证整体运行效果的最优化。

12.4.3.5 对新流程进行评估

政府流程重组完成后,虽然已经产生了新的流程,但这些流程是否达到了预期的目标、是不是可行,还有待进一步评估。在这一阶段所要做的工作包括:

(1) 写出政府流程重组的评估分析报告,供主要领导者在决策时进行参考;

(2) 分析评估新流程对政府开展政务活动产生的影响;

(3) 分析评估新流程对政府组织结构和公众等外部因素可能产生的影响;

(4) 分析评估新流程实施推行的问题与困难;

（5）分析总结流程重组的经验与不足，为将来开展流程重组提供借鉴；

（6）新流程的评估既是流程重组前阶段工作的总结，也是下一阶段新流程执行和改进的起点，起着承上启下的作用。

12.4.3.6 执行和改进

流程重组基本完成后，接下来就要开始正式的执行了。新流程的执行是一个渐进的过程，具体可以开展的工作包括：第一，与新流程的执行人员进行更好的沟通，既要调动他们参与新流程运作的积极性，又要让他们能对新流程的改进和完善提供全面的支持；第二，制订新流程的培训计划并对员工进行系统性培训；第三，制订出阶段性实施计划，定义出关键性的衡量标准以进行周期性的评估；第四，调查和检验新流程实施效果，以作进一步改进。

流程重组的改进与优化是一个长期的过程，需要进行持续不断的探索。但流程改进与优化的目标和方向是基本确定的，也就是说，流程的改进和优化必须朝以下五个方面的目标去努力：

（1）以公众利益为中心，以提高政府工作的效率、水平和质量为根本目标，最大限度地提升政府服务公众的能力，改善政府服务的效果，彻底改变过去那种把完整的业务流程分成若干个任务而导致的忽视满足公众需要的做法；

（2）业务流程运行快速、高效、灵活，能够对外部变化能做出快速、有效的反应；

（3）能充分实现政府部门之间、政府与外部之间的信息共享；

（4）能形成新的以员工为中心的团队工作模式；

（5）彻底改变传统的以大量中层管理人员为特色的"金字塔"型的政府组织结构，逐步建立起扁平化、小型化、弹性化、虚拟化、网络化的新型组织结构。

政府流程重组对我国各地、各级政府来说，是一项充满挑战性的工作，有大量的理论问题和实践问题需要研究、探讨，但在电子政务实施过程中，这是一项不可或缺，也是不能不高度重视，力求保证成功实施的重要任务。这一点需要各地、各级政府的领导者和政府工作人员形成共识。

12.5 本章小结

电子政务发展无疑是一场涉及面广、影响深远的革命，传统的政府管理体制和运作流程都面临着深层次的变革。从我国电子政务发展的实践来看，政府自身的转型以及政府业务流程的重组，较大程度上还滞后于电子政务的发展需要，不利于电子政务作用和价值的发挥。当然，在电子政务背景下，政府转型和政府业务流程重组是一项复杂而又艰巨的任务，需要在实践中不断探索，在发展中不断深入，逐步找到一条既适合我国国情又能行之有效的发展道路。

第十三章 "互联网＋政务服务"发展概述

顾名思义,"政务服务"是指政府机构为了更好地履行自身的职责而面向社会提供的各类服务,旨在优化公共服务、保障公平竞争、加强市场监管、维护公共秩序。如何利用"互联网＋"的技术和手段,创新和优化政务服务,既是电子政务发展在新形势下所面临的新课题,也是我国各地、各级政府所共同面临的新任务。近年来,中央政府对如何推动"互联网＋"与"政务服务"的融合发展做出了重要的部署,全国各地正在大力开展形式多样、内容丰富的探索和实践,并已取得了一定的阶段性的成效。从未来的发展趋势看,"互联网＋"与"政务服务"的融合发展,实现无缝对接的"互联网＋政务服务"将成为我国政府改革创新与转型发展的一个重要方向,相关的理论研究和实践发展将会不断推向深入。

13.1 国家对"互联网＋政务服务"的发展要求

国务院于2016年4月发布了《关于加快推进"互联网＋政务服务"工作的指导意见》(以下简称《指导意见》)对各地、各级政府如何推进"互联网＋"与政务服务提出了相应的要求。

13.1.1 总体要求

《指导意见》指出,推进"互联网＋政务服务",是贯彻落实党中央、国务院决策部署,把简政放权、放管结合、优化服务改革推向纵深的关键环节,对加快转变政府职能,提高政府服务效率和透明度,便利群众办事创业,进一步激发市场活力和社会创造力具有重要意义。总体要求如下包括指导思想、基本原则和工作目标三个部分。

13.1.1.1 指导思想

《指导意见》明确了"互联网＋政务服务"发展的指导思想是:认真落实党的十八大和十八届三中、四中、五中全会精神,深入贯彻习近平总书记系列重要讲话精神,牢固树立创新、协调、绿色、开放、共享的发展理念,按照建设法治政府、创新政府、廉洁政府和服务型政府的要求,优化服务流程,创新服务方式,推进数据共享,打通信息孤岛,推行公开透明服务,降低制度性交易成本,持续改善营商环境,深入推进大众创业、万众创新,最大程度利企便民,让企业和群众少跑腿、好办事、不添堵,共享"互联网＋政务服务"发展成果。

13.1.1.2 基本原则

发展"互联网+政务服务"的基本原则包括以下四个方面：

（1）坚持统筹规划。充分利用已有资源设施，加强集约化建设，推动政务服务平台整合，促进条块联通，实现政务信息资源互认共享、多方利用。

（2）坚持问题导向。从解决人民群众反映强烈的办事难、办事慢、办事繁等问题出发，简化优化办事流程，推进线上线下融合，及时回应社会关切，提供渠道多样、简便易用的政务服务。

（3）坚持协同发展。加强协作配合和工作联动，明确责任分工，实现跨地区、跨层级、跨部门整体推进，做好制度衔接，为"互联网+政务服务"提供制度和机制保障。

（4）坚持开放创新。鼓励先行先试，运用互联网思维，创新服务模式，拓展服务渠道，开放服务资源，分级分类推进新型智慧城市建设，构建政府、公众、企业共同参与、优势互补的政务服务新格局。

13.1.1.3 工作目标

《指导意见》所明确的工作目标包括以下两个阶段：

（1）2017年年底前，各省（区、市）人民政府、国务院有关部门建成一体化网上政务服务平台，全面公开政务服务事项，政务服务标准化、网络化水平显著提升。

（2）2020年年底前，实现互联网与政务服务深度融合，建成覆盖全国的整体联动、部门协同、省级统筹、一网办理的"互联网+政务服务"体系，大幅提升政务服务智慧化水平，让政府服务更聪明，让企业和群众办事更方便、更快捷、更有效率。

13.1.2 优化再造政务服务

优化再造政务服务是"互联网+政务服务"发展的首要任务，具体包括以下五个方面的发展内容：

13.1.2.1 规范网上服务事项

各省（区、市）人民政府、国务院各部门要依据法定职能全面梳理行政机关、公共企事业单位直接面向社会公众提供的具体办事服务事项，编制政务服务事项目录，2017年年底前通过本级政府门户网站集中公开发布，并实时更新、动态管理。实行政务服务事项编码管理，规范事项名称、条件、材料、流程、时限等，逐步做到"同一事项、同一标准、同一编码"，为实现信息共享和业务协同，提供无差异、均等化政务服务奠定基础。

13.1.2.2 优化网上服务流程

优化简化服务事项网上申请、受理、审查、决定、送达等流程，缩短办理时限，降低企业和群众办事成本。凡是能通过网络共享复用的材料，不得要求企业和群众重复提交；凡是能通过网络核验的信息，不得要求其他单位重复提供；凡是能实现网上办理的事项，不得要求必须到现场办理。推进办事材料目录化、标准化、电子化，开展在线填报、在线提交和在线审查。建立网上预审机制，及时推送预审结果，对需要补正的材料一次性告知；积极推动电子证照、电子公文、电子签章等在政务服务中的应用，开展网上验证核对，避免重复提交材料和循环证明。涉及多个部门的事项实行一口受理、网上运转、并行办理、限时办结。建立公众参与机制，鼓励引导群众分享办事经验，开展满意度评价，不断研究改进工作。各级政府及其部门都要畅通互联网沟通渠道，充分了解社情民意，针对涉及公共利益等热点问题，积极有效应对，深入解读政策，及时回应关切，提升政府公信力和治理能力。

13.1.2.3 推进服务事项网上办理

凡与企业注册登记、年度报告、变更注销、项目投资、生产经营、商标专利、资质认定、税费办理、安全生产等密切相关的服务事项，以及与居民教育医疗、户籍户政、社会保障、劳动就业、住房保障等密切相关的服务事项，都要推行网上受理、网上办理、网上反馈，做到政务服务事项"应上尽上、全程在线"。

13.1.2.4 创新网上服务模式

加快政务信息资源互认共享，推动服务事项跨地区远程办理、跨层级联动办理、跨部门协同办理，逐步形成全国一体化服务体系。开展政务服务大数据分析，把握和预判公众办事需求，提供智能化、个性化服务，变被动服务为主动服务。引入社会力量，积极利用第三方平台，开展预约查询、证照寄送，以及在线支付等服务；依法有序开放网上政务服务资源和数据，鼓励公众、企业和社会机构开发利用，提供多样化、创新性的便民服务。

13.1.2.5 全面公开服务信息

各地区各部门要在政府门户网站和实体政务大厅，集中全面公开与政务服务事项相关的法律法规、政策文件、通知公告、办事指南、审查细则、常见问题、监督举报方式和网上办理程度，以及行政审批涉及的中介服务事项清单、机构名录等信息，并实行动态调整，确保线上线下信息内容准确一致。规范和完善办事指南，列明依据条件、流程时限、收费标准、注意事项等；明确需提交材料的名称、依据、格式、份数、签名签章等要求，并提供规范表格、填写说明和示范文本。除办事指南明确的条件外，不得自行增加办事要求。

13.1.3 融合升级平台渠道

平台渠道是政府提供政务服务的基本载体，需要从以下四个方面加以融合提升：

13.1.3.1 规范网上政务服务平台建设

各省（区、市）人民政府、国务院有关部门要依托政府门户网站，整合本地区本部门政务服务资源与数据，加快构建权威、便捷的一体化互联网政务服务平台，提供一站式服务，避免重复分散建设；已经单独建设的，应尽快与政府门户网站前端整合。中央政府门户网站是全国政务服务的总门户，各地区各部门网上政务服务平台要主动做好对接，形成统一的服务入口。推进政府部门各业务系统与政务服务平台的互联互通，加强平台间对接联动，统一身份认证，按需共享数据，做到"单点登录，全网通办"。建立健全政务服务平台电子监察系统，实现全部事项全流程动态监督。利用统一的政务服务资源，积极推进平台服务向移动端、自助终端、热线电话等延伸，为企业和群众提供多样便捷的办事渠道。

13.1.3.2 推进实体政务大厅与网上服务平台融合发展

适应"互联网＋政务服务"发展需要，进一步提升实体政务大厅服务能力，加快与网上服务平台融合，形成线上线下功能互补、相辅相成的政务服务新模式。推进实体政务大厅向网上延伸,整合业务系统,统筹服务资源,统一服务标准,做到无缝衔接、合一通办。完善配套设施,推动政务服务事项和审批办理职权全部进驻实体政务大厅,实行集中办理、一站式办结,切实解决企业和群众办事在政务大厅与部门之间来回跑腿的问题。实体政务大厅管理机构要加强对单位进驻、事项办理、流程优化、网上运行的监督管理,推进政务服务阳光规范运行。

13.1.3.3 推动基层服务网点与网上服务平台无缝对接

乡镇(街道)政务服务中心和村(社区)便民服务点直接服务基层群众,要充分利用共享的网上政务服务资源,贴近需求做好政策咨询和办事服务,重点围绕劳动就业、社会保险、社会救助、扶贫脱贫等领域,开展上门办理、免费代办等,为群众提供便捷的综合服务。加快将网上政务服务向老少边穷岛等边远贫困地区延伸,实现"互联网＋政务服务"基层全覆盖。

13.1.4 夯实支撑基础

夯实支撑基础是发展"互联网＋政务服务"的基本条件,需要从以下五个方面予以强化:

13.1.4.1 推进政务信息共享

国家发展改革委牵头整合构建统一的数据共享交换平台体系,贯彻执行《政务信息资源共享管理暂行办法》,打通数据壁垒,实现各部门、各层级数据信息互联互通、充分共享,尤其要加快推进人口、法人、空间地理、社会信用等基础信息库互联互通,建设电子证照库和统一身份认证体系。国务院各部门要加快整合面向公众服务的业务系统,梳理编制网上政务服务信息共享目录,尽快向各省(区、市)网上政务服务平台按需开放业务系统实时数据接口,支撑政务信息资源跨地区、跨层级、跨部门互认共享。切实抓好信息惠民试点工作,2017年年底前,在80个信息惠民国家试点城市间初步实现政务服务"一号申请,一窗受理,一网通办",形成可复制可推广的经验,逐步向全国推行。

13.1.4.2 加快新型智慧城市建设

创新应用互联网、物联网、云计算和大数据等技术,加强统筹,注重实效,分级分类推进新型智慧城市建设,打造透明高效的服务型政府。汇聚城市人口、建筑、街道、管网、环境、交通等数据信息,建立大数据辅助决策的城市治理新方式。构建多元普惠的民生信息服务体系,在教育文化、医疗卫生、社会保障等领域,积极发展民生服务智慧应用,向城市居民、农民工及其随迁家属提供更加方便、及时、高效的公共服务。提升电力、燃气、交通、水务、物流等公用基础设施智能化水平,实行精细化运行管理。做好分级分类新型智慧城市试点示范工作,及时评估工作成效,发挥创新引领作用。

13.1.4.3 建立健全制度标准规范

加快清理修订不适应"互联网＋政务服务"的法律法规和有关规定,制定完善相关管理制度和服务规范,明确电子证照、电子公文、电子签章等的法律效力,着力解决"服务流程合法依规,群众办事困难重重"等问题。国务院办公厅组织编制国家"互联网＋政务服务"技术体系建设指南,明确平台架构,以及电子证照、统一身份认证、政务云、大数据应用等标准规范。

13.1.4.4 完善网络基础设施

建设高速畅通、覆盖城乡、质优价廉、服务便捷的网络基础设施。将通信基础设施建设纳入地方城乡规划,实现所有设区城市光纤网络全覆盖,推进农村地区行政村光纤通达和升级改造。提升骨干网络容量和网间互联互通能力,大幅降低上网资费水平。尽快建成一批光网城市,第四代移动通信(4G)网络全面覆盖城市和乡村,80%以上的行政村实现光纤到村。充分依托现有网络资源,推动政务云集约化建设,为网上政务服务提供支撑和保障。

13.1.4.5 加强网络和信息安全保护

按照国家信息安全等级保护制度要求,加强各级政府网站信息安全建设,健全"互联网+政务服务"安全保障体系。明确政务服务各平台、各系统的安全责任,开展等级保护定级备案、等级测评等工作,建立各方协同配合的信息安全防范、监测、通报、响应和处置机制。加强对电子证照、统一身份认证、网上支付等重要系统和关键环节的安全监控。提高各平台、各系统的安全防护能力,查补安全漏洞,做好容灾备份。建立健全保密审查制度,加大对涉及国家秘密、商业秘密、个人隐私等重要数据的保护力度,提升信息安全支撑保障水平和风险防范能力。

13.1.5 加强组织保障

加强组织保障需要多管齐下,形成合力,具体包括以下三个方面:

13.1.5.1 强化组织领导

各地区各部门要高度重视,充分认识"互联网+政务服务"工作对建设廉洁高效、人民满意的服务型政府的重要意义,切实加强组织领导。主要负责同志要亲自部署,狠抓落实,并明确一位负责同志具体分管,协调督促,常抓不懈。各省(区、市)人民政府办公厅、国务院各部门办公厅(室)要牵头负责统筹推进、监督协调本地区本部门"互联网+政务服务"工作,明确工作机构、人员和职责,建立政务服务部门、信息化部门和有关业务单位分工明确、协调有力的工作机制。国务院办公厅要加强对各地区各部门"互联网+政务服务"工作的督促指导,开展督查评估,推动工作取得实效。

13.1.5.2 强化考核监督

建立"互联网+政务服务"工作绩效考核制度,纳入政府绩效考核体系,加大考核权重,列入重点督查事项,定期通报并公开工作进展和成效。发挥媒体监督、专家评议、第三方评估等作用,畅通群众投诉举报渠道,通过模拟办事、随机抽查等方式,深入了解服务情况,汇聚众智改进服务。在政府门户网站设立曝光纠错栏目,公开群众反映的办事过程中遇到的困难和问题,及时反馈处理结果。完善正向激励机制,对综合评价高、实际效果好的按照有关规定予以表彰奖励;建立健全问责机制,对工作开展不力的予以通报,对不作为、乱作为、慢作为,损害群众合法权益的行为依法依规进行问责。

13.1.5.3 加大培训推广力度

将"互联网+政务服务"工作纳入干部教育培训体系,定期组织开展培训。把面向公众办事服务作为公职人员培训的重要内容,提高服务意识、业务能力和办事效率。加强专业人才培养,建设一支既具备互联网思维与技能又精通政务服务的专业化队伍。积极开展试点示范工作,建立交流平台,加强业务研讨,分享经验做法,共同提高政务服务水平。做好宣传推广和引导,方便更多群众通过网络获取政务服务,提高"互联网+政务服务"的社会认知度和群众认同感。

13.2 基于"互联网+政务服务"的信息惠民

大力推进"互联网+政务服务",促进部门间信息共享,既是深化简政放权、放管结合、优化服务改革的重要内容,也是实现信息惠民的重大举措。为此,国家发展改革委、财政部、教育部、公安部、民政部、人力资源社会保障部、住房城乡建设部、国家卫生计生委、国务院法制办、国家标准委共同出台了《推进"互联网+政务服务"开展信息惠民试点实施方案》,旨在进一步推动部门间政务服务相互衔接,协同联动,打破信息孤岛,变"群众跑腿"为"信息跑路",变"群众来回跑"为"部门协同办",变被动服务为主动服务。

13.2.1 形势和要求

近年来,各地区各部门按照党中央、国务院的部署和要求,积极探索创新,不断改进政务服务。国家发展改革委、财政部等12个部门组织实施信息惠民工程,取得初步成效。福建省建成了电子证照库,推动了跨部门证件、证照、证明的互认共享,初步实现了基于公民身份号码的"一号式"服务;广州市的"一窗式"和佛山市的"一门式"服务改革,简化群众办事环节,优化服务流程,提升了办事效率;上海市、深圳市通过建设社区公共服务综合信息平台和数据共享平台,基本实现了政务服务事项的网上综合受理和全程协同办理。

但是也应看到,困扰基层群众的"办证多,办事难"现象仍然大量存在,造成群众重复提交办事材料、往返跑腿,给群众办事创业带来诸多不便。适应新的形势和要求,推进国家治理体系和治理能力现代化,建设服务型政府,亟须进一步加大力度总结和推广试点区域的成功经验,借鉴发达国家依托公民号、社会安全号等开展面向公民社保、医疗、养老、纳税、信用等"一号"管理服务的经验,加快推进部门间信息共享和业务协同,简化群众办事环节、提升政府行政效能、畅通政务服务渠道,着力构建方便快捷、公平普惠、优质高效的政务服务体系。

13.2.2 总体思路

基于"互联网+政务服务"信息惠民的总体思路所确定的基本原则与工作目标如下:

13.2.2.1 基本原则

基于"互联网+政务服务"信息惠民的基本原则包括以下四个方面:

(1) 问题导向,创新服务。以解决群众办事过程中"办证多、办事难"等问题为核心,运用互联网、大数据等手段,推进"互联网+政务服务",增强政务服务的主动性、精准性、便捷性,提高群众办事的满意度。

(2) 信息共享,优化流程。充分利用已有设施资源,推动平台资源整合和多方利用,避免分散建设、重复投资。加强政务信息资源跨部门、跨层级互通和协同共享,发挥信息共享支撑多部门协同服务的作用,简化优化群众办事流程,最大程度利企便民。

(3)条块结合,上下联动。充分调动地方人民政府的积极性和主动性,加强行业主管部门的业务指导和政策支持,促进各层级、各部门的协调配合和业务联动,强化制度衔接,构建跨部门、跨层级一体化的联合推进机制。

(4)试点先行,加快推广。充分结合正在实施的信息惠民工程以及不同区域的信息化发展基础,选择条件成熟的区域和领域先行先试,完善标准体系和政策制度,分阶段分步骤实施,确保总体工作有序推进。

13.2.2.2 工作目标

基于"互联网+政务服务"信息惠民的工作目标是:通过两年左右时间,在试点地区实现"一号一窗一网"目标,服务流程显著优化,服务模式更加多元,服务渠道更为畅通,群众办事满意度显著提升。

(1)"一号"申请。充分发挥公民身份号码作为公民唯一的、终身不变的身份代码作用,以公民身份号码作为唯一标识,建成电子证照库,实现群众办事"一号"申请,避免重复提交办事材料、证明和证件等。

(2)"一窗"受理。整合构建综合政务服务窗口,建立统一的数据共享交换平台和政务服务信息系统,实现政务服务事项"一窗"受理,就近能办、同城通办、异地可办。

(3)"一网"通办。建成网上统一身份认证体系,推进群众网上办事"一次认证、多点互联",实现多渠道服务的"一网"通办,大幅提高政务服务的便捷性。

13.2.3 主要任务

基于"互联网+政务服务"信息惠民的主要任务包括以下三个方面:

13.2.3.1 "一号"申请,简化优化群众办事流程

依托统一的数据共享交换平台,以公民身份号码作为唯一标识,构建电子证照库,实现涉及政务服务事项的证件数据、相关证明信息等跨部门、跨区域、跨行业互认共享。在群众办事过程中,通过公民身份号码,直接查询所需的电子证照和相关信息,作为群众办事的依据,避免重复提交,实现以"一号"为标识,为居民"记录一生,管理一生,服务一生"的目标。

(1)建立居民电子证照目录。结合编制权力清单、责任清单等工作,全面梳理涉及群众办事的政务服务事项,逐项梳理基本流程和办事依据,简化无谓证明和烦琐手续。推行群众办事相关证件、证照、证明等电子化,形成居民个人电子证照目录。

(2)建设电子证照库。按照分散集中相结合原则,以电子证照目录为基础,启动电子证照库建设,在城区、街道、社区统一应用,并逐步向农村延伸,实现基础证照信息的多元采集、互通共享、多方利用。推进制证系统、业务办理系统与电子证照库对接联通,做到电子证照与纸质证照同步签发。以电子证照库支撑各部门办事过程中相关信息"一次生成、多方复用,一库管理、互认共享"。

(3)建立跨区域电子证照互认共享机制。为方便群众跨区域业务办理,依托统一的数据共享交换平台,推进跨层级、跨区域、跨部门的电子证照互认共享,逐步实现在全国范围内异地业务办理。

(4)研究制定电子证照法规与相关标准。积极开展电子证照相关政策的研究和试点工作,为制定电子证照相关法规和政策提供实践依据。健全完善电子证照关键技术标准和跨地区互认共享标准,推动相关标准在信息惠民国家试点城市及所在省(区、市)的实施应用。

13.2.3.2 "一窗"受理,改革创新政务服务模式

前端整合构建综合政务服务窗口和统一的政务服务信息系统,后端建设完善统一的分层管理的数据共享交换平台体系,推动涉及政务服务事项的信息跨部门、跨区域、跨行业互通共享、校验核对,建立高效便民的新型"互联网+政务服务"体系,推进网上网下一体化管理,实现"一窗口受理,一平台共享,一站式服务"。

(1)建立政务服务事项优化管理机制。按照权力清单和责任清单,全面梳理编制政务服务事项目录,对延伸到基层特别是乡镇(街道)、村(社区)的政务服务事项进行统一规范,最大限度精简办事程序,减少办事环节,缩短办理时限。探索建立涉及多部门的政务服务事项协同办理机制。

(2)升级政务服务大厅功能,整合构建综合服务窗口。加快各级政务服务大厅和城乡社区综合服务机构功能升级,推动政务服务事项分级进驻,采取"前台综合受理,后台分类审批,统一窗口出件"的服务模式,实现一站式服务。建立健全首问负责、一次性告知、并联办理、限时办结等制度,促进政务服务规范化、标准化、便捷化。

(3)整合构建统一的数据共享交换平台和政务服务信息系统。统筹整合建设覆盖全国的数据共享交换平台体系,统一管理政务信息资源目录,实现与人口、法人、空间地理、电子证照、社会信用等基础信息库和业务信息库的联通,逐步推进各级共享交换平台对接,支撑政务信息资源跨部门、跨层级、跨区域互通和协同共享。

依托统一的数据共享交换平台及社区公共服务综合信息平台等已有信息平台,构建统一的政务服务信息系统,完成与各部门业务系统对接,实现相关审批数据、结果同步推送和业务协同办理。推进与电子监察系统对接,确保所有政务服务事项审批办理的流程、结果信息即时可查可用,做到办事过程公开,方便群众监督。

(4)构建网上网下一体化政务服务体系。围绕便民服务,通过综合政务服务窗口和政务服务信息系统,实现对各级政务服务事项从受理、审批到出件的全流程监督管理,促进政务服务规范运作。拓展自助服务、社区代办、邮政快递等服务渠道,构建跨区域、跨层级、网上网下一体化的政务服务体系。

13.2.3.3 "一网"通办,畅通政务服务方式渠道

以建设群众办事统一身份认证体系为抓手,逐步构建多渠道多形式相结合、相统一的便民服务"一张网",实现群众网上办事一次认证、多点互联、"一网"通办。运用"互联网+"思维和大数据手段,做好政务服务个性化精准推送,为公众提供多渠道、无差别、全业务、全过程的便捷服务。

(1)构建群众办事统一身份认证体系。以公民身份号码为唯一标识,结合实名制,探索运用生物特征及网络身份识别等技术,联通整合实体政务服务大厅、政府网站、移动客户端、自助终端、服务热线等不同渠道的用户认证,形成基于公民身份号码的线上线下互认的群众办事统一身份认证体系,实现群众办事多渠道的一次认证、多点互联、无缝切换。

（2）构建便民服务"一张网"。梳理整合教育、医疗卫生、社会救助、社会福利、社区服务、婚姻登记、殡葬服务、社会工作、劳动就业、社会保障、计划生育、住房保障、住房公积金、公共安全等民生服务领域的网上服务资源，借助统一身份认证体系，联通各个网上办事渠道，构建便民服务"一张网"。结合不同接入渠道和受众特点，优化服务界面，提升服务渠道的便捷性和办事效率。

（3）以大数据创新网络服务模式。有效整合"一张网"中的群众行为数据、电子证照库、数据共享交换平台数据库等资源，形成为群众服务的大数据资源体系。运用大数据技术，开展跨领域、跨渠道的综合分析，了解政务服务需求，不断优化资源配置，丰富服务内容，做好个性化精准推送服务，变被动服务为主动服务，有效提升政务服务质量和效率。

13.2.4 实施步骤

以覆盖各省（区、市）的80个信息惠民国家试点城市为试点单位，按照"两年两步走"的思路，统筹设计、稳步推进。

2016年，各试点城市开展证照梳理、电子证照库建设及相关标准体系建立等工作，研究形成与现有系统衔接过渡机制；基本建成电子证照库，完成与制证系统和业务系统的对接，实现电子证照和纸质证照同步签发；建成统一的综合政务服务窗口、数据共享交换平台和政务服务信息系统，完成自有政务服务流程的梳理、简化和标准化，形成政务服务事项目录；建成统一身份认证体系，实现政务服务多渠道的统一认证。在试点城市内部基本实现政务服务事项"一号申请，一窗受理，一网通办"。

2017年，跨省电子证照流转交换与网上身份认证体系全面投入应用，各省（区、市）人民政府基本建成数据共享交换平台、政务服务信息系统和线上线下一体化服务体系。基于信息资源互通共享，初步实现各试点城市间政务服务跨区域、跨层级、跨部门"一号申请，一窗受理，一网通办"，基本公共服务事项80%以上可在网上办理。

各省（区、市）人民政府和国务院相关部门要认真总结试点工作，完善"一号一窗一网"服务模式，形成可复制、可推广的经验逐步向全国推行。

13.2.5 保障措施

基于"互联网＋政务服务"信息惠民的实施，需要依托以下五个方面的保障措施：

13.2.5.1 加强组织领导，强化协同推进

各有关部门要各司其职、密切配合，积极指导、支持试点实施工作。国家发展改革委要会同有关部门抓紧研究制定政务信息资源共享管理制度，推进统一的数据共享交换平台建设。教育部、公安部、民政部、人力资源社会保障部、住房城乡建设部、国家卫生计生委等部门要加强对有关业务管理模式创新、业务流程优化、强化社区应用等方面的业务指导，加大政策支持。公安部、民政部、人力资源社会保障部、住房城乡建设部、国家卫生计生委等部门要研究加快推进"多号合一"信息共享，并适时推动"多卡合一"改革工作。促进大数据发展部际联席会议负责统筹推动跨地区、跨部门信息共享。

试点城市人民政府要高度重视，把试点工作列入重要日程，明确工作步骤，认真研究部署，统筹做好政务服务目录梳理与流程优化、跨部门信息共享与业务协同、"多号合一"

改革等工作。各省（区、市）人民政府要加强统筹协调，推动省市两级共享交换平台对接、跨地市电子证照互认共享等工作，确保"一号一窗一网"试点工作顺利实施。

13.2.5.2 创新体制机制，健全标准规范

试点城市人民政府要对现行管理制度和规范性文件中与"一号一窗一网"服务模式不相适应的规定进行修改，加快推动制定电子证照、数据共享、网上身份认证相关的地方性法规和规章，抓紧出台信息资源共享管理办法，制定完善信息资源目录体系规范、数据共享交换等相关配套标准，开展网上办事、咨询服务流程和标准研究，加快推动"一号一窗一网"的改革与应用。要切实从群众利益出发，积极利用政府网站、移动客户端等渠道全面公开政务服务事项，实现办事全过程公开透明、可溯源、可核查。国家标准委要会同有关部门和试点城市，制定电子证照数据格式、跨区域互通技术规范。

13.2.5.3 加大财政支持，倡导政企合作

国务院有关部门继续通过现有资金渠道对"一号一窗一网"相关重点工程给予必要支持。试点城市人民政府要加大支持力度，结合财力情况及"一号一窗一网"建设进度，通过本级财政对人员配备、信息化建设、日常运维等必要经费予以合理安排。引导市场主体行为，引入社会力量，推广政府购买服务、政企合作等新模式，合理开放利用数据资源。

13.2.5.4 完善考核制度，接受群众监督

建立健全效能评估和监督考核制度，开展绩效评估考核指标体系研究，以惠民效果和群众反响来检验考核信息惠民工作。加强舆论宣传引导，提高"一号一窗一网"工作的社会认知度、认可度。发挥社会监督和舆论监督作用，畅通群众投诉举报渠道，完善举报受理、处理和反馈制度，及时解决群众反映的问题，回应社会关切。

13.2.5.5 加强信息安全，保护公民隐私

落实国家信息安全等级保护制度要求，加强数据安全管理，完善信息共享、业务协同的身份认证和授权管理机制，强化"一号一窗一网"信息化支撑的安全保障体系建设。采取必要的管理和技术手段，切实保护国家信息安全及公民个人隐私。

13.3 "互联网+公安政务服务"发展

维护公共安全是政府的重要职能，利用"互联网+"的技术和手段，实现"互联网+公安政务服务"是新形势下全国各地各级公安机关所面临的共同任务。为此，公安部出台了《关于进一步推进"互联网+公安政务服务"工作的实施意见》（以下简称《意见》），要求全国各地、各级公安机关认真贯彻落实中央关于全面深化公安改革部署要求，紧紧抓住直接面向社会公众提供的具体办事服务事项，充分运用"互联网+"思维优化再造公安政务服务流程，创新丰富服务内容服务方式，着力提升公安政务服务的标准化、网络化、智慧化水平，努力为促进经济社会发展、方便群众办事创业提供更加优质高效的服务。

13.3.1 形势和要求

近年来，各级公安机关积极适应信息化发展大势，充分依托互联网构建管理服务平

台,为企事业单位和人民群众提供服务,极大提高了行政管理效能和服务群众水平,受到了广大人民群众和社会各方面的普遍欢迎。为了更好地适应国家"互联网+"战略,加快实现互联网与公安政务服务的深入融合和创新发展,深入推进"放管服"改革,公安部在总结各地经验、深入调研论证的基础上,研究并提出了进一步推进"互联网+公安政务服务"工作的指导思想、基本原则、工作目标、重点任务及具体措施。

公安部要求,各级公安机关和各有关部门、警种要始终坚持以人民为中心的发展思想,进一步推进"互联网+公安政务服务"工作,最大限度地提升服务质量和效率,最大限度地方便企业和群众办事,努力让企业和群众少跑腿、好办事、不添堵,共享"互联网+公安政务服务"发展成果。要加强组织领导,推动信息共享,跟进监督考评,保证信息安全,创造性地抓好各项任务的落实,不断增强人民群众的获得感和满意度。

13.3.2 建成一体化网上政务服务平台

《意见》明确,公安部整合各部门、各警种互联网政务服务网站、系统和平台,力争到2017年年底前,建成一体化网上政务服务平台,使政务服务标准化、网络化水平明显提升。到2020年年底前,基本形成覆盖全国的整体联动、省级统筹、一网办理的"互联网+公安政务服务"体系,使公安政务服务智慧化水平大幅提升,让企业和群众办事更方便、更快捷、更有效率。其具体内容包括:

(1)坚持整体谋划,注重顶层设计,强化协调联动,做好制度衔接,做到部门警种之间、层级公安机关之间一体推进,努力实现"互联网+公安政务服务"的全覆盖。

(2)坚持问题导向,紧紧抓住人民群众反映强烈的办事难、办事慢、办事繁等问题,集成服务管理事项,对接群众服务需求,简化优化服务流程,大力推进线上线下服务一体化。

(3)坚持开放共享,注重内部共享与外部共享相结合,拆除信息壁垒,联通信息孤岛,优化资源配置,加快形成以开放、共享为特征的公安政务服务运行新模式。

(4)坚持创新发展,牢固树立创新思维和发展眼光,紧跟形势发展要求,不断优化服务平台,创新服务模式,拓宽服务渠道,延展服务范围,着力满足人民群众的新期待。

13.3.3 实现政务服务事项"应上尽上,全程在线"

《意见》提出,要紧紧围绕与群众生产生活密切相关的公安行政管理服务领域,以互联网为依托,扩大网上办理范围,提高网上办理程度,实现政务服务事项"应上尽上,全程在线",努力实现让群众少跑腿、不跑腿也能办成事。其具体内容包括:

(1)推进"互联网+"治安管理服务。以公民身份号码为信任根,构建"互联网+"治安管理服务平台,推动治安、户政等公安行政管理业务在互联网上办理,利用微信、微博、微视、短信等开展治安管理便民宣传服务。完善民用爆炸物品、烟花爆竹管理信息系统,实现民用爆炸物品、烟花爆竹安全管理相关行政许可在线办理。

(2)推进"互联网+"边防、出入境管理服务。积极推进公安边防网上办事平台建设,努力实现网上异地查询办证、案件查询、线索举报。积极推进公安出入境网上办事平台建设,为办事群众提供咨询查询、预约申请、办事指引等便民服务。积极推进公安出入境边防检查机关互联网信息平台建设,向社会提供边检政策解读、边检手续办理指引、在线咨询、投诉举报等服务。全面推广运用全国出入境管理信息系统,通过采用云计算技术,实现出入境数据的联通共享,全面提升出入境管理服务水平。

(3)推进"互联网+"消防管理服务。在总队级以上消防部门官方网站开通"办事直通车"栏目,完善"消防网上服务大厅"功能。扎实推进移动互联网消防信息服务平台建设,面向社会单位消防安全责任人、管理人等特定人群以及社会公众发送消防安全提示信息,提供社会消防工作指导,开展消防宣传服务。

(4)推进"互联网+"网络安全管理服务。深入推进全国公安机关互联网单位备案管理工作,开展线上一站式备案服务。积极开展"计算机信息系统安全专用产品销售许可服务平台"建设,对信息安全企业申请销售许可证提供网上查询、网上办理、咨询指导等服务。着力完善"网络违法犯罪举报网站",增加移动APP举报入口,规范举报范围流程。整合网络违法犯罪举报资源,实行举报线索汇聚分析联动处置,及时发现处置网络违法犯罪活动。

(5)推进"互联网+"交通管理服务。推广应用全国统一的互联网交通安全综合服务管理平台和"交管12123"手机APP,建立网页、手机、短信、语音电话、微信、汽车终端等多种方式相结合,系统化、全覆盖的交通安全综合服务管理体系。推进轻微交通事故网上快处快赔,快速化解损害赔偿纠纷。实行跨省异地缴纳交通违法罚款,实现驾驶人可自行选择在任何省份代理银行营业网点或者通过网上支付、自助服务终端等方式缴纳罚款。实行机动车驾驶人网上满分和审验教育,扩大业务服务覆盖面。开通交通违法视频举报平台,受理群众传送的车载行车记录仪记录的交通违法视频信息。

13.3.4 满足人民群众对高品质政务服务需求

《意见》要求,坚持把满足人民群众对高品质政务服务的需求作为根本出发点,坚持以用户体验为核心的工作理念,充分发挥互联网高效便捷的优势,着力简化手续、简明流程、简捷操作,最大限度地集成服务事项、畅通服务渠道、提高服务效率,最大限度让群众方便、让群众受益、让群众满意。

(1)规范网上服务事项。结合编制权力清单、责任清单以及规范行政审批行为等相关工作,依据法定职能全面梳理直接面向社会公众提供的具体办事服务事项。部、省两级公安机关编制政务服务事项目录,明确事项范围,规范事项名称、条件、材料、流程、时限等,为实现信息共享和业务协同,提供无差异、均等化政务服务奠定基础。

(2)优化网上服务流程。大力精简无谓证明和烦琐手续,避免重复提交材料和循环证明,进一步优化网上申请、受理、审查、决定、送达等流程。建立网上预约机制,让群众自主选择办事时间,灵活选择办事地点,解决群众办事排队长、等候时间长问题。建立网上申报预审机制,推进办事材料的目录化、标准化、电子化,开展在线填报、在线提交和在线审查,及时向办事群众推送预审结果,对需要补正的材料一次性告知。建立网上办理反馈机制,对涉及多警种多部门的办理事项,实行一口受理、网上运转、并行办理、限时办结。

(3)创新网上服务模式。实行网上综合服务,整合辖区内公安办事服务窗口形成"网上服务大厅",提供一站式服务。实行多样化服务,引入社会力量,积极利用第三方平台,开展预约查询、证照寄送、在线支付等服务。实行网上网下一体化服务,推进服务窗口与网上服务平台深度融合、线上线下功能互补。对农村和老少边穷等地区,要依托警务室推行网上办事,实现"互联网+公安政务服务"在基层全覆盖。

(4) 公开政务服务信息。在政府网站和实体政务大厅全面公开与公安政务服务事项相关的法律法规、政策文件、通知公告、办事指南、审查细则、常见问题和监督举报方式，以及行政审批涉及的中介服务事项清单、机构名录等信息，并实行动态调整，确保线上线下信息内容准确一致，更好地保障群众的知情权，推动阳光警务建设。规范和完善办事指南，列明依据条件、流程时限、收费标准、注意事项等内容，明确需提交材料的名称、设定依据、格式份数、签名签章等要求，并提供规范的空白表格、填写说明和示范文本，让群众明明白白办事。除办事指南明确的条件外，不得自行增加办事要求、环节和证明材料等。

13.3.5 宁波市打造"互联网＋公安行政管理服务"新模式案例

宁波市公安局在促进"互联网＋"与公安业务的融合发展方面经历了多年的探索，走出了一条行之有效的发展道路。

13.3.5.1 发展历程

宁波市"网上公安局"作为全市公安机关对外门户网站，始建于2000年，先后历经6次大的改版。相比传统的纸质媒体，公安门户网站具有查询方便、保存时间长、网上即时填写打印等特点，等同于一座网上信息库，可以为广大群众实时提供公安行政审批程序查询、表格下载等服务，同样体现了"让数据多跑腿，让群众少走路"的理念。

通过多年的努力，宁波市"网上公安局"基本实现了公安行政许可事项、非行政许可事项、办事服务项目，以及特色性项目的"在线咨询查询，在线申请受理，内外网流转审批，网上结果反馈，办理状态实时查询，网上投诉监督，警种业务互动"等七大核心功能。

"网上公安局"的主要组成部分"网上办事大厅"共纳入82大项、161小项的办事服务事项，实现56项非涉密行政许可服务事项全部网上办理，完成了从信息上网到服务上网的真正转变。

2015年1月10日，以"在线化""平台化""一体化""集约化"为特色的"宁波掌上公安"APP移动客户端正式上线运行，开创了浙江公安手机APP的先例。上线运行以来，"宁波掌上公安"APP移动客户端共发布警务报道、案件追踪、安全预警等警务信息1万余篇；在线办理各类事项20余万件，在线办理重名查询、车辆违法查询、交通事故查询等40万余人次；接受律师预约会见数百人次，受到了市民们的欢迎，尤其是以停车诱导查询、姓名重名查询、看守所预约会见为代表的一批特色服务项目，以其使用时的方便快捷、服务的优质高效深受公众的好评。

13.3.5.2 业务功能

"让群众少跑路"是"宁波掌上公安"APP移动客户端功能设置的核心理念，系统根据不同对象的需要设置了"我要看，我要查，我要问，我要办"等人性化导航服务，使使用户能快速地找到自己要阅读的信息、要查询的办事服务结果、要咨询解答的问题及要办理事项的入口，着力提升APP的服务品质。仅以查询服务为例，"宁波掌上公安"APP移动客户端整合了交警、治安、出入境、行政审批、消防、监管等六大业务模块，共纳入16项便民利民查询服务，充分体现了一站式查询的服务理念。

为了实现数据交互网络化，开发方攻克了公安内网与互联网数据互联互通的技术难题,在确保网络安全的前提下,打通了网络办事服务通道,使手机移动办事成为可能。如果用户是在互联网上实名认证的,在递交有效姓名、身份证号、居住地址、联系电话等信息后,系统会自动将注册姓名和身份证号通过内外网交互技术进入公安内网人口库进行搜索比对确认,为"宁波掌上公安"APP移动客户端的在线申报等应用功能提供了技术支撑。

13.3.5.3 发展经验

宁波市"网上公安局"充分发挥公安门户网站网上平台优势,开辟了局长信箱、网上调查、民意征集、咨询小助手等栏目,收集群众对公安工作的意见和建议,快速、便捷地解答群众提出的问题,提供政策咨询,最大限度地实现与公众的互动交流,从而激发了公众了解公安工作、参与和支持公安建设发展的热情。

宁波市公安局通过民意征集、在线访谈、网上调查等栏目,组织网民就关心的社会治安问题在网上开展讨论,通过总结网民讨论、反映的社会治安隐患,在现实社会中适时开展专项行动并在网上进行宣传和反馈,用实际工作和网上宣传积极回应网民的呼声,增强了社会公众对公安工作的亲和力,拓宽了公安机关与社会的联系渠道,进一步密切了警民联系。

宁波市公安局曾针对网民浏览"网上公安局"的目的进行过一次网上调查,结果显示,有75%以上的网民选择了关注社会治安、查询办事信息、了解公安工作动态、咨询公安业务问题等与公安工作信息相关的内容选项,表明信息发布、提高公众对公安工作知情度、宣传公安工作是公安门户网站的主要功能。也正是基于网民的切实需求,宁波市公安局主动在网上向社会发布及时反映社会动态、公安工作、便民服务等信息,特别是警方打击整治违法犯罪工作情况、多发性犯罪预警等能够切实带给群众安全感的信息,交通路况、网络病毒预警等能够给群众工作、生活提供引导的信息等,最大限度地让广大群众特别是网民在第一时间了解公安机关的工作情况,减少对公安机关的神秘感,消除对公安机关工作的误解。

13.3.5.4 案例评析

公安机关是与人民群众关系最为密切的政府机构之一,长期以来,"门难进,脸难看,事难办"是广大老百姓对公安机关的共同感受,也是公安机关改革和发展的"死结"。"互联网+"为我国各地、各级公安机关转变工作作风、提升政府服务提供了难得的契机,也是公安机关今后较长时期内所面临的重大任务。宁波市公安局从自身发展的需求出发,大胆探索、锐意进取,探索出了"互联网+公安行政管理服务"新模式的发展道路,为大中城市公安机关实现"互联网+"与公安行政管理服务的融合发展积累了宝贵的经验。当然,"互联网+公安行政管理服务"并没有统一的模式,需要在发展中不断完善,在完善中不断发展,为公安机关实现更高水平的管理和更好质量的服务提供强有力的支撑。

13.4 浙江省"互联网+政务服务"发展案例

一直走在改革开放前沿的浙江省凭借强劲的经济实力和敢为天下先的勇气,在"互联网+政务服务"方面锐意创新,大刀阔斧地简政放权,通过"四张清单一张网",全面推进政府自身改革,用政府权力的"减法"换市场与民间活力的"加法"。

13.4.1 发展过程

党的十八大以来,浙江省在全国率先启动、大力推进以"四张清单一张网"为重点的政府自身改革,打造审批事项最少、办事效率最高、投资环境最优的省份。这其中的四张清单是指行政权力清单、政府责任清单、企业投资负面清单和财政专项资金管理清单;"一张网"是指以互联网的方式推动政务服务创新,打造浙江政务服务网。

2014年6月16日,浙江省政府新闻办公室官方微博、微信"浙江发布"正式上线。同时推出"浙江发布厅"政务微博、微信集群,把省市各级党政机关及省内主要媒体官方微博、微信群整合在一起。

2014年6月25日,全国首个实现省市县一体化建设与管理,集行政审批、便民服务、政务公开、效能监察、互动交流等功能于一体,省市县统一架构、三级联动的网上公共服务平台"浙江政务服务网"正式上线。这张网构建了全省101个市县政府、31个开发区服务平台和43个省级部门服务窗口,逐步实现省市县网上政务服务的"七统一":统一导航、统一认证、统一申报、统一查询、统一互动、统一支付、统一评价,目标直指打造一个方便群众网上办事的"政务淘宝"。除了提供40余万项办事服务项目的服务指南,还有1万余名工作人员在规定时限内答复公众疑问。"便民服务"版块,体现网上惠民的功能,紧扣群众需求最迫切、办理频率最高的15类专题,汇聚400余项服务资源,以统一的导航形态提供给全省的服务对象。"阳光政务"版块,体现网上晒权的功能。不仅晒出了行政权力清单、政府责任清单、企业投资负面清单、财政专项资金管理清单这四张清单,还公告全省政府部门每一笔审批业务,让群众来监督行政权力的运行。

2014年8月28日,"浙江政务服务网"移动客户端正式开通,这是一款集省市县三级政府网上办事和公共服务资源于一体的应用,被称为"口袋里的政府、指尖上的服务"。软件内设"热点应用""我要看""我要问"和"便民服务"四大版块,可以查找全省6000个办事服务场馆设施、1.7万项便民导引、7.7万个办事项目指南信息。

经过数年的快速发展,浙江省以"浙江政务服务网"为依托,构建起了"浙江政务服务网"综合监测分析平台,包含三大业务系统:行政审批电子监察系统,实现了对省市县的每个审批办件进行全过程实时监督;财政专项资金管理系统,实现了从省级、市县直至乡镇,精确记录每笔专项资金的流向的目标;地理空间数据管理系统,整合各地、各部门的资源,基于统一平台予以集中展现和综合管理。

13.4.2 主要做法

浙江省"互联网+政务服务"的主要做法可以概括为权力上网、数据进云、服务入心三个方面。

13.4.2.1 权力上网

从2013年年底开始,浙江省全面梳理省级部门行政权力,历经清权、减权、制权三个环节,最终保留42个省级部门的4236项列入清单,精简幅度超过六成。2014年,除了完成制定行政权力清单、政府责任清单,还将企业投资负面清单、财政专项资金管理清单制定出来。任何人只要登录"浙江政务服务网",都可以查看包括权力实施主体、实施依据、行使层级等详细信息。

五年多来,"浙江政务服务网"已上线省市县三级政府部门几乎所有的行政审批事项,在面向互联网提供办理指南、表格下载、投诉评价等服务的同时,还实现了一站式运行,其基本要求是"三统一",即统一认证、统一申报、统一查询。

以统一认证为例,过去各地也建立了集中性的网上政务平台,但部门之间仅仅是浅层次的网络链接关系,各业务系统都有独立的用户体系,互不认账。着力打破"诸侯割据"的局面,是统一认证的目标,只要是"浙江政务服务网"的注册用户,确保到任何部门办事都不必二次登录。

"浙江政务服务网"的核心功能是记录权力运行轨迹、公开权力运行流程、确保权力正确行使。基于行政权力清单,浙江省构建了全省一体化的行政权力事项库,将每个事项的基本信息和详细流程录入数据库,还就权力名称、事项类型、法定依据、裁量权等进行规范比对,形成基本目录并逐项编号,实行动态管理。

权力上网之后,使得长期以来缺乏有效监管的政府行政权力变得不再任性,大大提升了政府行政权力的透明度和知晓度,显著改变了政府作风,受到了人民群众的支持和欢迎。

13.4.2.2 数据进云

2015年9月23日,"浙江政务服务网""数据开放"专题网站正式上线,原本藏在政府机关抽屉里的数据,都将通过互联网开放,供访问、下载。这些数据包括身份户籍、社保、婚育、纳税等与人民群众生老病死、衣食住行攸关的基础信息,企业、组织机构的登记、资质、信用信息,及政府部门在行政执法、社会管理中积累的信息。开放以来,这些数据从50多个孤立的省级机关大楼的机房出发,通过一条层层加密设防的管道专线,被悄悄转移到省政府部署在浙江电信和华数集团的专用数据中心,"入驻"阿里云。这场数据大迁徙,背后实际是一场打破部门数据壁垒、实现政府治理能力全面提升的"互联网+政务服务"革命。

根据省委、省政府的统一部署,省级部门带头,一律不再保留原先的网上办事窗口,切实打造全省政务服务"单一入口",消除信息孤岛、信息烟囱等弊端,让人民群众像在淘宝网购物那样,享有越来越多的政务服务。

依托这张网,一方面实现了"四个集中":权力事项集中进驻;网上服务集中提供;政务信息集中公开;数据资源集中共享。另一方面,一体化平台所积累的海量数据资源将有力地破除长期以来的信息孤岛,推进政府治理现代化。按照省委、省政府的要求,今后凡新建的政府信息化项目,只要不涉密的,都应当在统一的政务云平台部署,数据资源都要汇聚到"浙江政务服务网",否则不予立项。

数据进云,使政府的治理能力全面提升,这背后实际是一场打破部门数据壁垒、实现政府治理能力全面提升的"互联网+政务服务"革命,具有里程碑式的意义。

13.4.2.3 服务入心

发展"互联网+政务服务"的终极目的是为人民群众提供更高水平的服务,为此,"浙江政务服务网"的主旨聚焦在"服务零距离,办事一站通",就是要将服务型政府建在网上,让人民群众办事更省力、更便捷、更称心。根据省委、省政府的部署,全省各级行政机关在"浙江服务政务网"上同台亮相、同场比拼,并且对行政审批进行星级标注,接受服务对象的评价。而随着平台功能的完善,凡适合网上办的事,在优化流程的基础上,全面做到在线运行。

打开"浙江服务政务网"的网页,就能看到功能清晰的"2+4"入口。"2",即个人办事、法人办事两个主体版块;"4",即行政审批、便民服务、阳光政务、数据开放4个专项版块,从政府治理的不同维度展现内容。以最受欢迎的便民服务版块为例,它设置了应用面广、办事频率高的婚育收养、教育培训、求职执业、纳税缴费等10多类主题栏目,就是为了聚人气,让公众真正喜欢上"浙江服务政务网"。

比如,"纳税缴费"主题栏目的设计思路是,把人民群众除了商务以外的各类支付一网揽尽。网站已先行整合税务机关网上征缴、公安机关机动车违法缴款、支付宝水电煤缴费等存量应用资源,但这显然不是"一张网"的预定目标。

"浙江服务政务网"公共支付平台是一个重要的创新,将逐步对全省政府性收入实现一站式缴纳。高速公路违法缴费是首个应用项目,逐步扩展到公务员招考、会计资格考试、高等教育、出入境管理等方面。最终目标是,凡缴费事项,只要在网上、在手机上轻轻一点就可以轻松完成。

13.4.2.4 案例评析

以"四张清单"为抓手、以"一张网"为实现载体的浙江"互联网+政务服务"的探索,是一次卓有成效的创新实践,为全面推进我国各地、各级政府转型和未来发展提供了不可多得的案例,同时也为我国期待已久的"服务型政府"的建设提供了切实有效的发展路径。

"互联网+政府服务"的发展是一个长期而又复杂的过程,在这一过程中,浙江省除了提高为民服务的质量以外,还不断简政放权,通过"自我革命"的方式促成转型,走出了一条既切合实际,又能引领未来发展的创新道路,值得认真总结经验并推而广之。

13.5 本章小结

"互联网+政务服务"是电子政务发展的高级阶段,是我国从中央到地方今后比较长的历史时期所共同面临的一项战略任务。"互联网+政务服务"的有序推进,是一个涉及面十分广泛的系统工程,既需要突破现有政务发展的体制、机制障碍,又要通过全面、系统的改革,为"互联网+"与政务服务的有效融合提供强有力的支撑。从技术实现的角度来看,当今"互联网+政务服务"需要综合采用大数据、物联网、移动互联网、云计算、区块链和人工智能等一系列新一代信息技术,实现技术与政务服务的无缝对接和深度融合。从应用模式来看,要从过去以PC端应用逐步过渡到PC端和移动端并重的方向发展,最大限度地为公众应用政务服务提供方便,满足社会越来越迫切的需求。

当前,"互联网+政务服务"正在全国范围内大张旗鼓地展开,浙江省等地区经过脚踏实地的探索取得了良好的成效,为全国其他地方的发展积累了不少经验。当然,"互联网+政务服务"的发展是一个持续的过程,既要防范急躁冒进,又要避免裹足不前,必须认清形势、开拓创新,才能不断取得新的突破。

第十四章 "互联网+政务服务"技术体系

大力推进"互联网+政务服务"建设和发展是党中央、国务院做出的重大决策部署,是全国各地、各级政府所共同面临的艰巨任务。当前,全国各地区、各部门正在积极推进网上政务服务平台建设,开展网上办事,有效优化了政府服务、方便了企业和群众,为大众创业、万众创新营造了良好环境,但同时也存在网上政务服务内容不规范、服务不便捷,网上政务服务平台不互通、数据不共享,线上线下联通不畅,政务服务的标准化、规范化程度不够高等问题。为进一步加强全国一体化的"互联网+政务服务"技术和服务体系整体设计,不断提升各地区、各部门网上政务服务水平,国务院办公厅正式颁布了《"互联网+政务服务"技术体系建设指南》(以下简称《建设指南》),为全国健康、快速、有序地推进"互联网+政务服务"提供了基本支撑。

《建设指南》按照"坚持问题导向,加强顶层设计,推动资源整合,注重开放协同"的原则,以服务驱动和技术支撑为主线,围绕"互联网+政务服务"业务支撑体系、基础平台体系、关键保障技术、评价考核体系等方面,提出了优化政务服务供给的信息化解决路径和操作方法,为构建统一、规范、多级联动的"互联网+政务服务"技术和服务体系提供了保障。

14.1 "互联网+政务服务"发展总则

《建设指南》围绕促进简政放权、放管结合、优化服务改革措施落地,针对企业和群众反映的办事难、审批难、跑腿多、证明多等突出问题,从充分发挥信息化作用的角度提出规范行政权力运行、优化政务服务供给的解决路径和操作方法。

14.1.1 指导思想

按照党中央、国务院决策部署,牢固树立和贯彻落实创新、协调、绿色、开放、共享的发展理念,以促进简政放权、放管结合、优化服务改革措施落地为目标,进一步规范行政权力运行、优化政务服务供给,降低制度性交易成本,解决影响企业和群众办事创业的难点堵点,进一步激发社会和市场活力;以运用现代信息技术创新行政审批和公共服务方式为手段,坚持问题导向,强化顶层设计,注重资源整合,优化各地区各部门网上政务服务平台建设,不断简化优化企业和群众办事流程,促进网上政务服务运行规范、程序严密、过程透明、结果公开、监督有力,切实增强政务服务的主动性、精准性和便捷性,为推进政府治理创新提供有力支撑和保障。

14.1.2 总体目标

2017年年底前,各省(区、市)人民政府、国务院有关部门普遍建成网上政务服务平台。2020年年底前,建成覆盖全国的整体联动、部门协同、省级统筹、一网办理的"互联网+政务服务"技术和服务体系,实现政务服务的标准化、精准化、便捷化、平台化、协同化,政务服务流程显著优化,服务形式更加多元,服务渠道更为畅通,群众办事满意度显著提升。

(1) 政务服务标准化。实现政务服务事项清单标准化、办事指南标准化、审查工作细则标准化、考核评估指标标准化、实名用户标准化、线上线下支付标准化等,让企业和群众享受规范、透明、高效的政务服务。

(2) 政务服务精准化。按照公众和企业办事需求,群众"点餐"与政府"端菜"相结合,将政务服务事项办事指南要素和审查工作细则流程相融合,删繁化简,去重除冗,减条件、减材料、减环节,实现政务服务精准供给,让数据"多跑路",让群众"少跑腿"。

(3) 政务服务便捷化。以用户为中心,整合政务服务资源和流程,提供个性化政务服务,实现一站式办理。创新应用云计算、大数据、移动互联网等新技术,分级分类推进新型智慧城市建设。对政务服务办理过程和结果进行大数据分析,创新办事质量控制和服务效果评估,大幅提高政务服务的在线化、个性化、智能化水平。

(4) 政务服务平台化。打造线上线下融合、多级联动的政务服务平台体系。着力破解信息孤岛,建成网上统一身份认证体系、统一支付体系、统一电子证照库,推动跨部门、跨地区数据共享和业务协同;推动政务服务平台向基层延伸,促进实体办事大厅规范化建设,公众和企业办事网上直办、就近能办、同城通办、异地可办。

(5) 政务服务协同化。运用互联网思维,调动各地区各部门积极性和主动性,在政务服务标准化、精准化、便捷化、平台化过程中,推动政务服务跨地区、跨部门、跨层级业务协作。开展众创、众包、众扶、众筹,借助社会资源和智力,加快政务服务方式、方法、手段迭代创新,为企业和群众提供用得上、用得好的"互联网+政务服务"。

14.1.3 重点任务

根据总体目标,围绕构建统一、规范、多级联动的"互联网+政务服务"技术体系,以服务驱动和技术支撑为主线,重点建设"互联网+政务服务"业务支撑体系、基础平台体系、关键保障技术体系、评价考核体系四个方面内容。以服务事项标准化提升规范化发展能力,以互联互通和信息共享提升协同化治理能力,以一体化政务服务平台建设提升整体化服务支撑能力,以强化权力运行监督提升流程化约束能力,以政务数据开放和应用提升智慧化服务能力。

14.1.3.1 业务支撑体系建设

针对办事事项不全面、不规范、不统一等问题,加强业务支撑体系建设。围绕服务事项发布与受理、服务事项办理、行政职权运行、服务产品交付、服务评价等关键环节,制定相关标准规范、管理办法和制度措施。各地区各部门组织梳理政务服务资源,建设形成统一的政务服务事项库,实现事项名称、事项类型、法律依据、基本编码统一,建立事项信息库动态更新机制和业务协作工作机制。优化政务服务办理流程,深化并联审批,加强事中、事后监管,促进政务服务向街道、乡镇和城乡社区延伸。与推进新型智慧城市建设、信息惠民建设等工作形成合力,不断创新政务服务方式,提升政务服务供给水平。

14.1.3.2 基础平台体系建设

针对网上政务服务平台不互通、数据不共享等问题,加强"互联网＋政务服务"基础平台体系建设。围绕平台架构、数据交换和信息共享等方面,开展各地区各部门一体化政务服务平台建设,实现政务服务事项统一申请、统一受理、集中办理、统一反馈和全流程监督,避免线上线下政务服务平台"两张皮"、不同地区和部门现有平台无法交互等突出问题。开展各地区现有各类业务办理系统整合,推进国务院部门统建系统数据对接,建设各级政务服务数据共享平台,推进跨地区、跨部门、跨层级数据共享、身份互信、证照互用、业务协同,实现就近办理、同城通办、异地可办。

14.1.3.3 关键保障技术体系建设

针对开展网上政务服务的普遍技术障碍,加强"互联网＋政务服务"关键保障技术建设。针对网上政务服务平台建设运行、安全保障等关键技术环节,制定相关标准规范、管理办法和制度措施,完善"互联网＋政务服务"配套支撑体系。建成网上统一身份认证体系、统一支付体系、统一电子证照库,促进云计算、大数据、物联网、移动互联网等在政务服务中的应用,不断提升政务服务便捷化、个性化、智慧化、安全化水平。

14.1.3.4 评价考核体系建设

针对政务服务用户体验不足、评价手段欠缺等问题,加强"互联网＋政务服务"评价考核体系建设。从社会和公众体验角度制定评价指标、方法,利用电子监察平台加强政府内部监督督查,积极运用第三方评估等方式组织开展政务服务评估评价,注重评价考核结果运用,以评价考核为手段促进各地区各部门不断提升网上政务服务水平。

14.2 "互联网＋政务服务"的主要内容

在《建设指南》中,"互联网＋政务服务"的主要内容是根据目前各地区各部门工作实践所做的总结概括,指各级政务服务实施机构运用互联网、大数据、云计算等技术手段,构建"互联网＋政务服务"平台,整合各类政务服务事项和业务办理等信息,通过网上大厅、办事窗口、移动客户端、自助终端等多种形式,结合第三方平台,为自然人和法人(含其他组织)提供一站式办理的政务服务。

"互联网＋政务服务"平台主要实现政务服务统一申请、统一受理、集中办理、统一反馈和全流程监督等功能,逻辑上主要由互联网政务服务门户、政务服务管理平台、业务办理系统和政务服务数据共享平台四个部分构成:

(1)互联网政务服务门户:是政务服务实施机构为自然人、法人提供互联网政务服务的入口。

(2)政务服务管理平台:是承担政务服务管理职能的机构(以下简称政务服务管理机构)进行政务服务事项管理、运行管理、监督考核等工作的平台,是政务服务门户信息的来源,是业务办理系统接入的通道。

(3) 业务办理系统:是政务服务实施机构进行内部审批的专业系统,分为国务院部门业务办理系统、省级政府统建业务办理系统及其部门业务办理系统、地市级统建业务办理系统及其部门业务办理系统。可根据实际情况,与政务服务管理平台合并。

(4) 政务服务数据共享平台:是支撑互联网政务服务门户、政务服务管理平台、业务办理系统运行的基础数据平台,包括集中汇聚的政务服务事项库、办件信息库、社会信用等业务信息库和共享利用的人口、法人、地理空间信息、电子证照等基础信息库,以及政务服务数据共享交换的支撑系统。

14.3 "互联网+政务服务"平台总体架构

14.3.1 总体架构

14.3.1.1 总体层级体系

"互联网+政务服务"平台体系由国家级平台、省级平台、地市级平台三个层级组成,各层级之间通过政务服务数据共享平台进行资源目录注册、信息共享、业务协同、监督考核、统计分析等,实现政务服务事项就近能办、同城通办、异地可办。具体层级关系如图14-1所示:

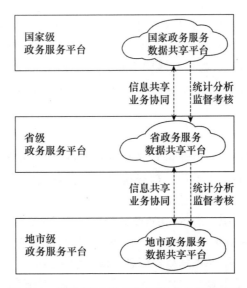

图 14-1 "互联网+政务服务"的总体层级体系

1. 国家级平台

国家级平台包括国家政务服务平台和国务院部门政务服务平台。国家政务服务平台依托国家电子政务外网建设,主要实现各地区各部门政务服务汇聚、跨地区跨部门数据交换、跨地区统一认证、共性基础服务支撑。汇集各地区各部门政务服务资源,形成统一事项目录库、证照目录库,实现人口、法人、地理空间信息、社会信用等基础信息资源库和业务信息库共享利用,发挥政务服务访问的"公共入口",地方部门数据交换的"公共通道",身份认证、证照互认、安全保障等"公用支撑"作用。充分利用国家数据共享交换平台,做好与国家投资项目在线审批监管平台、国家公共资源交易平台、全国信用信息共享平台、国家企业信用信息公示系统等平台的衔接与整合。

国务院部门政务服务平台(业务办理系统),实现部门相关政务服务的办理,并与国家政务服务平台实现对接和办理结果汇聚。

2. 省级平台

省级平台充分利用现有电子政务网络资源建设(原则上依托国家电子政务外网),提供省级部门政务服务事项受理、办理和反馈。建立省(区、市)政务服务数据共享平台,依托统一信息资源目录,通过与国家级平台和地市级平台的数据交换,实现自然人、法人基础信息共享、用户认证信息交互、证照信息共享、办件信息交换、统计分析和监督考核。

3. 地市级平台

地市级平台充分利用各地区统一电子政务网络建设(原则上依托国家电子政务外网),提供地市级、县级、乡级政务服务事项受理、办理和反馈,有条件的地区可将代办点延伸至村级。依托地市(州)政务服务数据共享平台,实现与国家级平台、省级平台的数据交换,提供地市级范围内基础数据共享共用,实现地市级平台与本级部门纵向系统的衔接与整合。

国家政务服务平台与中央政府门户网站(及其微博微信、客户端)实现数据对接和前端整合;各省(区、市)、国务院部门政务服务平台做好与本地区本部门政府门户网站及客户端的政务服务资源和数据对接;同时,各地区各部门政务服务平台与国家政务服务平台和中央政府门户网站(及其微博微信、客户端)实现数据对接和前端整合,形成全国一体化网上政务服务体系;适应移动互联网趋势,做好网上政务服务平台在手机端的效果展示优化及手机适配,提高老百姓用手机登录政务服务平台及政府门户网站的使用舒适度。

14.3.1.2 平台系统组成

"互联网+政务服务"平台主要由互联网政务服务门户、政务服务管理平台、业务办理系统和政务服务数据共享平台四个部分构成。平台各组成部分之间实现数据互联互通,各组成部分之间的业务流、信息流如图 14-2 所示:

互联网政务服务门户统一展示、发布政务服务信息,接受自然人、法人的政务服务申请信息,经与政务服务数据共享平台进行数据验证、比对和完善后,发送至政务服务管理平台进行处理,将相关受理、办理和结果信息反馈申请人。

政务服务管理平台把来自互联网政务服务门户的申请信息推送至政务服务数据共享平台,同步告知业务办理系统;政务服务管理平台从政务服务数据共享平台获取并向互联网政务服务门户推送过程和结果信息,考核部门办理情况。

业务办理系统在政务服务数据共享平台取得申请信息和相关信息后进行业务办理,将办理过程和结果信息推送至政务服务数据共享平台,同步告知政务服务管理平台。

政务服务数据共享平台汇聚政务服务事项、电子证照等数据,以及来自互联网政务服务门户的信息、政务服务管理平台受理信息、业务办理系统办理过程和结果,实现与人口、法人等基础信息资源库的共享利用。

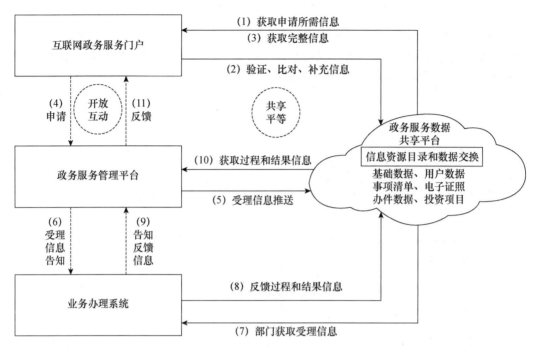

图 14-2 "互联网＋政务服务"平台系统的组成

14.3.1.3 建设方式

各省(区、市)、地市(州)建设"互联网＋政务服务"平台,应遵循平台总体架构,平台各组成部分可结合本地情况组合建设。主要建设方式分为以下三种:

1. 分建方式

省级平台、地市级平台各组成部分分级独立建设,通过省、市两级政务服务数据共享平台,实现省、市两级平台数据交换、基础数据共享(如图 14-3 所示):

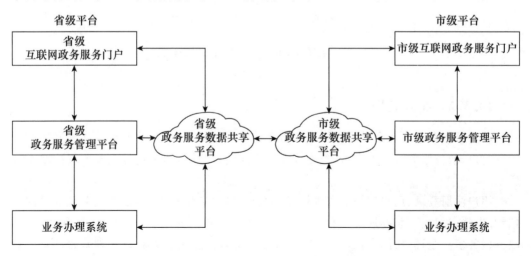

图 14-3 "互联网＋政务服务"平台的分建方式

2. 统分方式

省级平台、地市级平台中互联网政务服务门户统建,基础性及对外核心业务统建,政务服务管理平台(可依托实体大厅或网上大厅)、业务办理系统分建,通过省、市两级政务服务数据共享平台,实现省、市两级平台数据交换(如图14-4所示):

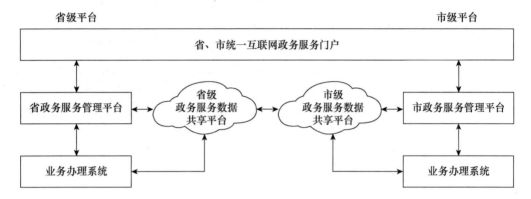

图14-4 "互联网+政务服务"平台的统分方式

3. 统建方式

省级平台、地市级平台中各组成部分由省级整体统一建设,即全省(区、市)一个平台,地市及区县级不再建设。政务服务数据省级大集中,在平台内部共享(如图14-5所示):

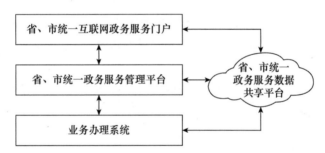

图14-5 "互联网+政务服务"平台的统建方式

14.3.2 业务流程

政务服务业务办理全过程依托政务服务数据共享平台支撑,业务数据在互联网政务服务门户、政务服务管理平台、业务办理系统之间流转,具体的全过程业务流程如图14-6所示。

用户注册登录、用户空间信息维护、政务服务事项定位和查询,以及政务服务的网上预约、申请、过程管理、办理反馈和互动咨询功能在互联网政务服务门户实现;服务引导、政务服务事项受理、协同审批、事项办结和互动反馈功能在政务服务管理平台实现。业务办理系统对申请表、附件材料、受理信息的抓取,对过程信息、审批结果和电子证照的发送通过政务服务数据共享平台完成。

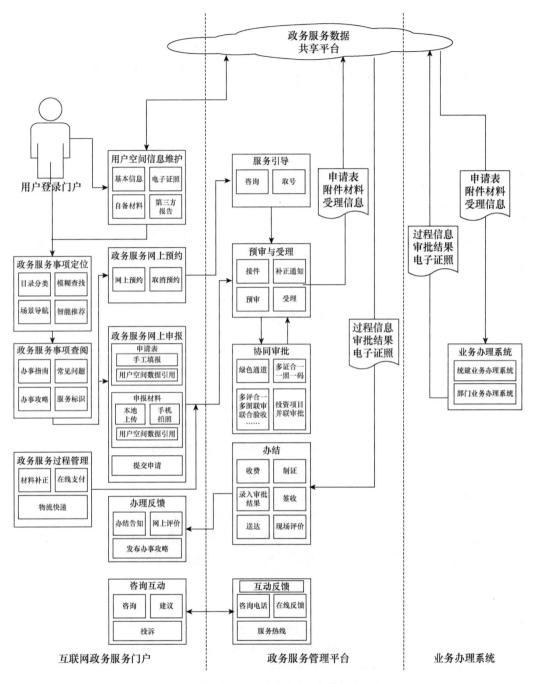

图 14-6 "互联网+政务服务"平台的业务流程

14.3.3 平台技术架构

"互联网+政务服务"平台技术架构由基础设施层、数据资源层、应用支撑层、业务应用层、用户及服务层五个层次组成(如图 14-7 所示)。

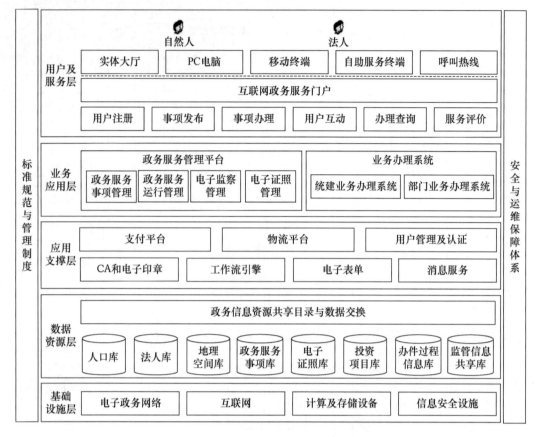

图 14-7 "互联网十政务服务"平台的技术架构

14.3.3.1 基础设施层

基础设施包括网络、服务器、安全等硬件基础设施,优先依托政务云平台进行集约化部署建设。网络方面,政务服务的预审、受理、审批、决定等原则上依托统一电子政务网络,政务服务的咨询、预约、申报、反馈等依托互联网。政务服务数据共享平台依托电子政务网络建设。

14.3.3.2 数据资源层

数据资源层基于政务服务资源目录和数据交换,汇聚政务服务事项库、办件信息库、监管信息共享库、信用信息库等政务服务业务信息库,共享利用人口、法人、地理空间信息、电子证照等基础信息资源库,实现数据资源共建共享,共同构成政务服务数据共享平台,为政务服务提供统一的数据支撑。

14.3.3.3 应用支撑层

应用支撑包括CA和电子印章、工作流引擎、电子表单、消息服务等各种通用组件服务,也包括用户管理及认证、支付平台和物流平台等中间支撑系统。

14.3.3.4 业务应用层

业务应用包括政务服务管理平台和各级部门审批业务办理系统,实现政务服务事项管理、运行管理、电子监察管理、电子证照管理等功能。

14.3.3.5 用户及服务层

互联网政务服务门户包括用户注册、事项发布、事项办理、用户互动、办件查询、服务评价等,自然人和法人可通过 PC 电脑、移动终端、实体大厅、自助服务终端、呼叫热线等多种渠道访问。

14.3.4 用户注册和认证体系

为保证网上政务服务用户信息的真实、合法和有效,自然人和法人用户注册、认证应采用实名制。统一用户注册和认证体系是开展"互联网＋政务服务"、建立政务服务实施机构和行政相对人线上服务法律关系的前提,是全国政务服务网上"一地注册,各地互认"的基础。

针对平台建设的不同特点,注册和认证可采用三种方式。

14.3.4.1 分建方式

用户可通过国家、省、地市级互联网政务服务门户注册和验证,注册用户账号信息存储在各级政务服务数据共享平台,通过交叉验证实现共享互认。用户跨省、跨市登录验证时,通过国家、省级用户互认服务,调用获取外省(区、市)、地市(州)用户信息。详细的用户注册和验证的流程如图 14-8 所示。

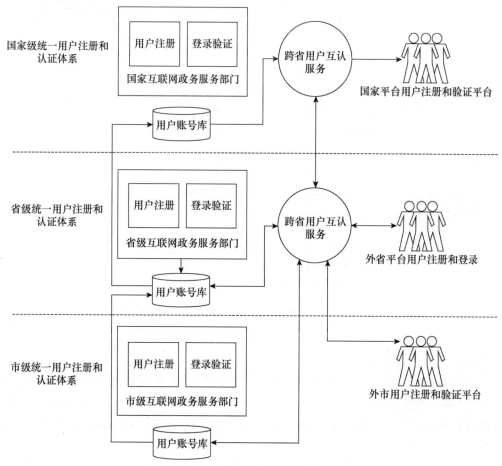

图 14-8 分建方式用户注册和验证的流程

14.3.4.2 统分方式

用户可通过国家、省、市级互联网政务服务门户注册和验证,市级互联网政务服务门户注册和验证页面直接嵌入省级互联网政务服务门户用户注册和验证页面,用户账号信息集中存储在省级政务服务数据共享平台,省(区、市)内用户信息互认,用户跨省(区、市)登录验证时,通过国家用户互认服务,调用获取外省(区、市)用户信息。详细的用户注册和验证的流程如图14-9所示。

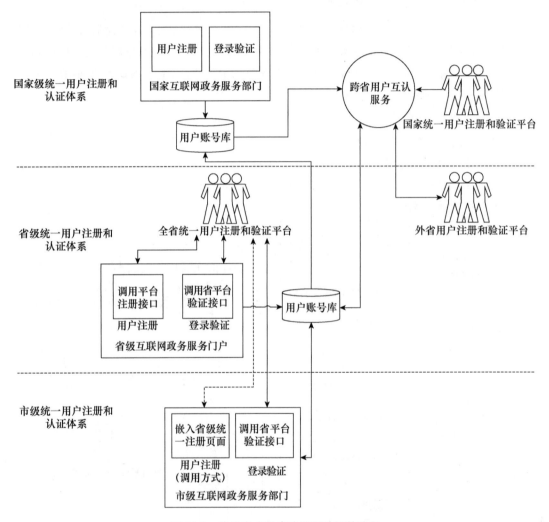

图 14-9 统分方式用户注册和认证的流程

14.3.4.3 统建方式

用户可通过国家、省级互联网政务服务门户注册和验证,用户账号信息集中存储在省级政务服务数据共享平台,省(区、市)内用户信息互认,用户跨省(区、市)登录验证时,通过国家平台用户互认服务,调用获取外省(区、市)用户信息。详细的用户注册和验证的流程如图14-10所示。

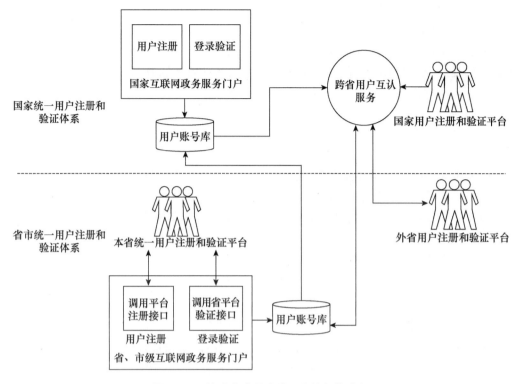

图 14-10 统建方式用户注册和认证的流程

14.4 政务服务事项的一体化办理

政务服务事项办理是指申请人通过线上或者线下的方式向政务服务实施机构提出政务服务事项办理申请,政务服务实施机构依法通过实地核查、检验、检测、评审、鉴定等审查方式,对递交的申请做出决定并告知申请人的过程。政务服务实施机构通过互联网政务服务门户公开政务服务事项办事指南,为申请人提供一站式办事服务。申请人通过互联网政务服务门户或实体大厅递交事项申请,政务服务实施机构通过政务服务管理平台统一受理,经由业务办理系统对申请事项进行审查并依法做出决定,最后将决定汇总至政务服务管理平台统一告知申请人。

14.4.1 互联网政务服务门户

互联网政务服务门户(外部服务)公开发布政务服务事项办事指南,为公众提供场景式在线办事导航,为注册用户提供专属的办事数据存储和应用空间,提供网上预约、网上申请、网上查询、咨询投诉等相关服务。互联网政务服务门户与实体政务大厅应在服务引导、同源数据发布的层次上进行充分的互联、集成。

14.4.1.1 建设管理要点

互联网政务服务门户建设包括以下要点:
1. 集约建设
按照标准化、集约化原则,采用省级统一门户或省、市两级统一门户建设模式,建设互联网政务服务门户,集中发布和展示政府部门政务服务信息。

2. 同源管理

各级各部门的政务服务信息,应统一汇聚到本级政务服务数据共享平台,各项业务办理中的受理、过程和结果信息,应统一发布到互联网政务服务门户,并实现同源发布。各部门也可反向链接相关信息,扩大信息的公开渠道。

3. 多渠道服务

充分利用互联网技术,实现多渠道服务,包括移动 APP、自助服务一体机、热线电话等,由互联网政务服务门户统一提供服务接口,供各种渠道调用,实现数据同源。

(1) 移动 APP:具备办件查询、表单预填、办事预约、咨询投诉、网上支付等功能,支持手机等移动终端,支持主流操作系统。

(2) 自助服务终端:具备办事指南、办事预约、办件查询等功能,支持身份证识别、二维码扫描、表格样本打印、申请材料上传等功能,实现自助申请服务,一般放置于实体大厅和便民服务点。

(3) 第三方公共服务平台:借助成熟的第三方公共服务平台,为自然人和法人提供便捷服务。

14.4.1.2 主要功能

互联网政务服务门户主要包括用户注册、用户管理、事项信息的发布、事项办理的触发、用户互动、办理过程和结果的查询、服务评价等功能。

1. 用户注册

用户注册包括以下内容:

(1) 用户分类。

注册用户分为自然人用户和法人用户,须采用实名制。法人用户可用法定代表人实名注册,激活注册企业账号;或使用统一社会信用代码直接注册企业账号;或与已使用企业 CA 认证的用户进行关联注册后创建企业账号;或与已使用电子营业执照的用户进行关联注册后创建企业账号。

(2) 用户注册方式。

自然人用户注册的流程如图 14-11 所示,主要包括线上门户注册、线下窗口注册和关联注册等形式。

法人用户注册的流程如图 14-12 所示,主要包括线上远程比对注册、线下法人窗口注册和关联注册等方式。

(3) 用户登录。

用户 PC 端登录:默认采用身份证号码登录,或已绑定手机号码登录、手机 APP 扫描二维码登录,登录过程中应采用短信验证、密码等方式提高安全性。

用户移动 APP 端登录:默认采用身份证号码登录,或已绑定手机号码登录。登录过程中应采用短信验证、密码等方式提高安全性。

2. 用户管理

(1) 自我管理:应具备用户信息的维护管理功能。

(2) 后台管理:应具有注册用户的管理功能,提供账号的开通、禁用和解禁、操作审计功能。

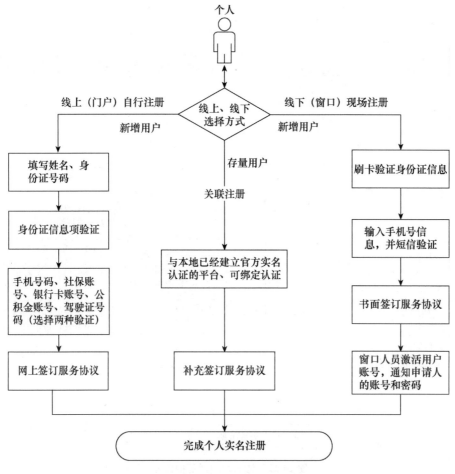

图 14-11　自然人用户注册的流程

3. 事项信息的发布

各级政务服务实施机构在省级统一政务服务事项库中动态维护本级服务事项实施清单，政务服务事项库中的在用、最新版本数据单向且实时同步到本级互联网政务服务门户。

（1）事项信息的检索。

用户可通过多种方式查找到所需要的政务服务事项信息。

（2）事项信息的展示。

应提供办事指南、办事引导、信息分享、多渠道展示等功能。

4. 事项办理的触发

注册用户登录后，申请人具备事项网上办理功能，包括申请、预约功能。

（1）网上申请。

申请人查看办事指南事项信息，点击"网上申请"，进入网上申请页面，自动引用申请人的用户空间信息、电子证照信息，完善填写其他信息，上传其他申请材料，提交申请。申请完成后，应给予是否提交成功提示，告知申请编号，并提供短信、移动终端等方式的

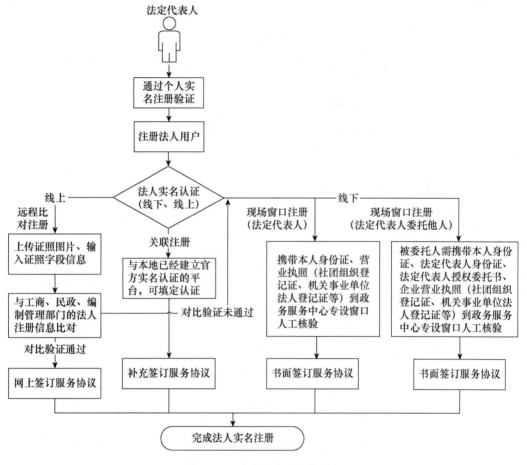

图 14-12　法人用户注册的流程

提醒。充分利用各部门已有电子证照，最大程度地精简纸质申请材料。

（2）网上预约。

网上预约需用户登录，可在互联网政务服务门户、APP 等渠道预约，选择预约窗口和事项、日期和时间段，预约申请提交后对于是否成功应给予明确提示。

5．用户互动

互联网政务服务门户提供多种用户互动方式，包括但不限于咨询、建议和投诉。

（1）咨询。

用户可通过互联网政务服务门户进行网上咨询，提供网上留言和在线咨询等方式。

（2）建议。

用户访问互联网政务服务门户发现系统故障、内容错误、操作体验、改进建议、工作评议等方面的问题，可提交建议，由政务服务人员通过政务服务管理平台反馈答复。

（3）投诉。

用户投诉需用户实名登录，选择部门、事项类别、是否愿意公开，填写投诉内容并提交，由政务服务管理机构通过政务服务管理平台接收投诉并做出处理，也可以派发至被投诉的部门和人员由其做出解释，反馈给用户。

6. 办理过程和结果的查询

用户在完成政务服务事项的申请后,可通过互联网政务服务门户、移动终端、智能触摸终端、热线电话、二维码等方式查询事项申请信息、办理过程信息和办理结果信息,动态掌握事项办理的全过程。

7. 服务评价

进行服务评价时需用户登录,以便于核实与回访。系统应具备限制重复评价的功能,规定一个 IP、一个账号只能评价一次。

14.4.1.3　用户(自然人和法人)信息管理

用户信息的管理包括用户基本信息、证照信息、第三方报告及用户自制信息的管理,应引入分级管理模式。

1. 用户基本信息

(1) 自然人。

包括用户姓名、用户名、密码、手机号码、证件类型、证件号码、邮箱、地址等。

(2) 法人。

包括统一社会信用代码、法人名称、注册地址、经营范围、法定代表人姓名、身份证号码及联系电话等。

2. 证照信息

证照信息是指政务服务实施机构根据申请人提交的申请颁发的证件、执照、批文。

3. 第三方报告

第三方报告主要为中介机构等第三方机构出具的评估、检验、检测等报告。

4. 用户自制信息

用户自制信息的数据内容主要由名称和电子文书组成,主要来源于用户上传的各类电子文书,但需限制.EXE 等可执行程序的上传。

14.4.2　政务服务管理和业务办理(内部办理)

政务服务管理和业务办理(内部办理)包括事项管理,运行管理,电子监察,电子证照管理,网上支付,物流配套等基础业务功能和并联审批,事中、事后监管等拓展功能,具体由政务服务管理平台和业务办理系统组成。

14.4.2.1　基础业务功能

基础业务功能包括以下各个方面:

1. 政务服务事项管理

政务服务事项管理是政务服务运行管理、电子监察管理的基础,应具备政务服务事项清单管理和事项动态更新管理功能,记录政务服务事项的应用情况,提供政务服务事项变化追踪、自动检查校验、汇总统计、比对分析等功能。政务服务事项库管理主要包括目录清单管理、实施清单管理、清单发布管理、统计分析等功能。

(1) 目录清单管理。

具备对全省(区、市)统一动态维护管理功能,覆盖省、市、县三级政务服务事项的主项、子项事项。

（2）实施清单管理。

实施清单管理应具备编制、变更、查询统计等功能。

（3）清单发布管理。

提供清单发布的通用接口，供各级政府门户网站，省、市两级互联网政务服务门户调用，实现清单同源发布。

（4）统计分析。

具备事项检索功能，可按区域、部门、类型、状态检索，应具备清单统计报表功能，支持电子表格文件导出功能，提供事项横向部门比对分析，提供同一事项实施清单在不同地区、不同层级的比对分析。

2．政务服务运行管理

政务服务运行管理包括网上预约、受理、审核、审批、收费、送达、评价等环节的管理。集成大厅各类智能化设备，实现线上线下融合的一体化办理。办理流程如图14-13所示：

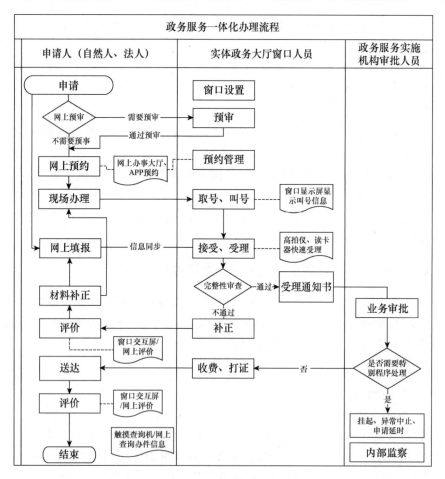

图14-13 一体化办理流程

（1）网上预审。

网上预审是对注册用户通过互联网政务服务门户、移动APP等提交的申请进行初步审核,基本满足申请条件及材料的,即可进行预受理,预受理后,可让申请者进一步提供相关材料或者信息。

(2) 预约管理。

预约管理是对注册用户通过互联网政务服务门户、移动 APP 等提交的预约办理信息的管理功能,应具备预约事项属性配置、预约时间段设置等。

(3) 窗口受理。

窗口受理是实体政务大厅窗口人员受理本人权限范围内的服务事项,涵盖咨询、接件、受理、查询等业务环节,主要包括预审、叫号、接件、受理、补齐补正等功能。

(4) 内部审批。

对于有独立业务办理系统的政务服务实施机构,通过数据交换,向业务办理系统推送申请表、附件材料、受理信息,并从业务办理系统获取过程信息、审批结果、电子证照。对于没有独立业务办理系统的实施机构,可直接在政务服务运行管理系统中完成事项内部审批环节,内部审批包括业务审批、特别处置、内部监察等功能。

(5) 收费制证。

系统根据事项收费依据和标准自动计算出收费金额,窗口人员进行核价,打印缴费通知单,申请人持缴费通知单到指定银行窗口缴费,银行工作人员进行收讫确认,打印发票,缴费完成后,申请人返回实体政务大厅,由窗口人员确认收费。有条件的地区可以实现统一在线缴费。需要打印的事项,具备在线套打功能。申请者在互联网政务服务门户上可以自行打印相关通知单。

(6) 送达。

通过手机短信、移动终端等将办理结果告知申请人、请其到大厅取件,窗口人员登记送达信息,也可以通过物流的方式将办理结果送至申请人。

(7) 查询与评价。

事项办理过程中,可以在互联网政务服务门户上随时查看办件进度,让申请者能随时查看到整个过程。

事项办理结束后,申请人可以通过手机短信移动终端、互联网政务服务门户、政务服务大厅评价器(或窗口交互平台)等渠道进行办件评价,评价信息应关联到窗口,作为绩效评估的依据。

(8) 归档管理。

审批事项办结后,将审批形成的电子证照、决定及回执,申请人上传的各类电子文书及提报的审批项目基本信息,实施行政审批受理(或者不予受理)、审查、办理等过程形成的电子表单,行政审批关键业务行为的受理人、受理时间、办理情况等过程描述元数据,按照档案管理有关要求在线或离线进行电子归档。

(9) 智能化集成。

包括高拍仪/扫描仪、身份证读卡器、排队叫号系统、智能触摸终端、窗口显示屏、自助服务终端等集成,在实现线上线下集成化办理的同时,支持对部分政务服务事项的全流程网上办理,实现申请、受理、审查、决定、送达等全流程网上运行,主要流程如图 14-14 所示。

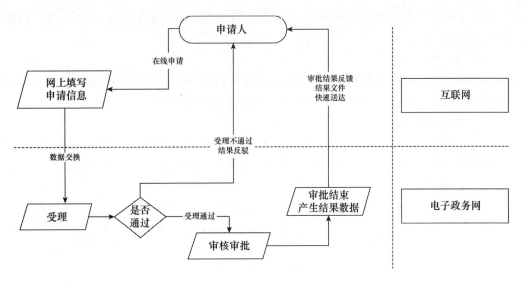

图 14-14　服务事项全流程网上办理

3. 电子监察管理

电子监察管理是指对政务服务事项运行全过程进行网上监察,涵盖事前、事中、事后过程,是支撑政务服务事项公开透明运行的保障。电子监察运行流程如图 14-15 所示。

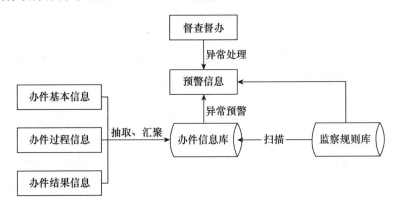

图 14-15　电子监察运行流程

电子监察管理功能包括监察规则设置、运行监察、投诉处理、效能管理、统计分析和监察日志。

(1) 监察规则设置。

监察规则设置支持监察条件、监察类型、监察状态、扫描时间的自定义配置,提供监察条件运算配置,运算关系包括和、或,大于、小于、等于,加、减、乘、除等。

(2) 运行监察。

运行监察包括实时监控、预警纠错、督查督办、大数据监察。

(3) 投诉处理。

投诉来源于互联网政务服务门户网上投诉、来电、来访等渠道,应提供登记、调查、审核、批示、结果认定流程管理功能。其中网上投诉处理结果需通过数据接口推送到互联网政务服务门户反馈，系统应具备全程留痕功能，投诉结果认定结论与被投诉部门、被投诉人关联，并纳入部门、个人绩效考核。

（4）效能管理。

绩效管理可以根据各地绩效考核管理办法进行设置，量化考核标准，自动对各部门、各岗位的办事效能进行打分、考核和分析，考核结果应通过数据接口定期推送到本级互联网政务服务门户进行公示。

（5）统计分析。

应支持灵活的查询统计设置，可按地区、时间段、部门、事项类型等进行设置，自动生成办件统计、满意度统计、部门办件汇总、办理事项汇总统计、办理时效统计、部门时效统计、异常数据统计、咨询问题汇总统计等数据统计报表，支持在线打印、电子表格输出功能。应支持用图表的方式直观展现整体情况，包括各部门办件量、平均用时、办件满意度、异常办件等。

（6）监察日志。

可以对办件情况、办结情况及督办情况等方面的网上运行数据自动采集，定量分析形成日志记录；对所有政务服务管理机构人员进行系统操作和使用等方面的工作情况进行监控、记录和分析统计。

4. 电子证照管理

电子证照是以数字方式存储、传输的证件、执照、批文等审批结果信息，是支撑政务服务运行的重要基础数据。

（1）证照目录管理。

电子证照应该具有统一的目录管理，明确各类证照的类别。电子证照目录可按证照颁证单位、证照类型、持证者类型（自然人和法人）进行分类。

（2）证照库接口管理。

电子证照库提供的请求访问接口应与具体的证照和证照内容无关。通过制定电子证照库接口服务标准，对新增的证照信息，发布其证照编号和证照内容数据库字段标准，即可通过原设计的接口提供服务。

（3）证照维护管理。

证照维护主要包括证照变更、证照年检、证照挂失和有效期管理、版本管理。

（4）证照安全管理。

电子证照安全的核心是电子证照文件的安全，需要有效的机制来保障电子证照文件的完整性（防篡改）、不可否认性（确认电子证照的签发单位）和可验证（确认电子证照是否已被注销）。

（5）证照访问管理。

注册用户可通过登录互联网政务服务门户获取用户相关的电子证照数据，并在事项申请时直接调用。政务服务实施机构在受理、审批时，可以调用电子证照数据辅助办理。

5. 网上支付管理

用户在互联网政务服务门户办理各种事项涉及缴费时，由政务服务门户生成缴款单，向统一公共支付平台发起缴款请求，由公共支付平台与代收机构平台实施电子支付，并按业务归属地区实时将业务数据归集至相关征收部门收入征管系统。按照约定时间（如每日 24 点前），代收机构将资金清分至相关征收部门指定资金结算账户，公共支付平台与代收机构平台、收款银行系统、相关征收部门收入征管系统进行多方对账，并完成资金结报、清算等业务。用户在互联网政务服务门户办理缴费时涉及的"第三方支付平台"须为依法取得《支付业务许可证》的非银行支付机构。网上支付流程如图 14-16 所示。

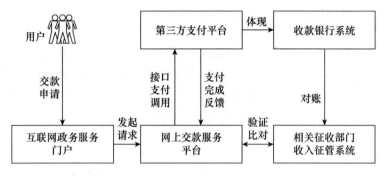

图 14-16　网上支付流程

6. 物流配套管理

充分利用现有成熟第三方物流服务，实现申请材料和办理结果的传递交接，提供便捷化服务。依托第三方建立统一的物流服务系统，并与网上支付对接，实现网上支付与物流对账，物流传递包括申请材料递送、审批结果递送。

（1）申请材料递送。

用户登录互联网政务服务门户，选择办件材料递送，自动获取用户基本信息、办件编号信息，推送到物流服务系统，系统自动分配快递员，并通知取件，在递送过程中应记录递送物流状态信息，用户可跟踪物流信息。

（2）审批结果递送。

窗口人员登录平台勾选递送材料清单，系统根据办件编号、递送地址等生成递送单，系统自动分配快递员，并通知取件，在递送过程中应记录递送物流状态信息，窗口人员和申请人可跟踪物流信息。

14.4.2.2　功能拓展与流程优化

1. 并联审批

并联审批是对涉及两个以上部门共同审批办理的事项，实行由一个中心（部门或窗口）协调、组织各责任部门同步审批办理的行政审批模式。结合行政审批制度改革，充分利用政务服务平台，支撑企业设立登记多证合一、投资项目并联审批、投资项目多评合一、投资项目多图联审等拓展应用。

（1）企业经营许可联合审批。

各地结合实际，根据国务院相关文件要求，逐步推动企业设立登记多证合一，并同步调整网上政务服务平台相关功能和流程。针对与企业经营相关联的许可事项，按行业类别实行联审联办。需现场勘察的，探索"联合踏勘"，降低企业制度性交易成本。

(2) 投资项目并联审批。

投资项目并联审批将项目审批分为用地和规划阶段、立项(审批核准备案)阶段、报建阶段、开工后竣工前阶段、竣工后阶段等,实现"事项及材料一单告知,批量申请多个事项,申请材料一窗受理,审批过程并行协同,审批结果关联共享"等服务功能和"项目审批流程图监控、督查督办、汇总分析"等监管功能。有条件的地区可以实行"容缺受理"制度,进一步加快项目审批效率。项目审批应依托投资项目在线监管平台,统一项目代码,上报项目的审批过程和结果信息。

(3) 投资项目多评合一。

投资项目多评合一是由政务服务管理机构牵头会同相关部门,对项目基本信息进行联合评审,明确所需中介评估内容,申请人按需提交所有的评估材料,各部门联合评审,统一给出整改意见。投资项目多评合一把对相关中介评估的审查工作由串联改为并联,实现企业投资项目立项评估的统一受理、统一评估、统一评审、统一审批、统一监管。

(4) 投资项目多图联审。

投资项目多图联审,实行一窗受理、一次收费、联合审查,重点解决各部门电子图的格式统一问题,开展基于统一GIS地图的电子图审,利用大附件存储技术,实现"一张图"在部门之间的流转、审批,实现全过程自动存档,形成图审电子档案。

2. 加强事中、事后监管

围绕"先照后证"改革后联动监管、"双随机一公开"、信用监管等方面,以信息化平台为支撑,实现行政监管、信用管理、行业自律、社会监督、公众参与等"五位一体"。充分利用社会信用体系建设成果,加强信用信息在事中、事后监管中的应用,推进综合执法和协同监管。

3. 打通基层政务服务"最后一公里"

加强基层服务中心建设。按照"五个统一"(统一功能定位、统一机构设置、统一名称标识、统一基础设施、统一运行模式)和"三个标准化"(事项名称、流程、材料标准化,事项办理、服务过程标准化,服务管理机制建设标准化)要求,推进乡镇(街道)、村居(社区)便民服务中心规范化建设,推动户籍办理、个体工商登记、社保、农技推广、宅基地申请、计划生育管理、流动人员管理、社会救助、法律调解、社会综治等与基层群众联系密切的事项在基层便民服务中心直接办理。

4. 政务服务热线

通过"12345"等政务服务热线集中接受公众的咨询、求助、意见、建议和投诉,通过信息化手段逐步整合各部门现有的政民互动渠道。及时解决群众反映的热点和难点问题,提供政策法规、办事程序、生活指南及查询有关部门职能范围等咨询服务。推动政务服务热线与互联网政务服务门户和政务服务管理平台集成,实现"一号对外,诉求汇总,分类处置,统一协调,各方联动,限时办理",服务范围覆盖政府政务服务和公共服务领域。

5. 公共资源交易

推动公共资源交易平台建设,实现工程建设、政府采购、土地使用权交易、国有产权出让交易、药品及医疗器械采购等活动的全过程网上电子交易。政务服务中心、公共资源交易中心一体化建设的地区,积极探索实现政务服务平台与公共资源交易平台的融合,支持数据共享、业务协同。

14.5 互联互通与信息共享

14.5.1 统一数据交换

充分利用国家数据共享交换平台和各地方已有的数据共享交换平台等信息基础设施资源,构建全国政务服务数据共享平台体系。

14.5.1.1 目录与交换体系

1. 目录体系

政务信息资源目录体系是为整合利用各类政务信息资源而建设的信息服务体系。根据业务需求,按照统一的信息资源目录体系标准,对相关政务服务信息资源进行编目,生成政务服务公共信息资源目录,记录政务服务信息资源结构和政务服务信息资源属性。政务服务信息资源结构通过树状的目录结构,展示了政务服务信息资源之间的相互关系,政务服务信息资源属性则描述信息资源的管理属性。

政务服务公共信息资源目录信息包含自然人基本信息、法人信息、证照信息、投资项目信息、政务服务事项信息、办件信息等六类信息。

2. 交换体系

交换体系是为消除部门间、地域间、层级间政务服务信息共享困难、信息不一致、信息实时性不强而建设的信息服务体系。按照政务服务信息资源交换标准,根据各地区各部门应用系统的需求,科学规划共享信息,为部门内的业务应用系统和跨部门的综合应用系统提供信息定向交换服务和信息授权共享服务。

3. 相互关系

目录体系和交换体系既相对独立,可独立建设,又相互依赖,可互相提供服务。一方面,通过目录体系建立起的政务信息资源目录及接口,可对政务信息资源进行查询和检索,从而为政务信息交换奠定基础;另一方面,通过交换体系,可对政务信息资源编目进行传送和对信息资源进行访问、获取。应用系统根据需要可以选择目录体系提供的目录服务,或交换体系提供的交换和共享服务,也可选择两个体系提供的所有服务。

4. 层次结构

可采用集中与分布相结合的方式进行信息资源目录服务和数据交换服务,其体系主要分为国家、省、地市三级节点,实现国家、省、市、县级数据交换。在国家级节点存储和提供政务信息资源总目录和国家级政务数据交换服务;在省级节点存储和提供相关省级政务信息资源分目录和省级交换服务;在地市级节点存储和提供地市级及以下政务信息资源分目录和地市级及以下交换服务。下级节点应当利用上级节点进行本级政务信息资源的注册和跨区域的数据交换(如图 14-17 所示)。

采用统建模式、分建模式的地区可根据实际情况组织各层级数据交换平台建设。

5. 交换方式

国家级、省级、地市级节点内部采用集中交换和分布交换相组合的形式。

集中交换模式将信息资源集中存储于共享信息库中,信息资源提供者或使用者通过

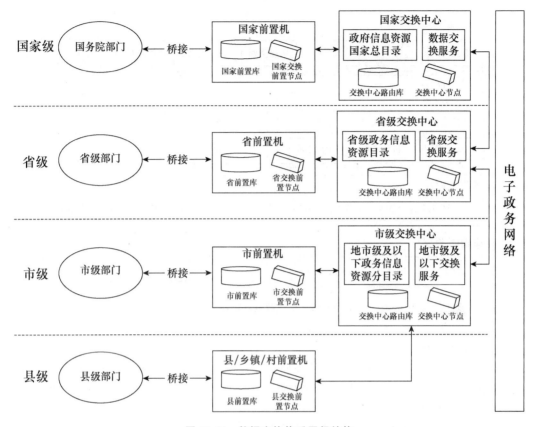

图 14-17 数据交换体系层级结构

访问共享信息库实现信息资源交换。对于信息共享程度较高的信息资源，可以采用集中交换模式。在集中交换的基础上进行数据清洗、加工、整合，并为其他部门提供服务，便于各类主题信息的统计分析和提高信息查询效率。分布交换模式将信息资源分别存储于各业务信息库中，以目录的方式进行数据共享，信息资源提供者和使用者通过交换节点提供的交换服务实现信息资源的跨部门共享，实现一数一源、一源多用、跨部门共享。集中与分布相结合，从而支持多种服务模式。国家级、省级、地市级节点之间通过国家级政务服务平台和省级政务服务平台实现数据跨域交换。统一数据交换平台均可根据不同的场景提供数据库表、Web Service、文件等数据交换方式。

14.5.1.2 平台架构及功能

统一数据交换平台是交换体系建设的基础，通过统一数据交换平台建设能够为政府各部门提供跨层级、跨部门的数据共享交换支撑。

1. 平台架构

统一数据交换平台由平台前置层、共享交换层、平台支撑层、基础资源层组成，如图 14-18 所示。

（1）基础资源层。

基础资源层汇聚了政务服务事项库、办件信息库，共享利用人口、法人、电子证照等基础资源库。

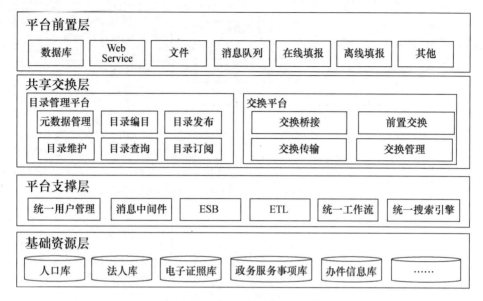

图 14-18 统一数据交换平台架构

（2）平台支撑层。

平台支撑层主要提供消息中间件、ESB、ETL等工具，实现接口封装、数据抽取、数据清洗、数据转换、数据关联、数据比对等功能。

（3）共享交换层。

共享交换层由资源目录管理平台和交换平台构成。目录管理平台提供元数据管理、目录编目、目录发布、目录维护、目录查询、目录订阅等功能；交换平台提供交换桥接、前置交换、交换传输、交换管理等功能，为信息定向交换传输和形成基础信息资源库提供支撑。

（4）平台前置层。

平台前置层是指跨地区、跨部门、跨层级交换共享的政务信息数据前置区域，承担着整个平台对外服务，包括数据库、文件、消息队列、在线填报、离线填报、Web Service等交换方式。

2．主要功能

（1）目录管理平台功能。

目录管理平台功能包括元数据管理、目录编目、目录发布、目录维护、目录查询、目录订阅等功能。

（2）交换平台功能。

交换平台功能包括交换桥接、前置交换、交换传输、交换管理等功能。

14.5.1.3 备份机制及运行保障

1．备份机制

对统一数据交换平台中重要的交换数据、日志进行备份，备份系统选配相应的数据备份与恢复软件以及数据备份服务器、磁带库等设备，通过定义备份策略，如全备份、增量备份、差异备份等，定时将平台中的数据备份到备份介质，以防止系统出现故障（如数据误删除、病毒感染、自然灾害等)后能够及时恢复数据,保证系统运行。

2. 运行保障

制定平台管理办法,明确数据服务提供方和使用方的权利和责任,确保为各部门提供满足需求、响应及时、安全可靠的运行保障服务。

14.5.2 各地区现有政务服务相关业务办理系统对接

14.5.2.1 分类、分层级对接

推动政务服务管理平台同各地区现有的政务服务相关业务办理系统对接。

各部门已经自建的政务服务相关业务办理系统,按照数据对接标准升级改造;新开发业务办理系统的,在设计开发时要遵循数据对接标准,在本级实现数据对接。推动上级部门集中部署的业务办理系统对接统一数据交换平台,本级政务服务管理平台通过垂直数据交换通道实现与本级相关部门业务数据的对接。

14.5.2.2 部门业务办理系统对接

按照政务服务的业务流程,政务服务管理平台负责受理和结果发放,部门业务办理系统负责内部业务审批。政务服务管理平台和部门业务办理系统之间的对接流程如图14-19所示。

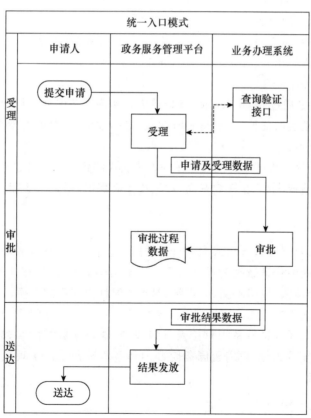

图 14-19 政务服务管理平台和部门业务办理系统之间的对接流程

政务服务管理平台受理申请后,按照对接数据标准,将办件申请及受理信息送至部门业务办理系统,部门业务办理系统把审批过程信息和审批结果信息返回给统一平台。同时,如果窗口人员在受理时需要部门业务办理系统辅助的,部门业务办理系统提供实时查询验证接口,由政务服务管理平台整合到统一受理功能中。

14.5.2.3 数据交换内容

政务服务数据交换的内容包括事项信息、受理信息、申请材料信息、办理环节信息、特别程序信息、办结信息。

14.5.3 省级平台与国务院部门相关系统数据对接

推动省级政务服务管理平台与国务院部门相关信息系统(政务服务业务办理系统、基础信息资源库等)的数据对接和共享共用。

14.5.3.1 对接要求

各地区、各部门根据各自政务服务需求,梳理省级平台与国务院部门相关统建系统相互之间需要对接的事项,细化明确需交换信息的内容、标准、格式等。省级政务服务平台和国务院部门相关信息系统之间的数据交换通过国家政务服务平台实现。

14.5.3.2 对接方式

国务院相关部门应根据政务服务需要,推动纵向业务办理系统和政务服务数据资源与地方政务服务平台按需对接。根据国务院部门统建系统和网络实际,可提供系统数据实时交换、批量导入导出、人工录入等不同方式。

1. 系统数据实时交换

接口实时交换:通过 Web Service 接口等方式实现国务院部门统建系统和省级平台对接,实现数据自动实时交换,优点是实时性强、交换效率高、数据质量有保障,适用于对实时性要求高的交换。

前置库实时交换:通过前置机数据库的方式实现国务院部门统建系统和省级平台对接,优点是系统改造成本小、交换效率高、数据质量有保障,适用于大批量、实时性要求较高的交换。

2. 批量导入导出

通过人工方式批量导入导出或大批量数据的异步传输,实现国务院部门系统与省级平台对接,优点是能够保证数据的准确性和完整性,但效率低、实时性差,适用于系统数据实时交换实现难度大、网络不畅、大批量、对于实时性要求低的交换。

此外,可采取人工二次录入的方式,将要交换的数据在国务院部门系统和省级平台中分别录入,优点是无须进行系统对接及升级改造,缺点是数据的实时性、准确性、完整性都难以保障,重复性工作,适用于国务院部门和省级平台无法实现数据实时交换及批量导入导出的交换。

14.5.4 基础资源库共享共用

积极利用人口、法人、地理空间信息、信用信息、电子证照等基础信息资源库和业务信息库,依托统一数据交换平台实现基础资源库的共享共用。

14.5.4.1 共享共用模式

基础资源库由数据源、信息资源目录、数据服务接口三个部分组成。

数据源可以是集中的数据库,也可以是独立的数据库。由政务服务管理平台生成的数据应集中存储,如政务服务事项库、投资项目库、电子证照库等;由其他业务系统管理的数据可以独立存储,如人口、法人、信用信息库等。在市级平台生成的项目信息、电子证照信息应汇聚到省级平台。

信息资源目录记录了所有信息的元数据和访问地址,所有基础数据都应该注册到信息资源目录中。

数据服务接口是外界访问基础信息资源的通道,所有信息资源数据通过数据服务接口统一对外提供访问服务。数据服务接口的形式有多种,可以是 Web Service 接口、前置机或人工操作的查询界面。

国家政务服务平台承担基础资源访问引导功能,实现跨省(区、市)访问基础政务服务数据资源。具体的数据访问的流程如图 14-20 所示:

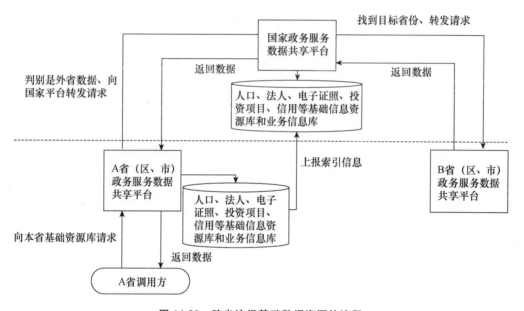

图 14-20 跨省访问基础数据资源的流程

14.5.4.2 访问方式和访问流程

1. 数据访问方式

数据访问的方式有应用系统调用和人工查询两种(如图 14-21 所示)。

数据服务接口提供多种数据访问模式。

2. 数据访问流程

数据访问由信息请求方发起,通过调用注册到信息资源目录中的数据服务接口,进行信息流转,确认信息源后反馈请求信息,并将封装之后的信息传输给请求方。具体的流程如图 14-22 所示。

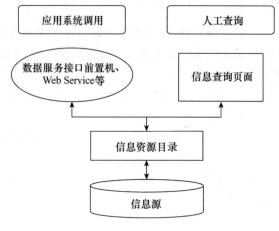

图 14-21　数据访问方式

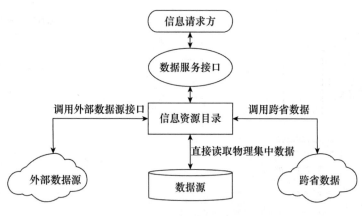

图 14-22　数据访问的流程

14.5.4.3　基础资源目录管理

基础资源目录管理主要包括信息资源的元数据管理、编目、订阅、发布、管理、查询、服务调用等功能,可实现对政务服务基础数据资源的管理和共享。

1. 元数据管理

对政务信息资源的标识、内容、分发、数据质量、数据表现、数据模式、图示表达、限制和维护等信息进行统一管理,以利于发现与定位信息资源、管理与整合信息资源,改进系统有效存储、检索和移动数据的能力。

2. 目录管理

目录管理系统主要实现了包括目录分类、编目、审核发布、查询、权限及维护等功能。

3. 资源管理

资源管理是对抽取的各个业务部门的信息资源进行统一管理。

14.5.5　建立数据共享利用长效机制

做好《国务院关于印发政务信息资源共享管理暂行办法的通知》(国发〔2016〕51号)

的贯彻落实。以统一网上政务服务平台建设为抓手,建立相应管理制度,规范信息资源共享管理过程,促进政府部门间信息交换和共享服务制度化、规范化。

1. 明确政务信息资源的共享原则

规定政务信息资源的范围,明确需求导向、统筹管理、无偿共享、保障安全等共享原则;明确主管部门及其他机构的共享职责。

2. 确定政务信息资源的共享内容

确定编制政务信息资源目录的程序,列入目录的内容,除依法需要保密的外,须通过共享平台向有共享需求的机构无偿提供。政务部门有权从其他政务部门获取其履行职责所需的信息,也有责任向其他政务部门提供履行职责所需的信息。

3. 规定政务信息资源的共享程序

规定有共享需求的机构应当向提供单位提出共享要求,并商定共享内容,不能达成一致的,由信息共享主管部门会同机构编制、保密等有关部门,直接协商确定有关共享事项。

4. 建立信息共享监督检查和考核通报机制

建立相应的监督考核机制,对网上政务服务信息共享工作的实施过程和效果加强监督检查,各部门应主动接受监督。

14.6 关键保障技术

14.6.1 平台支撑技术

14.6.1.1 统一用户与认证

包括面向互联网用户(自然人和法人)的用户体系和认证体系、面向政府工作人员的用户体系和认证体系。

1. 用户注册

(1)面向互联网用户的用户注册。

依托互联网政务服务门户建立统一的互联网用户体系,提供自然人和法人的网上注册功能。同时提供页面和接口两种对外的用户注册服务,实现互联网用户的统一注册。

(2)面向政府工作人员的用户注册。

依托政务服务管理平台建立统一的政府工作人员用户管理体系。使用统一系统的政府用户由同级政务服务管理平台统一提供用户的新增、维护、删除等管理。使用自建系统的政府用户,可自行建立用户管理体系。

2. 身份认证

根据认证程度不同,实名认证用户可分为不同等级,不同等级的用户赋予不同的网上办事权限。

(1)面向互联网用户的身份认证。

提供用户名密码、手机号码密码、身份证号码密码和数字证书等登录方式。具体的认证方式由用户或者所使用的应用系统决定。

(2)面向政府工作人员的身份认证。

依托省级政务服务管理平台建立统一的政府工作人员认证体系。提供用户名/密码认证和数字证书认证等方式。

14.6.1.2 电子证照

1. 证照库部署方式

作为汇聚各类证照信息并提供服务的电子证照库应采用统一平台,可省、市两级建库,以省级集中汇集的方式部署,以便其提供统一标准接口供省、市、县三级相关应用系统调用。

2. 电子证照文件格式和内容

电子证照文件格式采用版式文件格式,文件内容包含与纸质证照相同比例的证照底图、电子证照的照面信息、电子证照元数据信息、签发单位的电子印章与对电子证照文件内容进行的数字签名。个人电子证照应关联身份证号码信息,企业电子证照应关联企业统一社会信用代码信息。

3. 证照采集、存储

通过证照信息多元采集和沉淀,实现证照产品化,实现"一次提交,多方利用",解决基础数据的实时性、准确性问题。主要技术实现方式如下:

(1) 证照采集。

证照采集主要包括证照信息采集和证照样式采集。一般可通过数据交换或者数据库复制等方式,将省、市级各部门原有业务系统中的电子证照信息以统一标准保存到电子证照库中,形成电子证照库的基础数据。

证照采集可包括以下方式:证照录入、申请材料电子化、审批结果电子化、证照自动合成、整合其他电子证照库。

(2) 数据清洗。

采集后的电子证照数据,要经过比对清洗,识别并去除虚假的、过期的、失效的、重复的证照数据,保留下来的有效数据,要加盖电子印章和水印。针对源数据库中出现二义性、重复、不完整、违反业务或逻辑规则等问题的数据进行统一处理。

(3) 证照转化、处理。

对各类证照数据进行采集、清洗后,将电子证照统一转化成电子格式文件。系统应具备对证照采集和填报的数据进一步处理的功能,主要包括证照版式处理、式样图叠加、扩展数据、文件编号等功能。

(4) 数据封装。

将证照数据电文元数据与证照照面进行封装处理,形成符合标准的证照数据电文文件,封装后系统可读取被封装的元数据和证照照面信息。

(5) 证照文件生成与存储。

电子证照信息进入数据库后,立即将其全部信息和样式封装并形成缩略图,保存时应包括信息来源和电子证照库名称,并以电子签名封装,以保证其不可修改。电子证照信息更新后,新数据重新生成证照信息文件,旧数据作为历史数据另行保存,不再进入检索,但可以备查。

(6) 证照发放。

电子证照的发证功能一般应在政务服务管理平台或相关业务系统扩展开发和补充功能实现。在一定范围内,可建设电子证照发证平台,为相关系统统一提供电子证照的生成功能。在生成电子证照后,将证照内容信息和电子证照文件通过数据交换平台交换到电子证照库保存。

(7) 数据校验与证照验证。

对已生成的证照数据电文可进行数据校验修改,提供自动校验(数据比对)和人工校验两种方式。

4. 电子证照的应用

电子证照作为实现全流程网上审批应用的最后一环,依托"一窗式受理,一站式服务"的政务服务模式,在流程上实现对电子材料、电子证照的生成、应用和共享。自然人和法人在办理过程中可以直接查询所需的电子证照和相关信息,以电子证照作为办事的材料依据,避免材料重复提交。同时实现纸质证照与电子证照同步签发,形成电子证照的全程闭环应用。

5. 电子证照的共享互认

电子证照的共享基于电子证照目录,按部门、行政区划、证照类别、持证者等信息分类;建立电子证照共享平台,实现跨部门、跨地区、跨层级共享和校验,按授权查询、下载、比对和复用,防篡改、防伪造、可验证。

14.6.1.3 电子文书

电子文书主要是政务服务流转过程中形成的各类电子文件,如申请材料、电子证照等。

1. 形成方式

电子文书根据形成方式及信任级别,分为两种类型:一是由政务服务管理平台产生或有其他可信平台共享形成,该类电子文书可直接应用于系统、无须核对信息,电子证照属于该类型电子文书;二是由用户上传或窗口工作人员通过高拍仪上传,申请人提交的各类电子材料属于该类型电子文书。

2. 文件格式

电子文书采用安全通用的文件格式,并对文件类型、大小、图片拍摄、分辨率等有严格的限制。系统具备上传电子文书自动检查功能,如扫描件的分辨率、文书版面大小、文档格式等。若上传文件不符合材料格式上传要求,则系统自动提示申请人重新上传。

3. 数据保存与归档

数据保存与归档应具备防篡改、历史数据备查备用、电子文书归档等功能,促进网上办事、审批办理和档案管理的无缝衔接。

4. 应用规则

对电子文书在政务服务中的应用,需建立规范的制度和工作程序并采取相应的技术措施。电子文书应用于政务服务的网上申请、受理、审批、办结等环节,应具备权限控制、痕迹保留功能,保证电子文书的产生、处理等过程符合规范。

14.6.1.4 电子印章

政务服务申请人在线提交各类电子表单和电子文档材料时,根据所申请服务事项的要求,在电子表单和电子文档材料上加盖申请人的电子印章。政务服务实施机构在事项办结时,应在办件结果电子证照及文书上加盖签发机构的电子印章。电子印章系统须具备以下功能：

1. 电子印章管理

电子印章管理包括电子印章的申请、审批、制作、发放、挂失和销毁等管理功能。

2. 电子签章认证

电子签章认证包括电子签章认证、身份认证、数字签名认证和信息加解密。

3. 客户端电子签章

在客户端电脑、移动终端等设备上实现对具体的文档或信息内容进行电子签章和验证，一般包括文档电子签章、网页签章、表单签章、移动端签章等功能。

14.6.2 平台保障技术

14.6.2.1 安全保障

（1）遵循国家信息安全等级保护相关规范以及国家保密管理和密码管理的有关要求，建立健全"互联网＋政务服务"安全保障体系。

整体考虑、顶层规划"互联网＋政务服务"安全保障体系的建设，按照信息系统安全等级保护要求构建数据存储环境、应用系统环境、运行管理机制，确保政务数据安全和公民个人数据合法应用。安全保障体系要与"互联网＋政务服务"应用系统同步建设，对所建安全保障体系要进行重点保护、实施动态调整。

安全保障体系的组成包括以下五个方面：

① 物理安全。一是机房安全。采用门禁控制系统、摄像头在线监控。二是应急灾难备份恢复。对机房的电源、重要主机、存储、重要线路等重要设备的冗余设计，要进行系统级的整体数据备份设计。

② 网络安全。在不同的安全域边界部署防火墙系统，在上下级网络边界部署 VPN 虚拟专用网关设备，可在核心交换区部署 IPS 入侵防御系统，在相应的设备上根据自身网络结构配置相应的安全策略，保障必要的数据和服务交换安全。

③ 数据安全。一是在必要的网络边界部署加密设备，保障数据网络传输安全。二是各级政务服务系统的数据库管理系统要做好数据库自身的安全配置，登录账户要专人专管，密码要实现数字和字母符号混合设置并定期更换，防止外网和内网用户直接访问和恶意攻击。三是数据存储备份恢复系统。要做好定期的本地多种方式的重要数据备份和异地的远程数据备份。备份恢复工作要专人负责，责任到人。四是用户名、口令等关键信息应当加强安全保护。

④ 系统安全。一是部署网络层的病毒防范体系，由病毒监测中心和各个主机上的病毒防治终端构成，实时监测系统中的各类病毒，防止基于邮件的各类攻击。二是对主机中的操作系统进行相应的口令设置、权限配置，对系统操作日志进行周期性转储审计工作。三是漏洞扫描和补丁分发。通过漏洞扫描系统和补丁分发系统可以主动发现系统、数据库、应用服务系统存在的安全漏洞，并修复安全漏洞。

⑤ 应用安全。一是网页防篡改。对标准应用的 HTTP 服务部署网页防篡改系统，防止黑客对网页文件的攻击。二是对用户身份进行统一管理，对应用服务资源进行访问控制，对用户行为进行追溯审计。三是加强对网页挂马、SQL 注入、漏洞利用等攻击的防护。四是加强应用代码的安全管理。

(2) 对电子证照、网上支付等重要系统和关键环节进行全流程安全监控。

电子证照、网上身份认证、网上支付等重要系统和关键环节是"互联网＋政务服务"技术体系建设和运行的关键,对这些系统和重要环节的安全性应给予端到端的全过程监控,及时发现和解决问题隐患,以确保关键业务正常运行。

(3) 重视数据交换和信息共享存在的安全风险,完善开放接口的安全防护能力。

数据交换和信息共享是"互联网＋政务服务"技术体系得以发挥作用乃至正常运转的核心能力。任何数据交换和信息共享过程都会对系统的安全性带来影响。应采取有针对性的安全措施,完善开放接口的安全防护能力,对数据交换和信息共享环节给予端到端的全过程监控,及时发现和解决问题隐患,以确保关键业务正常运行。

(4) 加大对平台中各类公共信息、个人隐私等重要数据的保障力度。

加强平台中各类公共信息、个人隐私等重要数据的安全防护,建立数据安全规范。在系统后台对每类数据的安全属性进行必要的定义和设置,详细规定数据的开放范围和开放力度,并严格执行相应的权限管理。

14.6.2.2 运行管理

"互联网＋政务服务"技术体系要遵循国家信息安全等级保护指南的要求,进行自身的资产界定归类、安全防范技术应用、安全检测及风险评估;制定机房出入管理制度、机房监控日志保存制度,数据库管理、备份、恢复管理制度,网络设备配置管理制度、系统管理制度、突发应急事件处理流程、机房资产管理规范等。

14.6.3 深化新技术应用

14.6.3.1 运用大数据,实现政务信息资源有效利用

运用大数据技术,对政务服务基础数据、政务服务过程数据、用户行为数据等进行融合分析,揭示政务服务过程的内在图景,发现和洞察服务流程中的纰漏、冗余和用户体验提升需求,以有效利用政务信息数据资源,提升服务质量、降低服务成本、提高用户参与度、增强决策科学性,为简化审批流程、提高审批和服务效能创造条件。

1. 精细化管理与清洗比对

对各部门现存的政务服务信息资源进行统一采集交换,并对采集的数据进行处理和保存。按照统一标准及口径,对整合的政务服务信息资源进行比对清洗,构建统一的基础数据库。对整合的政务服务信息资源进行动态目录管理,对各类信息资源涉及的元数据进行系统分析、影响分析,逐步实现元数据的标准化。对政务服务信息资源的质量进行管理,包括质量规则的制定、执行、统计等,促进数据质量不断提升。对各类数据的开发提供安全可靠的调用手段,实现数据加密、脱敏、分级授权,向用户提供数据、接口、应用等不同层次的开放方式。通过运营监控手段实现数据接口调用的综合监控。

2. 智能化分析与深度挖掘

对政务服务过程沉淀的大数据建立数据模型,允许授权用户进行多角度、多层次的关联分析,支持向下或向上钻取数据,进行切片、切块分析等操作,完成深度挖掘与多维剖析,并借助图表对数据进行形象的展示。

利用大数据实现智慧治理,如利用政务服务大数据,通过比对分布于不同业务部门

的用户基础数据,核对低保人群身份的有效性,发现和查处逃税等税收违法行为等。推进事前预警、事中监管、事后追责的大数据支撑服务体系。形成基于大数据分析的政务服务知识库,提高决策支持能力和个性化服务能力。

3. 推动数据引进和数据开放

借助和共享第三方数据,形成政务服务大数据的超集,丰富和扩大政务服务大数据的内涵和外延,不断提升其有效性。积极推动政务数据开放,采用众筹、众包等方式,充分依托社会力量创新开发多级、多层、跨领域的公共服务。应依据有关信息安全规范,开放适宜公开的政务服务数据调用接口,鼓励社会参与政务服务大数据应用开发,由用户开发并上载其应用到政务服务平台,经审核后发布,供其他用户下载使用。

14.6.3.2 充分利用政务云,实现集约建设、共享利用

利用政务云平台资源,推动政务服务平台集约化建设。

1. 政务云建设

政务云平台应相对集中建设,可考虑省、市两级架构,打造省级层面统一规范、安全可靠的政务云平台。可充分依托符合安全要求的第三方云平台开展政务云建设,避免重复建设。

2. 政务云使用

应根据建设方提交的政务云资源申请,进行政务云资源的网上受理、审批、评估和交付,完成对政务云资源的分配、发布和回收。

3. 政务云管理及灾难备份

应考虑结合防火墙、防毒墙、身份认证系统、堡垒机、流量控制等安全技术手段,做到防患于未然;结合入侵检测、数据库审计,做到严密地防御和快速地响应报警;结合日志审计系统,通过日志记录对事故进行追根溯源。为政务云平台设计备份冗余线路和灾难备份手段,对主线路做备份链接和异地灾难备份,保证政务云平台服务的高可用性。

14.7 网上政务服务的监督考核

监督考核是推进"互联网＋政务服务"工作的重要抓手。网上政务服务评估评价要按照"以用户为中心"的原则,从公众体验和信息化支撑的角度,结合对网上政务服务的内容、管理和运维等多方面的考察,建立科学有效的评估指标体系,促进各级政府部门不断提升政务服务供给质量。

14.7.1 监督考核原则

14.7.1.1 客观公正原则

按照统一设定的指标体系,全面综合反映政务服务工作实际成效,确保整体评估的客观性与准确性。定量与定性分析相结合,涉及公众体验的指标数据,可采用独立的第三方机构采集,避免传统"内评估"的不足。涉及政府职能部门政务服务过程中内部运转的数据,运用技术手段对平台系统运行中的相关数据进行实时信息监测。

14.7.1.2 用户导向原则

注重对"互联网＋政务服务"实际应用成效进行评估,以办事对象"获得感"为第一标

准,强化办事对象在获取政务服务过程中的便捷度和满意度。

14.7.1.3 分类考核原则

综合研判各地区差异,实际考核中采用区域分组、事项分类等方式,实事求是组织分类考核。

14.7.1.4 内外结合原则

"互联网+政务服务"监督考核是一个闭环过程,除借鉴政府绩效考核的常规程序和方法外,应根据自身的发展现状和阶段目标进行程序设计和方法选择,采取"内外结合"的方法,将政府内部监督与第三方评估有机结合,推动监督考核工作的实施。

14.7.2 内部监督

政务服务管理机构应结合本地实际情况,针对政务服务运行的事前、事中、事后各个环节,从事项公开信息的完整性、事项办理的时效性、流程合法性和内容规范性等方面梳理本单位相应的内部监察规则,确定监察规则的类型、描述等内容,编制监察规则目录,积极利用电子监察手段进行内部监督检查。根据政务服务事项的分类和业务办理特点,电子监察规则分为以下五类:

1. 时效异常

对具有法定期限或承诺期限的政务服务事项的办理时间,进行办理时效性方面的监察,包括临近时限预警、办理环节超期和办理超期异常三个方面。

2. 流程异常

对政务服务事项办理过程中出现的暂停、中止、退回等过程和办理结果,进行办理流程规范性方面的监察,包括过程异常、结果异常和决定异常三个方面。

3. 内容异常

对政务服务事项办理过程中所涉及的申请表格、申请材料、办理附件等内容,进行办理内容规范性方面的监察,包括完整性异常和一致性异常两个方面。

4. 裁量(收费)异常

对涉及自由裁量或涉及收费的政务服务事项,进行裁量(收费)合规性等方面的监察,包括裁量异常和收费金额异常两个方面。

5. 廉政风险点异常

对设有廉政风险点的政务服务事项,进行风险防范措施落实情况的监察。

14.7.3 第三方评估

第三方评估是指独立于政策运行过程之外的非营利性第三方机构实施的评估,是一种客观的社会监督。第三方评估应通过选择科学的评估标准和评估方法,对网上政务服务的过程进行综合的、全方位的考察、分析并给予评价、判断和总结,其目的是为优化政策措施、提高服务质量、判断未来走势等提供决策参考和依据。

14.7.3.1 评估方法

从政务服务的供给方和需求方两个维度,针对政务服务发布数据、内部填报数据和系统实时数据,在充分考虑实际政务服务推进情况的基础上,形成一套科学合理、具有高度导向性与前瞻性的综合指标评价体系与综合模块计算方法。

供给侧评估考核指标体系主要考核政府、部门提供网上政务服务事项的覆盖度、发布事项信息的准确度和一体化平台的应用水平等指标。评价考核数据的获取,主要依据实时的数据监测、部门填报、后台系统检验和抓取等手段。

需求侧评估考核指标体系主要考核自然人、法人对各级政府部门提供网上政务服务的满意度、政府部门提供政务服务的便捷度等指标。注重的是公众对网上政务服务的满意度的测评,该指标要充分吸纳公共服务的接受者,即自然人、法人对网上政务服务的服务质量、友好程度、服务水平和服务能力的认知与评议,考核数据主要通过数据采集、问卷调查、网上服务评价、电话(短信)回访等途径获取。

14.7.3.2 指标体系

应按照"以用户为中心"的原则,从"公众体验"的角度,基于网上政务服务平台(网站、网上审批大厅、网上办事大厅)的数据,结合对网上政务服务的内容、管理和运维等多方考察,围绕服务方式完备度、服务事项覆盖度、办事指南准确度、在线服务深度、在线服务成效度等方面,建立网上政务服务评估指标体系,评价网上政务服务的供给能力和服务质量。

服务方式完备度:重点评估网上政务服务提供的"可达性",衡量公众和企业是否可以通过服务的导航,方便、快捷和准确地找到所需服务。侧重评估网上政务服务的提供方式、导引和渠道等内容,考核是否围绕服务对象"生命周期"概念,通过多渠道、多模式的手段,强化政府服务职能,为社会公众提供更具完备性、个性化和标准化的政务服务。

服务事项覆盖度:重点评估网上政务服务提供的"可见性",衡量事项清单和办事指南的发布和标准化情况。

办事指南准确度:重点评估网上政务服务提供的"可用性",通过逐条逐项梳理检查办事指南的基本信息、申请材料、办理流程、表格及样表下载、收费信息等内容,衡量办事指南公布的相关要素信息的准确性、完整性、翔实性和实用性。

在线服务深度:重点评估网上政务服务提供的"可办性",通过制定网上政务服务办理深度标准,衡量各事项的在线办理实现程度。围绕网上统一身份认证体系、证照互认、网上支付等方面内容,衡量政务服务在线一体化办理程度。

在线服务成效度:从在线注册量、网上办件数量、服务时效、公众满意度、服务普及度等方面,评估网上政务服务的实施效果。

14.7.3.3 评价方式

"互联网+政务服务"评估是一个多维度、多指标的复杂过程,受机构职能、业务定位、管理能力、发展情况等条件影响较大。在具体实施过程中,可参照指标体系进行指标组合和权重调整,总分100分,根据得分,60分以上的可分为四个星级进行评定。

★★级:政务服务事项清单化管理,统一规范省市县三级政务服务事项;政务服务平台基本功能齐全,支持多渠道服务方式;实体政务大厅通过政务服务平台集中办理所有受理政务服务事项,反馈办理结果。评估计分达到60分以上(根据工作重点该分值可动态调整)。

★★★级:政务服务事项清单实现动态管理;政务服务平台功能齐全,与业务审批系统进行对接,部分政务服务事项实现网上预受理;各级实体政务大厅之间平台互联互通,信息共享,基本做到同城通办。评估计分达到 70 分以上(根据工作重点该分值可动态调整)。

★★★★级:政务服务事项清单实现智能化管理;政务服务线上线下平台功能完备,与业务审批系统有机融合,所有政务服务事项网上预受理;各级政务服务平台上下左右互联互通,信息充分共享,实现同城通办、跨区域通办。政务服务事项清单实现智能化管理。评估计分达到 80 分以上(根据工作重点该分值可动态调整)。

★★★★★级:政务服务线上线下平台高度融合,信息惠民智能化,满足用户个性化需求;实现跨层级跨领域一网办理、一站式服务,申请人办事就近能办、同城通办、异地可办;所有政务服务事项支持全流程网上办理,对各流程环节实行动态管理和监督评价;实现政务服务数据充分共享和有效开放利用。评估计分达到 90 分以上(根据工作重点该分值可动态调整)。

14.7.4 评估实施

14.7.4.1 实施主体和考核范围

国务院办公厅定期组织对各地区、各部门"互联网＋政务服务"技术和服务体系建设推进情况进行评估考核,依据当前"互联网＋政务服务"工作推动重点,适时开展针对省级政府网上政务服务的评估,相关指标体系参考附录五(略)。各省(区、市)人民政府由办公厅牵头,组织本地区政务服务管理、审批改革、电子政务等有关部门,可参照附录五(略)指标体系,根据自身实际另行制定具体评估方法,构建本地区指标体系,对本级政府部门和所辖地市"互联网＋政务服务"推进情况进行评估。各级评估实施主体可委托权威的非营利性机构在统一的评估指标体系下开展第三方评估。

14.7.4.2 结果反馈与运用

加大考核结果应用力度,促进各级政务部门不断提升政务服务供给质量。

(1)政府内部通报。考核评估应纳入年度作风建设和绩效考核,通报考核结果。

(2)社会公开。各地应定期将"互联网＋政务服务"的工作推进情况,按照政府信息公开的要求向社会公开。

14.8 本章小结

"互联网＋政务服务"的实现是一个十分复杂的过程,技术的实现更是一项艰巨繁杂的系统工程。国家在梳理总结各地区各部门政务服务现状和共性问题的基础上,吸收了发达地区深化行政审批制度改革、推动政务服务大厅和网上政务服务平台建设等方面探索实践的成果经验,创造性地出台了《"互联网＋政务服务"技术体系建设指南》。该建设指南坚持供给侧创新和需求侧牵引两端发力、群众"点餐"和政府"端菜"有机结合、线上服务和线下办事紧密融合,围绕促进简政放权、放管结合、优化服务改革措施落地,针对企业和群众反映的办事难、审批难、跑腿多、证明多等突出问题,从充分发挥信息化作用的角度提出规范行政权力运行、优化政务服务供给的解决路径和操作方法,对推动构建全国统一规范的"互联网＋政务服务"技术体系,不断提升政务服务供给能力和水平起到了基础性、战略性和决定性的作用。

参考文献

[1] 姚国章. 电子政务原理[M]. 北京：北京大学出版社,2005.

[2] 姚国章,宋晓群. 电子政务原理与案例[M]. 北京：北京大学出版社,2011.

[3] Abdulmohsen Abanumy,Pam Mayhew. M-government Implications For e-Government In Developing Countries：The Case Of Saudi Arabia[EB/OL]. http：//mgovernment. alfabes. com/resources/euromgov2005/PDF/1_R351AA. pdf,2010-10-20.

[4] Adrian Goh. Mobile Government[C]. CAPAM 2008 Conference. Barbados,2008-10-22.

[5] Blessing M. Maumbe,Vesper Owei. Bringing M-government to South African Citizens：Policy Framework,Delivery Challenges and Opportunities[EB/OL]. http：//www. mgovernment. org/resources/euromgvo2006/PDF/18_Maumbe. pdf,2010-08-20.

[6] Blessing M. Maumbe,Vesper Owei. Bringing M-government to South African Citizens：Policy Framework,Delivery Challenges and Opportunities[EB/OL]. http：//www. mgovernment. org/resources/euromgvo2006/PDF/18 _ Maumbe. pdf,2010-08-20.

[7] Clay G. Wescott. e-Government in the Asia-Pacific Region[EB/OL]. http：//www. adb. org/Documents/Papers/E_Government/egovernment. pdf,2010-09-20.

[8] Divya Ramachandran,John Canny,Prabhu Dutta Das,Edward Cutrell. Mobile-izing Health Workers in Rural India[EB/OL]. http：//research. microsoft. com/en-us/um/people/cutrell/chi2010-ramachandranetal-mobile-izinghealth. pdf,2010-08-28.

[9] IDA. Mobile Government Programme Objective[EB/OL]. http：//www. igov. gov. sg/Programmes/iGov_2010/KP_iGov2010_MGovernment. htm,2010-09-06.

[10] Imraan Patel,Glenda White. M-government：South African Approaches and Experiences [EB/OL]. http：//www. mgovernment. org/resources/euromgov2005/PDF/32_R374IP. pdf,2010-08-08.

[11] IT Strategic Headquarters. i-Japan Strategy 2015-Striving to Create a Citizen-Driven,Reassuring & Vibrant Digital Society Towards Digital inclusion & innovation [EB/OL]. http：//www. kantei. go. jp/foreign/policy/it/i-JapanStrategy2015 _ full. pdf,2009-11-15.

[12] IT Strategic Headquarters. New IT Reform Strategy-Realizing Ubiquitous and Universal Network Society Where Everyone Can Enjoy the Benefits of IT[EB/OL].

http://www.kantei.go.jp/foreign/policy/it/ITstrategy2006.pdf,2009-11-19.

[13] ITU World Telecommunication Development Report 2003. http://www.itu.int/ITU-D/ict/publications/wtdr_03/material/WTDR2003Sum_e.pdf,2003-10-28.

[14] IT战略本部. i-Japan 战略 2015[EB/OL]. http://www.soumu.go.jp/main_content/000030866.pdf,2009-10-16.

[15] Japan's e-Government Initiatives[EB/OL]. http://www.e-gov.go.jp/en/doc/e-government.html,2009-11-18.

[16] KlasRoggenkamp. Development Modules to Unleash the Potential of Mobile Government. http://www.klasroggenkamp.de/files/doks/Mobile-Government_booklet-screen.pdf,2010-09-20.

[17] Kristina Reinsalu. Local Government in Interaction with Its Citizens in Information society. Case study of tartu, Estonia[C]. 14th NISPAcee Annual Conference, Lubljana, Public Administration andPublic Policy in Emerging Europe & Eurasia, May 11-13,2006,Ljubljana,Slovenia.

[18] Martin S. Risk Analysis to Overcome Barriers to Open Data[J]. Electronic Journal of e-Government,2013,11(2):348-359.

[19] Mobi Solutions. Mobile Services in Tartu[EB/OL]. http://www.ega.ee/files/Mobile%20services%20in%20Tartu%20FINAL1.pdf,2010-08-26.

[20] Nadim Mahmud, Joce Rodriguez, Josh Nesbit. Mobiles in Malawi: A Text Message-Based Intervention to Bridge the Patient-Physician Gap in the Rural Developing World[J]. Global Pulse,2010,6(1):1-6.

[21] National Electronic Commerce Coordinating Council. M-Government: The Convergence of Wireless Technologies and e-Government. http://www.ec3.org/Downloads/2001/m-Government_ED.pdf,2010-07-27.

[22] OECD e-Government Studies: The e-Government Imperative. http://www1.worldbank.org/publicsector/egov/e-GovernmentImperative.pdf,2010-07-26.

[23] Olov Östberg. A Swedish View on 'Mobile Government'. http://www.statskontoret.se/pdf/2003128.pdf,2010-10-15.

[24] Roadmap for e-governmentin the Developing World[EB/OL]. http://www.pacificcouncil.org/pdfs/e-gov.paper.f.pdf,2010-08-29.

[25] Rural Development Administration of Korea. Mobile Farming Information Service System[EB/OL]. http://www.korea.go.kr/new_eng/,2010-08-20.

[26] Sanjay Vijayakumar, Sabarish K, Gokul Krishnan. Innovation and M-Governance: The Kerala Mobile Governance Experience and Road-Map for a Comprehensive M-Governance Strategy[EB/OL]. http://siteresources.worldbank.org/EXTEDEVELOPMENT/Resources/MGovernanceKerala.pdf,2010-09-05.

[27] Subhash Bhatnagar. Exploring Conditions for Delivery of Successful M-Government Services to the Bottom of the Pyramid (BOP) in India[EB/OL]. http://lirneasia.net/wp-content/uploads/2008/05/Mobile-2.0_mGov_final.pdf,2010-08-30.

[28] Syed Jafar Naqvi, Hafedh Al-Shihi. M-Government Services Initiatives in Oman [EB/OL]. http：//iisit. org/Vol6/IISITv6p817-824Naqvi678. pdf,2010-08-23.

[29] The e-Government Handbook for Developing Countries. http：//www1. worldbank. org/publicsector/egov/E-Gov%20Handbook. pdf,2010-08-25.

[30] Vodafone. Mobile Technology Helps Deliver Public Services Electronically. http：//www. vodafone. co. uk/download/Rotherham_CC. pdf,2010-09-25.

[31] William Heath. Europe'sreadiness Fore-Government. http：//www. dad. be/library/pdf/kable. pdf,2010-10-25.

[32] World Bank. e-Development Thematic Group. Mobile Services in the Public Sector：Case of Estonia[C]. M-Government Conference,2007-12-29.

[33] Zuiderwijk A, Janssen M. Open Data Policies, Their Implementation and Impact：A Framework for Comparison[J]. Government Information Quarterly,2014,31(1)：17-29.

[34] 陈苏,杨文俊.韩国电子化政府采购发展状况及对我国的启示[A]."建设服务型政府的理论与实践"研讨会暨中国行政管理学会2008年年会论文集[C],2008.

[35] 公安部.公安部出台进一步推进"互联网＋公安政务服务"工作实施意见[R],2016.

[36] 广东省人民政府办公厅.广东省"互联网＋政务服务"工作方案及任务分工[R].2016-12-30.

[37] 国家行政学院电子政务研究中心.2016中国城市电子政务发展水平调查报告——互联网＋公共服务[R].2016-07-30.

[38] 国务院.国务院关于加快推进"互联网＋政务服务"工作的指导意见[R],2016.

[39] 国务院办公厅."互联网＋政务服务"技术体系建设指南[R],2016.

[40] 国务院办公厅.推进互联网＋政务服务开展信息惠民试点的实施方案[R].2016.

[41] 黄科舫,翟姗姗,李楠.我国政府信息资源整合实践研究综述[J].情报科学：2010(4).

[42] 联合国经济和社会事务部.联合国2014年电子政务调查报告(中文版)[R].北京：国家行政学院电子政务研究中心,2014.

[43] 联合国经济和社会事务部.联合国电子政务2008调查——从电子政务到互联治理[R/OL]. http：//unpan1. un. org/intradoc/groups/public/documents/UN/UNPAN028607. pdf,2009-11-15.

[44] 刘乐平."互联网＋政务服务"的浙江创新实践[N].浙江日报,2016-05-23(002).

[45] 马博.整合政府资源建设无线新加坡[EB/OL]. http：//com. cena. com. cn/interview/2010-02-03/126516224239231. shtml,2010-02-03.

[46] 汪梦.政府数据开放下的电子政务变革若干问题研究[J].电子政务,2016(11)：115-121.

[47] 王璟璇,杨道玲.国际电子政务发展趋势及经验借鉴[J].电子政务,2015(04)：24-30.

[48] 王益民.全球电子政务发展现状、特点趋势及对中国的启示——《2016年联合国电子政务调查报告》解读[J].电子政务,2016(09)：62-69.

[49] 徐云飞.日本电子政务最新政策解析[J].信息化建设,2007(1):43-45.
[50] 颜海,李有仙,赵跃.国际电子政务研究进展——基于三种外文期刊近五年刊文的统计分析[J].电子政务,2015(08):105-111.
[51] 杨瑞仙,毛春蕾,左泽.国内外政府数据开放现状比较研究[J].情报杂志,2016,35(5):167-172.
[52] 姚国章,林萍.加拿大电子政务发展规划与电子政务发展解析[J].电子政务,2009(12):10-13.
[53] 姚国章,林萍.日本电子政务规划部署与电子政务发展[J].电子政务,2009(12):14-22.
[54] 姚国章,胥家鸣.全球电子政务发展现状与趋势[J].电子政务,2009(12):7-9.
[55] 姚国章.韩国电子政务发展规划与电子政务发展最佳实践[J].电子政务,2009(12):53-71.
[56] 姚国章.美国电子政务战略规划解析[J].电子政务,2009(12):7-9.
[57] 于冠一,陈卫东,王倩.电子政务演化模式与智慧政务结构分析[J].中国行政管理,2016(2):22-26.
[58] 张娟.日本制定《i-Japan 战略 2015》[EB/OL].http://www2.cas.cn/html/Dir/2009/08/03/16/41/03.htm,2009-11-18.
[59] 中办中央办公厅 国务院办公厅.国家信息化领导小组关于我国电子政务建设指导意见,2002.
[60] 周宏仁.e-Government in Administrative Reform.http://unpan1.un.org/intradoc/groups/public/documents/CAFRAD/UNPAN006861.pdf,2010-08-28.